广东省优秀社会科学家文库（系列二）

冯达文自选集

冯达文 ◎ 著

·广州·

版权所有　翻印必究

图书在版编目（CIP）数据

冯达文自选集/冯达文著．—广州：中山大学出版社，2017.11
（广东省优秀社会科学家文库．系列二）
ISBN 978-7-306-06142-3

Ⅰ.①冯…　Ⅱ.①冯…　Ⅲ.①哲学—中国—文集　Ⅳ.①B2-53

中国版本图书馆 CIP 数据核字（2017）第 187697 号

出 版 人：	徐　劲
策划编辑：	嵇春霞
责任编辑：	陈　芳
封面设计：	曾　斌
版式设计：	曾　斌
责任校对：	高　洵
责任技编：	何雅涛
出版发行：	中山大学出版社
电　　话：	编辑部 020-84111996，84111997，84113349，84110779
	发行部 020-84111998，84111981，84111160
地　　址：	广州市新港西路 135 号
邮　　编：	510275　　传　真：020-84036565
网　　址：	http://www.zsup.com.cn　E-mail：zdcbs@mail.sysu.edu.cn
印 刷 者：	广州家联印刷有限公司
规　　格：	787mm×1092mm　1/16　21.25 印张　359 千字
版次印次：	2017 年 11 月第 1 版　2017 年 11 月第 1 次印刷
定　　价：	60.00 元

如发现本书因印装质量影响阅读，请与出版社发行部联系调换

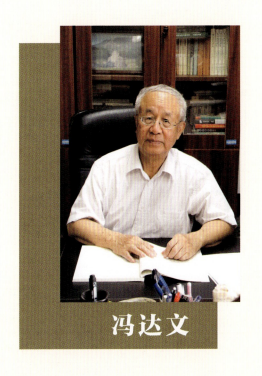

冯达文

　　1941年出生于广东省罗定县。中山大学哲学系教授，博士生导师。曾任中山大学学术委员会委员，中山大学中国哲学研究所、中山大学比较宗教研究所两所的首任所长，中国哲学史学会副会长，广东禅文化研究会会长。1997年与武汉大学郭齐勇教授合作共同主编教育部下达的统编教材《新编中国哲学史》（上、下册）（人民出版社2004年版）；2007年经中宣部、教育部遴选为"马克思主义理论研究与建设工程·中国哲学史教材编写组"首席专家，参与主编新编教材《中国哲学史》（上、下册）（人民出版社2012年版），该教材编写工作同时被列为2007年国家社会科学研究重大项目。1994年起享受国务院颁发的政府特殊津贴，2009年获评广东省岭南优秀教师，2015年获评广东省第二届优秀社会科学家。自1993年以来，先后主持中山大学中国哲学和宗教学两个博士学科点的教学与研究工作，个人作为导师培养了博士研究生39名、硕士研究生26名。现任中山大学禅宗与中国文化研究院院长，继续从事教学、研究和向社会传播国学的工作。

"广东省优秀社会科学家文库"（系列二）

主　任　慎海雄

副主任　蒋　斌　王　晓　宋珊萍

委　员　林有能　丁晋清　徐　劲

　　　　魏安雄　姜　波　嵇春霞

"广东省优秀社会科学家文库"（系列二）

出版说明

习近平总书记在党的十九大报告中明确提出要"加快构建中国特色哲学社会科学"，为新时代中国哲学社会科学繁荣兴盛指明了方向。哲学社会科学是人们认识世界和改造世界、推动社会进步的强大思想武器，哲学社会科学的研究能力是文化软实力和综合国力的重要组成部分。广东改革开放近40年所取得的巨大成就离不开广大哲学社会科学工作者的辛勤劳动和聪明才智，广东要实现"四个坚持、三个支撑、两个走在前列"的目标更需要充分调动与发挥广大哲学社会科学工作者的积极性、主动性和创造性。中共广东省委、省政府高度重视哲学社会科学，明确提出要打造"理论粤军"、建设学术强省，提升广东哲学社会科学的学术形象和影响力。这次出版的"广东省优秀社会科学家文库"，就是广东社科界领军人物代表性成果的集中展现，是广东打造"理论粤军"、建设学术强省的一项重要工程。

这次入选"广东省优秀社会科学家文库"的作者，均为广东省第二届优秀社会科学家。2014年7月，中共广东省委宣传部和广东省社会科学界联合会启动"广东省第二届优秀社会科学家"评选活动。经过严格的评审，于2015年评选出广东省第二届优秀社会科学家10人。他们分别是（以姓氏笔画为序）：王珺（广东省社会科学院）、毛蕴诗（中山大学）、冯达文（中山大学）、胡经之（深圳大学）、桑兵（中山大学）、徐真华

（广东外语外贸大学）、黄修己（中山大学）、蒋述卓（暨南大学）、曾宪通（中山大学）、戴伟华（华南师范大学）。这些优秀社会科学家是我省哲学社会科学工作者的杰出代表和学术标杆。为进一步宣传、推介我省优秀社会科学家，充分发挥他们的示范引领作用，推动我省哲学社会科学繁荣兴盛，根据省委宣传部打造"理论粤军"系列工程的工作安排，我们决定在推出"广东省优秀社会科学家文库"（系列一）的基础上，继续编选第二届优秀社会科学家的自选集。

本文库自选集编选的原则是：（1）尽量收集作者最具代表性的学术论文和调研报告，专著中的章节尽量少收。（2）书前有作者的"学术自传"，叙述学术经历，分享治学经验；书末附"作者主要著述目录"。（3）为尊重历史，所收文章原则上不做修改，尽量保持原貌。（4）每本自选集控制在30万字左右。我们希望，本文库能够让读者比较方便地进入这些当代岭南学术名家的思想世界，领略其学术精华，了解其治学方法，感受其思想魅力。

10位优秀社会科学家中，有的年事已高，有的工作繁忙，但对编选工作都高度重视。他们亲自编选，亲自校对，并对全书做最后的审订。他们认真严谨、精益求精的精神和学风，令人肃然起敬。

在编辑出版过程中，除了10位优秀社会科学家外，我们还得到中山大学、暨南大学、华南师范大学、广东外语外贸大学、深圳大学、广东省社会科学院等有关单位的大力支持，在此一并致以衷心的感谢。

广东省优秀社会科学家每三年评选一次。"广东省优秀社会科学家文库"将按照"统一封面、统一版式、统一标准"的要求，陆续推出每一届优秀社会科学家的自选集，把这些珍贵的学术精华结集出版，使广东哲学社会科学学术之薪火燃烧得更旺、烛照得更远。我们希望，本文库的出版能为打造"理论粤军"、建设学术强省做出积极的贡献。我们相信，在习近平新时代中国特色社会主义思想指引下，广东的哲学社会科学一定能迈上新台阶。

"广东省优秀社会科学家文库"编委会
2017 年 11 月

学术自传 / 1

第一部分　论史探寻

旧话重提：理性与信仰 / 45
理性的界限
　　——先秦两汉思想转型提供的启示 / 57
在"天"与"人"、信仰与理性之间
　　——再论先秦两汉思想转型提供的启示 / 72

第二部分　儒道纵横

重评中国古典哲学的宇宙论 / 95
借宇宙论确立的儒道两家之"生命的学问" / 116
儒家系统的宇宙论及其变迁
　　——董仲舒、张载、戴震之比较研究 / 134
中国哲学的本体论和儒学的三种本体论取向 / 158
个人·社群·自然
　　——为回归古典儒学提供一个说法 / 189
道家哲学的本源—本体论 / 206
道家哲学的人生智慧 / 227
《淮南子》：道家式的"内圣外王"论 / 235
现代新道家之成立论
　　——兼评新儒家作为意识形态追求的"外王"学 / 251

第三部分　　岭表源流

禅宗诸家之"心性"说
　　——从初祖菩提达摩、六祖惠能到洪州马祖道一之思想变迁 / 261
禅道汇通的观念建构与境界追求 / 277
"情"的唤醒
　　——论白沙心学在儒学发展史上的地位 / 294
湛甘泉"随处体认天理"说的哲学含蕴 / 312

附录　冯达文主要著述目录 / 323

后记 / 325

学术自传

◎ 冯达文

走在学思的路途上

人生诚如"白驹之过隙"（庄子语），许多事情感觉还没有开始，就已经"被从教45年"，且预贺七十大寿了。

几十年前，一个乡村的穷孩子不去选择一些脚踏实地的行当，而好高骛远地以在当时少有闻及，即便闻及也被认作故弄玄虚的哲学为终身事业，现在想来也不禁有唏嘘之叹！

一、纯真岁月

广东罗定（今罗定市）在明代虽已为直隶州，但天地宇宙把它圈为山区至今无法改变。1949年以前，许多人要跑到梧州去谋生。我就出生于这个山区县的一个小镇里。那是1941年，抗日战争正进入最为艰苦的时期。家乡似乎并没有直接为日寇所蹂躏，但是直至中年还经常梦到被带着逃往深山迷路的险恶情形。1949年年底，广东解放，不久父亲却不幸病逝，母亲拉扯着三个小孩，生活之艰苦不难想象。

记得幼小的时候是姐姐带着我上蒙学的。学校设在一个庙堂里，不知是古典乡村的遗风——庙堂承担着敬神与教化的双重功能，还是近代破除迷信的产物——把宗教场所改设为学校。大概蒙学读了一年，即遇时代变迁。不久转入公设学校，似乎一下子就上三年级，再一跳又是五年级。因为学制的无序，数学考试常常得0分。六年级读了三次，才得以入读罗定一中。及至初中，不知怎样地脑子开窍了，数学、物理经常考第一。初中毕业，轻易地考上罗定中学。中华人民共和国成立前，这所中学曾为广东省立第八中学，小有名气。

那时候年纪小，一颗纯真、质朴的心灵，并未感受到大社会的风风雨雨，只想着要努力地去学习，尽快地去成长，将来尽可能为国家的繁荣富强做贡献。中学的生活是很艰苦的。初中时要从家里挑着米菜走40里路到城里自己做饭吃；高中二、三年级供应的粮食一个月22斤，只好一天吃两顿。然而，中学的生活却又是最活泼、最无邪、最富于幻想与最具可塑性的。白天经常到大街上做各种文艺宣传活动，晚上则到附近乡村教人读书识字；"大跃进"时热火朝天地投入土法炼钢运动，尽管还是把钢铁炼成渣滓；又曾尝试去做从厕所里收集沼气以做燃料的实验，以及到山村里学习造纸技术以图寻找半工半读的道路；……进入高三，得回到课桌前准备高考了。但是，因为那时高中毕业已算得上是知识分子，考不上大学会安排工作，所以同学们并没有过分的焦虑。

哲学家苏格拉底说，不懂得反省的人生是不值得过的人生。我大概是不太会反省的一类人，所以虽然致力于哲学史，终无法成为哲学家。不过，过分的反省会使人变得郁闷与沉重，所以不做哲学家也罢！在往后的岁月里，不管遇到什么挫折，心里总是怀有一分激情，抱有一线希望，这大概还得感激中学时期的馈赠！

二、热血青年

1960年夏，我高中毕业，收到的录取通知书为"留苏预备生"。10月初，我告别家乡，准备北上。首站来到广东省高等教育局，才知道苏联去不成了，让我在本省选一个学校与专业。于是，我入读中山大学哲学系，从此与哲学再也无法分离。

20世纪50年代流行的口号是："学会数理化，走遍天下都不怕。"我的数理化并不差，却何以不去选择一些热门的学科，而去读一个对当时的学生来说还很陌生的专业呢？那要感谢罗定中学的图书馆管理员。她看到我是个乖学生，就给我一些特别的优惠：我可以随意进入藏书库看书。高二之时，她特意介绍我阅读艾思奇的《大众哲学》。艾思奇的这本著作，后来虽有不同评价，但当时对于一个好奇的学生来说却觉得打开了一片新的视野：具体学科都只关涉具体领域，哲学作为世界观捕捉着自然与社会的总规则。这诚然能够诱发一个既有志于社会科学，又不愿放弃数理化的青年学子的喜好。

大学学习的五年，就个人而言，无疑一直是在理想—梦想的照耀下努力付出的年代。

很难说出老师们当时给我们传授的知识对我们此后的治学有多少启示，他们所处的那种政治环境必以意识形态为指引对哲学、哲学史、哲学经典做判释，这在今天看来是不合时宜了。但是，前辈老师们传道授业的风采却依旧在我们心中留驻：杨荣国教授、李锦全教授随口征引历史文献的训习，刘嵘教授概括问题显露的才气，罗克汀教授在讲台上不停走动的身影，丁宝兰教授在外观形象上表现的儒雅，陈玉森教授在剖析孔子思想时表现的细密……这些都表明，即便前辈传达的知识技能于今天可能已经被超越，但是作为后辈的我们永远不应该忘却，正是得益于他们的言传身教，我们才得以更上一层，有所进步。

在大学期间得益的，还有发现问题的能力与从事理论写作的能力。就当时而言，问题的发现是通过理论与现实的比较、理论与理论的比较，以及理论评价的差异的比较而做出的。只有发现问题，才能有突破性的研究。写作能力的培养，则是通过反复阅读具有典范意义的论作而实现的。逻辑思考习惯奠定了日后严谨的写作方式。不过，那个时代大多青年学子对未来生活的理想和激情并没有因此而被销蚀。记得1965年大学毕业的时候我就没有想过要留下来教书，"到农村去，到边疆去，到祖国最需要的地方去"，这首流行歌曲所表达的就是我们当时的真实信念。

后来，我还是留下来了。因为我没有在哪一个学科上表现得特别优秀与执着，于是学校把我安排在哲学教研室，准备教授哲学原理。可惜，我还没有真正走上讲台，"文化大革命"就爆发了。

三、教学生涯

（一）转向

我真正的教学生涯，是从1977年开始的。也是在这一年，我才进入中国哲学的学科领域。

1965年7月留校，我虽被分配到哲学原理教研室，却为学校宣传部门征用，而后是"文革"，接着是下放到"五七干校"。当时接管学校的军宣队、工宣队告诉我们，所谓大学就是大家都来学，只需要培养思想宣传员、文艺员；知识分子为"臭老九"，唯一的出路是"上山下乡"接受改造。中山大学先是选择乐昌的天堂山为干校场地，后来因为山太陡峭，粮油难以为继，1969年春改赴英德虹桥茶场。这一"改造"就是四年。

即便如此，我还是坚信"天生我材必有用"，闲暇时便去读范文澜的《中国通史》、郭沫若主编的《中国史稿》、杨宽的《战国史》，还有司马迁的《史记》。这算是与历史沾上边了。

1973年年初，哲学系复办，我被召回。大概系领导看到我什么学科都还没有进入，最好调配，于是让我转入西方哲学教研室。刚刚捧起周一良、吴于廑主编的《世界史》作哲学史的背景以图有所了解，却又爆发了"批儒评法"的运动。从1973年到1976年，专攻中国哲学史的老师们都得在外面应付宣讲任务，系里的中国哲学史课无人承担，只有转嫁给西方哲学史教研室。我被分派讲授汉唐哲学。大学读本科时，中外哲学史虽都修习两年，可是已经荒废了七八年，如何应付得来？我现在也不知道那时到底讲了些什么。

1976年年底，"四人帮"倒台了，大学回归正常教育。我的西方哲学史还没有起步，且原先只学俄语，做西学难以有成，还不如转入中国哲学。

那一年，我已经36岁了。

（二）初阶

刚刚接触中国哲学的古典文献时，其中许多提法难以理解。例如，《大学》的"格物、致知、诚意、正心、修身、齐家、治国、平天下"八个条目，"格物致知"属于认知范畴，"诚意正心"属于修德（价值）范畴，二者是不同的，何以能够连贯起来呢？又且，"修身齐家"成为道德高尚的人，一定就可以做得了"治国平天下"的领导人吗？儒家学者却坚信八个条目是连贯的，那么，我们如何去理解，去说明它们的关联性呢？

又如《老子·三十九章》所说的"天得一以清，地得一以宁"，这个"一"是什么？它不是万能的神，却比神还万能？老子的这类话语显然不是胡言乱语，老子的说法被古代人们普遍地接受，显然表明老子与古典社会的思想信念有自己的逻辑。

一门哲学史课，要讲得让学生理解、接受，自当要寻绎出每个哲学家、每个哲学派别以至哲学演变历程固有的内在逻辑。这大概就是我从事哲学史教学与研究的前十年所倾注的努力。

就中国哲学的源头而言，最早最具形上意义的无疑是"帝"的观念。我曾经花去半年的时间研读包括王国维、郭沫若、陈梦家等一批古文字学家的相关成果。从"帝"的观念的形成看，我们虽然没有足够的材料说明它是殷人祖先神升格的产物，但是，甲骨文的用语基本上可以概括为"帝令（弗令）某"这样一种语式予以表征。这一语式显示，"帝"对天地万物的管治是绝对的、无条件的。这很近似于《尚书·盘庚》篇所传达的，殷人对其他部族的绝对统领权。和周人比较，周人以为一个部族之获得或失去统领权，与是否修德有关。这就是说，是有条件的。这已经是"帝（天）为某令（弗令）某"了。这个"为某"，就是指的条件性。有条件意味着，"帝"或"天"是有选择的，"帝"与"天"被理性化了；"帝"或"天"选择的"条件"为"德"，"德"的观念的提出显示"帝"或"天"对各部族是平等的。由是，"帝"或"天"得以脱去祖先神的印记，它与各部族的关系不再是血缘关系，它主持着部族间的公平与正义。就社会历史而言，实际上唯淡化血缘讲求"正义"，才真正踏上文明的通途。而"德"是属于人，由人—主体自己去认定、去修习的。因而，"德"的确立标志着人—主体意识的开启。

思想史的发展踏入春秋时期，随着"德"的观念的进一步提升，相应地便是"帝""天"地位的下降，出现了人之"德"与"天"之"命"的紧张性。孔子说："道之将行也与，命也；道之将废也与，命也。"（《论语·宪问篇》）孔子的这一说法揭示了这种紧张性。孔子再也无法从"天""天命"中寻找人道—"仁学"的依据。他与孟子把人道—"仁学"诉诸人的世间情感（不安之心、不忍人之心），似乎缺失了形上学的支撑，但另一方面却使人—主体的地位得以极大地确立。在主体的内涵进一步往认知方面拓展之后，便有荀子的"制天命而用之"的豪言壮语。至于"天""天命"，由于不再与价值意识、目的意识相连，则蜕变为一种客观盲目必然性。老子、庄子把它展开，建构为宇宙论。老子说："天地不仁，以万物为刍狗。"（《老子·五章》）所指的即是天地宇宙的客观盲目性。老子进而说："圣人不仁，以百姓为刍狗。"所昭示的，则是面对世间功利争夺的无情性与残酷性而不得不讲求的"客观精神"。法家面对社会人生的残酷无情进而往下拽落,力主严刑峻法。法家把人看作利欲个体,以赏罚为驾驭二柄。此道既不是具形上意义的天道,也不是凸显价值主体的人道。"道"蜕变为手段。手段是暂时的、随机的,无正当性可言。在法家为秦王朝赢得胜利又很快败亡之后,思想家又终于警醒,必须重新寻绎那具有恒久意义的"天道""人道"及其"相与"关系。于是思想史入汉,翻开了新的一页。

以上所述,是我从最初进入中国哲学史行当,并向77级、78级等各年级同学讲授中国哲学史所追求的严谨性,通过审视各思想家的内在理路、思想流派之间的逻辑关联和哲学思想发展史的逻辑进程,而形成的一种看法。在文献的支持上是否充分、在理论的解释与判释上是否得当,毫无疑问是可以有许多争论的。我自己在后来也有不少看法上的改变。作为审视的角度与方法,那时候我很关切的是如下两点:第一点,不再以四大块(本体论、发展观、认识论、社会历史观)作为框架去肢解思想家的思想体系,而以揭明思想家的问题意识作为逻辑起点。问题意识或源于上一代哲学家、哲学思潮在内在思路上的缺失,或源于社会历史变迁对上一代哲学家、哲学思潮的挑战。下一代哲学家、哲学思潮就从提出问题与解决问题展开其思想过程。第二点,不侧重于材料的简单罗列与归纳,而更有意于概念的内在结构与演绎。一个思想家在不同场景会有不同说法,材料的罗列也会肢解思想家的思想体系。唯有舍弃在个别、偶然场景中的一些说法,才可以演绎出一个思想家符合其运思逻辑的体系来。也许,那些被舍弃的,被认为是个别、偶然的说法,恰恰可能是最有创意、最能构成问题意识的,但它也只是下一代哲学家的起点,还是得被排除在这一代哲学家的体系之外。

这是我入行最初十年围绕教学所做的研究工作和研究所得。这份所得,见诸1989年由中山大学出版社出版的《中国哲学的探索与困惑:殷周—魏晋》一书中。该书于1998年经修订由广东人民出版社出版,易名为《早期中国哲学略论》。

(三)拓展

书名既为《中国哲学的探索与困惑》,并且只涉及殷周—魏晋,自当另有下文。原来的设想无疑是这样。可是一打开佛教的典籍,才知道接下来的工作不是轻而易举的事。由此我想到像胡适那样有学问,何以他的

《中国哲学史大纲》只有"卷上";冯友兰那样有卓见,何以他的《中国哲学史》(上、下册)涉及佛教其论释亦常常只有寥寥数语。佛学实在名相太多且各宗派说法非常不同。用功两年之后,我仍然没有头绪,只有暂且打住,跳到宋明儒学去。

来到宋明儒学,除了必须面对比先秦两汉多得多的古典文献,还得面对20世纪以来大量的且非常精到的研究成果。如果不能深入地研读别人的著述,很可能自己做的只是重复别人的工作;要都能关涉别人的成果,在时间上又是不允许的。为此,我的研究更多地以冯友兰、侯外庐、牟宗三等前辈和新锐陈来诸家的相关著作为参照系。我从他们的著作中吸纳良多,在此无法一一开列。

较之于前人有所不同、自认为有创意的,是我对宋明儒学的分系(派)。

20世纪下半叶以来国内学者比较认同的说法,是把宋明儒学区分为由张载到王夫之的"气学"、程颐到朱熹的"理学"、陆九渊到王阳明的"心学"三系(派)。我经过研究发现,主"气学"——宇宙论者,便有许多不同。汉唐时期的宇宙论以董仲舒为代表,是直接把价值赋予存在意义,以便通过把价值存在化的方式确保价值的正当性。如董子说"天两有阴阳之施,身亦两有贪仁之性"(《春秋繁露·深察名号》)即是。宋初周敦颐、张载诸子有别。他们并不强调天地宇宙对人的价值信念的给定性。他们确认宇宙世界是客观自然世界,人的价值信念只从人对天地宇宙的敬仰、敬畏与敬祈中成就。张载称"天地则何意于仁?鼓万物而已。圣人则仁尔,此其为能弘道也"(《横渠易说·系辞上》)即是。及清初王夫之,其"气"的概念则更多地不是在化生的"本源"上使用,而是在泛指"存在"的意义上使用。张载是在对天地宇宙生生不息的敬仰、敬畏、敬祈中给出价值信念,带有信仰性。在王夫之严格区分人、物、心、性而一以"心有所取正以为正"(《读四书大全说》卷一《大学》)然后始能成德的功夫论中,我们可以看到他已经以知识论为基本导向。无疑,在所谓"气学"一系中,张载与王夫之、戴震也有区别。

台湾学者牟宗三对宋明儒学亦做三系判分,不过判分内容和标准与大陆说法大殊。在他看来,第一系为五峰(胡宏)蕺山(刘宗周)系。这一系"客观地讲性体"和"主观地讲心体",主"以心著性"以明心性为一,为最圆满的一系。第二系为象山(陆九渊)阳明(王守仁)系。

这一系讲"一心之朗现，一心之申展，一心之遍润"，偏重于主体方面。第三系为伊川（程颐）朱子（朱熹）系。这一系讲心、性二分，主、客二分，以性体为"只存有而不活动"之理，心则为知识心，在儒学史上实属异出，可称"别子为宗"。①

牟宗三的这一判断与分析，其精到处随处可见，然其中透露出来的颇令人不满意之点，是牟先生拒绝思想史的立场。从思想史及其变迁的角度看，伊川朱子系将价值客观规则化（理），以确保价值的普遍有效性，象山阳明系将价值收归本心用以凸显价值的主体认信性，其实各自都在把儒学向不同的向度做了展开，从而丰富了儒学的内涵，因此，各自在儒学思想发展史上都有其独特的价值而不可轻易予以褒贬。及五峰蕺山系之蕺山刘宗周，已为晚明人物。晚明思想史的变迁以王艮之泰州及其后学为主导，由于在俗世化的道路上迈出了一步，从而得与社会历史的近代走向相衔接。因之，思想史的研究揭示这一思潮的特质与价值，较之留滞于内在心性的讨论更有意义。可见，宋明儒学的派系与转易，亦有再予讨论的余地。

我的研究试图将宋明儒学因应历史的变迁区分为五系。

第一系以周敦颐、张载为代表。他们力图借宇宙论来证成儒家的价值论（成德论）。儒家的价值论在其创始人孔子、孟子那里，是从世间情感中引申出来与提升起来的，情感为人—主体的。走向宇宙论意味着力图使价值论获得存在论的支撑。存在论取宇宙论为框架，源自农业社会的生存处境与生命体验。在农业社会的生存处境与生命体验中，这种价值意识便具客观普遍意义，但是离开农业社会这种独特条件又将如何呢？

第二系以程颐、朱熹为代表。他们不依托于生命体验，而以认知为入路，借认知方式将儒学的价值信念赋予天地宇宙共相的意义，从而使这种价值信念超越农业社会的特定时空以获得客观普遍绝对必然性，自亦最具普遍有效性。然而，价值毕竟是人—主体认取的，主体到哪里去了？

第三系以陆九渊、王阳明为代表，他们拒斥程朱的客观化路子而力图将价值意识收归为本心的认取。价值因被赋予信仰的意义而得到极大的提升，主体亦因在价值认取上的自主自决自证性而得到极大的凸显。然而，

---

① 参见牟宗三《心体与性体》（第1册），台湾正中书局1987年版，第一部《综论》第一章第四节。

主体的过分凸显并力图把某个主体认取的价值信念视为必然而要强加给外在世界之时，外在世界（包括社会他人）能够接纳吗？

第四系以王艮的泰州学派及其后学为代表。他们不再把"心"界定为价值信念而仅认作天然—本然性的活泼情感。孔孟原创儒学就立足于世间情感。在往后的儒学发展过程中，为了给这种情感及由之引申出来的价值信念予以合理性的说明，价值信念便有可能剥离情感而被理性化乃至知识化。理性化意味着刻板划一化，知识化更使价值信念失去生活实践意义。泰州学回归情感，似乎回到了原创儒学，但泰州学人面对的生活世界，已带有市民社会的色彩。在情感下落为欲望，进而走入凡俗生活之时，泰州学开启了近世思想的先声。

第五系以黄宗羲、王夫之、戴震等人为代表。在回落凡俗世间直面生活世界这一向度上，他们与上一思潮有相通处。但上一思潮追求天然一本然，强调个体情感—情欲的释放与自由；这一思潮则认允情欲与个体，但主张仍然需要讲求在个体与情欲之间寻求平衡与节制的公共之"理"。在这一思潮并未赋予这种"理"以形上先验意义而仅以形下经验视之之时，这一可称为"经世致用"的思潮又得与近世经验理性的走向渐相契接。

这是我个人对宋明儒学所做的"五系"判分。因为感觉以这样的判分叙述这一段时期的思想史，在逻辑的进程上比较清晰又与历史的演变有所关联，所以，在给研究生讲课的过程中逐渐整理成书，便有1997年《宋明新儒学略论》（广东人民出版社）的出版。

（四）承担

1996年年底，《宋明新儒学略论》刚刚脱稿，我就被哲学系委派筹组宗教学硕士点，并随即开始招收研究生。诚然，中山大学老一辈学者，如已故的陈寅恪教授，在世的蔡鸿生教授、姜伯勤教授，他们对佛教、道教的历史与文献的研究，都甚有成就，但是宗教学作为哲学的一个学科，在哲学系其研究力量其实却是单薄的。所以，当时面临的紧迫任务，其一是招揽人才，其二便是开出课程。

在招揽人才方面，在校内，得陈立胜、李兰芬、冯焕珍、李桦和刘昭瑞诸君的加入；在校外海外，得刘小枫、张宪、张贤勇、龚隽诸学人陆续到来，这个学科点创建5年已具规模。这当中还需要衷心感谢香港道教学院、香港基督教文化学会、香港汉语基督教文化研究所、香港中国神学研究院、香港信义神学院和台湾中华佛学研究所、台湾中华儒道研究协会、台湾佛陀教育基金会等机构与团体的支持。在他们的支持下，学科点建立了自己的图书资料库，设立了专题讲座，还先后办有教授梵文、巴利文、希腊文、希伯来文、拉丁文等多种古典语文的学习班。2000年，该学科点组建为中山大学比较宗教研究所。2004年，学科点又升格为博士点。学科点成立以来，已先后培养出数十名获得博士或硕士学位的青年学子。

在课程开设方面，学科点建立的最初几年，实际上是十分困难的。1997年第一届招来的是专攻佛学的硕士生。为了给他们开课，我不得不重新捡起当年舍弃的佛学，也兼及一点道教。所以，那两三年几乎写不成文章。幸好在佛学方面后来有冯焕珍、龚隽二君接手，在道教方面有李大华、刘昭瑞、王承文、万毅诸君支持，才日渐获得解救。

因为毕竟讲过几年佛教思想史，虽然难以成书，不免也有若干感悟。我的讨论是紧扣佛陀的"十二因缘说"开展的。这是佛陀立教的基本信念。小乘佛教在中国的影响不大。传入中国的大乘佛教，依印顺法师的判分，主要为般若学、唯识学和如来藏学三系。般若学（大乘空宗）主"缘起性空"，实际上是指点出何谓"无明"。在般若学以知识心为"无明"，通过辩证认知与存在的无对应性而证得一切被执认为"存有"实属"假名有"之后，般若学便仅以"不可得"为归结。这有消解佛教作为宗教信仰的危险，于是有唯识学。唯识学（大乘有宗）主"万法唯识"，对存有界有了一个正面的解释，但是以"无明"为起点无疑即以"性恶"为本根。这意味着人堕落是必然的，得救是偶然的。大概佛陀这是有感于现实世间的苦难深重，借以"无明"乃至"无始无明"暴露人性的劣根性，证成佛道的艰难性和证入之后的崇高性吧。然而，根性本恶，便失去内驱力；证成太难，便失却自信心。故唯识学无法为比较乐观、比较自信的中国古人广泛地接受。倒是如来藏学传入后才真正形成中国的佛教。如来藏学（佛性论）或主"无明即法性"（天台宗），或以本心为"一真法界"（华严宗），是即不再以"无明"论人的本性，而以"明觉"论性。由之把向善与证入佛道赋予必然意义，把堕落视为偶然的缺失。然而本性的向善只为一"理"（正因佛性），还有待每个个体心之"觉解"。然则"理"（正因佛性）与"觉解"（了因佛性）还是二分的。依原始佛教，今生个我之主观（十二因缘之爱、取二支）追求也是"恶"（我爱、我执、我见、我慢）的，无疑证入佛道仍有相当的艰难性。及禅宗顿教以

"本觉"论"心"说"性",才真正消解了"心"与"理"的对置,而认肯个体本心的圆足性与证入佛道的当下性。佛教发展至禅宗顿教,就成为一乐观、洒脱和以境界追求为的矢的宗教。就其以"本心即佛"说为认信基点而言,无疑有似于儒家的"性善论";就其"一任清风送白云"(怀海诗)那种无牵无挂之境为佛境而言,显然又有得于道家的"逍遥游"。及入于宋明,本心为"理"还是为"觉"之分别,便延伸与展开为程朱"理学"与陆王"心学"论争的一个重要论题。朱子著《仁说》以为,认"心"为"觉"难免有认"欲"为"理"之偏失。阳明子于《传习录》却揭明,"心"与"理"二分必导致"知"与"行"二分而使"理"蜕变为"知识",唯认"觉"为"心",以"心即理",此"理"才具真知真行的品格。然而,在阳明后学那里,我们还是看到了朱子所说认"心"为"觉"难免有认"欲"为"理"之失的这一指摘提示的意义。

数年间断断续续修习佛学粗浅之得,于 2009 年收入由巴蜀书社出版的《理性与觉性——佛学与儒学论丛》一书中,该书同时也收入了我 2002 年以来数篇讨论儒学的论作。

(五) 放下

至 20 世纪 90 年代,我系从事中国哲学教学与研究的老一辈学者陆续退休。我是以中国哲学博士—硕士学科点负责人的身份兼顾宗教学学科点的。1999 年中国哲学学科点组建为中山大学中国哲学研究所,2000 年宗教学学科点组建为中山大学比较宗教研究所。由于负担两个学科点、两个研究所,不免繁忙。加之性情近于道家,喜欢清静与闲适,繁忙便变成"烦忙"。幸好,2002 年中山大学中国哲学研究所与学科点由陈少明教授接力,中山大学比较宗教研究所由刘小枫教授担纲,公共事务得以减少。而且按学校规定,60 岁以上的教师不再计算工作量,不需要为在什么级别的刊物上发表多少文章、承担多少课程折腾。由之,开始有"放下"与"解放"的自由感。

自知入行太迟,缺少文献考辨的训练与资料的系统耙疏,便希望有所补救;至于也缺乏西学的训练,则是再也无法挽回了。

但是,文献补课的心愿还是没有办法实现。武汉大学中国哲学学科与中山大学中国哲学学科的老师共同承担由教育部下达的重新编写中国哲学史教材的任务，我和郭齐勇教授分别负责上、下册。2002年至2003年，为教材上册的统稿花了近两年时间。此教材以我和郭齐勇教授为主编，以《新编中国哲学史》（上、下册）之名为人民出版社于2004年出版。《新编中国哲学史》（上、下册）吸收了20世纪80年代至90年代的研究成果，已经有了新的视觉与新的讨论。因之，得为海内外多所高校用作教材或教学参考书。然而，教材近60万字，分量较大；由多人编撰，观点也不完全一致。这引发我一个新的想法：还是自己单独编写一个简明读本，以为有志了解中国哲学、中国文化精神的读者们提供一个参照。

2007年至2008年，这一想法得以实现。广东人民出版社于2009年为我出版了《中国古典哲学略述》一书。该书无疑集合了个人从事中国哲学研究30多年的心得。但由于"简明"的要求，许多想法无法充分展开。下面我把几个主要的问题的研究所得做一点交代，也算是对尚在途中的学思历程的一个阶段性小结吧。

四、理论思索

（一）关于孔孟原创儒学的特质与价值

孔孟原创儒学的核心思想无疑是它的"仁学"，但"仁"从何开出，"仁学"如何确立，许多学者并未详究。诚是牟宗三先生说得最明确："孔子从哪个地方指点仁呢？就从你的心安不安这个地方来指点仁。"[①] 唐君毅称："吾意孟子之心，要为一性情心或德性心。"[②] 此亦甚是。然而，牟先生不满足于从不安、不忍处指点为仁之道，而一定要在心外悬挂一个"天命实体"，使此仁此道获得宗教的神秘性，以为唯如是才可以确保仁道的正当性，此却不然。

无疑，不安之心、不忍人之心，以至孟子所说"四端"，都属情感范畴。孔孟从世间日常情感所在所到处指点为仁之道，乃至为礼之则，这是孔孟儒学之特出处。这点古人已有明确提示。如司马迁《史记·礼书》录其父司马谈的一段话语即称："洋洋美德乎……观三代损益，乃知缘人

[①] 牟宗三：《中国哲学十九讲》，台湾学生书局1986年版，第78页。
[②] 唐君毅：《中国哲学原论·导论篇》，台湾学生书局1993年版，第94页。

情而制礼，依人性而作仪，其所由来尚矣。"诚然如此。我的著作就直接指认孔孟原创儒学建基于"世间情"，并以为孔孟儒学从日常孕育的情感出发建立起救心救世的价值体系，恰恰显示出与古希腊的理性主义传统和古中东、古印度的宗教信仰传统甚为不同的另一独特的思想传统。

要知道，把价值信念安立于世间日常情感所在所到处，实即使价值信念立足于人类最具本源性的真实生活中。每个个人，不管处于何种族群，拥有何种信仰，毫无疑问都为父母所生，都离不开父母与亲族的关爱。这是人的最本源性与最日常性的真实生活状况。浸润于这种生活状况中，于自然—天然地即会孕育出一种"亲亲之情"。又，每个个人，不管处于何种族群，拥有何种信仰，必亦离不开社会他人：他吃的用的一切，都关联着他人的付出，渗透着他人的血汗。这同样是人的最本源性与最日常性的真实生活状况。处于这种生活状况，在所吃所用的当下，自亦可以感受到社会他人对自己的意义，而自然—天然地培植起一种同类同情心与恻隐心。这种亲亲之情、恻隐之心，既然是最具本源性的，自当是绝对的；既然是最具日常性的，自当是普遍的。比较而言，不同种族、不同宗教信仰及其相互之间的差异与间隔，乃是人们在后来由不同的际遇、不同的困迫造成的，因之，即便其价值信仰凭借全知全能的神的支撑得以被赋予全人类的意义，仍不免带有"特殊性"色彩。孔子、孟子开创的儒学价值系统既回归于、立足于人类最具本源性与最具日常性的真实生活和由这种真实生活孕育的真实情感，它是自然—天然的、平易—平实的，也就无须诉诸"天命实体"那种彼岸力量支撑，即可以赢得一种超越不同种族、不同宗教信仰的绝对性与普遍性。

孔孟原创儒学立足于人类最具本源性与最具日常性的真实生活与真实情感，不仅使其价值体系最具绝对性与普遍性，而且亦使这种价值体系的建立与确认甚显其独特性。我们知道，知识理性的路子是通过抽去各个的"我"来求取客观普遍性的，它难以容摄价值，即便确立起某种价值规范，亦必是外在的；宗教信仰的路子强调"灵"与"肉"的分隔，同样以为必须舍弃"身我"才可以契接圣灵。孔孟原创儒学则不然，它把价值信念诉诸日常情感。日常情感是由"感受"（不是认知也不是认信）去确认的。而"感受"是带着身体，以自己的身心（性命）去体认的，这意味着是有"我"（身我）的，是对"我"的身心（性命）正面地予以认肯的。而当"我"带着身体（身我）"设身处地"去感受和"体贴"

亲人、社会他人对自己的意义时,"我"又得以走出"自我",走向亲人与社会他人。如孔子所说"己欲立而立人,己欲达而达人""己所不欲,勿施于人",孟子所说"老吾老,以及人之老;幼吾幼,以及人之幼",都是从情感感受,从身心"体贴"处指点如何从"自我"走向"他人"。这里没有繁难的理论预设,没有神秘莫测的圣灵启示。孔孟原创儒学就以情感感受为入路,确认不离"身我"而走向"他人",不离"人性"而开示"神性",不离"凡俗"而进达"圣境",这无疑显示了一种独特的而且甚具现代意义的生命智慧。孔孟原创儒学首先应该从这种独特性中才能得到更确切的肯定。

顺着孔孟原创儒学这种独特的生命智慧追寻,由孔孟儒学为主导铸造的中国人的国民性才会得到更好的理解与肯定。

尽人皆知,20世纪初,学界、政界对国民性有许多讨论,而且比较多的说法都以为国民性给中国的进步带来的主要是负面的影响。典型的如李大钊所说,以中国为代表的东方文明与西方文明的差别,"一为自然的,一为人为的;一为安息的,一为战争的;一为消极的,一为积极的;一为依赖的,一为独立的;一为苟安的,一为突进的;一为因袭的,一为创造的;……一为自然支配人间的,一为人间征服自然的"①。李大钊此间即历数中国人的国民性之"不是"。

但是,如果确认孔孟原创儒学是立足于世间情感来提取价值信念与生命智慧的,那么,我们一方面固可以说,孔孟儒学因此开出的救心救世的路子既不同于古希腊的理性主义的路子,也不同于古中东、古印度的宗教信仰的路子;另一方面也可以说,它既兼容了理性主义的路子,也兼容了宗教信仰的路子。

为什么这样说呢?如上所论,孔孟儒学是立足于世间情感,在情感所在所到处指点为人之道的。就孔孟回落到现实世间,从人间的生存状况寻找自救的力量、因素而言,这不就显得很理性吗?在现实世间中,孔孟认取情感为人类得以自救的力量、因素,而情感即是价值的,就情感不可以以认知理性予以说明的意义上说,这不是亦具信仰性吗?可见,孔孟儒学的路子,实际上是在理性与信仰之间保持平衡与张力的路子。所谓在理性与信仰之间保持平衡,这里是指孔孟建构起来的价值追求,作为信仰,是

---

① 李大钊:《东西文明根本之异点》,载《言治》季刊第3册(1918年7月1日出版)。

经过理性的洗礼的,因而不会堕入过分的盲目与狂迷;作为理性,又是有信仰为之支撑的,因而不会落于过分的功利与计算。所谓在理性与信仰之间保持张力则是指,儒学在后来的演变中,有的时候会偏向于理性,如荀子、朱子所做的那样;有的时候会偏向于信仰,如董仲舒所做的那样。但是,他们的这种偏向,无非是把儒学在两个不同向度予以充分地展开而已,他们始终没有把两者的平衡关系打破。荀子依然强调礼义教化的重要性,董子甚少征引神话传说而更有取于农业社会中的观察与经验,即是。

我们不妨来看中国的历史。一方面,在历史上,中国从来没有爆发过大规模的宗教战争,这不就见得中国人很理性吗?另一方面,中国在历史上虽也出现过动荡、分裂,但在分裂时期那些即便显得很弱小的诸侯国,都还是以统一为自己的使命,而且最终都会走向统一,这又是为什么?这是因为中国人重"情"的融合,① 重由情感培植起来的"亲亲而仁民,仁民而爱物"的价值信仰。显见,中国人的这种国民性,即显示为在理性与信仰上保持平衡、维持张力的一种特性。中国人的这种国民性,诚为由孔孟儒学所主导的价值意识所凝练。

有学者说,中国人的这种国民性,在理性方向上没有延伸出近代科学,在信仰上没有走向一神教,实为两者都不足,何可称道?然而,我们也可以说,正因为中国人有理性的训习,所以在中国并没有发生过对科学的迫害,中国人很能接受科学的熏陶;又正因为中国人有信仰的基础,所以在中国尽管也出现过不同宗教之间的一些论争,然而,不同宗教最终都会被容摄在一个大系统中,就像不同部族最终会被融汇在一个大中华中。从现代社会的走向看,讲求理性似乎已经不是什么问题。然而,在讲求理性的同时也不缺失信仰却是一大问题。缺失信仰,或把信仰与理性的任何一方推向极端,都会诱发社会的严重危机。由是,不就可以说,以孔孟儒

---

① 钱穆先生对东西文化做了一种类型上的区分。他写道:"西方之一型,于破碎中为分立,为并存,故常务于'力'的斗争,而竟为四围之斗。东方之一型,于整块中为团聚,为相协,故常务于'情'的融和,而专为中心之翕……故西方史常表见为'力量',而东方史则常表见为'情感'。西方史之顿挫,在其某种力量之解体;其发皇,则在某一种新力量之产生。中国史之隆污升降,则常在其维系国家社会内部的情感之麻木与觉醒……以治西史之眼光衡之,常觉我民族之唵缓无力者在此。然我民族国家精神命脉所系,固不在一种力之向外冲击,而在一种情之内在融和也。盖西方制为列国争存之局,东方常抱天下一统之想。"[钱穆:《国史大纲》(修订本上册),商务印书馆1996年版,"引论"第23~25页] 钱穆此论甚有见地,仅录以供参考。

学为主导形成的中国人注意在理性与信仰之间保持平衡与张力的文化精神，和由这种文化精神塑造而成的中国人的温情、平和、包容的心理性格，更合乎现代社会的要求吗？

这是我重新思考与反省以往对孔孟儒学的研究之一得。

（二）关于老庄原创道家的中心话题与核心价值

老庄原创道家讨论的中心话题及其提供的价值是什么，近代以降也是众说纷纭。

20世纪五六十年代，中国老一辈学者受意识形态的影响，大多把老庄思想定性为唯心主义，认为其提供的社会历史价值是消极的，有人甚至认为庄子思想倡导的是混世主义、滑头主义。这样一类评论，现在大体已不再有人提起。

及海外一批学者和20世纪80年代成长起来的新锐学人，在研究老庄学上有许多突破，乃至在与西学的比较中更有许多提升。但是，我的感觉，也还不免仍有若干偏颇与不足。其一，在老庄思想产生的社会历史背景的问题上，如牟宗三以为老庄哲学是针对周文疲弊而发的，也即是针对周朝的礼乐之制已剩下为一空壳，为一虚文，成为自由、自在、自适其性的要求者之障碍、之桎梏而建立起来的。① 这是说，老庄学源出于对治特殊情境的特殊问题。这无疑把老庄思想的意义收窄了。其二，在老庄道家本体论建构的特质上，牟宗三先生目为"境界形态的形而上学"，即纯为主观性的追求，不可能获得存有论的意义。② 这显然更把道家的追求虚幻化了。其三，在老庄道家的社会历史价值问题上，不少论者又谓道家的用意并不在否弃儒家的仁义思想，而只是批评虚伪的仁义说教，道教恰恰是主张性善、仁爱、忠孝、信义的。③ 这似乎说，道家只有被还原为儒家，与儒家挂搭起来才可以获得正面的认肯。其四，在老庄道家的认知价值问题上，抑或有称这一学派以丰富的辩证法思想影响国人，可是这些辩证思

---

① 牟宗三先生的说法，参见牟宗三《才性与玄理》，台湾学生书局1985年修订版，第十章《自然与名教：自由与道德》。
② 参见牟宗三《中国哲学十九讲》，台湾学生书局1986年版，第五讲《道家玄理之性格》。
③ 参见郭齐勇编著《中国哲学史》，高等教育出版社2006年版，第一编第三章《老子》。

想终难免流为术数与智巧。① 诸如此类。

显见，对老庄思想的这些判认与评价，似乎都未触及老庄的中心话题与核心价值，及读刘笑敢教授新作《老子古今》，其以"人文自然"之新概念把捉老子思想，确认老子的"人文自然的最高目标是人类整体状态的自然和谐，是人类与宇宙的总体关系的和谐"②。此说才可以称得上是对老子的十分到位与十分贴切的评价。

但是，对老庄道家的思想，仍可以有更进一步的讨论。

我自己的一个看法是，老庄的思想是集中于对整个的人类"文明与进步"的反省这一极有挑战性的问题展开的。也只有从这一视角（不是对特定历史时期、特定现实状况）去透显老庄，才能真正揭示老庄哲学的意义。

为什么这样说呢？那是因为，正是老庄哲学对整个人类文明与进步的深刻反省与批判，揭示了人类的悲剧性的运命，而这种运命是我们现在才开始逐渐意识到的。人类的悲剧性运命就在于，人如果不离开自然，不进入社会与被"文"化，就不能成为独立的一"类"。但是，人一旦离开自然而独立，即意味着与自然处于一种对置状态。人类在后来的"进步"中，越是追求自己的独立，乃至追求获得大自然的主宰者的地位，人与大自然的对置状态便越严重。就像我们今天所看到的那样。

然而，人果真能够脱离大自然，摆脱大自然的控制吗？人毕竟是大自然长期发展的产物，人的每一构件及其巧妙组合都出自大自然的精心制作；人的每一生活处境与生活资源也都有赖于大自然的恩典。大自然是人类的创造者、人类的母亲。人类如果背离自然创造者，背弃自己的母亲，就会从根本上失去自己生存的依据与本源，更毋言人类得以显耀自己与别的物类不同的那种所谓的主宰性了。《庄子·大宗师》"大冶铸金"的故事所寓意的正是这一点：大自然营造宇宙万物并无任何意向与目的，如果万物中的某一类一定要大自然把它雕塑为"人耳人耳"，赋予这一类以独特性使之反过来主宰自然本身，大自然一定会视之为不祥，予以废弃。庄

---

① 关于老子思想的特质与价值的种种争论，刘笑敢先生有详尽的介绍与评论，参见刘笑敢《老子古今：五种对勘与析评引论》（上卷），中国社会科学出版社2006年版，"导论二"。

② 刘笑敢：《老子古今：五种对勘与析评引论》（上卷），中国社会科学出版社2006年版，第56～57页。

子这里揭示的无疑即是人类运命的悲剧性：人类离开自然，追求自己的独立性、主宰性亦即追求所谓"文明与进步"，却最终又不得不被自然所弃去。值得注意的是，在古典思想世界里，不仅是老子、庄子对人类的"文明与进步"有这样一种警示与反省，有这样一种悲怆感受，古中东神话以人类祖先偷吃智慧树上的禁果即为对上帝的背叛而为上帝所惩罚，古印度把人之所以会在三世轮回中受苦受难归因于人的"分别智"，所寓含的都是对"文明与进步"所带来的"恶果"的共同警觉。及至现代，在我们看到人类文明走过的许多地方留下一片荒漠、一堆废墟时，我们才得以感受到古代圣贤对"文明与进步"批判与反省的深刻意义。

人与自然拉开距离成为人类，是从人学会制作工具开始，以知识技艺的开发为标志的。而工具的制作、知识技艺的开发，则是为了改变人的生存处境，因而从一开始就寓含有功利的目的。随着工具的不断创新、知识技艺的不断提升和财富的不断增长，人的功利意识亦在不断加强，人的纯白洁净的心性便日渐丧失，为功利争夺而爆发的种种冲突只会越发加剧。由此我们得以看到，庄子何以会编织出"子贡南游"与"混沌初开"等故事。"子贡南游"劝诫种菜的老人家学习使用"机械"，老人家称"有机械者必有机事，有机事者必有机心"（《庄子·天地》）而坚决予以拒斥；"混沌初开"则以为人的知识心的开启实意味着人之走向死灭（《庄子·应帝王》）。此中，庄子的批判何其严厉！及人们发明一种"国家机器"——权力机构以图使人与人之间的利益争夺得以协调。随着权力机构的不断调整，似乎因使每个个人在利益上有更多的"平等机会"而被认作为一种"进步"，但是，权力机构既源出于利益的争夺，则它的调整也无非是利益的重新分配而已。依此，我们便可以很好地理解老子的如下说法："天下多忌讳，而民弥贫；民多利器，国家滋昏；人多伎巧，奇物滋起；法令滋彰，盗贼多有。"（《老子·五十七章》）"天下多忌讳""法令滋彰"，亦可以说显示了国家在管治施设上的"公开""公平"与"细密"。然而，纷争的利益个体利用管治上的空隙采取的手段（利器、技巧）却也越狡诈、越狠毒，由此带来的后果是普通老百姓越贫困，国家的管治越混乱。人类社会在"文明与进步"的道路上已越走越远，然而，我们从面对当代争夺在规模上的世界性和手段上的残酷性（以最先进的科学技艺为依托）所感受到的，难道不仍然是老庄当年之忧心不已？！

显然，只有从老庄对人类的文明与进步的这种深刻反省的角度认识与理解老庄的思想，才可以说明老庄的思想不是负面的、消极的，而是正面的、积极的。它的正面的、积极的价值，不需要与儒家的仁义礼智相挂搭，更不需要与知识技艺相关联，即可得到肯定。它的正面的、积极的价值，就出自它对人类悲剧性运命的彻底反省中。在现代尤其如此。

必须指出的是，老庄对人类文明与进步的反省与批判，绝不是如牟宗三先生所说的，仅仅属于一种主观上的价值诉求。他们是有存在论与知识论做支撑的。其中，老子以宇宙论作为存在论的一种理论形态，与老子对文明与进步的反省的价值诉求同样地影响着中国长久的精神文化变迁史；而庄子从对知识论的反省的角度为其对文明与进步的反省提供支撑，则在中国精英阶层的心灵建构中留下很深的印记。

老子以宇宙论作为存在论的一种理论形态，再明显不过的即见于他的以下说法："道生一，一生二，二生三，三生万物。万物负阴而抱阳，冲气以为和。"（《老子·四十二章》）"有物混成，先天地生，寂兮寥兮，独立而不改，周行而不殆，可以为天下母。吾不知其名，字之曰道，强为之名曰大。"（《老子·二十五章》）老子的这些说法，显然不是纯粹的理论预设，而是出自对农业社会中万物生殖繁衍状态的观察。从观察中，老子意识到，宇宙万物经历着由单一到多样、由简朴到繁杂的过程。老子可以说是中国古典宇宙论系统表述的第一人。由于儒家学者面对的同样是农业社会的生存处境，所以孔子、孟子的门徒后来也都认同并引入了宇宙论。

只是，儒家引入宇宙论，是把宇宙由单一到多样的变迁过程视为一种升进的过程，人类则在"赞天地之化育"的过程中建立起价值信念并使这种价值信念获得正当性。儒家非常重视"成人节"。从以"成人节"确认人由自然向社会生成值得祝福的礼仪中可以看到，儒家的宇宙论以"文明与进步"为价值取向。

老子与此有别。老子视宇宙由单一到多样、由简朴到繁杂的变迁过程不是升进，而是坠落。因为处在"道"或"一"的状态中，那是混一不分的、纯粹的；"一生二"，便开始有分别，有矛盾，有对立，被对待关系所限制了；及"二生三""三生万物"，则落入的对待关系越多，所受的限制越多，也就越失却自由、自在与自我了。老子所说的"失道而后德"（《老子·三十八章》）、"朴散则为器"（《老子·二十八章》）等话语，都表述了以宇宙由单一到多样的变迁为坠落的价值信念。老子又主

"复归于婴儿"(《老子·二十八章》),盛称"婴儿之未孩"(《老子·二十章》),乃因处于婴孩的时期,那是单一、纯真的时期,及至长大进入社会,便要面对种种矛盾,扮演种种角色,接受种种折磨,不得不被变形、被扭曲,不得不失真。老子这里揭示的,即是由单一到多样、由自然到社会的演变过程,为坠落过程。老子的宇宙论,源自农业社会对农作物繁衍的观察与经验。他以宇宙论作为他对"文明与进步"的反省的形上依据,实即把"文明与进步"问题放置在宇宙变迁的大格局中予以审视。正是从这个意义上说,他的宇宙论、他的"道"不是预设的,而是实存的。

从视宇宙由单一到多样的变迁为坠落的价值信念开显的社会理想,无疑是回归单一,回归简朴,即回归自然。老子反复宣讲要"道法自然"(《老子·二十五章》),"道之尊,德之贵,夫莫之命而常自然"(《老子·五十一章》),都在守护自然。老子以"小国寡民"为理想社会形态,实即以乡村式的"自然社会形态"(社会学家所谓"礼俗社会")为向往的社会形态。这种社会形态与"人工社会形态"(社会学家所谓"法理社会")的不同在于,后者是以"利益"为中心,以人为编造的契约与法律为纽带建构起来的,人与人之间是疏离的、陌生的乃至对立的,人在其中找不到安全感。而前者——"自然社会形态"是以"情感"为中心,以习俗为纽带连接起来的,人与人之间是亲近的、关爱的、信任的,它才是人们的"家"。显然,老子守护自然,也就是守护着人类的"家"。只有从人类如何安顿自己的根源性的角度理解老子,才不会把老子权术化、巧智化。

庄子从对知识反省的角度反省人类"文明与进步"的追求,对精英阶层的心灵建构有极深的影响,这也是十分值得看重的。

习惯上人们都会把心智的开启、知识的建构,看作人类走向文明与进步的重要标志。然而,在庄子看来,认知可靠吗?认知果然可以把捉事物的本真吗?庄子以为不然。

首先是从认知客体方面看,我们面对的事物,都是在矛盾对待中才得以显示、得以被分判的,这意味着,它本来并不确定;而且,矛盾对待是会不断地被改变的,这意味着,它其实也不稳定。认知对象本来就不确定、不稳定,又何以有认知上的确定性与稳定性呢?庄子所谓"未知有所待而后当,其所待者,特未定也"(《庄子·大宗师》)即指此。

其次是从认知主体方面看,即使面对同一事物,由于观察的个人不同,或个人观察的角度不同,也会有认知判释上的完全不同。我们又当以哪一个人、哪一观察角度提出的判释为本真性的判释呢？庄子所谓"以道观之，物无贵贱；以物观之，自贵而相贱；以俗观之，贵贱不在己"（《庄子·秋水》）即指此。

最后是从认知必求助于语言、词谓的角度看，语言、词谓都是仅就对象的某一特性、某一功用给出的。不同的人根据不同需要选取不同特性、不同功用，就会使用不同的语言、词谓。此不是亦表明，语言、词谓的使用具有主观随意性，它们又岂能给出事物的本来面目？庄子所谓"道行之而成，物谓之而然。恶乎然？然于然。恶乎不然？不然于不然。恶乎可？可于可。恶乎不可？不可于不可"（《庄子·齐物论》）即指此。庄子回应公孙龙"白马非马"论时更说："以指喻指之非指，不若以非指喻指之非指也；以马喻马之非马，不若以非马喻马之非马也。天地一指也，万物一马也。"（《庄子·齐物论》）这是说，公孙龙用"指"（白马）来说"指"（白马）不是"指"（马），还不如以不是所指的（事物）来说明"指"（概念）不是所指的（事物），即如以"马"（概念）来说明"马"（概念）不是所指的"马"（事物），还不如以不是所指的"马"（事物）来说明"马"（概念）不是所指认的"马"（事物）。因为对"事物"的称谓，是人的认知选取事物的某一特性、某一功用主观地添加上去、编派出来的。既然如此，那么把"天地"归为"一指"，把"万物"称作"一马"，又有何妨呢？

庄子就是这样检视认知及语言运用的局限性而对人类的知识建构做出反省。事实上，人类的逻辑认知所确定的许多规则都具有人为的主观性。从这里我们感受到了庄子是何等睿智！

庄子深刻地暴露由认知给出的世界的不可靠性，然而，人类又只能靠认知的指引生活与活动，这不能不使庄子感到悲哀。庄子有很强烈的绝望感，只是庄子以一种我称之为"荒诞意识"的艺术精神把绝望感做了化解。

我这里所说的"荒诞意识"是指"不真当真"。认知和语言给出的，不具真的意义，是谓"不真"。但人被抛弃到这个世间，又只能凭借认知和语言的指引生活与活动。人没有别的选择，只能"当真"。把"不真当真"，自可以放下与入世。这种生活态度，过去曾被斥为"滑头主义""混世主义"。其实，"滑头主义""混世主义"背后有功利的计算，而庄子却是以"入世"求"出世"，他的追求仍然是超越的。特别是降及现代，知识的形式化（所谓"价值中立"）追求成为时尚，知识因排斥价值更脱落为"有用工具";国家建制取机械多数(民主化与平均化)为确认方式,则又使社会的公共交往堕落为"游戏规则";传播媒介为商业利益操控而不断编织新闻,更使生活世界失真而只具嬉戏性;……面对这些被认为标识人类"文明与进步"的变迁,庄子以"荒诞意识"应酬之,固带有个人自我解嘲的色彩,但绝不可以认作批判精神的忘却。

(三)关于汉唐儒学的宇宙论

孔孟原创儒学发展至汉代,是由宇宙论支撑且带有浓厚的神学色彩的。对汉唐儒学及其宇宙论如何评价,这也是学术界的一大难题。20世纪50年代至70年代,中国学者因为汉儒的代表人物董仲舒和代表性著作《白虎通义》等多把天地宇宙神格化,并以为神格化的目的是为封建君权提供依据的,因而极力予以贬斥。海外学者不取意识形态为评价标准,但或过多地讲求理性,或过多地推崇主体性,亦未能给予恰当的判释。如牟宗三就以为,董仲舒是宇宙论中心,他把道德基于宇宙论,要先建立宇宙论,然后才能讲道德,这是不行的,这在儒家是不赞成的。① 徐复观则称,董仲舒以及两汉思想家所说的天人关系,都是通过想象所建立起来的,他们都具备了哲学系统的形式。所以不仅是董仲舒,汉人的这类哲学系统,不能受合理主义的考验。② 劳思光更称,两汉至唐代为中国哲学的"衰乱期"。秦汉之际,南方道家之形上旨趣、燕齐五行迂怪之说,甚至苗蛮神话、原始信仰等皆渗入儒学,以至两汉期间,支配儒生思想的,并非孔孟心性之义,而为混合各种玄虚荒诞因素之宇宙论。③ 显然,海外这些名家对汉唐儒学,实亦取贬斥态度。依上所引,牟氏、劳氏的判释依据显然是道德主体是否得以凸显,徐氏的判释标准则是有没有知识理性做支撑。

一方面,人们都承认,汉唐之际开出了中国古典社会的两个繁荣期;另一方面,学界又大多指摘汉唐思想特别汉唐以宇宙论支撑的儒学甚是荒唐,甚无价值。这是一个巨大的落差。

面对这种落差,我的反省便是:知识理性、主体性,这些近代以来备

---

① 参见牟宗三《中国哲学十九讲》,台湾学生书局1983年版,第76页。
② 参见徐复观《两汉思想史》(第2卷),华东师范大学出版社2001年版,第241页。
③ 参见劳思光《新编中国哲学史》(二卷),广西师范大学出版社2005年版,"导言"。

受推崇的东西，是不是评论学术思想的唯一标准？

展开来说，这当中涉及四个大的问题：

一是，怎样理解思想文化的宗教走向，怎样看待宗教信仰的社会功能？

二是，宇宙论作为一种独特的存在论形态，在知识论上能不能够成立？

三是，由宇宙论支撑的成德论，有没有合理性？是不是可取的？

四是，借宇宙论确立的社会—国家运作系统与运作秩序，有没有独特的价值？

由于篇幅关系，下面我们不去讨论第一个问题，我们从第二个问题谈起：宇宙论作为一种独特的存在论形态，从知识论的角度看能不能成立，或在什么意义上可以成立？

所谓宇宙论为一种独特的存在论形态，那是指它不仅仅在与心—主体相对应的情况下确认宇宙万物为"存在"，而是进一步地给出了万物的来源、万物的演变及其基本方式。如汉唐人以为天地宇宙来源于一气，气分为阴阳，阴阳起伏而有四时，四时轮替又与方向、方位等相关，是有五行。"元气""阴阳"所把握的是宇宙的本始生命力。依宇宙论，本始生命力经历着不同的时间（四时二十四节气）与空间（五行）变化，就化生出千差万别的事物。千差万别的事物又都依因于生命力及其在时间、空间上的联系与差别，而获得一种在类上的同一性与差别性。这就是宇宙论对"存在世界"生成过程的具体描述。从这种描述我们实际上已经看到，宇宙不是想象的产物，它与在农业社会农业生产状况下对大自然的观察与经验密切相关。

那么，我们怎样看待宇宙论对存在世界的这种说明在认知上的特点与价值呢？

很感谢海外著名汉学家李约瑟的研究。他在所著的《中国古代科学思想史》一书中有取葛兰言的说法把中国古典宇宙论所体现出来的认知方式称为"关联思维"。李约瑟认为，如果说西方近代的因果思维为机械性的，那么中国古典宇宙论的思维无疑是有机性的。[①] 后来，英国另一汉

[①] 参见［英］李约瑟著《中国古代科学思想史》，陈立夫等译，江西人民出版社1990年版，第275～407页。

学家葛瑞汉在其所著《论道者——中国古代哲学论辩》中也以"关联思维"指称中国古典思维并有更深入的讨论。但是，葛氏认为"关联思维"是在信息不足的情况下形成的，这似乎是说，它更多地还是靠想象编织起宇宙的关联图景。①

我在1989年出版的《中国哲学的探索与困惑：殷商—魏晋》一书中，曾经把宇宙论表现的认知方式称为"类归法"或"类归方式"。这种认知方式总是习惯于把单个事物归入"类"中，进而把"小类"归入"大类"中，通过归入来予以介说与把捉。如把五声、五味、五色、五脏等归入"五行"，把"五行"关联"四时"，把"五行""四时"归入"阴阳"，都为类归，通过类的归入来考察一个或一种事物的特质与功能。

要注意的是，这种"类归方式"与通过逻辑抽象形成的"类"的概念不同。逻辑抽象所形成的"类"，是凭借舍弃各别殊相获得的，"类"涵摄的物事越多（外延越大），其内涵越少。宇宙论的类归法不同，越往大类归入，其内涵不仅没有减少，反而是丰富了、增多了。为什么呢？因为把一个事物归入"类"中，意味着它与同"类"事物有了更多的联结、更多的面向、更多承接与转换关系，这不是就更丰富了吗？譬如，以"人是什么"这个命题来说，依近代以来的分析分解思维，大概会说"人是有智慧的两足动物"。这是以"属加种差"的方式做出回答，着眼点是差别。在把差别做得越来越精细的时候，便可以量化，可以操作化，由此成就了近代的技术科学。而中国古典的"类归法"的思维方式，也许会回答说"人是动物"。这是把人这一"小类"归入动物那一"大类"，着眼点在关联。在做这种归入后，我们思考"人"的问题，就不仅只顾及"人"自己的特性与功能，还要顾及猪、牛、马等各种"同类"与"人"的关联、对人的影响。这样一来，虽然"人"这一小类的特殊性被模糊了，但是对"人"的思考的空间却更广宽了。这不是更能够容纳想象力与创造性吗？

尤其耐人寻味的是，分析分解的认知方法把单个事物从众多复杂关联中抽取出来加以确认，其实是以"假设"为前提的。类归方法以为宇宙万物都处于息息相关的生存状态中，这倒是立足于真实存在。就宇宙论及

---

① 参见［英］葛瑞汉著《论道者——中国古代哲学论辩》，张海晏译，中国社会科学出版社2003年版，第359～424页。

其所取的类归法而言，这种真实存在就表现在：

首先，从空间上看，"类归法"捕捉的其实是在相同或不同生态圈下诸种事物的关联性。譬如说，生存于光照比较充足状况下的事物，不可避免会有一种关联性；而生存于比较阴暗状态下的事物，自会有一种与生存于光照充足情况下的事物不同的关联性。宇宙论以阴阳为"类归"的最高层级，所揭示的不就是这种生态圈所造成的关联性吗？宇宙论所使用的"类"的概念，不是以事物的形态或结构为依据，而是以在同一生态圈下事物所获得的特定功能与信息为依据，这说明古代圣贤有何等的智慧。

其次，从时间上看，"类归性"的认知方式为一种"回溯性"的寻问方式。这种"回溯"寻问则体认着物种的演化史：许多在形态上殊别的物类，其实都可以追溯到单一的共同的本源；正是单一的共同的本源，才隐含有多种发展的可能性；共同本源在演化过程中经过变异与选择，原先所有的多种可能性或能力隐退了，但并没有消失；它实际上作为记忆被储存着，还可以被激活，诱发出新的发展的可能性，转换出新的物类。类归法，从追溯物类的本源来探索物类交换、转化功能与信息的可能性，在这里，不也隐含有一种物种进化史的"客观"依据吗？①

正是在这种意义上说，宇宙论有其独特的认识价值，不应该轻易地以

---

① 上述看法已收入冯达文《重评汉唐时期的文化精神——兼论汉唐儒学的宇宙论》一文中，见《理性与觉性——佛学与儒学研究论丛》，巴蜀书社2009年版。

"想象"乃至"怪诞"之说评判之、否弃之①。

第三个问题是：由宇宙论支撑的成德论，有没有合理性？是不是可取的？

我们知道，孔孟原创儒学是通过回归心性建立起来的。我自己的看法更加确认，孔孟所讲的心性，也就是人的"世间情"，孔孟是指"情"为"仁"为"善"，孟子更以"仁善"为性，借明心见性建构起道德理想的。孔孟不太涉及天、天道、天命，有时还把"仁"与"命"对置起来，以凸显"仁"的人格价值。但是，人的"世间情"本来就具本源性，就出于自然——天然，也就是说，它本来就是超越的、先验而绝对的，因之，《中庸》称"天命之谓性"，赋予"性"以"天命"意义，使"性"与"天命"贯通，从而为人的"仁道"与"善性"寻找一最高的价值源头，

---

① 关于"类归性"认知方式的"客观"依据，我在2015年出版的新作《道家哲学略述——回归自然的理论建构与价值追求》（巴蜀书社2015年版）一书中又表述为："类归性"的认知方式，有客观的依据吗？这里的关键在一"类"字。"类"是如何确定的？这种确定的正当性在哪？前面说过，宇宙论是通过把捉、还原大自然生化的过程与节律而建构起来的。它的主要概念，如阴阳，所把捉的是大自然正向与反向的两种生命力变换的节律；四时，所把捉的是原始生命力在时间上的变迁节律；五行，所把捉的是原始生命力在空间（方位、方向）上的变迁节律。而天地宇宙间的各个生命个体、各种生命物类，就都是在适应大自然在时空的交换与变迁的节律才成其为如此的；那些无法适应的生命个体、生命物类，都会被自然变迁节律所淘汰。这意味着，生命个体、有生命的各种物类，在长期适应大自然变迁节律的过程中，其实已经把这种节律，内化为自己的结构、功能。《黄帝内经》所谓"天覆地载，万物悉备，莫贵于人，人以天地之气生，四时之法成"；所谓"阴阳有时，与脉为期。……微妙在脉，不可不察，察之有纪，从阴阳始，始之有经，从五行生，生之有度，四时为宜，补泻勿失，与天地如一，得一之情，以知生死"。这里所说的"人以天地之气生，四时之法成""阴阳有时，与脉为期"，实即指大自然变迁节律之被内在化；所说之"纪""经""度"，又即天人相应之律，也即是"类"。可见，以"五行""四时""阴阳"的观念对生命体做生理、病理、药理的"类"的区分，便毫无疑问地具足客观性与科学性。

《黄帝内经》为中医经典。中医在近世曾经被指斥为不科学，理由是同一种病不同中医用药多不相同。然而，中医用药之不同，其实顾及男女老少的差异，春夏秋冬的不一，东南西北之各别。这可以说就是宇宙论及其"类"观念的具体运用吧！……就中医和丹道理论所取的宇宙论的形成而言，无疑与农业文明密切相关，也可以说是立足于农业文明基础上建构起来的知识类型。这种知识类型也许夹带着许多的联想，带有十分浓重的神秘色彩，但它所取的大方向——对生命的充分认肯，力图通过把捉大自然变迁的节律守护生命的价值，这样一种认知路向与价值取向，越从未来的角度审视必将会觉得越无可非议。现代科学奔忙于去改变大自然变迁的节律，热衷于打破天地宇宙的时空结构，却不知道人类在几百万年前在适应大自然——天地宇宙原来的变迁节律而形成的稳定的形体构造与生命魔咒其实无法接受。人类的生存已经越来越受到威胁，人类还能够存续下去吗？（详见该书第274～276页）

这也是极为顺当的。《中庸》对孔孟原创儒学的这一推进，一方面仍然确保价值的主体性（以心性为基础），另一方面也通过"逆觉体证"以使主体价值追求有一实体的支撑而获得客观意义，故为牟宗三诸先生特别看好。

但是，牟氏这里关切的，其实还是近代以来人们热衷的"主体"问题。然而，作为"客体"的"天命"是什么？如果"天命实体"完全是由主体开出去，它并不涉及天地宇宙，真的具有"客观"的意义吗？

事实上，古人不会太多地强调人的主体性。孔孟思想所表现的"主体性"，是在与社会的恶的变迁的抗争中凸显的。古代即便是圣贤也都明白自己生存于天地宇宙中。孔子说要"畏天命"（《论语·季氏》），称"获罪于天，无所祷也"（《论语·八佾》），此都表明他对"天命"、对天地宇宙仍然深怀敬畏之情。及《易传》《礼记》《吕氏春秋》把"天命"——天地宇宙的变迁，展示为一气化生、阴阳消息、四时轮替和五行生克而建立起宇宙论，并直接从对宇宙生化的敬仰、敬畏与敬祈中引申出道德信念时，我们不仅不能指摘它减杀了心性主体性，反倒以为它使人的价值信念走出主体情感、走向天地宇宙，凭借"存在论"的支撑而更有助于获得普遍有效意义。如《易传·说卦》所说："一阴一阳之谓道，继之者善也，成之者性也。"这就是不只以"心之情"为"善之性"立论，而把"善之性"放置在依循阴阳大化之道付出努力，从赞天地之化育中成就，此即很切合农业社会人们的生存处境所形成的价值信念。又如董仲舒所说："天高其位而下其施……高其位，所以为尊也；下其施，所以为仁也。"① 这是把"仁之道"安立于天地宇宙生生之德的基础上，无疑尤使孔孟儒家的成德追求更具崇高性。这些实都可以盛称为儒学的新拓展。牟宗三极力区分《易传》与董仲舒之不同。实际二家的不同只在于董仲舒强调人的德性直接源于阴阳大化的给定性，因而忽略了主体的涵养；而《易传》更强调从对宇宙大化的敬仰中证立道德，有似确认人的主动性。尽管二家有这样一些不同，但是二家无疑都依托于天地宇宙的生化，都可以归结为生存论；而且正是在生存论的意义上，而不是在价值主体论（道德意志）或知识论（从认知中建立道德）的意义上，建立起它的正当性。降及现代，在主体性与个体性过分张扬，人对天地宇宙缺失敬畏与感恩之情的状况下，其正当性尤为凸显。我在自己的一个演讲中曾经发表过

---

① 《春秋繁露·离合根》。

如下一番看法：

> 这种宇宙论确认，天地宇宙为一无限的生命体（场），它在生生不息的演化过程中造就了每一生命个体，每一生命个体的聚合与消散都体现着宇宙大生命的活力与创造。
>
> 就每个生命个体而言，它即是宇宙大生命长期演变的创造物，宇宙大生命经历了长期的发展，包含了以往历史上一代又一代的努力（所谓"赞天地之化育"），才造就了我和我这一代。在这种意义上，宇宙大生命的发展与变迁是"为我的"。而宇宙大生命的流行并没有到我和我这一代为止，我和我这一代的付出必将会成为下一代的新的起点，将会溶入往后的宇宙大生命的发展中去。在这一意义上，我和我这一代又是"为他的"。
>
> 既然我和我这一代是宇宙大生命长期变迁的产物，是以往历史上一代又一代努力的创造物，我们自当要敬孝天地与先祖，珍惜我们现时的生命与生活；既然我和我这一代也需要付出，才可以溶入宇宙大生命无限发展的长流中去，我们也当建立起责任意识与担当意识，使我们现时的生命与生活更有意义。这就是儒家用宇宙论支撑起来的价值信念。
>
> 我们看植物世界。植物开花的时候多么灿烂、多么漂亮，但其实是为了雌雄花粉的传授，也就是为了繁殖后代。一旦传授完毕，它就凋谢了，枯萎了。
>
> 我们再看动物世界。动物在性功能未成熟的时候，雌雄难辨。待性功能成熟了，雄的长得特漂亮，叫得特响亮，但其实是为了吸引雌性进行交配。它的漂亮的表现同样是为了繁衍后代。
>
> 显然，天地宇宙在它的创造性活动中，让不同物类、不同个体都具有不同的特色，而且每个个体所获得的特色又都具有一种自足性。每个自足个体只要把天地宇宙赋予它的特性与功能最充分地、最灿烂地展现出来，它就实现了"自我"。而"自我"的这种实现恰恰又是为了下一代，为了宇宙以后的无限发展的，由是它又得以走出"自我"，走向天地宇宙。"自我"与"他人"，"人"与"自然"，在宇宙论的框架下得到了美妙的统一。①

---

① 冯达文：《理性与觉性——佛学与儒学论丛》，巴蜀书社2009年版，第338～339页。

无疑，把宇宙论支撑的成德论置于生存论—生存处境及其感受中去，才能更好地开掘它的积极意义。

第四个问题是，借宇宙论确立的社会—国家运作系统与运作秩序，有没有独特的价值？

近代以来，学者们大多依董仲舒"王道之三纲可求于天""仁义制度之数尽取之天"（《春秋繁露·基义》），"唯天子受命于天，天下受命于天子"（《春秋繁露·为人者天》）等说法，判认董子的政治哲学具有浓厚的神学色彩，而且是以"君权神授"之主张为中央集权的专制统治立论的。①

毫无疑问，董子的政治哲学有为中央集权立论的意向与效果，但是对他的"天"的观念还须予以辨识。我们说过，从《礼记》《吕氏春秋》到董子的《春秋繁露》，它们所讲的"天""天道"就是宇宙论。宇宙论大体上是借农业生产中的观察与经验，在农业社会条件下的生存体验建立起来的。它以阴阳消息、四时轮替、五行生克来把捉宇宙生化的规则，就表现了这种特质。即便在最终的趋归上，显示出神学色彩，但与从价值反省出发、依托神话架构起来的基督教神学与佛教信仰，仍有很大的差别。我们必须关联着宇宙论展现的宇宙生化规则——阴阳消息、四时轮替、五行生克，及这些规则在政治运作中的贯彻与体现，才能较全面地确认其价值。

古代圣贤是如何运用宇宙生化规则于社会—国家的政治运作系统的呢？关于这方面，《礼记·月令》篇有详细的展开，《月令》篇即有取于《吕氏春秋》"十二纪"之"纪首"，董子《春秋繁露》所说大体与《月令》相近而更为仁义道德张目。我这里无法对其中的内容做详细的介绍。它们所强调的基本理念是，国家所有的政策法令，从国君到臣民的政治施设与生活秩序，都要以一年四季12个月的变化规则为依据。如春季正月为万物生长的月份，国君与大臣要斋戒迎春，并对万民布德施惠；要严禁杀伐，严禁覆灭鸟巢，严禁捕杀雌性动物，还要保护幼弱物类，以利于动植物的生育与繁衍等。总之，治国的举措要坚持"毋变天之道，毋绝地

---

① 参见任继愈主编《中国哲学发展史》，人民出版社1985年版，"秦汉卷"之《董仲舒的天人感应神学体系》章；徐复观《两汉思想史》（第2卷），《先秦儒家思想的转折及天的哲学的完成——董仲舒〈春秋繁露〉的研究》之第1节和第10节。

之理，毋乱人之纪"（《礼记·月令》）。

很显然，古人无疑是从"生态"论"政治"，把政治的正当性立足于天地宇宙的生化规则，这完全可以称为"生态政治哲学"。

我这里特别把由宇宙论引申而成的生态政治哲学提取出来加以考量，缘于如下这样一个话语背景。

我们知道，近代以来，以自由主义思潮为主导的政治哲学，在构建的方法论上，实际上是近代自然哲学所取的机械观的横移。这种方法所热衷的做法，就是把每个个人从社会的复杂关联中抽离出来，成为单独个体。原来，在社会复杂关联中，不可避免有身份、地位、权力、财富、教养、学识上的种种差别；抽离出来的单独个体把差别去掉，剩下来具有"共相"意义的，便只能是趋利避害、趋乐避苦这样一种属于功利性的东西。每个单独个体，就凭这一点，得以被单一化与同一化；由单一化与同一化，每个个人被确认具有同等的权利；公共权力机构就从每个个人的同等权利上建立起来，又是为着保障同等权利而运作的。

无疑，近代以来人们崇尚的民主与法治都从这里开出。人们也都从民主与法治中感受到了自己作为平等自由个体的独立价值。

然而，近代以来的社会历史变迁表明，由此建立起来的政权机构与运作体系，至少会碰到以下两个尖锐的问题。

其一是，既然每个个体被拽落下来被单一化同一化（平均化）而成为一个个的利益个体，公共设置只为平衡与调整利益关系而建立，评价公共设置的标准亦只以经济是否增长、经济利益是否提升为指标，那么，人的教养、人超出利益的精神追求，即会被边缘化与私人化，整个社会亦只会被平面化。所有人都被挤压在物质利益的一个层面上、一条通道里，人与人、国家与国家狭道相逢，便不得不有生死的搏斗。我们现在物质生活资料无疑是极大地丰富了，可是人们所处的生存处境却仍然如此紧迫、如此残酷，不正是这种政治哲学带来的恶果吗？

其二是，这种政治哲学所认定的每个个人的平等权利（一人一票权），又只是关涉"在场"的。过去、未来不在场（没有投票权），而唯有顾及过去、未来，才有超越。只关涉"在场"的，也就是只为了当前的。政治导向是如此，经济理论的导向亦如是：一切为了当前！以金融危机为例。在金融危机中，中国备受批评，说中国人存钱太多，未能充分消费。可是，中国人存钱，意味着是让过去的为了将来的；西方经济学鼓吹超前消费，用未来的钱，却是把未来的、下一代的资源掠夺过来。显然，以追求最大的效益为目的的近代政治与经济理论，往往就立足在如何精明地（所谓理性）让有钱人盘剥穷人，让这一代人掠夺下一代人的基础上。这也必然会带来巨大的灾难！

由此，就有20世纪80年代社群主义的反省。社群主义认为，从方法论上看，根本就不存在所谓"单独个人"：人一生下来就落在特定社群中，人从生到死，一辈子离不开社群生活。这才是人的真实状况、真实处境。设想单独个人如何，那是没有意义的。而且，社群总是具体的、历史的，因之，人的欲望、人的权利正当与否，也是在具体历史中才能被确定的，设想单独个人应该有什么超时空的权利，那是虚假的。

我们顺随着社群主义在方法论上的反省，进而提出的问题是：人何止必定生活与活动在社群中，人其实也生活与活动在自然世界—天地宇宙中。人不仅不可能从社群中抽离，也不可能从自然世界—天地宇宙中抽离。这也是人的真实状况、真实处境。

这里我们可以看到，在方法论上，自由主义的政治哲学实际上立足于假设，社群主义、生态主义政治哲学则立足于真实；在价值观上，自由主义的政治哲学关切的显然是个人权利，社群主义关切的是人对社群的责任，生态政治哲学关切的则是人与宇宙世界的和谐。

关切个人权利，往往会把社群与他人外在化与工具化；关切社群，得以融入社会，对社会与他人有了一分尊重与担当；而关切宇宙世界，则更得以回归自然，对生我养我的天地自然多一分敬畏与感恩。现代人最缺少的，无疑就是这种敬畏与感恩。

我如此来为古典儒学的宇宙论辩护，用意绝不是要反对民主，更不是要为中央集权的君主政体立论。从理论上说，我的上述研究其实是出于对牟宗三的说法很有困惑：他一方面是全力守护儒家的价值信念的，另一方面却认为现代的民主政治是最好的。[①] 而如上所说，儒家与近代民主政治在方法论与价值观上，都是不同的。从社会历史的走向上说，我的这种研

---

① 牟宗三称："所以政治形态从古代贵族政治开始，从贵族政治进一步是君主专制，君主专制维持了两千多年，现在是民主政治。依我看，民主政治是个最后的形态。政治形态是没有很多的变化的，就是这三个。那两个已经过去了，民主政治才有永久性、有普遍性。"（牟宗三：《中国哲学十九讲》，台湾学生书局1983年版，第68页）

究则是为了暴露人类走向文明与进步无法逃避的一种"宿命"：人类进步的追求自不可以不走向民主，就像人类文明的走向尤不可以不抛离自然。然而，来到当今，人们已经获得了充分的民主与对自然的强大制宰力，那又怎样呢？人们无非是要面对更多的、更赤裸裸的与更残酷的利益争夺和更多的、更无情的与更灾难性的自然处境。人类是何等无奈！

（四）关于明代儒学的"情本论"

这是我对宋明儒学派系的独特划分，主要用以介说泰州学派及其理论。

我们知道，以建基于情感来昭示儒学的特质，古已有之。今人钱穆说中国儒学思想更着重于此心的情感部分①，李泽厚直称孔孟儒学为"情本论"②，蒙培元以为中国哲学特别是儒家哲学以情感为其全部学说的立足点，属于一种情感型的哲学③，等等，对儒学的情感特质都予以强调。

我于1989年出版的论作《中国哲学的探索与困惑：殷周—魏晋》中，也以为孔孟的仁学体系，是紧紧地诉诸现存世俗社会的普遍情感的。④ 1997年我编撰的《宋明新儒学略论》重申了这一看法。但是，我虽然以为孔孟原创儒学立足于"世间情感"，却并未以"情本论"指称之。我个人以为，儒学发展到明代中叶，在江门白沙特别是阳明后学——泰州学那里得与道家思想掺和，才形成"情本论"。

为什么这么说呢？因为如果把"情"看作是"本体"的，那就意味着"情"具有绝对至上的地位，在行事风格上亦会讲"率性（情）而为"。但是，孔子、孟子并不以为人应该"率性（情）"行事。孔孟立足于"情"，以"情"为根据，并且赋予"情"以自然—天然的品格，却以为只有把"情"向外推出，以及于亲人、社会他人，才可以成为"仁者"，才堪配称"仁之道"。显然，在孔孟那里，"仁""仁道"才具终极意义。"仁""仁道"虽然被浸润于"情"中，但由"情"到"仁"还是

---

① 参见钱穆《孔子与论语》，联经出版事业公司1974年版。
② 参见李泽厚《论语今读》，生活·读书·新知三联书店2004年版，"前言"。
③ 参见蒙培元《我的中国哲学研究之路》，见刘笑敢主编《中国哲学与文化》（第2辑），广西师范大学出版社2007年版。
④ 参见冯达文《中国哲学的探索与困惑：殷周—魏晋》，中山大学出版社1989年版，第2章第2节。

有一个距离，还需要一段"功夫"的。孔孟之后，《中庸》把"情"看作"已发"，称"性"为"未发"，将"情"与"性"做了区分；朱子更以"四心"（恻隐之心、羞恶之心、辞让之心、是非之心）为"情"，以仁、义、礼、智"四德"为"理"，将"情"与"理"做了识别。这些做法，诚然不是无缘无故的。这无疑即源自孔孟对"情"与"仁"、"情"与"性"的某种区别。

明代中晚期之儒学不然。

江门白沙子（陈献章）称："率吾情盎然出之，不以赞毁欤；发乎天和，不求合于世欤；明三纲，达五常，征存亡，辨得失，不为河汾子所痛者，殆希矣。"① 无疑，白沙子这种"不以赞毁欤""不求合于世欤""率吾情盎然出之"的行事风格，才可以被认作为"纯情"的。

深受泰州学熏习的汤显祖称："世总为情，情生诗歌，而行于神。天下之声音笑貌大小生死，不出乎是。"② 诚然，汤显祖这种为"情"所"困"，乃至于发愿"生生死死为情多，奈情何"的精神心态，才可以称得上具"至情"性。

另一个亦受泰州学影响的文学家冯梦龙更撰《情史》，其序称："天地若无情，不生一切物。一切物无情，不能环相生。生生而不灭，由情不灭故。四大皆幻设，惟情不虚假。有情疏者亲，无情亲者疏。无情与有情，相去不可量。我欲立情教，教诲诸众生。子有情于父，臣有情于君，推之种种相，俱作如是观。万物如散钱，一情为线索。散钱就索穿，天涯成眷属。"显然，冯梦龙以"情"为天地万物的本源与根基，立志以"情"为"教"，那真真确确属"情本论"。

以上所及，多属以文艺创作为主的思想家。他们在文艺创作中主"情本论"。然而，他们的理论根底即是泰州学。泰州学的理论取向，我又称之为"事本论"。

何以见得泰州学为"事本论"呢？我们看王艮所说："即事是学，即

---

① [明] 陈献章：《认真子诗集序》，见孙通海点校《陈献章集》（上册）（卷一），中华书局 1987 年版，第 5 页。

② [明] 汤显祖：《耳伯麻姑游诗序》，见徐朔方笺校《汤显祖诗文集》（第 31 卷），上海古籍出版社 1982 年版，第 1050 页。

事是道。"① 这种直指任一"事"之当下状态即是"道"的说法，不就是"事本论"吗？

"事"及其当下状态又是指什么呢？王艮说："圣人之道，无异于'百姓日用'。"② 李贽说："穿衣吃饭，即是人伦物理；除却穿衣吃饭，无伦物矣。"③ 这些说法，都把"事"明确指向人们日常的活泼泼的生活与行为。指"事"为"道"，无疑即把日常的生活世界做了本体论的提升。日常生活世界恰恰是由情感与信仰来维系的。故"事"即"情"，"事"的本体论即"情"的本体论。

我自己的研究何以会把明代中晚期的这一思潮单列出来加以阐述呢？我想有这样三方面的原因：其一，从思想史看，这一思潮着意于消解形上与形下、体与用、静与动、性与心、理与事（情）、未发与已发的分隔，回落到浑然未分的活动的事用的层面中来，自有其独到的问题意识。其二，从社会历史看，当"情"被指向"欲"、"事"被指向"俗"时，"情本论""事本论"即便使俗世那些杂乱的、不太道德的甚至充满情欲的生活趣味获得了正当性。可是，这不正好开启了近世以降社会历史的"进步走向"吗？其三，从精神追求看，这一思潮体现着那个年代知识人的某种抗争。这一点尤为我所推重。

看汤显祖所说："世有有情之天下，有有法之天下。唐人受陈、隋风流，君臣游幸，率以才情自胜，则可以共浴华清，从阶升，娱广寒。令白也生今之世，滔荡零落，尚不能得一中县而治。彼诚遇有情之天下也。今天下大致灭才情而尊吏法，故季宣低眉而在此。假生白时，其才气凌厉一世，倒骑驴，就巾拭面，岂足道哉。"④ 汤显祖以为世间"有有情之天下"，"有有法之天下"。"有情"的天下可使人相亲，"有法"的天下却把人分离。我们今天面对的，不正是后一种天下吗？

看袁宏道所说："《华严经》以事事无碍为极，则往日所谈，皆理也。

---

① 《明儒王心斋先生遗集》卷一《语录》，见［明］王艮撰，陈祝生等校点《王心斋全集》，江苏教育出版社2001年版，第72页。

② 《明儒王心斋先生遗集》卷一《语录》，见［明］王艮撰，陈祝生等校点《王心斋全集》，江苏教育出版社2001年版，第10页。

③ ［明］李贽：《答邓石阳》，见《焚书 续焚书》，中华书局1975年版，第4页。

④ ［明］汤显祖：《青莲阁记》，见徐朔方笺校《汤显祖诗文集》（第34卷），上海古籍出版社1982年版，第1113页。

一行作守,头头是事,那得些子道理。看来世间毕竟没有理,只有事。一件事是一个活阎罗,若事事无碍,便十方大地,处处无阎罗矣,又有何法可修,何悟可顿耶?然眼前与人作障,不是事,却是理。良恶丛生,贞淫猬列,有甚么碍?自学者有惩刁止慝之说,而百姓始为碍矣。一块竹皮,两片夹棒,有甚么碍?自学者有措刑止辟之说,而刑罚始为碍矣。黄者是金,白者是银,有甚么碍?自学者有廉贪之辨,义利之别,激扬之行,而财货始为碍矣。诸如此类,不可殚述。沉沦百劫,浮荡苦海,皆始于此。"[①] 袁宏道以为世间本来只有一件件的"事",后来才有人硬要在"事"上立起种种之"理";一件件"事"在其本然意义上是自在与自足的,经过"理"(理性)的分判(别以为正邪、善恶、好坏)之后,却变得互为"他在"、互为"壁垒"(障);一件件"事"在其自足的情况下均可"自是",在"他在"的情况下却相与"为非"了。我们今天面对的世间,不正是互为"他在"、互为"壁垒"、相与"为非"的世间吗?

即使在那个年代,"情本论"或"事本论"已为社会历史向俗世化的变迁叩开了窗户,但是他们的用意其实还在于面对权贵的假面孔守护着自己的一份真性情。也许,正是他们对真性情的执着,使人无法不动容!

人生天地间,天地宇宙赋予人类最可珍爱的是什么?

在苏格拉底看来,天地宇宙赋予人类最可珍爱的无疑是理性,人乃是理性的动物。因为理性为其他动物所不具,故苏氏给出的自当是事实判断。但他的用意是要以理性来成就道德的,因之,他还是从价值取向的角度做出选取而给出一种判定。而且,苏格拉底绝不会想到,理性在后来的张扬中,已演变成为如何可以更精确地掠夺自然与社会他人的一种手段。天地宇宙怎么能够容忍自己塑造的精灵做出如此背叛自己的行为呢?

在洛克、霍布斯、卢梭那里,则以天生而自由与平等论说人之所得。这种说法也许是最没有事实根据的。因为单独个人不可能谋得生活资源,人必须结成社群才能生存。从事实的角度看,卢梭的见解其实远远比不上荀子的说法来得确切:人力不若牛,走不若马,而牛马为用,为什么?因为"人能群也"。然而,源于经济发展到一定程度,社会结构可以更加松

---

① 《陈志寰》,见《袁中郎集》(卷二十一)。

动的历史变迁，人们大都认同了这种说法，这种认同实只有价值信仰的意义。在平等到消解了任何高贵的追求，自由到可以随风之漂泊而无所归依，我们不知道人类还能走向哪里。

更后的一些说法如卡西尔，他证实人最突出的特点是人能够制作与运用符号，人是符号的动物。确实，宗教、艺术、哲学、科学都是符号，亦是人才能运用。卡西尔的说法无疑更利于开显人的创造性，这亦寓含有他的价值导向。凭着人的心灵的这种创造性，人们已经可以不断地编织虚幻，并且把虚幻的执认为真实的了（虚拟实在论）。可是庄子早已揭明，人类由混沌开窍的结果，不就是能够不断想出许多法子欺骗自己，也欺骗别人，使大家不管怎样都似乎感到幸福与快乐吗？追求繁密的心力创造与不断叠加的智巧包装，不如回到简单中去，因为最简单的才是最真实的。

诸如此类。在一一检讨许多不同说法之后，我们不难发现，儒家的见解其实更值得认同。

依儒家的看法，人拜天地宇宙所赐乃是最富于情感、最具同情心的族类。诚如冯梦龙所说，正是"情"把不同的个人联结在一起；又唯有"情"，每个个人才可以安顿自己；更唯有"情"，每个个人才能够为他人付出。"情"就充盈于每个个人的心中，就流溢在每个个人的每一瞬眼神里、每一种行事中。它其实不需要神秘力量的支撑，神秘力量只会使人离开自己，把自己"异在化"；它其实也不需要逻辑理论的证取，逻辑理论只会把人分开、打散，使自己与他人"间隔化"。所以，回归于真性情，以"情"为"本体"，诚然具有特殊的意义。只可惜随着社会历史越来越向当今走来，真性情的追求不得不有似于"幻梦"。拙作《中国古典哲学略述》在谈及汤显祖《牡丹亭》的寄寓时有如下一番感慨：

> 杜丽娘为"情"而死，为"情"复生，这似乎不合于"理"，不具"现实"意义。人们都习惯地执定具"现实"意义的、可以为"理"或"理性"所认可的为"真"。然而，"现实"的、为"理"或"理性"所认可的世界，恰恰是人为地编派起来强加给每个个人，使每个个人的自然——本然性情被改变、扭曲与变形的世界，那其实是一个虚假的世界；唯"情"的世界最能直呈人的自然——本然性，那才具足"本真"意义。从"理""理性"的角度看，"情"的世界不具"现实"意义，似为"不真"如"梦"；从"情"的角度看，

"理"的世界为"他在"的世界,更且"不实"如"幻"。①

哲人的悲怆也许就是,他们不得不生活在双重的幻梦中!

2010年8月于中山大学寓所
[原载刘笑敢主编《中国哲学与文化》(第9辑),广西师范大学出版社2011年版]

来到耳顺时

六十载光阴匆匆从身边掠过。

在六十年的记忆中,最难忘的该是青少年时代。

还记得乡下的贫困。是点着油灯、偷着月光读的书,一天两顿甚至三顿都是稀饭。最有营养的莫过于豆腐,但那也是周末回家才可以吃上。要不就是利用假日把村边的小溪分段堵上,把水逐一撩干,碗里于是有了肉类。据春秋郑国子产说,人只有营养好才聪明。② 大概是因为小的时候先天不足,脑子里的弯弯沟沟少,才会有至今仍然是一个穷教书的愚笨。每当想到对养育自己的那一片贫瘠的土地始终无以回报,脑海里总要泛起一阵羞涩的波澜。

还记得中学的纯真。每个少年的心灵几乎只是一张白纸,任由老师去涂抹。初中的时候得数学老师兼班主任的关爱,便希望在数学上成名;高中的班主任为政治老师,便冀求在政治领域上有所作为。然而,具有决定意义的是图书馆的管理老师,她给了我进入图书室看书的特权,并推荐我读艾思奇的《大众哲学》。现在,我已经记不清该书的具体内容,使我惊奇的是在物的世界之外还可以有一个使人神交的玄想的世界。自此,如许多同行那样,我为寻溯这个世界迷失了四十年,以至于今天尚如庄子那样

---

① 冯达文:《中国古典哲学略述》,广东人民出版社2009年版,第379～380页。
② 《左传·昭公七年》记子产所称:"人生始化曰魄。既生魄,阳曰魂。用物精多,则魂魄强。是以有精爽,至于神明。"

地无法分辨梦与觉孰梦孰觉和梦与觉所面对的世界何者更真①。

还记得大学的亢奋。从1958年开始，我们一次又一次被美好的前景激励着，即便到1960年上大学的头两年，不少同学饿成水肿、肝炎，也始终没有怀疑过我们的信仰。学子都真心地希望能够为信仰付出自己的一切。我自己于1965年毕业时填写的志愿书上，就以去农村、去边疆为首选。当时还不知道要找个女友。许多已经结伴的青年男女并不以河汉分隔为不当。直至20世纪70年代末80年代初，人们才意识到有家庭问题，从而引发了一场持续多年的人才大调动。

六十载光阴匆匆从身旁飘过。

在六十年的记忆中，中年的生活最显得繁忙，最使人无奈。

在这些日子里，笼罩在人们生活与交往过程中的各种神圣光环退去了，人们面对的是一个经济指数飙升非常迅速，思想与行为变得非常理性化，同时亦是非常工具化与功利化的年头。

你得赶紧去奔职称。因为职称是与工资、住房和各种各样的地位相挂搭的。在这里，人们才可体会到这种挂搭方式的质实性。记得"文化大革命"期间，人们每做一件事都得与"路线"搭上。"路线"虽说是很厉害的，而且会弄死人的，然而毕竟是空的，任何人亦都可以随便编造的；而职称、工资、住房却是落到实处的，可以计算的。当今凡事都得与物质利益相联系的做法显然更符合物质的实在性理则。

你得赶紧去弄项目。因为资助项目成为升职乃至各种评价的重要条件。你务必要认识到，没有资助做出的成果，比之于有项目资助没有成果，所得的分值不一定会更高却有可能会更低。因此，先弄到项目才是最重要的。至于做，其实可以采用一些拼贴工夫或不妨干脆请人代劳。

你得赶快去拿奖励。因为奖励也是评职称、评地位的基本条件，而且奖励的分数是叠加的。这年头你千万不能温良恭俭让。你前一个奖让出去，少了几分，后一个奖也就没有了。只要你会折腾，你甚至凭一本书就可以拿到多种职称、多个职位、多项奖励。

如此种种。

我不知道这是不是就叫作从西方引入的最先进的科学管理。我反倒觉

---

① 参见《庄子·齐物论》。

得这在中国是"古已有之"。老子、王弼提及的制名作法为"争锥刀之末"①之见证姑且不论。记得我小的时候在农村参加生产劳动，人民公社所采取的计酬方法就是依不同劳力、不同工种记分的方法。我们现在也把讲课、写文章、拿项目、获奖励区分为不同工种，一一分别记上工分。有多少工分就有多少钱。这不就是穿上洋装、戴上科学帽子的农村人民公社的做法？我们得计算着如何把自己一点一点割出去，买个好工分，这便是现代理性；然后，我们又一点一点地把工分、钱挣回来，这就是现代公平。那些不能计算的，如所谓思想信念、人格尊严、人间关爱之类，虽然也还是"宝"，却是无价值的；当人们变个法子将其转换为有价时，它却又已蜕变为商品且仅具包装的意义。

或许，对于生性怠慢者而言，看到别人载着那么多的荣誉，一定会有感于庄子的"弃其余鱼"②。但是，那也是不行的。要知道个人是隶属于单位的。你自己疏于名利不打紧，你得为单位挣工分。由这点我对近代以来的自由观便产生了怀疑。这种自由观宣称，农业社会的人与人之间的关系为依附关系，在工业社会里人才有了独立和自由。可是，农耕还有属于自己的一片土田，还得以有"采菊东篱下，悠然见南山"③之闲适。我们有这种闲适吗？

人们都说，在理想主义的年代里，"我"是被剥夺了，那是"无我"；然而，在现实主义的年代里，"我"是被功利裹挟着奔走的，哪里又有我与我的自由？

来到六十岁了。

古代圣人孔子的说法是"六十而耳顺"④，大意是指要以平常心对待

---

① 语出王弼《老子·三十二章注》。老子原文为："始制有名，名亦既有，夫亦将知止。知止所以不殆。"王弼注称："始制谓朴散始为官长之时也。始制官长，不可不立名分以定尊卑，故始制有名也。过此以往，将争锥刀之末，故曰：名亦既有，夫亦将知止也。遂任名以号物，则失治之母也。"

② 《淮南子·齐俗训》记称："惠子从车百乘，以过孟诸，庄子见之，弃其余鱼。"

③ 《饮酒二十首》，见《陶渊明集》。

④ 《论语·为政第二》。

各种是非好恶之境遇与评判。①

现代人的说法中，有使人懊丧的，如不久前一则关于人口统计的报道就把六十岁划归老龄一族；有使人兴奋的，因为只有上六十才可以称得上年富力强；更有使人满怀希望的，是新近一则科学研究的数据说明，2010年以后人们可以活到一百二十岁。依此，六十岁才是中年的开始。尽管它只是说，2010年以后出生的人才拥有这种幸福，然而，2010年与2009年能够截然划分吗？2009年与2008年能够完全断开吗？2008年与2007年又能够毫不相干吗？……

但是，我此刻对六十岁的第一个感觉是，有一大批表格不用去填写了。这点真可要托赖表格制作者的关照，他们在制作表格时注明，六十岁以上的可以幸免。一想到这一点，当即就有一种解放感！

这意味着，我可以看点自己想看的书。以往为了赶表格中的成果，许多好书都只可以走马观花式地略过，心里总有不甘。此后则不然。此后不用再为如何填满表格的有关栏目操劳，便可以有更闲适的心情、更充裕的时间，细细品味各位思想家的著作与人生阅历。孔子说："学而时习之，不亦说乎！"②唯读书不再是谋生手段而成为"为己之学"，读书才不至于蜕变为负担，反倒能够带来愉悦和快乐吧。

这意味着，我可以着力地写一点自己喜欢写的东西。以往的作品虽不至于赶潮流，却不免于赶时间。我往往不敢重读自己过去的作品，就是因为生怕为赶时间而导致的粗疏会带来挫伤感。一位前辈曾经提到，他于偶然间翻阅20世纪50年代至70年代的学报，发现竟没有几篇文章有保留价值的。以至于20世纪八九十年代以后，我们不得不重新回到20、30、40年代的冯友兰、熊十力、金岳霖。这是20世纪学界的悲怆！此后不然——最低限度对于六十岁以上的人来说是如此，此后由于不再被赶着走，即可以慢慢地磨出一点耐看的东西。尽管底蕴不足，然心仪所在，即已其乐无穷。

---

① 朱熹《四书章句集注》释："六十而耳顺"为"声入心通，无所违逆，知之之至，不思而得也"。又，杜维明释为："似乎在这时孔子的改变世界的内在要求已转变成了对这个世界的静观。……孔子六十岁时精神上的'悠然自得'的状态既不是避世主义的也不是禁欲主义的，毋宁说，它象征着在与世界所有方面的和谐的持续经验中所得到的自我实现。"（杜维明著：《人性与自我修养》，胡军、于民雄译，中国和平出版社1988年版，第47页）

② 《论语·学而第一》。

当然，这还意味着，我可以选择一些自己喜欢的生活方式，譬如我就很羡慕阮籍"时率意独驾，不由径路，车迹所穷，辄恸哭而返"[1] 的那种情怀。

……

然而，要知道，六十岁以前，面对的是外界的多变，你什么都把握不到，你才会因世事无常而产生人生苦短的感觉。六十岁以后，你回到内心的宁静，昨天、今天、明天对于你都是一样的，都是你的。都是一样的，便意味着时间被定住，具有永恒不变性；都是你的，便意味着你与永恒不变同在，你证成了大道。

老子认定证成大道、获得永恒的象征是"复归于婴儿"。然则，进达耳顺岂止未老，更且重新回到了人生的起点——也许，那才真正是属于我自己、为自己拥有的起始。

很欣慰我又有了新的起始。

（原载冯达文《中国哲学的本源—本体论》，广东人民出版社2001年版）

---

[1] 《晋书·阮籍传》。

冯达文自选集

第一部分

论史探寻

旧话重提：理性与信仰

一

理性与信仰，这是一个古老而常新的话题。①

之所以说古老，是因为这两者从一开始即是纠缠不清的。理性的最初的发端，通常的说法认为来自古人对因果关系的追寻；② 而在人们把事情的起因认作是某种神秘力量的作用时，就走向了信仰。

可见，没有起码的理智，没有对因果关系，对物我、彼此关系的某种朦胧的区分能力，不可能产生信仰；反之，没有信仰把因果关系、物我与彼此关系作为世界的秩序固定下来，也就没有人类社会的理性生活。③ 譬如，远古人类的社会秩序，即由宗教禁忌维系。卡西尔于其所著《人论》中就称："禁忌体系尽管有其一切明显的缺点，但却是人迄今所发现的唯一的社会约束和义务的体系。它是整个社会秩序的基石。"④ 也可以说，这种宗教禁忌是极其荒唐、极无理性的，但是人类社会的文明与理性却从这里起步。

故说理性与信仰从一开始便是纠缠不清的，于此可见。

---

① 就近期而言，金春峰于1997年在台湾东大图书公司出版的一本论集即以《哲学：理性与信仰》为题；又，杨慧林于1999年在北京教育出版社出版的一本书亦以《追问"上帝"——信仰与理性的辩难》为题。此可见这一问题即便在中国亦"古老而常新"。

② 罗素认为理性的产生与古代谋生手段由打猎向农耕的过渡有关。"唯有当一个人去做某一件事并不是因为受冲动的驱使，而是因为他的理性告诉他说，到了某个未来时期他会因此而受益的时候，这时候才出现了真正的深谋远虑。打猎不需要深谋远虑，因为那是愉快的；但耕种土地是一种劳动，而并不是出于自发的冲动就可以做得到的事。"【[英]罗素著：《西方哲学史》（上卷），何兆武、李约瑟译，商务印书馆1963年版，第38～39页】罗素说的"深谋远虑"即理性，以"到了某个未来时期他会因此而受益"言之，此亦指对因果关系的思考。

③ "秩序"的观念与"类"的观念是同等程度的。列维-斯特劳斯称，对于早期人类而言，"任何一种分类都比混乱优越，甚至在感官属性水平上的分类也是通向理性秩序的第一步"（[法]列维-斯特劳斯著：《野性的思维》，李幼蒸译，商务印书馆1987年版，第21页）。

④ [德]卡西尔著：《人论》，甘阳译，上海译文出版社1985年版，第138页。

往后，随社会的变化与发展，理性得以发展，信仰也在发展。不过，有的时候是理性占主导，有的时候是信仰占主导。西方如古希腊时期，理性有过一段辉煌的张扬，可是踏入中世纪，古希腊理性的成果却被神学所消化且成为论证信仰的工具。① 近代以降，信仰被推到理性的法庭上遭到审判，上帝被宣布"死了"，信仰似乎要退出历史舞台了。中国的情况亦近此。西周以往，宗教观念笼罩着社会生活的方方面面。降及春秋战国时期，理性获得了骄人的发展。但踏入汉唐之际，佛教、道教又重新支配了人们的深层意识，而且它们在理论上的成立，恰恰以于此前发展起来的宇宙论和知识论为前提。即便于宋明之际社会的主导思想已让位于新儒学，但是儒学的道德理想依然取信仰形式。② 延及近代，在向西方学习的口号下，信仰才被宣告"破产"。

然而，信仰真的已经不再成为需要，不再产生影响了吗？情况完全不是这样。只要看一看20世纪末所发生的民族争端乃至战争，不管我们怎样评价它们，事实上都与宗教信仰有关。宗教或宗教性的信仰，铸造了每一个民族的魂。作为一个民族的魂，它与其他民族的差别在其最早的起源上其实是非常特殊、非常个别的，在后来的社会演变过程中，尽管原先产生它的特殊、个别的条件已经消失，然而它在摆脱那些特殊、个别条件的局限之后，却获得了更普遍、更恒久的意义。原先产生它的那些特殊、个别的条件的消失意味着，人们已经不可以在理性的层面上对它做出解释。然而，一种社群生活又有多大成分是靠理性去维系的呢？事实上，在人们日常生活与交往中真正起主导作用的是"不可理喻"的日常情感与信仰。而且迄今为止，在世界上影响最深远的人物亦不是科学家、政治家，而是

---

① 罗素于《西方哲学史》中称欧洲中世纪"天主教哲学最初的伟大阶段由圣奥古斯丁占统治地位，但在异教徒当中则由柏拉图占统治地位。第二阶段以圣托马斯·阿奎那为高峰，对他和他的继承者来说亚里士多德的重要性远远超过了柏拉图。然而，《上帝之城》中的二元论却完整地延续下来。罗马教会代表天城，而哲学家们在政治上则是维护教会的利益的。哲学所关心的是保卫信仰，并借助理性来和伊斯兰教徒这样一些不相信基督教启示的确实性的人展开争辩。哲学家们借助理性去反击批评，不仅是以神学家的身份，而且是以旨在吸引任何教义信奉者的思想体系的发明家的身份。归根结底，诉诸理性也许是一种错误，然而在十三世纪时，这却似乎是卓有成效的"【[英]罗素著：《西方哲学史》（上卷），何兆武、李约瑟译，商务印书馆1963年版，第378～379页】。

② 关于中国传统思想观念的这一演变过程，参见冯达文《早期中国哲学略论》（广东人民出版社1998年版）、《宋明新儒学略论》（广东人民出版社1997年版）。

信仰的创发者。《论语》《圣经》及诸种佛典，提供的都不是严格的知识或"理"论的意义。提供知识的或"理"论说明的著作或人物，总要被遗忘；而缔造信仰的著作与人物，即便一次又一次宣布被打倒了，却一次又一次重新复活，重新赢得敬崇。

这表明，信仰的力量并未消失！

显然，问题不在于应该选择理性还是选择信仰，或应该以理性打倒信仰还是以信仰摧毁理性。问题在于，应该怎样重新认识和界定理性与信仰？又在什么层面上与范围内讲求理性和容纳信仰？

下面，我意图就这些问题在学理层面上做一些说明。

二

我们首先需要弄清楚什么叫"理性"。

我们大体可以取如下一种说法，理性是通过对经验进行归纳与演绎来求取对事物相互关系的认识的一种认知能力与认知方式。① 在这一意义上使用的"理性"，为工具理性；借工具理性求取的知识，为经验知识。

这样一种"理性"和由之求取的"经验知识"来源于观察与实验，最重要的手段为归纳。人们是通过把观察与实验得到的经验材料予以综合，做出归纳，从而求得新知的。演绎不能提供新的知识，因为其结论已经包含于前提之中。②

为了通过观察与实验求取经验知识，必须面对所谓客观外界。客观外界作为观察与认知的对象，是怎样的呢？实际上是充满个别性、特殊性、偶然性的一个世界。人们面对这样一个世界所产生的秩序感、规律感

---

① 我对西方哲学不太熟悉。依杨慧林的介绍："在笛卡尔、斯宾诺莎、莱布尼茨等人所使用的意义上，'理性'首先是与'经验'或'传统'相对的。而18世纪的启蒙思想家所张扬的'理性'，却恰恰是来自洛克的'经验'；他们的理性呼唤，是用'经验'反对'信仰'、用'科学'反对'权威'，从而为人类的自由和尘世的幸福辩护。"（杨慧林：《追问"上帝"——信仰与理性的辩难》，北京教育出版社1999年版，第168～169页）我这里所使用的"理性"概念近于18世纪的启蒙思想家。

② 关于逻辑演绎能不能提供新知识的说法曾有争论。这里仅借取康德对"分析判断"与"综合判断"的区别的一个判定：分析判断"并不通过述项而对于主项的概念增加什么，而只把这主项概念分解为原来就在这个概念中被思维到的若干概念（纵然是模糊地被思维到的）"（[德]康德著：《纯粹理性批判》，韦卓民译，华中师范大学出版社1991年版，第42页）。

（如因果律），或给出的，加于其上的秩序、规律是借助于对重复出现较多的现象的归纳，或在未达足够多数情况下以概率统计的方式求得的。如观察到一万朵玫瑰花是红色的，由之引出一个普遍规律："凡玫瑰花都是红色的。"这是归纳。许多自然现象即借此提取规律。社会上的许多被视为规律、被赋予程序意义的东西，则往往是依概率统计方式产生的。如在许多国家里一个领导人的确认、一项法规的成立，即以机械多数为言。当今社会学、心理学的许多结论，均由之产生。这就是科学，这里使用的方法就是所谓的"科学方法"。

为什么我要说，秩序、规律常常是人加给充满偶然性、个别性、特殊性的外在世界的呢？这是因为，以偶然性、个别性、特殊性的方式存在与变化，这是世界万物的本然状况。认为万物中某一些东西与另一些东西更具确定性的联系，或其中某一些特殊、个别、偶然地存在与变化的东西比之于别的特殊、个别、偶然地存在与变化的东西更具一般、普遍的意义，且不必如休谟所说完全是依赖于"习惯"，① 但至少我们可以说，那是出于人的选定。如一亩水稻虽出自同一品种，实际上其中的每一穗、每一粒都有差别，这即是它的存在与变化状况的个别性、特殊性、偶然性。当人们有意选取其中颗粒特别多、体积特别大的少数稻穗作为种子并通过强化其特殊存在与变化的方式而使之发展为一新类之时，也就是把特殊的与偶然的化为一般的与必然的，从而使之获得秩序与规律的意义。此即表明秩序与规律的人为性。社会生活中由投票的机械多数而成的法规尤其如此。

我这里强调秩序与规律为人选定而后强加给外界的意思，在于反对把

---

① 参见［英］休谟著《人类理解研究》，关文运译，商务印书馆1957年版，第39～52页；［英］休谟著《人性论》，关文运译，商务印书馆1980年版，第85～205页。

规律过分地"客观化"。①

我们再回到归纳。我们说过归纳是借对在我们的观察与实验中多次重复出现的现象的概括，提出一个结论的。既然只是依多次重复出现来做出归纳，就不是完全归纳。然而，人们又绝不可能做完全的归纳。在不完全归纳的情况下引申出来的结论便具有盖然性。如凭一万朵玫瑰花是红色的这一经验事实引申出"凡玫瑰花都是红色"的结论就是盖然的，不具有绝对可靠性。关于这一点，休谟于其所撰的《人性论》和《人类理智研究》中有过极其深入的讨论。罗素在谈到休谟的见解时称："休谟的怀疑论完全以他否定归纳原理为根据。就应用于因果关系而言，归纳原理讲：如果一向发现甲极经常地伴随有乙，或后面跟着有乙，而且不知道甲不伴随有乙或后面不跟着有乙的任何实例，那么大概下次观察到甲的时候，它要伴随有乙或后面跟着有乙。要想使这条原理妥当，那么必须有相当多的实例来使得这个盖然性离确实性不太远。这个原理，或其他推得出这个原理的任何一个原理，如果是对的，那么休谟所排斥的因果推理便妥实有据，这固然并不在于它能得出确实性，而在于它能得出对实际目的说来充分的盖然性。假如这个原理不正确，则一切打算从个别观察结果得出普遍科学规律的事都是谬误的，而休谟的怀疑论对经验主义者说来便是逃避不开的理论。"② 罗素于此对休谟给归纳推理提出的责难做了充分的肯定。他甚至指出："整个十九世纪内以及二十世纪到此为止的非理性的发展，

---

① 康德于《纯粹理性批判》中论及近代科学家伽利略、托里彻利、施塔尔等人的科学发现时曾指出：他们意识到"理性只是在按照自己的计划而产生的东西里面才有其洞见，绝不可使自己让自然的引带牵着走，而必须自己依据固定的规律所形成的判断原理来指导前进的道路，迫使自然对理性自己所决定的各种问题作出答案来。凡不是依照预先设计的计划而作出的偶然的观察是永远不能产生任何必然性的规律的，而发现必然性的规律就是理性的唯一任务。理性一手拿着原理（唯有按照这些原理，互相一致的出现才可被认为等值于规律），另一手拿着它依据这些原理而设计的实验，它为了向自然请教，而必须接近自然。可是，理性在这样作时，不是以学生的身份，只静听老师所愿说的东西，而是以受任法官的身份，迫使证人答复他自己所构成的问题"（[德]康德著：《纯粹理性批判》，韦卓民译，华中师范大学出版社1991年版，第15页）。这里强调的，也正是秩序与规律的"人为性"。

② [英]罗素著：《西方哲学史》（下卷），何兆武、李约瑟译，商务印书馆1963年版，第212页。

是休谟破坏经验主义的当然后果。"①

　　休谟借对归纳法得出的经验知识的怀疑从而导致的对经验主义的破坏，一方面固然引发了非理性主义的发展，另一方面也引来了一些哲学家致力于对归纳法不足之处的正面修补。如康德为了确保某些经验知识的可靠性，就提出了"先天综合判断"的新概念。他把由通过经验归纳给出的判断称为综合判断。他承认有一些综合判断不具确实可靠性，但也有一些综合判断虽由经验引出，其可靠性却是由人类先天具有的认知框架所确保的。这部分的判断即是先天综合判断，因果关系的判断便属于这种判断。② 康德以为这样一来休谟提出的难题可以得到解决。但罗素已经指出："德国哲学家们，从康德到黑格尔，都没消化了休谟的议论。我特意这样讲，尽管不少哲学家和康德有同见，相信《纯粹理性批判》对休谟的议论做了解答。其实，这些哲学家们——至少康德和黑格尔——代表着一种休谟前型式的理性主义，用休谟的议论是能够把他们驳倒的。"③ 而且，20世纪认知心理学的研究成果表明，"概念性知识并不是先验地存在于儿童（当然也包括成人——注者）的心灵中，而是通过发生学的发展而产生的"④。认知发生学作为观察与实验的产物由之又将对问题的判定带回到经验中来，我们得到的知识依然只具有盖然性意义。于是就有波珀（即波普尔）的一个明智的归结：我们对经验知识无法证实，只可证伪。⑤

---

　　① ［英］罗素著：《西方哲学史》（下卷），何兆武、李约瑟译，商务印书馆1963年版，第211页。又，吾之青年朋友张志林君新著《因果观念与休谟问题》（湖南教育出版社1998年版）一书将"休谟问题"识别为"归纳问题"与"因果问题"，对其中每一问题都有个人独到的精当探讨，读者可予参照。
　　② 参见［德］康德著《纯粹理性批判》，韦卓民译，华中师范大学出版社1991年版，第224～241页。
　　③ ［英］罗素著：《西方哲学史》（下卷），何兆武、李约瑟译，商务印书馆1963年版，第211页。
　　④ ［瑞士］皮亚杰著：《发生认知论原理》，王宪细等译，商务印书馆1981年版，第9页。
　　⑤ 波珀称："从逻辑的观点看，显然不能证明从单称陈述（不管它们有多少）中推论出全称陈述是正确的，因为用这种方法得出的结论总是可以成为错误的。不管我们已经观察到多少只白天鹅，也不能证明这样的结论：所有天鹅都是白的。"（［英］波珀著：《科学发现的逻辑》，查汝强、邱仁宗译，科学出版社1986年版，第1页）

三

问题在于，尽管从单称陈述中不可能引申出全称判定，但是，我们还是得赋予其全称判定之位格；尽管借归纳给出的经验知识并不可靠，但是，我们还是要认定它具有可靠性。不然，我们怎么办呢？

譬如，我们世世代代都靠吃大米饭充饥，但是，我们还是不能够做出"凡大米饭都是无毒的"这样一个具有绝对意义的结论，因为还有许多大米饭我们并没有吃过。可是我们又得做出"凡大米饭都是无毒的"的认准，否则，下一顿饭我们怎么敢下咽呢？

又譬如，我们日常接触到的许多人都是有智慧、用两足走路的，但是，我们亦还是无法做出"人是有智慧的两足动物"这样一个全称判定。因为至少幼儿就不是用两足走路，白痴也没有智慧。可是我们仍然要以"人是有智慧的两足动物"为确当，否则我们为什么一定要教幼儿学走路、让小孩进学校呢？

……

在这里，当我们把单称陈述、不完全归纳认准为或赋予其全称判断、完全归纳的意义时，也就是把相对有限的东西认准为或赋予了绝对无限的意义。

这种做法，在科学认知的范围内，即为一项预设。之所以叫预设，是因为其做法不在求其为必真，只在求其且可用。借助于这种预设，我们可以建构起种种理论，设计出许多模型，并使之对象化为物的世界。

但是，在人文的范围内，这种做法的可靠性则是诉诸各个个人内心的信念的。

这两者的区别，或可以如下一例释之。

在澳门召开的一次会议上，谈论到对某一黄色刊物该不该给予肯定性评价这一问题时，一些学者用社会学的方法诉诸抽样调查，依抽样调查发现市民中百分之六七十的人常读，于是认定该刊物可以认肯。但另一些人文学者对此持强烈批判态度，他们认为出版这样的刊物是不顾及道德、不考虑对青少年的影响的不良做法。

在这一差别中我们可以看到，一部分学者所取的被看作科学的社会学的方法，是关注客观知识、经验事实，借经验事实的多次重复出现而归纳出一个判定；而另一些带人文倾向的学者却更关切人——主体的情感、主体的道德理想或价值理念，而宁可甚至是把个别的、特殊的经验事实赋予本质的、普遍的意义。

这一差别不是别的，它就体现了理性与信仰（信念）的差别。因为所谓信仰，不管其具体内容与所取形式如何不同，但其作为与理性相对待的一个概念，理性的基本特征既以经验为基础，那么，信仰的基本特征即可以先验性来标识。所谓先验性，我这里是指在我们主体意念中那些不可以为经验所证实而为主体自己所认定的、被赋予完全绝对意义的成分。①

至于有的信仰取人格神的、外在追求的形式，有的信仰取心灵境界的、内在追求的形式，这种区别与社会历史的发展与认知水平的变化有关，也与个人的遭际与教育的背景有关。卡西尔认为，在神话思维中，包含有一种对信仰的对象的实在性的相信。② 我认为这一说法也适合于早期的宗教信仰。就中国古代思想史发展的状况而言，我们可以看到殷商西周时期在对"帝"与"天"的信仰中，其"帝"与"天"作为万能的造物者即具实在性意义。降及汉唐之际，"天"的创造作用虽已被功能化了，但是它的实在性意义并未完全被消解。③ 延至宋明特别是近代，在外界被作为知识的对象受到宰割的情况下，信仰失去了实在论的意义而被内化为人的精神追求。但是，不管信仰取何种形式，我们仍然可以看到它们的一个共同点，那就是它们都确认着，人生的问题除了涉及认知问题，还涉及情感与意志和由情感与意志体认的价值问题；并且，人生的这些问题不可以在经验知识与经验个我的范围内求得解决；由此，人总会意识到他的存在并不局限于他的肉身里与他所知的世界中，而总在希望有所超越，以至

---

① "先验"一词有不同用法。康德说："凡一切知识不和对象有关而和人们知道对象的方式有关，而这方式又是限于验前有其可能的，这种知识我称为先验的知识。"（[德] 康德著：《纯粹理性批判》，韦卓民译，华中师范大学出版社1991年版，第53页）我此处有取于康德的说法。

② 参见 [德] 卡西尔著《人论》，甘阳译，上海译文出版社1985年版，第96页。

③ 董仲舒说："仁之美者在于天。天，仁也。"（《春秋繁露·王道通三》）此中之"天"即属功能性的。然而其谓："天者，百神之大君也。"（《春秋繁露·效祭》）则此"天"又被赋予"实在性"意义了。

于建立起一种具有先验意义的超越追求。① 如果这样一个说法能够成立，我们实际上不仅可以说，理性与信仰的纠缠远远没有了结。我们甚至还可以说，人类在今后的生存与发展中永远不可以没有理性，亦永远不可以没有信仰。②

四

现代社会的问题是：

人们否定了人格神及各种巫术崇拜的粗俗性，同时也否定了信仰对于社会与人生的重要性。结果是，大家只能不断地跟随经验事相的变幻而漂泊。心灵深处没有了根底，人生失去了目标，个人建立不起自我。③ 人们

---

① 唐君毅谓："科学的方法技术之改造自然社会之力，亦明有一原则上之缺憾。此即为人心之内在的罪恶之源之问题，一为苦痛烦恼之生生不绝之问题，一为身体之有限性，与精神之无限性之对反问题，一为死之问题，及过去世界中所实现之生命价值，德性价值等之保存问题，一为求人之善恶与福报之绝对的相当正义的要求之绝对的满足之问题，一为现实世界不同的异类价值，恒相对反而相毁，其绝对的融合之超越理想，如何实现之问题。这些问题，都是一切科学的方法技术，不能在原则上加以解决的。……而这些问题，亦皆本于人之超越性而生。这些问题之生，与人之宗教要求，乃由同一之根而生。"（唐君毅：《中国人文精神之发展》，台湾学生书局1988年版，第334页）唐氏此说甚得。

② 马林诺夫斯基于其所撰《文化论》一书称："宗教的需要，是出于人类文化的绵续，而这种文化绵续的涵义是：人类努力及人类关系必须打破鬼门关而继续存在。在它的伦理方面，宗教使人类的生活和行为神圣化，于是变为最强有力的一种社会控制。在它的信条方面，宗教与人以强大的团结力，使人能支配命运，并克服人生的苦恼。每个文化中都必然的有其宗教，因为知识使人有预见，而预见并不能克服命运的拨弄；又因为一生长期合作和互助，造成了人间的情操，而这情操便反抗着生离与死别；并且，再次和现实接触的结果，都启示着：一种敌对的不可测的恶意与一种仁慈的神意并存着，对于前者必须战胜，对于后者必当亲善。文化对于宗教的需求虽然是演生的和间接的。但宗教最后却是深深的生根于人类的基本需要，以及这些需要在文化中得到满足的方法之上。"（[英]马林诺夫斯基著：《文化论》，费孝通等译，中国民间文艺出版社1987年版，第78～79页）

③ 美国心理学家卢格认为："牢固的自我同一性的基础是一整套的道德信念和价值观，有的是个人的，有的是共同的，它们提供了稳定性并能防止在文化压力和文化禁令中丧失自我。"（[美]卢格著：《人生发展心理学》，陈德民等译，学林出版社1996年版，第650页）此即以价值信念（信念）为建立"自我"的基础。卢格又谓："成功的同一性的基本组成部分之一就是面对变化保持稳定性和相同性的能力——在'心理和社会的风暴时期'经常需要这样一种'抛锚点'，以便有时间组织进行系统适应（同化和顺应）的对策。"（[美]卢格著：《人生发展心理学》，陈德民等译，学林出版社1996年版，第649页）现代人由于建立不起"自我"而失去了"抛锚点"。

的追求都是极其现世、当下的。一些人无所畏惧，在社会上横冲直撞，而不知良知为何物；更多的人忙忙碌碌，在人世间颠去倒来而无法找到归宿。此诚如庄子所叹："一受其成形，不忘以待尽。与物相刃相靡，其行尽如驰，而莫之能止，不亦悲乎！"① 失去信仰的个人，实为可悲；而没有信仰的社会，诚为可怕！

面对这样的个人与社会，似乎唯诉诸外在的、公共的法规才可以有所维系，于是制定的法网越来越繁密。但是，此正如老子早已意识到的："法令滋彰，盗贼多有。"② 法网越繁密，一方面，人们利用法令作案的花样越新奇，手段越凶残。而另一方面，法网的不断扩张只会导致如哈贝马斯所说的"生活世界的殖民化""生活世界非形式调节领域内的法律化倾向"。③ 要知道，在日常生活世界的领域里，人与人的关系是靠情感与信念维系的，这也是在现代社会里仍然具有宗教的庄严性的唯一领域。当在这个领域内，在诸如父母子女夫妇朋友的关系都全然地诉诸公共的、形式化的法律予以确保时，人的信仰就将丧失殆尽，人际关系就将完全地工具化与功利化。

我们生活于其间的现代社会确实在工具化与功利化的方向上走得太远了。在这种意义上，现代社会已经到了需要重新点燃确立信仰的热情，重新呼唤信仰的时候！

必须申明的是，我在这里并不主张随意选择信仰，也不主张把信仰的价值绝对化。

诚如上述，信仰固非经验理性所能证实，却亦非与经验理性全然无关。

首先，信仰仍以某种特定的经验为起点，并借确认因果联系的经验理性而确立。

其次，信仰会随经验知识的变化而变化。如我们所看到的中国人的宗教信仰中，道教就经历过一个由外丹道向内丹道的发展过程。在内丹道之全真教派中，道教的信仰就由具实在意义的神仙追求转向更注重内在心性

---

① 《庄子·齐物论》。
② 《老子·五十七章》。
③ 本人对哈贝马斯的思想并未做过深入的研究。这里对哈贝马斯关于"生活世界殖民化"的理解参照了章国锋所撰《西方社会危机与"交往理性"的重建》［见陈平原等主编《学人》（第4辑），江苏文艺出版社1993年版］一文。

修养并蕴含道德价值的精神追求。佛教则经历了由空宗向有宗、由唯识学向如来藏学的变化过程。在如来藏学中,佛教的信仰也由对彼岸世界的诉求转向更注重个体心境清净的一种空灵追求。

正是在这种意义上,我们可以确认,信仰具有历史性,受历史条件与历史发展状况的制约。也正因为信仰具有历史性,我们才可以对信仰做客观的历史的考察与分析,才可以对信仰做新的选择。①

这样一来,我们如何理解信仰的绝对性呢?

在我看来,信仰的绝对意义、超越性,应该是对每个信仰主体、对主体的情感体验与心灵境界而言的,是指信仰主体一旦认同某种信念后之义无反顾与不受限定性。信仰的绝对性不应该从存在论上讲,不应该被理解为有一存在体具永远、无限支配经验世界与社会历史的位格且不受限定者。这是因为,我们所处的时代毕竟与以往不同了。关于这一点,马克斯·韦伯有如下描述:"我们这个时代,因为它所独有的理性化和理智化,最主要的是因为世界已被除魅,它的命运便是,那些终极的、最高贵的价值,已从公共生活中销声匿迹,它们或者遁入神秘生活的超验领域,或者走进了个人之间直接的私人交往的友爱之中。我们最伟大的艺术卿卿我我之气有余而巍峨壮美不足,这绝非偶然;同样并非偶然的是,今天,唯有在最小的团体中,在个人之间,才有着一些同先知的圣灵(pneuma)相感通的东西在极微弱地搏动,而在过去,这样的东西曾像燎原烈火一般,燃遍巨大的共同体,将他们凝聚在一起。"② 韦伯的这一说法不是没有道理的。然而,实际上这个时代的人们不容易点燃起对具有实存意义的圣灵的信仰的巨大热情,不仅是在认知上过于理性化和理智化使然,而且亦是人们在价值追求上的多元化取向使然。这种价值追求的多元化取向再

---

① 拙著《宋明新儒学略论》之"导言"曾谓:"我取史学的眼光审视历史发展过程中的各个人物与思潮,也绝不是为了否定信仰。恰恰相反,我以为应十分重视信仰。这不仅因为,一个社会之走向衰败往往即在于(或即表现于)丧失信仰。而且还因为,从历史上看,对人类精神文化产生最深刻影响的,也恰恰不是某种关于外在世界的'客观知识',而是内在之思想信仰。此处,我强调以史学的眼光审视各个人物与思潮,是为的站在现时代的水平线上,重新考察与选择信仰。"(冯达文:《宋明新儒学略论》,广东人民出版社1997年版,第12~13页)本文可以说是对这一段文字的一个解释。

② [德]马克斯·韦伯著:《学术与政治:韦伯的两篇演说》,冯克利译,生活·读书·新知三联书店1998年版,第48页。拙著《宋明新儒学略论》(广东人民出版社1997年版)之结语部分对此亦有过专门论述。

也不能同意把某一特殊、个别的价值理念升格到普遍与绝对的层面上且加给整个社会,它宁可把公共性、普遍性问题交给经验知识去处理,而把各种个别的、特殊的信仰留给每个个别的、特殊的心灵,并以此确保每个人获得自由上的平等性。① 由此,为"共同体"献身的那种崇高感再也难以激发,这对于社会来说是不幸的。"自由"的追求将为此付出沉重的代价!

(原载冯达文《中国哲学的本源——本体论》,广东人民出版社2001年版)

---

① 刘小枫于《舍勒论在体、身体、负罪之在和信仰之在》一文中引述当代著名现象学神学家舍勒的一段论述时写道:"舍勒由此提出一个重要论点:没有上帝的自我传达的启示,人必然建构一种形而上学,形而上学不过是启示信仰的代用品。另一方面,非启示宗教的信仰,在没有上帝启示的情形下,必然建构人为的信仰意涵(如佛教的涅槃)。宗教行为的意向性建构作为人之意识的本质,并非在于它是人性的,而在于它是'有限性的'。对人来说,选择不在于信仰或不信仰,而在于是否能使信仰获得'恰切的信仰对象'(adequate Objekt)。信仰行为的或此或彼在于:人要么信仰启示的上帝,要么信仰偶像——即把某种有限的对象当作神圣的、最高价值的绝对者。"(刘小枫:《个体信仰与文化理论》,四川人民出版社1997年版,第220页)舍勒此论述中,以为信仰之成立"并非在于它是人性的",而根源于人及其意识的"有限性",此说得当;由此确认,人的选择不在于要不要信仰,而是信仰什么,此亦甚是。但是,为什么说唯信仰"启示的上帝"才不是"把某种有限的对象当作神圣的、最高价值的绝对者"?"启示的上帝"对于道教、佛教、伊斯兰教的信仰者来说,不也是"某种有限的对象"吗?实际上每一种宗教、每一个信仰者都是通过把特殊、有限的东西赋予普遍、无限的意义而获得圆足。这正好说明,信仰的绝对性应该留给信仰者个人,而不是强加给公共社会。

理性的界限
——先秦两汉思想转型提供的启示

一

先秦思想演变史，无疑可以说是由信仰走向理性，且由价值理性降及工具理性的历史。

思想史的这一变化，是从至上神的绝对权威的弱化、人的道德意识的萌发与人的认知能力的培植开始的，周初以有"德"作为享有"天命"的基本条件①，这种观念即透显有人如何在相互关系中定位的自觉意识，这是生长中的价值理性。及至春秋之际，像史嚚说的"国将兴，听于民；将亡，听于神"②，子产说的"天道远，人道迩，非所及也，何以知之"③，此则进而将视野从神回落于人，且力图赋予"道"以"人间性"④。至于被认为是周初的产物的《易经》，其所取的最主要的认知途径为"类"推。这种以此物（事）比况、论究他物（事）的寻问方式，就可以看作是原初的知识理性的开展。⑤

---

① 《尚书·召诰》称："肆惟王其疾敬德。王其德之用，祈天永命。"《尚书·梓材》称："皇天既付中国民越厥疆土于先王，肆王惟德用，和怿先后迷民，用怿先王受命。"此均强调"德"对于配享天命的重要性。

② 《左传·庄公三十二年》。

③ 《左传·昭公十八年》。

④ 冯友兰说："及春秋之世，渐有人试与各种制度以人本主义的（Humanistic）解释。以为各种制度皆人所设，且系为人而设。"[冯友兰：《中国哲学史》（上册），中华书局1947年版，第59页] 此即指其时视野已由神回落到人。余英时直称："中国古代'道'的另一特征，我想称它为'人间性'。"其显著的特点是"中国古代之'道'，比较能够摆脱宗教和宇宙论的纠缠"和"强调人间秩序的安排"。（余英时：《士与中国文化》，上海人民出版社1987年版，第48～50页）冯、余二氏所论诚是。

⑤ 我并不认为完整的《易经》已于西周初年编定。故如以《易经》为依据检讨周初的认知水平，最好以卦爻辞为言。卦爻辞推断吉凶的方法，主要是以此物事比况他物事。这便是类推。详见拙著《早期中国哲学略论》，广东人民出版社1998年版，第1章第3节。

孔子、孟子所建立起来的儒家的"仁学"体系，体现了在"人间性"的走向中，以人之性情为起点构筑价值理性的努力。一方面，孔子称："务民之义，敬鬼神而远之，可谓知矣。"① 此便强调人间事务疏远、摆脱鬼神控制的明智性。另一方面，孔子又以心之安否论孝与仁②，以孝友及处事之德行之当否论政与礼③，这种把个人置入人间社群关系予以定位和评价，乃至在社会治乱的不同时期应做出的不同选择，都体现着清醒的理性精神④。进至孟子，更明确将心之安否等人间情感赋予普遍本性的意义，而认定"人皆有不忍人之心"，是谓"仁心"。由之而论政："先王有不忍人之心，斯有不忍人之政矣。以不忍人之心，行不忍人之政，治天下可运之掌上。"⑤ 是谓"仁政"。此"仁心""仁政"均以"人"论；人而能"仁"（具"仁心"行"仁政"而"体仁"）者，即合于"道"矣，故孟子称："仁也者，人也。合而言之，道也。"⑥ "道"的人间性于此再明显不过了。

孔孟儒学的"道"的人间性，及其所体现的"理性"，一方面，如上所说是借对神的疏离、淡化而营造的；另一方面，由于其纯依人之性情和由之引申的责任感立论而毋予于外在之客观时势，故此"理性"纯属为"价值"的而非"知识"的。也可以说，孔孟儒学正是一方面借疏离神学，另一方面又排拒知性（追随时势变迁而不断改变自己的权智与术

---

① 《论语·雍也》。

② 《论语·阳货》记："宰我问：'三年之丧，期已久矣。君子三年不为礼，礼必坏；三年不为乐，乐必崩。旧谷既没，新谷既升，钻燧改火，期可已矣。'子曰：'食夫稻，衣夫锦，于女安乎？'曰：'安。''女安，则为之。夫君子之居丧，食旨不甘，闻乐不乐，居处不安，故不为也。今女安，则为之！'宰我出。子曰：'予之不仁也。子生三年，然后免于父母之怀。夫三年之丧，天下之通丧也。予也有三年之爱于其父母乎？'"孔子于此即以心之安否论孝与仁。

③ 《论语·为政》记："或谓孔子曰：'子奚不为政？'子曰：'《书》云：孝乎，惟孝，友于兄弟，施于有政。是亦为政，奚其为为政？'"孔子于此即以德行论政。《论语·泰伯》记孔子曰："恭而无礼则劳，慎而无礼则葸，勇而无礼则乱，直而无礼则绞。"孔子于此即以德行之当否论礼，而视礼为德行之规范性标准。

④ 《论语·泰伯》记孔子语："笃信好学，守死善道。危邦不入，乱邦不居。天下有道则见，无道则隐。邦有道，贫且贱焉，耻也；邦无道，富且贵焉，耻也。"依此，个人社会治乱间的出仕与入处既不受神鬼力量的支使，亦不为个人利害所驱动，而仅以个体人格之能否固守为转移，即体现为一种价值理性。

⑤ 《孟子·公孙丑上》。

⑥ 《孟子·尽心下》。

数），而特别凸显了它的"理性"的"价值性"①。

把"理性"的目光转向外在存有而关切客观与知识，由老子开创、庄子弘扬的先秦道家于其中起了重要的作用。在老庄那里，在其把"道"作为万物始出的本源时，无疑此道已具客观实在的意义，尽管它的无所不在的全能性仍保留有宗教信仰的影迹②。且在他们赋予"道"以"无"的意义时，其论证方式便是知识化与形式化的。如老子提出的"道冲而用之或不盈"③的命题，"道"的"冲"（空）实以内涵论，而"用之或不盈（完）"则以外延论。此命题所隐含的，即是内涵越少外延越大的形式规则。④ 庄子提出的如下论说："物物者非物。物出，不得先物也，犹其有物也。犹其有物也，无已。"⑤ 此论说已非讨论存在问题，而是检讨知识问题。依知识的形式规则，"物"为在外延上最大的概念，因而，如果我们说"物"还有一个来源，且作为来源的还是"物"的话，那么它便是已经被涵盖于"物"中的，这种说法在概念上是混乱的。因此，若是说"物"还有一个来源，这一来源只能是"非物"。由之我们可以看到，老庄哲学的"道"之被归于"无"，在一定意义上也可以说由逻辑推导而成，以"无"为言的"道"其本体地位实为一逻辑预设。在老庄哲学的基础上发展起来的名辩思潮，进一步把经验知识的形式化走向推向一个高峰。墨子本人已经充分运用三段论式讨论问题。墨子后学甚至对概念

---

① 牟宗三论孔子不太谈及"性与天道"而称："性与天道是自存潜存，是客观的，实体性的，第一序的存有，而仁智圣则似乎是凌空的、自我作主地提起来的生命、德性，其初似乎并不能直接地把它置定为客观的、实体性的、自存潜存的存有，因此，它似乎是他自己站起来自己创造出来的高一层的价值生命。……人的生命在这里是光畅的，挺立的。他的心思是向践仁而表现其德行，不是向'存有'而表现其智测。他没有以智测入于'存有'之幽，乃是以德行而开出价值之明，开出了真实生命之光。"［牟宗三：《心体与性体》（第 1 册），台湾正中书局 1987 版，第 220 页］牟氏于此赞孔子价值理性"是他自己站起来（既不凭借于神也不依顺于客观存有）自己创造出来的高一层的价值生命"，此说诚得。

② 葛兆光所撰写《众妙之门——北极与太一、道、太极》一文论析，北极、太一、道、太极这四个概念，在早期道家文献的相关思维中可以直接互换。［该文载于《中国文化》（第 3 辑），生活·读书·新知三联书店 1991 年版］而太一、北极星具神明崇拜的意义，然则道家之"道"留存有创世神的影迹诚是。

③ 《老子·四章》。

④ 《老子·十一章》称："三十幅共一毂，当其无，有车之用。埏埴以为器，当其无，有器之用。凿户牖以为室，当其无，有室之用。故有之以为利，无之以为用。"此中之"有"与"无"的关系，实亦出自内涵越少外延越大的形式推论。

⑤ 《庄子·知北游》。

（名）、判断（辞）、推理（说）的运用提出了一整套形式规则。公孙龙子的"白马非马"说，在存在的意义上也许是有偏失的，但是"白马"的概念包括有"白色"与"马形"两种内涵，"马"只包涵"马形"一种内涵，因而，从知识的形式意义看，说"白马"的概念不是"马"的概念，却是确当的。

客观化、知识化与形式化，其关切点在思想或理论的可用性。在战国末年荀子的"不求知天"①"其于天地万物也，不务说其所以然"②，特别是韩非子的"圣人尽随于万物之规矩"③"因可势，求易道"④ 等言论中，我们可以看到他们不仅排斥宗教神学，亦且排斥任何先验建构，而仅以对现时社会与国家的建制的可用性作为理论探寻目标的基本取向。荀子直称："卜筮然后决大事，非以为得求也，以文之也。故君子以为文，而百姓以为神。"⑤ 神的权威在荀子这里完全地被排除了。荀子又确认："人生而有欲，欲而不得，则不能无求；求而无度量分界，则不能不争。争则乱，乱则穷。先王恶其乱也，故制礼义以分之，以养人之欲，给人之求；使欲必不穷乎物，物必不屈于欲，两者相持而长，是礼之所起也。"⑥ 此中，当荀子把原先由信仰或情感（在孔孟那里）维系的"礼"看作在个体欲求之间寻求平衡的手段时，"礼"也被工具化、律法化了。韩非子谓："所谓有国之母，母者道也。道也者，生于所以有国之术。所以有国之术，故谓之有国之母。"⑦ 此则进而把"道"术数化了。此术数化之"道"，其价值即在其"可用"。故韩非子又谓："凡治天下，必因人情。人情者有好恶，故赏罚可用。赏罚可用则禁令可立，而治道具矣。"⑧ 此只求其"可用"而不求其必真与善，正是形式设计的一个基本特点。在韩非子直以儒术为"五蠹"之首，而称"明主之国无书简之文，以法为教；无先王之语，以吏为师；无私剑之捍，以斩首为勇"⑨ 的主张中，我

---

① 《荀子·天论》。
② 《荀子·君道》。
③ 《韩非子·解老》。
④ 《韩非子·观行》。
⑤ 《荀子·天论》。
⑥ 《荀子·礼论》。
⑦ 《韩非子·解老》。
⑧ 《韩非子·八经》。
⑨ 《韩非子·五蠹》。

们无疑可以把它看成先秦理性发展坠向工具化的一个极端的例子。

钱穆先生说："秦室本是上古遗留下来的最后一个贵族政府，依然在其不脱贵族阶级的气味下失败（役使民力逾量，即是十足的贵族气味），依然失败在平民阶级的手里。"① 如仅就皇室的承传而言，此说诚是。但是，在秦王朝把人与人之间的关系归结为一种工具理性的关系时，我们完全有理由说，秦王朝的胜利在一定意义上说是工具理性的荣耀。② 当然，秦王朝的迅速败亡，无疑同时又表现了过分工具化的人际关系于政治运作方式上的挫败③。

二

这显然是与秦亡的教训有关，及至两汉，中国思想史上出现了与先秦思想变迁完全相反的一种转向：消解理性，重归信仰。

这种转向如何经历了汉初黄老之学的一个短暂的过渡，这里略去不谈，我们且看董仲舒与汉武帝策对所提出的问题与解决方式。汉武帝策问的主要问题是："三代受命，其符安在？灾异之变，何缘而起？性命之情，或夭或寿，或仁或鄙，习闻其号，未烛厥理。"这里的第一个问题，是政权合法性问题；第二个问题，是自然本原问题，即存在论问题；第三个问题，为人性问题。董仲舒的回答称："臣谨案春秋之中，视前世已行之事，以观天人相与之际，甚可畏也。国家将有失道之败，而天乃先出灾害以谴告之；不知自省，又出怪异以警惧之；尚不知变，而伤败乃至。以此见天心之仁爱人君而欲止其乱也。"④ 董仲舒于此即明确无误地把政权之合法性归于有灵性之天，且以此灵性之天连接自然变化与社会治乱问

---

① 钱穆：《国史大纲》（修订本上册），商务印书馆1996年版，第127页。
② 始皇每登名山即刻石记诵。首登泰山记诵称："皇帝临位，作制明法，臣下修饬。……治道运行，诸产得宜，皆有法式。"登琅邪台又立石刻诵称："维二十八年，皇帝作始。端平法度，万物之纪。以明人事，合同父子。……黔首安宁，不用兵革。六亲相保，终无寇贼。欢欣奉教，尽知法式。"登之罘刻石谓："大圣作治，建定法度，显著纲纪。……烹灭强暴，振救黔首，周定四极。普施明法，经纬天下，永为仪则。"（均见《史记·秦始皇本纪》）此足见始皇对"法治"的推重。
③ 司马谈《论六家要旨》称："法家不别亲疏，不殊贵贱，一断于法，则亲亲尊尊之恩绝矣；可以行一时之计，而不可长用也。"（见《史记·太史公自序》）此诚有鉴于秦亡。
④ 《汉书·董仲舒传》。

题，而建构起一套神学观念。

　　值得注意的是，由董仲舒开创，中经谶纬学张扬，后借白虎观会议得汉帝钦定而成为两汉主流思想的这套神学观念，与其说已经具备带超越意义的宗教形态的特征，毋宁说由于其更多地吸纳先秦时期为知识精英所排拒的民间信仰而显示出一种巫术的色彩。二者的区别，依列维-斯特劳斯的说法是："宗教即自然法则的人化，巫术即人类行为的自然化——即把某些人类行为看作是物理决定作用的一个组成部分。"① 我这里借助列维-斯特劳斯的区分所要说明的是以下两点。

　　第一，在董仲舒和《白虎通义》的制作者们那里，虽然也关切先秦儒家的仁义观念，但是他们并不是如孔子、孟子那样，把这些观念归属于人—主体的心性范畴，而是把这些观念自然化、存在化了。如董氏说："天两有阴阳之施，身亦两有贪仁之性。天有阴阳禁，身有情欲柜，与天道一也。是以阴之行，不得干春夏……天之禁阴如此，安得不损其欲而辍其情以应天？"② 此即把仁贪与阴阳挂搭起来而把本属于人的价值理念予以存在化。不仅如此，董氏实际上是把人的所有意欲与行为均予存在化。董氏常说："人生于天而取化于天，喜气取诸春，乐气取诸夏，怒气取诸秋，哀气取诸冬。……春气爱，秋气严，夏气乐，冬气哀。爱气以生物，严气以成功，乐气以养生，哀气以丧终。天之志也。"③ 此即把人的喜怒哀乐与自然之春夏秋冬相挂搭，而把人的情感予以存在化。《白虎通义》称："子不肯禅，何法？法四时火不兴土而兴金也。父死子继，何法？法木终火王也。兄死弟及，何法？夏之承春也。善善及子孙，何法？春生待夏复长也。恶恶止其身，何法？法秋煞不待冬。"④ 此则把人间的生活秩序与四时五行相匹配而把社会行为予以自然化。由之，人与自然，自然与

---

① ［法］列维-斯特劳斯著：《野性的思维》，李幼蒸译，商务印书馆1987年版，第252页。
② 《春秋繁露·深察名号》。
③ 《春秋繁露·王道通三》。
④ 《白虎通义·五行》。

社会，人、社会、自然与神灵，构成一种互渗的关系。① 此即可见董仲舒思想的原朴性与巫术色彩。②

第二，在董仲舒与两汉神学那里，虽然似乎也建立了一种宇宙论，从而为现实之社会运作与生活秩序提供了一种具形上意义的理论架构。然而，宇宙的本始和本始与万物的关系，在董学那里都不是借知识确认，都不具有形式化意义。如董仲舒称："一者万物之所从始也。元者辞之所谓大也。谓一为元者，视大始而欲正本也。春秋深探其本，而反自贵者始。故为人君者正心以正朝廷，正朝廷以正百官，正百官以正万民，正万民以正四方。四方正，远近莫敢不一于正，而亡有邪气奸其间者。是以阴阳调而风雨时，群生和而万民殖……"③ 此中，"一者万物之所从始"或出自于易之"乾元大始"的观念，依此而"反自贵者始"即寓含有一神灵之信仰。由"反自贵者始"而论政治、论阴阳，其间使用的两个连接词——"故""是以"所展示的，都不具有"因为……所以"那种具经验知识形式的因果链的意义，而只可以借信仰的立场予以解读。及至《春秋纬·文耀钩》解释"万物之所从始"的"一"而称："中宫大帝，其北极下一明者，为太一之先，含元气以斗布常。"此则直指"一"为神。又在《白虎通义》用"木生火"（夏承春）这同一"自然法则"说明"父死子继"与"兄死弟及"两种不同体制的合法性，及有时固以"阳气"说"仁"，然在阳气最盛的南方却又不被认作主"仁"而主"礼"，且在论"情"时以"北方阳气始施故好，南方阴气始起故恶"④为说，以至有"性"与"情"的不协调性，我们无疑可以看到汉人在运

---

① 列维-布留尔于所著《原始思维》一书中论及原始思维的"互渗性"时称："在原始人的思维的集体表象中，客体、存在物、现象能够以我们不可思议的方式同时是它们自身，又是其他什么东西。它们也以差不多同样不可思议的方式发出和接受那些在它们之外被感觉的、继续留在它们里面的神秘的力量、能力、性质、作用。"（[法]列维-布留尔著：《原始思维》，丁由译，商务印书馆1981年版，第69～70页）此处借用列维-布留尔的"互渗性"概念揭明董学的特点，并不着意去印证董仲舒思想尚停留在原始阶段，而只想表明，董学还存留着原始思维的"互渗性"影迹的原朴性。

② 在《春秋繁露》之《求雨》《止雨》等篇中，董仲舒陈述的祭祀仪式都带巫术性且直认须由巫进行操作。

③ 《汉书·董仲舒传》。

④ 《白虎通义·情性》。

思时并不太遵从"矛盾律"的那种近乎随意的灵活性。① 这都说明,董仲舒、《白虎通义》提供的思想不具知识的意义,而实为一种带巫术色彩的神灵信仰。

自董仲舒始的先秦两汉思想由理性向信仰的转型,至汉章帝"亲称制临决",使《白虎通义》得以颁行,神灵体系作为官方的意识形态而得以确立。其间虽有刘歆、谷永、桓谭等学者借"五经"之"正言"而有所抗争,特别是王充从道家的自然论出发并借经验知识的形式规则对种种带巫术色彩的神灵信仰有过激烈的批评②,然均不足以改变回归信仰这一两汉思想演变之主流。

三

取代先秦理性而起的信仰并不是具有超越意义的宗教信仰,反倒是人神掺杂的带巫术色彩的神灵信仰,究其原因,是否与汉初政权的"平民性"和作为"平民政府"③ 主体的楚人身份有关④,这是很值得研究的。

---

① 列维-布留尔在论及原始思维不太遵循形式逻辑的"矛盾律"时称:"一般说来,知识就是客观化,客观化就是把自己以外的必须知道的东西作为一种外在的东西而加以具体化。相反的,原逻辑思维的集体表象所保证的彼此互渗的实体之间的联系又是多么密切啊!互渗的实质恰恰在于任何两重性都被抹杀,在于主体违反着矛盾律,既是他自己,同时又是与他互渗的那个存在物。"([法]列维-布留尔著:《原始思维》,丁由译,商务印书馆1981年版,第450页)这就说明,解释不太遵从形式规则的随意性,源于主客、物我、神人之间没有明确分界的"互渗性"。

② 章太炎谓,王充"作为《论衡》,趣以正虚妄,审乡背。怀疑之论,分析百尚。有所发摘,不避上圣。汉得一人焉,足以振耻"(见刘梦溪主编《中国现代学术经典·章太炎卷》,河北教育出版社1996年版,第228页)。此为依理性所做的判定。

③ 汉初政权为"平民政府",此为钱穆的提法。详见其著《国史大纲》第三编"秦汉之部"。牟宗三评点刘邦称:"刘邦之在斯世,乃一赤裸裸之原始生命也。无任何世家门第可言,无任何文化装饰可凭。只是蒙昧中一片灵光,而独辟草莱也";又谓刘邦所接触之儒生"皆贱儒耳"。(见牟宗三《历史哲学》,台湾学生书局1988年版,第149~150页)刘邦开创的汉初政权的这种"平民性"显然影响着其主导思想的"民间性"。

④ 刘邦集团多楚人(详见李开元著《汉帝国的建立与刘邦集团:军功受益阶层研究》,生活·读书·新知三联书店2000年版,第5章)。刘邦去世前夕还要让戚夫人"舞楚舞,歌楚歌"(事见《史记·高祖本纪》),而楚文化的特点是巫术特盛。《汉书·地理志下》即记楚人"信巫鬼,重淫祀"。王逸注屈原《九歌》谓:"昔楚国南郢之邑,沅湘之间,其俗信鬼而好祀,其祀必使巫觋作乐,歌舞以娱神。"董仲舒为赵人,其论《求雨》《止雨》之巫术是否与楚俗有关,尚需考辨。

然而，本文关切的是怎样看待与评价思想史上的这一转型，及这一转型提供了什么启示。

我们仅从近世以来两汉思想的际遇谈起。

从总体上看，近世以来，除今文经学家外，思想家们对两汉以董学和今文经学为主流的思想观点，是持批评态度的。章太炎可以算是经学系统内对之做出批评的代表人物。章氏谓："大氐清世经儒，自'今文'而外，大体与汉儒绝异。不以经术明治乱，故短于风议；不以阴阳断人事，故长于求是。短文虽异，要之皆征其通雅。何者？传记、通论，阔远难用，固不周于治乱；建议而不雠，夸诬何益？魖鬼、象纬、五行、占卦之术，以神教蔽六艺，怪妄。……故惟惠栋、张惠言诸家，其治《周易》，不能无捃摭阴阳，其他几于屏阁。虽或琐碎识小，庶将远于巫祝者矣。"① 又谓："董仲舒以阴阳定法令，垂则博士，神人大巫也。使学者人人碎义逃难，苟得利禄，而不识远略。"② 章氏于此明显地对董学与今文经学持强烈批评的态度。尔后，借唯物主义立论的哲学史家、思想史家，更直接指斥董学为"给地上王朝以神学论证的一个典型"，指《白虎通义》为"神学经学化，经学神学化双重关系指导下编纂的一部经学官方答案"。③ 近世以来这两类批评的政治立场有异，然而其学术标准却有共通性，那就是近代知识理性。

诚然，我们也可以看到 20 世纪出现的另一类比较带有肯定性的评价。如牟宗三即称："董仲舒之天人三策，其思想之超越性，理想性，涵盖性（在今人视之，必认为迂远怪诞者），非有发扬之精神不能欣趣而肯定之也。……仲舒与武帝乃相得而成此'发扬的理性之建设之局'。"④ 牟宗三此处之"理性"，显然指儒家之价值理性。牟氏因董学承接与发扬儒家之

---

① 章太炎：《检论》卷四《清儒》，见刘梦溪主编《中国现代学术经典·章太炎卷》，河北教育出版社 1996 版，第 259 页。
② 章太炎：《检论》卷三《学变》，见刘梦溪主编《中国现代学术经典·章太炎卷》，河北教育出版社 1996 版，第 228 页。
③ 任继愈主编：《中国哲学史》（第 2 册），人民出版社 1979 版，第 81、101 页。
④ 牟宗三：《历史哲学》，台湾学生书局 1988 年版，第 258～259 页。

价值理性而对之予以充分肯定。① 及至20世纪80年代，对董学甚至多有从知识理性予以肯定者。代表性的看法如李泽厚认为两汉的阴阳五行说已具"原始的素朴的系统论思维的某些特征"，"在这种系统论中，诸性质诸功能的序列联系和类比感应关系，较少意志论和目的论的主观臆测，更多具有机械论和决定论的倾向"②。此后于20世纪90年代在国内出版的一些研究汉代思想的著作，如钟肇鹏之《谶纬论略》③、王葆玹之《今古文经学新论》④，为对汉代主流思想有所肯定，亦致力于挖掘其所蕴含的科学思想与系统精华。无疑，这种带有一定程度的肯定性评价，其实亦依理性立论。

那么，理性是唯一的评价标准吗？

事实上，人类学家对这一标准早已持批评态度。列维-布留尔在考察了人类的"原始思维"后发现，"即使在我们这样一些民族中，对互渗的需要仍然无疑比对认识的渴望和对符合理性要求的希望更迫切更强烈。……即使现在，那个由于完全的互渗而占有自己的客体、给它以生命、与它共生息的智力活动，仍然在这种占有中获得完全的满足，而不企求更多的东西。而且，与理性要求相符合的实际的知识永远是不完全的知识"。由此，列维-布留尔指出："实际上，我们的智力活动既是理性的又是非理性的。在它里面，原逻辑的和神秘的因素与逻辑的因素共存。"而"假如我们的思维既是逻辑的又是原逻辑的，假如确实是这样，那么，各种宗教教义和哲学体系的历史今后就可以用新的观点来阐明了"。⑤ 另一位人类学家列维-斯特劳斯甚至不愿意把巫术与神话思维称为"原始人或远古人的思维"，而宁可把它看作"未驯化状态的思维"，"以有别于

---

① 在较后的讲演与著述中，牟宗三对董学已多所批评。如于《中国哲学十九讲》第四讲《儒家系统之性格》中，牟氏即谓："依儒家的立场来讲，儒家有中庸、易传，它可以向存在那个地方伸展。它虽然向存在方面伸展，它是道德的形上学（moral metaphysics）。他这个形上学还是基于道德。儒家并不是 metaphysical ethics，像董仲舒那一类的就是 metaphysical ethics。董仲舒是宇宙论中心，就是把道德基于宇宙论，要先建立宇宙论然后才能讲道德，这是不行的，这在儒家是不赞成的，中庸、易传都不是这条路。"（牟宗三：《中国哲学十九讲》，台湾学生书局1986年版，第76页）在此，牟氏实际上把董仲舒"开除"出儒家。

② 李泽厚：《中国古代思想史论》，人民出版社1985年版，第164、165页。

③ 该书由辽宁教育出版社于1991年出版。

④ 该书由中国社会科学出版社于1997年出版。

⑤ ［法］列维-布留尔著：《原始思维》，丁由译，商务印书馆1981年版，第451、452页。

为了产生一种效益而被教化或被驯化的思维"①。他指出："如果我们想把巫术归结为技术和科学演进中的某一时期或某一阶段的话，我们就会失去理解巫术思想的一切可能。就像在人前移动的身影一样，巫术在某种意义上本身是完整的，而且它那种非物质的完整性和连贯性与它后面的那个物质存在的完整性和连贯性完全一样。""不要错误地认为，在知识演进史中，神话与科学是两个阶段或时期，因为两种方法都是同样正当的。"②列维-布留尔、列维-斯特劳斯两位人类学家的这些精辟见解无疑为我们如何解读秦汉之思想转型与汉代神学提供了较为恰当的理论框架，那就是我们应该借助于"文化类型论"而非"文化阶段论"。刘小枫在批评一些论者对中国思想史由先秦哲学（理性）向两汉神学（信仰）的转变视作倒退与不可理解的评价倾向时论道："哲学形而上学的思维高于神话思维的论点，是启蒙时代实证主义论者的观点，尤见于孔德著名的思维三段论：神话思维—形而上学思维—实证思维。19 世纪末 20 世纪初，洪堡、狄尔泰、舍勒、韦伯的文化类型论已对思想阶段论提出了批评。舍勒尖锐地指出，孔德的论点是西方思想中心论的表现，由此三段论论析东亚文化圈的思想，必将导致许多盲点。"③ 此论诚是。

由之我们得以引出的就是，如何给理性划定一个界限？

在近代学术的视野中，"理性"似乎主要指的是"知识理性""工具理性"。"现代性"以理性化为主要标志，不仅把宗教信仰排除在外，而且亦把带有信仰意味的价值理性划归传统。④ 固守"传统"的学者力求把自己认准的道德信念与宗教信仰外在化与客观化，使之获得宰制社会公共运作规则的意义（是谓由"内圣"开"外王"），以求社会道德理想化，并以此为依托，批评现代化、理性化所带来的社会平面化；崇尚"现代"的学者则坚信唯有把社会生活的一切交给公共理性，依由公共理性开出的科学与民主，并借理性确立的律法去处理一切关系，社会才可以走向进步与文明，这些学者亦依此指斥维护传统为文化保守主义。

---

① ［法］列维-斯特劳斯著：《野性的思维》，李幼蒸译，商务印书馆 1987 年版，第 249 页。

② ［法］列维-斯特劳斯著：《野性的思维》，李幼蒸译，商务印书馆 1987 年版，第 18、29 页。

③ 刘小枫：《个体信仰与文化理论》，四川人民出版社 1997 年版，第 574 页。

④ 参见［美］艾恺《世界范围内的反现代化思潮——论文化守成主义》，贵州人民出版社 1991 年版，"前言"，第 1～14 页。

在我看来，这些争论都可以说是因界限不清而引发的。

在我自己的论作中，已曾认定以道德理想（内圣）驾驭社会公共领域（外王）的设计的空幻性，以及在公共领域以工具理性、以律法形式作为调节相互关系的不可避免性。① 这里要侧重讨论的是，也应该予这种理性以一个限定。

就理论讨论而言，之所以说要给理性一个限定，首先是因为理性（工具理性）既然是属于经验知识范畴，它就必然包含有经验知识的一切弊病（如相对有限性），更不可能回应人的先验性的追求。我很怀疑时下关于"现代化"的话题中，在对当前社会性质是什么的这样一个经验性的判定中，竟然没有经验材料来支撑它的有效性②。当然，即便有经验材料支撑，人们的任何结论也可以找到证伪的许多案例，这恰好说明理性的限制性。以经验理性作为唯一导向必将使我们的情绪追逐于变动不居的经验社会而漂泊无寄。显然，只有走向信仰，才可以超越由变动不居带来的浮躁而回归宁静。

之所以说要给理性一个限定，其次是因为理性（工具理性）既以公共化为的矢，那么个人是否仍需保留一个属于自己的空间也是个问题。在哈贝马斯把"生活世界非形式调节领域内的法律化倾向"指斥为"生活世界的殖民化"之后③，人们无疑关切到在私人与私交领域不可以工具理性而应该以情感与信念维系的重要性。

回到两汉思想转型的历史话题。

两汉思想转型提供的启示，从肯定性方面，其实并不在于它贡献了多少具有科学认知意义的理论与方法。就其为汉人的公共秩序所提供的信仰支撑在运作上的有效性而言，这是不是一定较之于借工具理性或道德理性支撑而建立起来的体制更不如，可能会有许多争论。譬如去做过细的分

---

① 参见冯达文《宋明新儒学略论》，广东人民出版社1997年版，"结语"。
② 详见李世涛主编《知识分子立场》（时代文艺出版社2000年版）的有关讨论。
③ 笔者对哈贝马斯未做过深入的研究。这里对哈贝马斯关于"生活世界殖民化"的理解参照了章国锋所撰《西方社会危机与"交往理性"的重建》［见陈平原等主编《学人》（第4辑），江苏文艺出版社1993年版］一文。

析，人们也可以说，秦皇朝的绝对权力也从神那里祷得①，而汉政权的具体操作何尝不是"以霸王道杂之"②？然而，至少人们不能不在总体上承认：两汉乃至隋唐，人们更多地以阴阳五行论为政，仍不妨有"汉唐盛世"；秦朝及宋明之后，人们不乏以理性论人事，却不一定赢得"盛世"称誉。这在思想史上如何解释呢？

不过，依本文的立场，两汉思想转型提供的意义，其实最重要的或许还不在于此。

在我看来，这种思想转型提供的启示最重要、最值得玩味的是：从学术渊源来看，自可以说两汉思想与先秦流传下来之"齐学"或"鲁学"有关③，然而，它的宇宙论观点特别是带巫术色彩的信仰，却主要来自为先秦之知识精英所排斥的民间传统④；因而，在将法理体制直接下贯于每个个人、使每个个人直接面对国家的严刑峻法的秦王朝败亡之后，两汉思想家借民间信仰建构国家意识形态的努力，同时即蕴含有重建礼俗社会的问题。这一点在汉初贾谊的《治安策》与董仲舒的《天人三策》中有非常清楚的陈述。贾谊的说法是：

> 商君遗礼义，弃仁恩，并心于进取，行之二岁，秦俗日败。故秦人家富子壮则出分，家贫子壮则出赘。借父耰锄，虑有德色；母取箕帚，立而谇语。抱哺其子，与公并倨；妇姑不相说，则反唇而相稽。其慈子耆利，不同禽兽者亡几耳。……曩之为秦者，今转而为汉矣。然其遗风余俗，犹尚未改。今世以侈靡相竞，而上亡制度，弃礼谊，

---

① 《史记·秦始皇本纪》载，一统江山后，"始皇推终始五德之传，以为周得火德，秦代周德，从所不胜。方今水德之始，改年始，朝贺皆自十月朔。衣服旄旌节旗，皆上黑。……更名河曰德水，以为水德之始"。是亦以"天运"（五德终始）为合法性依据。然再考始皇各处所立石刻，几无颂天称神之辞。如前引登泰山之石刻首句即谓："皇帝临位，作制明法，臣下修饬。"其重人为之法制而非天运之启示于此可见。

② 《汉书·元帝纪》称："汉家自有制度，本以霸王道杂之，奈何纯任德教，用周政乎？"

③ 钱穆谓，汉儒家之一派为"齐学"，一派为"鲁学"。"齐学恢奇，鲁学平实，而皆有其病。齐学流于怪诞（其病在不经），鲁学流为训诂（其病在尊古），立论本意非不是，而不能直凑单微，气魄、智慧皆不够，遂不足斡旋世运，而流弊不免。"［钱穆：《国史大纲》（修订本上册），商务印书馆1994年版，第152页］

④ 以荀况、韩非为代表。二人对无征之说（含五行之说、巫祝之辞）尖锐地批评，可见其排斥民间文化之烈。详见《荀子》之《天论》《非十二子》等篇、《韩非子》之《五蠹》等篇。

捐廉耻，日甚，可谓月异而岁不同矣。逐利不耳，虑非顾行也，今其甚者杀父兄矣。盗者剟寝户之帘，搴两庙之器，白昼大都之中剽吏而夺之金。……至于俗流失，世坏败，因恬而不知怪，虑不动于耳目，以为是适然耳。夫移风易俗，使天下回心而乡道，类非俗吏之所能为也。①

董仲舒的说法是：

至周之末世，大为亡道，以失天下。秦继其后，独不能改，又益甚之，重禁文学，不得挟书，弃捐礼谊而恶闻之，其心欲尽灭先圣之道，而颛为自恣苟简之治。故立为天子十四岁，而国破亡矣。自古以来，未尝有以乱济乱，大败天下之民如秦者也。其遗毒余烈，至今未灭，使习俗薄恶，人民嚚顽，抵冒殊扞，熟烂如此之甚者也。……当更张而不更张，虽有良工，不能善调也；当更化而不更化，虽有大贤，不能善治也。②

此间，贾、董二人所暴露的秦汉之际民风败坏的原因即在于把"并心于进取""逐利不耳"的功利性原则贯彻到所有人际关系中去。针对于此，他们提出的"移风易俗""更化"的主张，即具礼俗社会重建的意义。毫无疑问，唐宋之后特别是近代以降，由于理性的发展，董仲舒一系所代表的汉学这种带有信仰意义甚至巫术色彩的理论（如章太炎所谓"以阴阳定律令"者），在国家政府、公共领域中的影响力已逐渐消退甚至已被清除。然而，它对民间风俗的重建所显示的生命力却依然旺盛，在很大程度上依然调节着民间的日常交往与情感生活。这里显示的也即本文特别关切的，就是"法理社会"（国家政府）与"礼俗社会"的区别与

---

① 《贾谊集》，上海人民出版社1976年版，第191～192页。
② 《汉书·董仲舒传》。

界限，它同时也体现为理性与信仰、现代与传统的区别与界限。①

当今时代的问题是，理性的扩张带来的是人的日益工具化与功利化，法理的网密又使每个个人只直面公共操作系统而导致人与人之间关系的疏离化与冷漠化。面对当今的这种时势，像当年贾谊所提倡去做一番"移风易俗，使天下回心而乡（向）道"的带有进取性的功夫，似不免显得迂腐；然而致力于限制理性（法理）的过分张扬而保留一个"礼俗社会"或"生活世界"，借这一社会或世界特有的个人与他人、个人与世界、人与神的互渗不分的融贯性，为人们情感性的生活提供一个合适的"家园"，总还是需要的吧！

（原载《学术研究》2002 年第 1 期）

---

① 依艾恺所著《世界范围内的反现代化思潮——论文化守成主义》一书介绍，"礼俗社会"与"法理社会"的概念为德国社会学家特尼斯所创发。"礼俗社会"指一种以"自然意识"（或"精髓"）为首要的"理想型"（ideal type）社会。这主要是农民、手工艺者和一般百姓的社会。在这种社会里，相互关系的本身就是目的，它们发自自然感情；它们的产生乃由于所牵扯的人员的一定的身份角色——例如母与子——相互作用的结果。"法理社会"是一种"理智意志"占首要地位的社会形式，这种意志以生意人、科学家、上层阶级的权威人士的活动为特征。在这种社会里，关系成为达到其他目的的手段，现代政府官僚和工业组织属于这种社会类型。艾恺又引用了费孝通对特尼斯这两个概念所做的如下解释："在社会学里，我们常分出两种性质不同的社会，一种并没有具体目的，只是因为在一起生长而发生的社会，一种是为了要完成一件任务而结合的社会。"艾恺自己则称："在我的定义下，现代化就是破坏礼俗型种种关系、结社与组织，而以法理型代之，好比说，用法律取代了民德、风习、宗教清规等等。是故，不光是在东欧和南欧，在整个欧洲，对启蒙进行批评的反现代化批评中存在着很普遍的二分法概念：法律/道德；法律/风习；商业化关系/'自然'（宗教、友侪等）关系；机械的/'有生的'或'有机的'等等。"（［美］艾恺著：《世界范围内的反现代化思潮——论文化守成主义》，贵州人民出版社1991年版，第42～44页）本书诚有取于艾说。

在"天"与"人"、信仰与理性之间
——再论先秦两汉思想转型提供的启示

2000年12月,我曾在中山大学中国哲学研究所举办的"现代性与传统学术"会议上,发表一篇题为《理性的界限——先秦两汉思想转型提供的启示》①的论文。论文确认,先秦思想经历了由信仰而理性,由价值理性而工具理性的发展历程,两汉思想走着重新由理性回归信仰,甚至使这种信仰与原始巫术相结合的历程。论文借此揭示了"理性的界限",认肯了信仰在礼俗社会中作为维系日常生活间的人际关系的正当性。但论文未能就理性(特别是工具理性)与信仰(带巫术色彩的信仰)这两类不同的思想进路在建构世间公共秩序(特别是国家政治秩序)所提供的理论依据与思想价值做深入的讨论。本文着意于在这一问题上做若干剖析,是谓对前一论文做一点补充与延伸。

一、"天人相分"依"人"立法的进路

先秦思想由信仰而理性,由价值理性而工具理性的发展,最终的显示便是荀子与韩非子思想的确立与在现实制度层面上秦王朝的建立。

"天人相分"是荀子提出的著名论断。《荀子·天论》称:

> 天行有常,不为尧存,不为桀亡,应之以治则吉,应之以乱则凶。强本而节用,则天不能贫;……修道而不贰,则天不能祸。故水旱不能使之饥,寒暑不能使之疾,妖怪不能使之凶。……受时与治世同,而殃祸与治世异。不可以怨天,其道然也。故明于天人之分,则可谓至人矣。

对于荀子的这类话语,以往许多学者多偏重于肯定其在自然观上的无神论

---
① 该论文曾刊载于《学术研究》2002年第1期,第34～41页。

色彩。这当然也没有错。然而，荀子的用心其实不在于建构自然观和知识论，而在于借将"天"自然化，把"人"从"天"的笼罩中分离出来，在"人"的范围内讨论政治问题。荀子曰：

> 治乱天邪？曰：日月星辰瑞历，是禹桀之所同也。禹以治，桀以乱，治乱非天也。时邪？曰：繁启蕃长于春夏，畜积收藏于秋冬，是又禹桀之所同也。禹以治，桀以乱，治乱非时也。地邪？曰：得地则生，失地则死，是又禹桀之所同也。禹以治，桀以乱，治乱非地也。①

此即强调天、时、地的自然性，将其排拒于人—社会治乱之外，而把社会问题属"人"化。人—社会公共生活的秩序与国家建制，被荀子称为"礼"的，不可以借"天"确立，它归属于"人"，只可以依"人"求取。

那么，"人"是什么？从属于"人"的哪些方面去求取呢？

"人"是什么？对这个问题的回答，在历史上往往有两种不同的思路。一种是从人的群体性的存在方式介说"人"。如孟子说："人之所以异于禽兽者几希，庶民去之，君子存之。舜明于庶物，察于人伦，由仁义行，非行仁义也。"② 孟子从人与动物的区别介说"人"。人与动物之不同，是人生存于"人伦"关系即特定人群中，既需要也可能形成协和相互关系的伦理观念，是为"由仁义行"。"由仁义行"作为人长期生活于群体中一代一代传承下来的伦理观念与行为习惯，对于每个个人具有根本的意义，可视作人的先验本性，故孟子有"性善"论。

荀子曾说道：

> 水火有气而无生，草木有生而无知，禽兽有知而无义，人有气有生有知亦且有义，故最为天下贵也。力不若牛，走不若马，而牛马为用，何也？曰：人能群，彼不能群也。③

---

① 《荀子·天论》。
② 《孟子·离娄下》。
③ 《荀子·王制》。

此以"有义"作为人与动物不同处,且亦以"能群"论"人",似与孟子近。然荀子并不认为"义"与"能群"为"人"所本然具足的。他指出这些体现"人"与动物不同的地方是人依照自己设计的目标着意建构的。因此,它不属于人的本有性情或这种性情的直接延伸。人的本有性情应以人的自然—本然的资质论。荀子称:

> 凡性者,天之就也,不可学,不可事。……不可学,不可事,而在人者,谓之性;可学而能,可事而成,之在人者,谓之伪。①

此即以自然—本然之资质论人性。所谓"自然—本然"者,谓未进入社会群体关系,未经改变、未做修饰(荀子所谓"伪")之者。故此亦即从人之个体存在论性情。

作为个体存在的、自然—本然禀得的人性,是怎样的呢?荀子说:

> 今人之性,饥而欲饱,寒而欲暖,劳而欲休,此人之情性也。今人饥,见长而不敢先食者,将有所让也;劳而不敢求息者,将有所代也。夫子之让乎父,弟之让乎兄,子之代乎父,弟之代乎兄;此二行者,皆反于性而悖于情也。……用此观之,然则人之性恶明矣,其善者伪也。②

> 人之性恶,其善者伪也。今人之性,生而有好利焉。顺是,故争夺生而辞让亡焉;……生而有耳目之欲,有好声色焉,顺是,故淫乱生而礼义文理亡焉。……用此观之,然则人之性恶明矣,其善者伪也。③

显然,荀子明确认定,人作为个体存在,其自然—本然具有的情性是

---

① 《荀子·性恶》。
② 《荀子·性恶》。
③ 《荀子·性恶》。

"好利""疾恶"的。这也就是说,"人"之为人,乃一利欲性之存在。①

荀子把"人"认作一利欲性之存在,显然出自面对大争之世的一种现实经验性的把捉。原先在孟子那里,以"善"说"性",本基于一种思想信念、一种价值理想。然面对战国时期大争格局,面对国与国、地域与地域、人与人之间在利益上的分割、争斗以至杀戮,这种信念、理想被摧残了。荀子说:

> 今当试去君上之势,无礼义之化,去法正之治,无刑罚之禁,倚而观天下民人之相与也。若是,则夫强者害弱而夺之,众者暴寡而哗之,天下悖乱而相亡,不待顷矣。用此观之,然则人之性恶明矣,其善者伪也。故善言古者,必有节于今;善言天者,必有征于人。凡论者贵其有辨合,有符验。故坐而言之,起而可设,张而可施行。今孟子曰:人之性善。无辨合符验,坐而言之,起而不可设,张而不可施行,岂不过甚矣哉。②

荀子此处强调"论者贵其有辨合,有符验""起而可设,张而可施行",都基于一种经验知识的、可操作的立场。这正是工具理性的立场。

依荀子对"人"的这种看法,从属于"人"的这种本性出发,去建构群体的公共规则,即荀子所说的"礼义法度",那么,它会是怎样的呢?荀子称:

> 礼起于何也?曰:人生而有欲;欲而不得,则不能无求;求而无度量分界,则不能不争;争则乱,乱则穷。先王恶其乱也,故制礼义以分之,以养人之欲、给人之求。使欲必不穷乎物,物必不屈于欲。

---

① 牟宗三先生谓,荀子是以动物性论人性。"由动物性之自然以言人性,则与动物无以异矣。'人之所以异于禽兽者几希。'孟子由四端之心以见仁义礼智之性,正是由此点出人性以与禽兽区别。然则性善诚不可移也。"(牟宗三:《名家与荀子》,台湾学生书局1994年版,第224页)此论不确。孟荀人性论之别实不可以人禽之别介说之,荀子不至于不识人禽之别者。孟荀之别实只可以从群体出发抑从个体出发论。荀子以为,在个体自然—本然之存在中,人皆为一利欲之存在者。礼义法度,为个体进入群体之后所需者。

② 《荀子·性恶》。

两者相持而长，是礼之所起也。①

"人生而有欲"，这是荀子对人的自然—本然情性之基本介说。在荀子看来，礼作为社会公共规范产生于如何管控个人利欲本性之需要。然则，此礼不再如上古那样为诉诸人对天帝诸神之崇敬，也不再如孔孟那样只诉诸人内在的不安之心、不忍人之心。它作为社会—国家的建制，与每个个人的自然—本然性情不仅是分立的而且是加于其上的；它作为从外面加于每个个人之上的东西，不再具有信念—信仰意义。它被操作化与工具化了。

这种作为工具和手段建立起来的"礼"本质上就是"法"。故荀子也称，"礼者，法之大分，类之纲纪也"②，"道之于法也者，国家之本作也"③。荀子于此已视"礼""法"为不分。及至其学生韩非子，更只讲"法"而不讲"礼"了。

韩非子作为法家思想的集成者，对人性的利欲特征暴露得较之于荀子更为透彻：

　　故王良爱马，越王勾践爱人，为战与驰。医善吮人之伤，含人之血，非骨肉之亲也。……故舆人成舆，则欲人之富贵；匠人成棺，则欲人之夭死也。非舆人仁而匠人贼也，人不贵，则舆不售；人不死，则棺不买。情非憎人也，利在人之死也。④

　　今上下之接，无子父之泽，而欲以行义禁下，则交必有郤矣。且父母之于子也，产男则相贺，产女则杀之。此俱出父母之怀衽，然男子受贺、女子杀之者，虑其后便、计之长利也。故父母之于子也，犹用计算之心以相待也，而况无父子之泽乎？⑤

依韩非的看法，"父母之于子也，犹用计算之心以相待也"，社会中之君与臣、主与仆、买主与卖主等之间的关系，完全属于一种"互市"（买卖关系），更不待言。

---

① 《荀子·礼论》。
② 《荀子·劝学》。
③ 《荀子·致士》。
④ 《韩非子·备内》。
⑤ 《韩非子·六反》。

面对人的这种本性和人际间的这种关系，韩非认为作为管治社群使之得以维系的"道"，不仅是为管控个人的利欲追求和相互之间的利欲分割而产生的，而且这种管控必须带有强迫性与划一性。这样的"道"，只能是"法"。韩非说：

> 凡治天下，必因人情。人情者有好恶，故赏罚可用。赏罚可用则禁令可立，而治道具矣。①
>
> 夫凡国博君尊者，未尝非法重而可以至乎令行禁止于天下者也。是以君人者分爵制禄，则法必严以重之。夫国治则民安，事乱则邦危。法重者得人情，禁轻者失事实。且夫死力者，民之所有者也，情莫不出其死力以致其所欲；而好恶者，上之所制也，民者好利禄而恶刑罚。上掌好恶以御民力，事实不宜失矣，然而禁轻事失者，刑赏失也。②

韩非认为，作为"道"的"法"必须要"严以重之"，必须是"令行禁也"。此都强调唯强制性才可以确保社会—国家获得统一和稳定。而此"法"之为"道"，在韩非看来是为"治人"而设的，为人工化的"治道"。韩非虽也常说："守成理，因自然。"③"若水之流，若船之浮，守自然之道。"④然此间之"自然"不是指自然、客观法则，而是指人之自然—本然情性；此间之"因""守"，也不是"遵循自然法则"之意，而仅指"根据这种情况对治之"。作为"对治"的手段的"法"，不是从客观法则中来的，而是依据某种选定的目标人为地设置的。韩非子称：

> 所谓有国之母，母者道也，道也者，生于所以有国之术。所以有国之术，故谓之有国之母。⑤

---

① 《韩非子·八经》。
② 《韩非子·制分》。
③ 《韩非子·大体》。
④ 《韩非子·功名》。
⑤ 《韩非子·解老》。

"所以有国"者即是预先设置的目标,由此目标而确立的"道",其实就是"所以有国之术"。而当韩非把目标设置的权力仅仅归属于"人君"时,此"道"此"术"又特指为"君道""君术"。韩非子说:

> 夫道者,弘大而无形。德者,核理而普至。至于群生,斟酌用之,万物皆盛,而不与其宁。道者,下周于事。因稽而命,与时死生。参名异事,通一同情。故曰:道不同于万物,德不同于阴阳,衡不同于轻重,绳不同于出入,和不同于燥湿,君不同于群臣。凡此六者,道之出也。道无双,故曰一。是故明君贵独道之容。君臣不同道,下以名祷,君操其名,臣效其形,形名参同,上下和调也。①

"夫道者,弘大而无形"等句,意指道的至上性与神秘性。因为至上,所以不同于万物且君临于万物;因为神秘,所以无法猜度乃至经常使人"竦惧乎下"②。这样的"道"只可以为君主一人拥有,为君王控制臣民之基本手段,"是故明君贵独道之容"。此"道"非客观意义上的法则、天道,而仅为依君王个人目标设置的"君道""君术",即此可见。

然而,尽管韩非子强调为君之道在建制立法上的独尊性、至上性与神秘感,却不认可君主在行使权力上的任意性。他所说的"下以名祷,君操其名,臣效其形,刑名参同"的处事方法,所凸显的便是在处事上的公共划一性原则。韩非子又称:

> 故明主之国,无书简之文,以法为教;无先王之语,以吏为师;无私剑之捍,以斩首为勇。是境内之民,其言谈者必轨于法,动作者归之于功,为勇者尽之于军。是故无事则国富,有事则兵强,此之谓王资。③

此所谓"言谈者必轨于法",即指处事以公共法理为准则;"动作者归之于功",此"功效"的强调又正是工具理性的基本特点。

---

① 《韩非子·扬权》。
② 《韩非子·主道》有"明君无为于上,群臣竦惧乎下"一说。此即指为君之道要有神秘感。
③ 《韩非子·五蠹》。

无疑，韩非子是在先秦时期撇开"天"而论"人"，将"人"彻底地功利化、工具理性化且从工具的立场讨论社会—国家公共建构的一位代表人物。韩非子的思想很受秦始皇的赞赏。① 秦始皇之统一中国及中央集权制的秦王朝的建立，可以说在一定意义上体现了以韩非子思想为代表的功利主义与工具理性的胜利。

二、"天人相与"依"天"立法的进路

然而，秦王朝立国仅历二世即宣告败亡，其原因我们在下一节再做分析。这一节我们只讨论取代秦王朝建立起来的汉王朝在建构社会—国家公共秩序上的思想进路。历史上有"汉承秦制"的说法。然而，汉人在给这种制度的正当性的解释上却是非常不同的。

汉人何以一反荀、韩及秦人的做法，讲"天人相与"，把"人"的问题诉诸"天"？从社会历史大背景的角度看，其直接原因也可以说与汉王朝取代秦王朝是以平民起义胜利、建立"平民政府"的方式这一独特变化状况有关。② 刘汉政权的建立，既没有法理的根据，也缺乏久远的传统力量的依托，只能被看作"天意"。③ 然而，这也只是直接（或表面）的原因。更深一层的原因，我们亦留在下一节讨论。

---

① 《史记·老子韩非列传》记："韩非者，韩之诸公子也。喜刑名法术之学，而其归本于黄老。非为人口吃，不能道说，而善著书。……人或传其书至秦，秦王见《孤愤》《五蠹》之书曰：'嗟乎，寡人得见此人与之游，死不恨矣。'李斯曰：'此韩非之所著书也。'秦因急攻韩。韩王始不用非，及急，乃遣非使秦。秦王悦之。"此足见韩非思想对秦始皇的影响及在秦王朝的建立中所起的作用。

② 此处取钱穆先生的说法。钱先生谓："秦室本是上古遗留下来的最后一个贵族政府，依然在其不脱贵族阶级的气味下失败（役使民力逾量，即是十足的贵族气味），依然失败在平民阶级的手里。""秦灭六国，二世而亡，此乃古代贵族封建势力之逐步崩溃，而秦亡为其最后之一幕。直至汉兴，始为中国史上平民政权之初创。"[钱穆：《国史大纲》（修订本上册），商务印书馆1994年版，第127、128页]

③ 马克斯·韦伯曾将政权的合法性区分为三种理想类型，即合法型统治（legal authority）、传统型统治（traditional authority）、魅力型统治（charismatic authority）（参见[德]马克斯·韦伯著《经济与社会》，林荣远译，商务印书馆1998年版，第三章）。如果这一区分可以参照，那么刘邦政权建立之初近乎魅力型。刘邦自己就把自己的才能的获得与政权之建立归于天命。《史记·高祖本纪》曾记："高祖击布时，为流矢所中，行道病。病甚，吕后迎良医。医入见，高祖问医，医曰：'病可治。'于是高祖嫚骂之曰：'吾以布衣提三尺剑取天下，此非天命乎？命乃在天，虽扁鹊何益！'"此即以"天命"论。

本节先行介绍两汉时期人们是怎样依"天"立法的。我们将以董仲舒的著述和班固编撰的《白虎通义》为代表性论著加以讨论。

董仲舒在回应汉武帝的"策问"时所撰写的"天人三策"集中表述了董仲舒"天人相与"、以"天"论"人"、依"天"立法的基本观念。

汉武帝"策问"的问题为：

> 三代受命，其符安在？灾异之变，何缘而起？性命之情，或夭或寿，或仁或鄙，习闻其号，未烛厥理。①

这里的第一个问题是政权的正当性或合法性问题，第二个问题为自然本源之存在论问题，第三个问题为人的性情问题。

董仲舒的回答称：

> 陛下发德音，下明诏，求天命与情性，皆非愚臣之所能及也。臣谨案春秋之中，视前世已行之事，以观天人相与之际，甚可畏也。国家将有失道之败，而天乃先出灾害以谴告之；不知自省，又出怪异以警惧之；尚不知变，而伤败乃至。以此见天心之仁爱人君而欲止其乱也。②

董仲舒这里的回答，即明确赋予"天"以属"灵"的意义，且以为此"灵性"之"天"会借助自然之变化预示、决定人之情性与世间之生死祸福、成败兴衰。依董仲舒的看法，此间所显示的正是"天"与"人"的"相与"性；"人"的行事的确当性依据，不可以仅诉诸"人"而必须求诸"天"。

那么，此属"灵"的"天"是怎样的呢？它对世间的支配、主宰作用是怎样实现的呢？

---

① 《汉书·董仲舒传》。
② 《汉书·董仲舒传》。

董仲舒在对策中说：

> 臣谨案春秋之文，求王道之端，得之于正。正次王，王次春。春者，天之所为也，正者，王之所为也。其意曰：上承天之所为，而下以正其所为。正，王道之端云尔。然则王者欲有所为，宜求其端于天。天道之大者在阴阳。阳为德，阴为刑。刑主杀而德主生。是故阳常居大夏，而以生育养长为事；阴常居大冬，而积于空虚不用之处。以此见天之任德不任刑也。天使阳出，布施于上，而主岁功。使阴入，伏于下，而时出佐阳。阳不得阴之助，亦不能独成岁，终阳以成岁为名，此天意也。王者承天意以从事，故任德教而不任刑，刑者不可任以治世也，犹阴之不可任以成岁也。①

此所谓"天道之大者在阴阳"，即是说"天"是以阴阳出入的方式实现其支配作用的。"阳常居大夏，而以生育养长为事"，显见"阳为德"；"阴常居大冬，而积于空虚不用之处"，显见"阴为刑"。依阴阳出入可见，"天之任德不任刑"。固"王者承天意以从事"，为政亦应"任德教而不任刑"。董仲舒于此是以"阴阳出入"论"天道"，并借这样一种"天道"引出重"德"轻"刑"的社会—国家建制。

由阴阳出入而有四时的生发与轮替。故董仲舒又以"四时"论人伦与为政：

> 夫喜怒哀乐之发，与清暖寒暑，其实一贯也。喜气为暖而当春，怒气为清而当秋，乐气为太阳而当夏，哀气为太阴而当冬。四气者，天与人所同有也，非人所能畜也，故可节而不可止也。……是故春气暖者，天之所以爱而生之；秋气清者，天之所以严而成之；夏气温者，天之所以乐而养之；冬气寒者，天之所以哀而藏之。春主生，夏主养，秋主收，冬主藏。生溉其乐以养，死溉其哀以藏，为人子者也。故四时之行，父子之道也；天地之志，君臣之义也。②

---

① 《汉书·董仲舒传》。
② 《春秋繁露·王道通三》。

此即确认，父子之道、君臣之制，一切人伦秩序，均应以四时之移易为法，其确当性均应依四时之更替而建立。（按，以阴阳出入、四时更替为世间秩序确当性依据的观念，不特为董仲舒所执持。早在先秦时期，《管子·四时》篇即已称道："是故阴阳者，天地之大理也；四时者，阴阳之大经也；刑德者，四时之合也。刑德合于时则生福，诡则生祸。"《吕氏春秋》更广泛论及一年四季十二月每月之天象征验与人间当行之事。《周官》又以天地四时设官分职，以为国家之政权建构与政治施设亦应取证于天地阴阳四时。只不过，先秦时期这种以"人"法"天"的思想路向为战国时期的工具理性所淹没，乃至汉代，才为董仲舒诸儒重新予以承传与传播，且落实于社会—国家的建制而已。）

阴阳出入、四时更替所显示的"天道"无疑为在农业社会中依农业生产提供的"经验"而成立的。农业生产的行进，同时还需要另一些重要的条件，那就是土地及与土地耕作相关的因素。这些因素为我国古人所指的木、火、土、金、水"五行"。此"五行"观念，先秦时期亦已流行。《管子》一书中有专以《五行》为篇名的。汉董仲舒的提法为：

> 天地之气，合而为一，分为阴阳，判为四时，列为五行。①

这似乎是在描述宇宙生成的先后次序。然而，在董仲舒那里，"四时"与"五行"之间并没有严格的生生关系，亦没有严谨的逻辑推演关系。董仲舒称：

> 天有五行：木、火、土、金、水是也。木生火，火生土，土生金，金生水。水为冬，金为秋，土为季夏，火为夏，木为春。春主生，夏主长，季夏主养，秋主收，冬主藏。藏，冬之所成也。②
>
> 金、木、水、火，各奉其所主以从阴阳，相与一力而并功。其实非独阴阳也，然而阴阳因之以起，助其所主。故少阳因木而起，助春之生也；太阳因火而起，助夏之养也；少阴因金而起，助秋之成也；

---

① 《春秋繁露·五行相生》。
② 《春秋繁露·五行对》。

太阴因水而起，助冬之藏也。①

很显然，"阴阳""四时"（太阳、少阳、太阴、少阴）与"五行"，均为进行农业耕作的必要因素或先决条件，它们是由作为先决条件而共同构成崇拜对象的。正是由于它们的相互配合（"一力而并功"），组织起了从自然到人间的生存秩序与规则。而其中"五行"的功能，则特见于其"生""克"的作用中。董仲舒谓：

> 天有五行：一曰木，二曰火，三曰土，四曰金，五曰水。木，五行之始也；水，五行之终也；土，五行之中也，此其天次之序也。木生火，火生土，土生金，金生水，水生木，此其父子也。木居左，金居右，火居前，水居后，土居中央，此其父子之序，相受而布。……是故木已生而火养之，金已死而水藏之，火乐木而养以阳，水克金而丧以阴，土之事火竭其忠。故五行者，乃孝子忠臣之行也。②

董仲舒此即依"五行"生克而建立人间秩序。关于这一点，《白虎通义》有更详细的说法：

> 天子所以内明而外昧，人所以外明而内昧，何？明天人欲相向而治也。行有五、时有四，何？四时为时、五行为节。故木王即谓之春，金王即谓之秋，土尊不任职，君不居部，故时有四也。子不肯禅，何法？法四时火不兴土而兴金也。父死子继，何法？法木终火王也。兄死弟及，何法？夏之承春也。善善及子孙，何法？春生待夏复长也。恶恶止其身，何法？法秋煞不待冬也。主幼臣摄政，何法？法土用事于季孟之间也。子复仇，何法？法土胜水、水胜火也。子顺父、妻顺夫、臣顺君，何法？法地顺天也。③

此间所谓"法"，即合法性或正当性依据。《白虎通义》与董仲舒一样，

---

① 《春秋繁露·天辨在人》。
② 《春秋繁露·五行之义》。
③ 《白虎通义·五行》。

把人间行为与秩序的这种正当性依据，一一诉诸四时更替、五行生克所体现的"天""天道"中。

阴阳出入、四时更替、五行生克，作为依农业生产的眼光观察"天""天道"而形成的思想信仰，与神话发展而来的信仰不同，它无疑带有相当的经验的性格，有论者甚至认为其有相当的知识理性的意义。然而，毕竟这类经验并没有经过理性的耙梳与整合。如上所引《白虎通义》对何以"行有五、时有四"的区别的解释，以"土尊不任职"，故"土"这一"行"不与"四时"中任一时相对应，才有"行有五""时有四"之别。此一解释即不具形式意义。又，以为"父死子继"之合法性在"木终火王"，"兄死弟及"之正当性在"夏之承春"。两种不同继承制度之合法性均据于同一个"天道"，诚然亦不太合乎逻辑。显见，这种"天道"观不仅不具理性认知的意义，且作为一种信仰甚至显示为一种未经理性提升过的杂乱性与粗鄙的巫术性。董仲舒谈求雨的方法称：

> 春旱求雨，令县邑以水日，令民祷社稷山川，家人祀户。无伐名木，无斩山林，暴巫聚尪八日。于邑东门之外，为四通之坛。方八尺，植苍缯八。其神共工，祭之以生鱼八、玄酒，具清酒、膊脯，择巫之洁清辩利者以为祝。祝斋三日，服苍衣，先再拜，乃跪陈。陈已，复再拜，乃起。祝曰："昊天生五谷以养人，今五谷病旱，恐不成实。敬进清酒、膊脯，再拜请雨……"……幸而得雨，报以豚一，酒盐黍财足，以茅为席，毋断。①

此为"春旱求雨"。夏、季夏、秋、冬之不同季节，方法自又不同。然不管如何有别，求取过程均需借巫祝行巫术。此即说明，汉人之信仰，带有浓重的原始巫术色彩。西汉后期诸帝，王莽篡政，刘秀中兴，均把自己的政权的合法性直接诉诸图谶②，此又足见汉人信仰的鄙俗性。

---

① 《春秋繁露·求雨》。
② 《汉书·王莽传》记，王莽摄行汉政时，曾多次得人呈送图谶，称"告安汉公莽为皇帝""王莽为真天子"。又，《后汉书·光武帝纪》记，光武在起兵讨伐王莽时，亦得图谶，称"刘秀发兵捕不道，卯金修德为天子"。刘秀以为灵验，重建汉制后，"宣布图谶于天下"。

三、比较与评论

以上我们简略地介绍了战国、秦汉之际形成的主"天人相分"而依"人"立法,与主"天人相与"而依"天"立法的两种有关社会—国家公共秩序建构的基本进路。①

两种不同的进路,就社会公共秩序的建构所显示的特征而言,前一种或可称之为"人工形态"的,后一种则可以称之为"自然形态"的。

所谓"自然形态",在这里是指:它是以"自然生殖"为基础的;"人"与"天"的关系、"人"与"人"的日常关系,都是在"自然生殖"中、在不着意的过程中形成,笼罩在血缘亲情中的;乃至国家的礼法施设与权力运作,亦以阴阳、四时、五行之更变为凭借且被赋予血缘亲情意义的②;由之,这种类型的国家甚至并不具备完整意义的"政治国家"与"官僚体制"的性质。

所谓"人工形态",与上相对应则是指:它是指"人工设计"(即荀子所谓"伪")的方式着意建构的;这种"人工设计"背后隐含的是人与人之间的现实利益分割,"人工设计"的建制,其目的就在平衡与调节由利益分割带来的现实冲突(荀子所谓"故制礼义以分之,以养人之欲,给人之求"者);国家作为确保某种利益分配的正常运作的工具,是被"政治功能化"了的,官员则是被"职能化"了的;而在利益关系及相关

---

① 这里介绍的,只是在性质上可以说是相反的两种进路。事实上在它们之间还可以区分出许多不同的进路来。如孔孟的儒学,我们就可以说是从"人"出发,但以"善"论"人",且把此"善"(性)赋予"天"的意义最终归于"天人相与"的一种进路;程(颐)、朱(熹)的理学,则可以说是从"天"出发,然却指"天"(理)为价值之"天",而强调此"天"(理)下贯于"人"对"人"之性的决定意义(性即理)以求"天人相与"的一种进路。凡此种种,于此无法详述。

② 董仲舒说:"天地者,万物之本,先祖之所出也。"(《春秋繁露·观德》)"天者,父之天也。无天而生,未之有也。"(《春秋繁露·顺命》)此即以"天"与"人"、"人"与"人",乃至国家中"君"与"臣"的关系为"自然生殖"(即"血缘亲情")的关系。

公共法规之外的事，不属于"人工设计"的范畴，国家不予关切①。

毫无疑问，以荀子、韩非子为代表，主"天人相分"、从"人"出发的关于人间公共秩序建构的理念，更近于"人工形态"的一种社会—国家建构理念；而秦王朝之统一中国与国家体制之建立，则体现了这种形态理念的胜利。始皇帝二十八年登泰山刻石立碑即云：

> 皇帝临位，作制明法，臣下修饬。二十有六年，初并天下，罔不宾服。亲巡远方黎民，登兹泰山，周览东极。从臣思迹，本原事业，祗诵功德。治道运行，诸产得宜，皆有法式。大义休明，垂于后世，顺承勿革。②

同年登琅邪台，刻石"明得意"又称：

> 维二十八年，皇帝作始。端平法度，万物之纪。以明人事，合同父子。……忧恤黔首，朝夕不懈。除疑定法，咸知所辟。方伯分职，诸治经易。举错必当，莫不如画。……欢欣奉教，尽知法式……古之五帝三王，知教不同，法度不明，假威鬼神，以欺远方，实不称名，故不久长。③

---

① 依艾恺所著《世界范围内的反现代化思潮——论文化守成主义》一书的介绍，德国社会学家特尼斯曾使用"礼俗社会"与"法理社会"的概念。"礼俗社会"指一种以"自然意志"（或"精髓"）为首要的"理想型"（ideal type）社会。这主要是农民、手工艺者和一般百姓的社会。在这种社会里，相互关系的本身就是目的，它们发自自然感情；它们的产生乃由于所牵涉的人员的一定身份角色——例如母与子——相互作用的结果。"法理社会"是一种"理智意志"占首要地位的社会形式，这种意志以生意人、科学家、上层阶级的权威人士的活动为特征。在这种社会里，关系成为达到其他目的的手段，现代政府官僚和工业组织属于这种社会类型。艾恺又引用了费孝通对特尼斯这两个概念所做的如下解释："在社会学里，我们常分出两种性质不同的社会，一种并没有具体目的，只是因为在一起生长而发生的社会，一种是为了要完成一件任务而结合的社会。"艾恺自己则称："在我的定义下，现代化就是破坏礼俗型种种关系、结社与组织，而以法理型代之，好比说，用法律取代了民德、风习、宗教清规等等。是故，不光是在东欧和南欧，在整个欧洲，对启蒙进行批评的反现代批评中存在着很普遍的二分法概念：法律/道德；法律/风习；商业化关系/'自然'（宗教、友侪等）关系；机械的/'有生的'或'有机的'等等。"（[美]艾恺：《世界范围内的反现代化思潮——论文化守成主义》，贵州人民出版社1991年版，第42～44页）我在这里的提法对此多有所取。

② 《史记·秦始皇本纪》。

③ 《史记·秦始皇本纪》。

第二年，登之罘刻石亦谓：

> 维二十九年，时在中春，阳和方起。……大圣作治，建定法度，显著纲纪。……普施明法，经纬天地，永为仪则。①

在这些碑文里，秦始皇均明确地排斥上古五帝三王"假威鬼神"的做法，而坚持把自己的成功归之于"建定法度""显著纲纪"上。秦王朝的建立无疑是韩非子依"人"立法，取"人工形态"建制的胜利。

依"人"立法，取"人工形态"建制所显示的国家"政治化"与官僚"职能化"趋向，则表现为公与私、权与责的明确分界。韩非子曾称：

> 故明主使其群臣，不游意于法之外，不为惠于法之内，动无非法。②
> 古之全大体者，望天地，观江海，因山谷。日月所照，四时所行，云布风动，不以智累心，不以私累己。寄治乱于法术，托是非于赏罚，属轻重于权衡。不逆天理，不伤情性；不吹毛而求疵，不洗垢而察难知。不引绳之外，不推绳之内。不急法之外，不缓法之内。守成理，因自然。祸福生乎道法而不出乎爱恶，荣辱之责在乎己，而不在乎人。③

"法之内"者，为涉及公共利益关系且为明文法所规定者；"法之外"者，为毋涉公共利益之私人生活、无法律规限者。韩非强调"不游意于法之外，不为惠于法之内""不急法之外，不缓法之内"，实即将公与私、权与责做了明确区分。秦始皇也有相似的提法。④ 这种"公""私""权"

---

① 《史记·秦始皇本纪》。
② 《韩非子·有度》。
③ 《韩非子·大体》。
④ 瞿同祖在评论秦始皇所制法典时称："这法典是国家的，或是皇帝的，而不再属于贵族了。这时只有他是立在法律以外的唯一的人，法律是他统治臣民的工具，主权命令全国所有的臣民——治人者和治于人者，贵族和平民——都遵守这部法典，一切人都在同一司法权以下，没有任何人能例外。"（瞿同祖：《中国法律与中国社会》，中华书局1981年版，第208页）瞿氏这里所描述的，即"公""私"的区分及在"公"的领域中之律法化与同一化。

"责"分明的观念,正是国家建制"政治化"与官僚制度"职能化"的走势的标记。从先秦社会演变史看,这种走势与氏族血缘性的社会—国家体制的瓦解,一家一户式的私有制的发展,商业贸易的繁荣,以及在管治方式上区域制的兴起,在行政官员选拔上个人化、技术化的彰显等社会变动有关。因而,它有自己的历史正当性。即便在今天,由于我们面对的生存处境的相似性,我们仍然可以品味到其中的意义。

然而,依"人"立法、以法治国的秦王朝却只维系了15年。论究其失败的原因,人们当然可以说,秦王朝所行的其实不是限制政府权力的"法"而是惩治百姓的"刑";又或可以说,秦始皇虽对臣民立"法",但他个人是在法律之外、凌驾于法律之上、可以任意妄为的。这些说法,都不无道理。然而,这都不是根源性的检讨。根源性的检讨还是要回到依"人"立法,以"人工设计"的方式建制的进路中去。其间的问题就在于:依"人"的这个"人"是什么?它是谁?如上所说,荀子、韩非均以"人"为"性恶"。若然如此,那么,"人"怎么会靠得住呢?荀子、韩非不得已把人区分为"圣人"与一般人,以为"圣人"是靠得住的,可以让"圣人"去立法①。然而,"圣人"又从何而来呢?他凭借什么得以成为"圣人",又依据什么去立法呢?这些问题荀子、韩非均无法想象,无从回答。而依其"人性"观,在承认"圣人"在本性上也是"恶"的情况下,由"圣人"一人立法,所导致的必将是一个极权的政治。秦始皇的失败,不是正源于其统治权力的极端专制性吗?又或不然。预设每个个人在本性上都是"恶"的,因此不可以让权力集中于一人之身,而是给每个个人以相等的权力,尔后通过"恶"与"恶"之间的权力制衡以确保利益分割上的公平性。这是近代以来人们所倡设的。然而,这种预设既以"恶"(利益)为起点,又是环绕着"恶"转圈的,则很难有超越的意义。没有超越追求,没有由这种追求建立的人生的崇高性与庄严感,也就激发不起人的献身性。近代以来,社会不断走向平庸化,所表明的难道不正是这一点?

---

① 荀子说:"人生而有欲,欲而不得,则不能无求。求而无度量分界,则不能不争;争则乱,乱则穷。先王恶其乱也,故制礼义以分之。"(《荀子·礼论》)韩非说:"用一之道,以名为首。名正物定。名倚物徙,故圣人执一以静。使名自命,令事自定。……君操其名,臣效其形。形名参同,上下和调也。"(《韩非子·扬权》)荀、韩于此均以为"圣人""先王"为当然之全智全能者,而全然不及他们何以能如是。

可见，依"人"立法，以理性（工具理性）裁断、建构而成的具"人工形态"意味的社会—国家体制，有其无法解决的难题。

两汉思想家借反省秦朝灭亡提供的教训，重新回到"天人相与"、依"天"立法的立场，建立起具"自然形态"意味的社会公共秩序与国家体制。我们曾说过，两汉重新回到"天"、回归信仰，直接原因为刘邦作为一个平民所取得的巨大胜利。它的深层原因则是汉武帝"策问"中所透露的：一个政权的正当性与恒久性，在充满利欲冲突、只具相对有限意义的"人"及其"理性"范围内无法解决；而"天"与作为"天道"的表征的阴阳、四时、五行之变更与替轮，却是超越于"人"及其"理性"的。一个由"人"掌握的政权、建构的公共秩序，唯有诉诸"天"，诉诸阴阳、四时、五行之运行规则，才得以有不受"人"的利欲左右，从而具超越意义的正当性与恒久性。借着"天"的眷顾，两汉政权历时达400年。而且，汉以后各族姓之改朝换代，仍无不以"天命所归"为言说。显见，"天人相与"，依"天"、依信仰立法建制，由之而建立的"自然形态"的社会，亦有其特殊的历史价值与现实意义。

必须指出的是，本文以"自然形态"这一概念描述两汉社会，除了取其在社会—国家公共建制上，与以理性为指导的"人工形态"相比较而凸显其信仰意义之外，同时还顾及与别的宗教信仰的不同，从而凸显这种信仰的中国特色的意义。我们知道，包括基督教、佛教在内的许多宗教信仰，比较强调灵魂与肉体、神的世界与人的世界之二分，以为只有轻视肉体、抛离人的世界，才可以求得超升，回归到属灵的、神的世界。这种类型的宗教信仰，具有非常强烈的道德责任感与救世悲愿。这是它们的崇高价值所在。然而，由于特定历史、特定地缘的原因，它们以往对身体、对生命、对正当情欲与世间生活的轻忽，也常常为人们特别是现代人所"敬而远之"。比较之下，中国两汉时期形成的"自然形态"的社会与信仰，包括道教的神仙信仰，它尊重在"天""天道"演化过程中"自然生成"的一切有形的事物，包括人的肉体生命，承认人为养身所需的一定的欲望的正当性，乃至确认可以即身成神者①；且在这种信仰把人间世界

---

① 南朝僧人道安著《二教论》称："佛教以有生为空幻，故忘身以济物；道法以吾我为真实，故服饵以养生。"（《广弘明集》卷八）此正点明道教作为中国本土信仰重视身体的基本特征及其与佛教的区别。

看作是"天"依阴阳、四时、五行之规则"自然延伸"而成的时候,"天人相与"性又意味着神的世界与人的世界的一体性,人与自己的自然本源、与生育长养自己的天地父母的不可分性。这种从"自然生成""自然延伸"中给出的世间生活及秩序的正当性,由于价值承担意识与对世间之"苦""罪"的反省似乎没有别的宗教那样强烈,也曾遭到许多非难;在其为确认世间杂乱生活的正当性而使"天""天道"错杂化,乃至成为不同的利益追求的神圣面纱时,它甚至也会被工具化①。此无疑表现了两汉时期形成的中国宗教信仰(含道教)之不足。然而,这种不足在不同视域下其实又何尝不是其优胜处?唐君毅先生对中国道教信仰曾有如下评论:

> 中国尚有一宗教,最为知识分子之所轻,亦为我素所忽视者,即为道教。吾人平日对道教之观感,是觉其道德感不够深厚,且与各种术数迷信相结合。符咒、扶乩、星相、堪舆,皆与道教相结合。其所信之神,如杂而无统。……然哀悯之余,我复觉此为一切宗教之遍设神位、遍供香火精神中(指道教包容各教神灵且为其设神位——引者注),有一极敦厚博大之气度在。此气度是要包涵一切宗教,而承载一切宗教。宗教要人谦卑,然无一宗教徒能对其他宗教谦卑。而道教则发展出一对一切宗教之谦卑,任一切宗教之神在其坛上横行。而道教徒视若淡然,将其宗教精神,遍施于十方神圣。此即大敦厚、大谦卑。而此大卑谦中,蕴藏一大尊严。……
>
> 中国之道教,除了在近代趋于为一切宗教遍设神位之宗教外,在其最初亦非无一特色。此特色,即中国道教依于由先秦燕齐方士,一直传衍下来之长生不死及自形骸解脱,以遨游世界之要求而起。此要求与人之求维持世间正义,拔除世间罪恶苦痛之宗教比,当然是道德感较差的。因此只是为个人的要求。但是在一切宗教中,亦同都有永生之要求。而人之求超越自然寿命与天生形骸的限制,仍不能不说是一表现人之超越性之精神要求。无论如何,死是可悲的。形骸之限制,是与人之精神之无限性相违的。则人在此之发出一求长生不死,

---

① 两汉间,王莽、汉光武帝及其下之王公大臣,纷纷编造谶语以为自己争夺权力提供合法性依据,使神学信仰走向工具化。

超脱形骸限制之神仙思想，仍是昭露人性之一庄严与高卓的。而中国之神仙思想一特色，则为即以此肉身为修炼之资。此可视为一对肉身之贪恋，但亦可视为一当下要即俗成真之意志之表现。此即俗成真之意志中，有一先不舍离我在世间之此身之精神。此精神乃更与儒家之肯定世界之精神相应者。①

唐君毅这一评论固然是针对道教的，然亦适合于两汉形成的中国人的传统信仰。唐先生从与佛教、基督教的比较中，发现了中国传统信仰，包括道教信仰在内的博大性、谦卑性，以及它的追求所蕴含的庄严、高卓精神。此评论无疑甚为得当。只是唐先生的评论尺度仍然是价值的与理性的。博大、谦卑都体现为一种道德感，"杂而无统"的批评则依理性要求而发。问题在于，崇高价值与知识理性是不是唯一尺度？唐、宋以后，特别是近代以降，在国家政治建制等公共领域里淡化宗教信仰而付诸"人"及其理性，这是由社会历史变迁的内在机制所决定的，自有其正当性。然而，在个人的精神追求与私交领域里，在日常的生活世界中，在那些属于人的情感与意志的范畴内，是绝不可以理性化的。它必须依托于信仰，才可以安顿。正是基于这点，马克斯·韦伯才有如下论述：

> 我们这个时代，因为它所独有的理性化和理智化，最主要的是因为世界已被除魅，它的命运便是，那些终极的、最高贵的价值，已从公共生活中销声匿迹，它们或者遁入神秘生活的超验领域，或者走进了个人之间直接的私人交往的友爱之中。我们最伟大的艺术卿卿我我之气有余而巍峨壮美不足，这绝非偶然；同样并非偶然的是，今天，唯有在最小的团体中，在个人之间，才有着一些同先知的圣灵（pneuma）相感通的东西在极微弱地搏动，而在过去，这样的东西曾像燎原烈火一般，燃遍巨大的共同体，将他们凝聚在一起。②

---

① 唐君毅著，张祥浩编：《文化意识宇宙的探索——唐君毅新儒学论著辑要》，中国广播电视出版社1992年版，第253～256页。
② ［德］马克斯·韦伯著：《学术与政治：韦伯的两篇演说》，冯克利译，生活·读书·新知三联书店1998年版，第48页。

显然，如果说在社会—国家的公共领域实行理性化为不可避免，那么，为使人类历史上那么多带终极意义的、具高贵价值的东西不致丧失殆尽，在私交领域中坚持以情感与信仰为纽带则极为必要。而私人交往只能是多元的。由是，中国传统"自然形态"的信仰所含蕴的多元共处的精神品格，反倒更体现出一种现代性；这种信仰坚持人与自然的一体性、身体与精神的一体性，甚至因为更贴近现代日常生活的价值信念，更有可能成为一种适当的选择。

（本文为出席由北美基督教学者联谊会于2002年6月6日至10日在美国费城召开的"基督教与中国文化的对话"讨论会提交的论文，曾载《中国宗教与哲学·国际论坛》，美国夏威夷国际高级学院2003年版）

冯达文自选集

第二部分

儒道纵横

重评中国古典哲学的宇宙论

导言：思想史研究需要一个新转向

中国古典哲学思想史的研究，先秦时期与宋明时期硕果累累且多有发扬，但是汉唐时期以宇宙论为形上架构的儒道二学，虽也不乏文论，却总让人觉得并不满意。

何以会令人觉得并不满意呢？直观的一个看法就是，汉唐时期曾经出现古典社会的盛世——"文景之治"与"贞观之治"，而学界对汉唐思想含汉唐儒学的评价却是那样的低下。

20世纪五六十年代，以唯心主义有神论的框架去贬斥汉唐思想自不消说。奇怪的是，海外一批推崇儒家的学者竟也对汉唐儒学不以为然。牟宗三先生就称，董仲舒是宇宙论中心，他把道德基于宇宙论，要先建立宇宙论，然后才能讲道德，这是不行的，这在儒家是不赞成的。① 依此，牟先生实际上把董仲舒开除出儒家行列。徐复观先生三卷本《两汉思想史》对思想个案研究做得非常细致，但是在评价上亦说，董仲舒以及两汉思想家所说的天人关系，经受不起合理主义的考验。② 及至劳思光先生的《新编中国哲学史》，更把两汉至唐代视为中国哲学的衰乱期。他认为，秦汉之际，南方道家的形上旨趣、燕齐五行迂怪之说，甚至苗蛮神话、原始信仰等，都渗入了儒学。支配儒生思想的，已不是孔孟的心性之学，而是混合了各种玄虚荒诞因素的宇宙论，③ 等等。显然，海外这些名家对汉唐以

---

① 参见牟宗三《中国哲学十九讲》，台湾学生书局1983年版，第76页。
② 徐复观写道："董氏以及两汉思想家所说的天人关系，都是通过想象建立起来的。这种想象，不是具体与具体的连结，而是一端是'有'，另一端是'无'，通过想象把有形与无形、把人与天要在客观上连结起来，这中间便没有知识的意义。所以他们都具备了哲学系统的形式；但缺乏合理的知识内容去支持此一形式。所以不仅是董氏，汉人的这类的哲学系统，不能受合理主义的考验。"[徐复观：《两汉思想史》（第2卷），华东师范大学出版社2001年版，第241页]
③ 参见劳思光《新编中国哲学史》（二卷），广西师范大学出版社2005年版，"导言"。

宇宙论支撑的道家与儒学，都取否弃态度。

这些前辈学者否弃汉唐宇宙论的基本标准是什么呢？似乎就是这样两条：有没有凸显主体性？① 是不是符合理性？汉唐宇宙论是讲"因顺自然""天人相与"的，自是没有凸显主体性；且在董仲舒那里，"天"近乎人格神，被赋予信仰意义，也不符合理性，因之，没有什么值得称许的。

而这样评价的两个标准，是从哪里来的呢？毫无疑问是从回应西学的挑战中来的。"主体性"和由主体"为自然立法"是近代西方哲学的中心话题；"理性"和"用理性审判一切"的主张则出自近代西方对中世纪神学的抗争。牟宗三先生称西方所讲的"主体"只是知识主体，中国古典儒学自孔孟起即凸显"主体"更且是"价值主体"；这一主体有"创生"意义，亦可开出"存有"界②。牟先生这里强调的，实际上也是由主体"为自然立法"。劳思光先生只认孔孟心性之学为唯一判准，而傲视其他思想派别，所强调的则是自己认定的主体的至上性。徐复观以"不能受合理主义的考验"批判董仲舒与两汉思想家，无疑就以理性作为分辨是非对错的"法庭"。

然而，20世纪以来，由于主体性的过分张扬导致人与自然的关系严重对立，由于个人作为主体、他人作为客体的过分强调，引发了个人与他人和社会关系的空前紧张，人们已经意识到"主体性"的追求正在走向

---

① 牟宗三称："孔子的重点是讲仁，重视讲仁就是开主体，道德意识强就要重视主体。……中国文化、东方文化都从主体这里起点，开主体并不是不要天，你不能把天割掉。主体和天可以通在一起，这是东方文化的一个最特殊、最特别的地方，东方文化和西方文化不同最重要的关键就是在这个地方。"（牟宗三：《中国哲学十九讲》，台湾学生书局1983年版，第77～78页）

② 牟宗三以"天"代表客观世界。他说："在孔子，践仁知天，虽似仁与天有距离，仁不必即是天，孔子亦未说仁与天合一或为一，然（一）因仁心之感通乃原则上不能划定其界限者，此即涵其向绝对普遍性趋之伸展；（二）因践仁知天，仁与天必有其'内容的意义'之相同处，始可由践仁以知之、默识之，或契接之。依是二故，仁与天虽表面有距离，而实最后无距离，故终可合而一之也。"［牟宗三：《心体与性体》（第1册），台湾中正书局1987年版，第22页］牟氏于此即谓，从主观面开启的价值主体，可以借"仁心之感通"而开出而契接"天"所代表的客观世界，而显示其"创生性"。

黄昏。事实上，许多西方学者亦已对这种追求做出反省。①

更且，在21世纪由于中国经济的重新崛起，相应地必然带来中国文化的重新复兴。在新世纪的思想文化建构中，我们是不是不再需要对西方思想文化亦步亦趋？我们是不是应该回归中国文化本位，接续中国古典文化的优秀传统？如果要回归中国文化本位，接续中国古典文化的优秀传统，那么，与其致力于如何开掘中国文化传统中那些被看作具"主体性""理性"意义的成分，还不如关切在中国文化中更现成且更丰富的、以情感为纽带的社群意识，以及以敬畏与感恩为基础的人与天地宇宙的和同意识。我想，我们的思想史研究在新世纪里应该有一个转向。在做了转向之后，我们不难看到，后者的弘扬对21世纪更具迫切性，更有意义。

关于中国古典文化中以情感为纽带的社群意识，那是孔孟原创儒学奠基的，大家都比较熟悉，这里不再展开。这里要谈的，是以敬畏与感恩为基础的人与天地宇宙的和同意识。这是古典宇宙论哲学建构起来的思想信仰。

一、黄老思潮的宇宙论是如何建构起来的

在中国思想史上，讲宇宙论最多且最系统的无疑是被称为黄老思潮的一个学派。而这一思潮既以黄帝与老子为源头，自不免要追踪到老子。老子是最先建构起稍具系统的宇宙论的。

我个人对于《老子》，包括后来的《庄子》的定位是，它们主要是立足于对社会与文化的批判和反省的基础上建构其思想体系的。为什么会出现对社会与文化做批判与反省的问题呢？这和春秋战国时期大争之世有密切的关系。那个时期由于社会冲突非常严重，人的生存处境非常困苦，当

---

① 美国学者弗莱德·R. 多尔迈曾以《主体性的黄昏》为题标识自己的一部著述。在该著述的"前言"中，他写道："面前这部著作所探索的是主体性的衰落或黄昏，以及这种衰落对社会思想和政治思想产生的反响。自文艺复兴以来，主体性就一直是现代哲学的奠基石。在政治学领域里，现代主体性往往培育着一种别具一格的个体主义：它不仅把自我作为理论认识的中心，而且把它作为社会政治行动和相互作用的中心。本书试图为读者通向一种'政治学后个体主义理论'而铺平道路，所以它不只是反驳个体主义，而且也力求剔除其人类中心论的、'自我学的'和'占有性的'内涵。"（[美] 弗莱德·R. 多尔迈著：《主体性的黄昏》，万俊人等译，上海人民出版社1992年版，"前言"第1页）该书集中体现了西方学者对"主体性"的深刻反思。

然也包括人心、人性的下坠。《老子》和《庄子》对社会的这种变迁有一份大悲情。《庄子·天下》篇"悲夫！百家往而不反，必不合矣"一语揭明的天、地、神、人和美的格局再也不可能恢复，便是一个大悲情！而支撑老庄对社会与文化做反省或批判的形上学建构，其中最重要的就是宇宙论。《老子》将宇宙"道生一，一生二，二生三"的变迁看成是一种往下的坠落。"朴散则为器""失道而后德"，这些提法表述的就是坠落。为什么是坠落呢？是因为道本来是混沌不分的，"道生一"落到"有"，"一生二""二生三"落到有对待的状况，则一定会有矛盾，矛盾冲突不仅会给社会带来灾难，亦且使每个个人失去本真和自由，这自是一种坠落。

因为宇宙的变迁是往下坠落，所以要回归到本真，回归到比较宁静、恬淡的世界，当然就要回归到"无"。所以，"无"是《老子》中非常重要的概念。"无"是向上抽离万物的现实现存状况给出的，它既体现为一种宇宙论建构，同时也是一种价值追求。回归"无"就是要抽离或者剥去现实的各种矛盾冲突，回到"一"，回到混沌不分的状态中，由此我们的精神才能得到安顿。与此相应的日常行事应该如何？——"道法自然"。因为只有在顺其（效法）自然的状态下，才不会有矛盾和冲突，才不会在矛盾和冲突中被支使、被肢解，从而保持本性和本真，当然也包括自由。所以，"无"和"自然"是由《老子》建构起来的两个最重要的观念。后来的黄老思潮，可以说正是沿着这样的两个观念来予以展开的。

黄老思潮当然要从《黄帝四经》和《管子》四篇切入。陈鼓应先生有著作专门研究《管子》四篇，兼及《宙合》等几篇，但是我更重视《四时》《五行》，把《四时》《五行》也放到这个系统中来。我在自己的著作《道家哲学略述》中称"《管子》诸篇"，往下就是《吕氏春秋》《淮南子》，这些都是属于黄老思潮的组成部分，体现着黄老思潮发展变迁的基本线索。但我这里的讨论还涵盖受黄老思潮影响的法家——慎到、韩非，以及把黄老思潮特别是它的宇宙论引入儒家的重要人物董仲舒。大概我会从这样一个比较宽的面向来讨论黄老思潮的宇宙论及其价值。

我对黄老思潮的基本定位是，它把老庄对社会与文化的批判转向对社会与文化的正面建构。为什么这样的转换成为可能？这就牵涉它（指黄老思潮）对"无"的解释和对"自然"的解释。我们不妨首先看看韩非的解释。

韩非的解释基本上是把"无"视为"不确定""不给定"。"柔弱随时"这类话语其实就讲"道"是不确定的。"道"就像水，多喝了会溺死，口干的时候喝了能救生，"水"的好与坏是不确定的。①"柔弱随时"表示与时俱变。将"无"解释为"不确定"和"不给定"，实际上是消解了"无"的形上意义，当然也消解了"无"作为精神追求的目标。

然后，"自然"是什么？"自然"在韩非那里其实就是"自然情性"。自然—本然具有的情性是好利恶害，所以我们要用"赏罚二柄"来管治社会。这"赏罚二柄"是针对现实的状况、现实人性的好利恶害而采取的做法。② 它不隐含价值判断，只是面对客观存在的状况而不得不采取相应的治国施设。这个施设因其不隐含价值取向，所以是工具性的或手段性的，相当于"术"。这是法家的转换。

及《黄帝四经》和《管子》诸篇，一方面也不太讲"无"，不用很多功夫关心形上学建构，也不用很多功夫确定某一终极的价值追求，而只是在重新解释"自然"是什么。《管子》诸篇把"道"指称为元气或精气，本身就是从"无"下落到"有"。③ 精气又是如何生化的呢？根据四时五行的变迁生化。所以，四时五行构成了自然生化的节律。如此一来，我们就看到其实《管子》已经将"自然"解释为"自然世界"，我们面向的是"自然世界"。"自然世界"是以"有"之"气"作为驱动力，在不同时间和空间的交错中产生不同的物类。由是，中国古人得以依四时五

---

① 《韩非子·解老》篇称："道者，万物之所然也，万理之所稽也。理者，成物之文也；道者，万物之所以成也。故曰：道，理之者也。……万物各异理，而道尽稽万物之理，故不得不化。不得不化，故无常操。……凡道之情，不制不形，柔弱随时，与理相应。万物得之以死，得之以生；万事得之以败，得之以成。道譬诸若水，溺者多饮之即死，渴者适饮之即生。譬之若剑戟，愚人以行忿则祸生，圣人以诛暴则福成。故得之以死，得之以生；得之以败，得之以成。"此即以"不确定""不给定"释"道"。
② 《韩非子·八经》篇称："凡治天下，必因人情。人情有好恶，故赏罚可用。赏罚可用，则禁令可立，而治道具矣。"此即以"治"称"道"，而把"道"工具化。
③ 《管子·内业》篇称："凡物之精，此则为生。下生五谷，上为列星。流于天地之间，谓之鬼神。藏于胸中，谓之圣人。"又称："精也者，气之精者也。气，道乃生，生乃思，思乃知，知乃止矣。凡心之形，过知失生。一物能化谓之神，一事能变谓之智。化不易气，变不易智，唯执一之君子能为此乎？执一不失，能君万物。"此即以"气"释"道"，而从"无"下落于"有"。

行来分类。① 这个区分是否合理？我们下面会讨论。

把"自然"解释为"自然世界"（天地万物），进而确定自然世界本身的变迁具有一种正当性。由此建构起来的这样一种宇宙论，是非常有特色的。我们可以拿古代西方（哲学）关于自然世界如何生成的说法来做比较。古代西方国家，包括中东一带，他们论究宇宙或天地万物来源时，大体可以归结为以下三种说法：其一是以德谟克利特为代表的原子论，认为世界万物是由重量和形状不同的原子在盲目碰撞中结合而成的。我们知道罗素就认为原子论是机械观，原子的盲目碰撞是无目的的机械运动，而且时间和空间与原子的碰撞没有内在联系。时间和空间无非是原子碰撞的场域。② 这样的观念是不包含生成或生命意识的。其二是从柏拉图到亚里士多德的论说，亚里士多德的"四因说"是其代表，"四因"中最重要的是"形式因"和"质料因"。在这一区分中，"质料"是被动且无意义的，形式才是最高的，最纯粹的形式就是"神"。亚里士多德的思想之所以后来会演变成基督宗教的理论来源，就因为它追求的是最纯粹的形式。这种质料和形式的二分，与第三种天地宇宙来源——基督宗教的理论发生了紧密的结合。因为基督宗教的理论基本上是将灵魂和肉体二分，肉体本身，也就是质料，是污浊的，只有灵魂才是纯洁的。拿西方这样三种理论和我们的宇宙论做一比较可见：第一，它们对天地万物带有质料的变迁没有正面的肯定；第二，它们没有引入时间观念，所以没有把天地宇宙的变迁看作生命的开展。而中国的宇宙论不仅把天地万物的变迁看作有生命的，而且强调生命变迁还是有节律的，这个节律就形成了中国人特殊的"类"的观念。这里，我们可以看到中国古典思维和西方思维有着非常大的差异。

再往下就是《吕氏春秋》，我特别重视它的"十二纪"。"十二纪"

---

① 《管子·四时》篇写道："阴阳者，天地之大理也；四时者，阴阳之大经也；刑德者，四时之合也。刑德合于时则生福，诡则生祸。然则春夏秋冬将何行？东方曰星，其时曰春，其气曰风。风生木与骨。其德喜嬴，而发出节时。……南方曰日，其时曰夏，其气曰阳。阳生火与气，其德施舍修乐。……中央曰土，土德实辅四时入出，以风雨节土益力。土生皮肌肤。其德和平用均，中正无私……西方曰辰，其时曰秋，其气曰阴。阴生金与甲，其德忧哀静正严顺。……北方曰月，其时曰冬，其气曰寒。寒生水与血，其德淳越温怒周密。"此即以四时五行论生化节律并以生化节律论类分。

② 参见［英］罗素著《西方哲学史》（上卷），何兆武、李约瑟译，商务印书馆1963年版，第九章《原子论者》。

将四时进一步区分为12个月。每个月天上的星象怎样？地下的物候如何？我们的生活节奏与施政方式应随着这些情况的变化而有不同变化。更有意思的是，它对春、夏、秋、冬（四季）的区分，是春生、夏养、秋收、冬藏。每纪的纪首为总纲，其下的五篇论文则是纪首的发挥。春季主"生"，便多讲道家，其《本生》篇、《贵生》篇都取诸道家；夏季主"养"，便引进儒家，讲音乐，讲礼；秋季主"收"，便多讲兵家和法家，因为刑罚是在秋天施行的，为抵抗外敌入侵的练兵也是在秋季进行的；冬季主"藏"，则讲墨家，有关"葬"和"义"的问题多由墨家而来。为何以前的学者将《吕氏春秋》看作杂家呢？就是因为它既没有一个统一的认知逻辑来处理问题，也没有一种既定的价值信念来评判好坏。也就是说，它不是预设一种思想体系来框架外部世界，也不去预设一种价值信念来评判外在世界。① 这样的做法其出发点是什么？——顺应自然。自然世界发展成什么样子，我们就需要有什么样的措施对应它。既定的思想逻辑力图改变世界，就像近代以来西方所谓的"主体性"，讲求人为自然立法，用人的思维改变世界；既定的价值体系则力图以一个标准评判外部世

---

① 这里所谓"也不去预设一种价值信念来评判外在世界"，是指在春、夏、秋、冬的不同季节里，可以容纳不同的价值信念，并把不同价值信念都赋予"天然"的意义。如论"春"讲"生"称："始生之者天也，养成之者人也。能养天之所生而勿撄之，谓之天子。天子之动也，以全天为故者也。"（《本生》）论"夏"讲"养"称："耳之情欲声，心不乐，五音在前，弗听。目之情欲色，心弗乐，五色在前，弗视。鼻之情欲芬香，心弗乐，芬香在前，弗嗅。口之情欲滋味，心弗乐，五味在前，弗食。欲之者耳目鼻口也，乐之弗乐者心也。心必和平然后乐，心必乐然后耳目鼻口有以欲之。故乐之务在于和心，和心在于行适。夫乐有适，心亦有适。人之情欲寿而恶夭，欲安而恶危，欲荣而恶辱，欲逸而恶劳。四欲得，四恶除，则心适矣。四欲之得也在于胜理，胜理以治身则生全，以生全则寿长矣。"（《适音》）论"秋"讲"收"称："古圣王有义兵而无有偃兵。兵之所自来者上矣，与始有民俱。凡兵也者威也，威也者力也。民之有威力，性也。性者所受于天也，非人之所能为也。武者不能革，而工者不能移……胜者为长。长则犹不足治之，故立君。君又不足以治之，故立天子。天子之立也出于君，君之立也出于长，长之立也出于争。争斗之所自来者久矣，不可禁，不可止。故古之贤王有义兵而无有偃兵。"（《荡兵》）论"冬"讲"藏"称："审知生，圣人之要也；审知死，圣人之极也。知生也者，不以害生，养生之谓也；知死也者，不以害死，安死之谓也。此二者，圣人之所独决也。凡生于天地之间，其必有死，所不免也。……以生人之心为死者虑也，莫如无动，莫如无发。无发无动，莫如无有可利，则此之谓重闭。"（《节丧》）"石可破也，而不可夺坚；丹可磨也，而不可夺赤。坚与赤，性之有也。性也者，所受于天也，非择取而为之也。豪士之自好者，其不可漫以污也，亦犹此也。"（《诚廉》）等等。这些提法，实都把不同季节不同价值取向看作天然合理的。可见吕子并不预设一种价值信念，实即无确定的价值信念。

界的好坏、对错，力图用一种单一的思想信念支配人类。这是《吕氏春秋》所没有的，《吕氏春秋》的"十二纪"主张依因不同季节、不同地域的不同状况采取不同的对应措施。这种思想路向实质上是以守护自然、按照自然节律办事为主导的一种认知方式与价值取向。

再往下就是《淮南子》，《淮南子》也被说成为杂家。其《时则训》基本上照抄《吕氏春秋》十二纪的纪首，《地形训》则根据五行的观念，对东、南、西、北、中的不同地域状况及物产做了更详细的介绍，并提出"类各自类"① 的重要命题，进一步强调不同类别的事物要用不同的方法处理，也就是说要按照其"类"的不同状况，采取不同的措施治理。就这一点而言，它还是《吕氏春秋》体系的延伸。《淮南子》和《吕氏春秋》最大的不同点是，《淮南子》重新回到老庄，很多文章基本上是在解释《庄子》，而且更把老庄的宇宙论再往前推，所谓"道始于虚廓，虚廓生宇宙，宇宙生气"② 即是。回到老庄，回到宇宙论，回到"无"，而且把"无"推得更远更高，意味着重新恢复了老庄"无"的价值追求。《淮南子》讲"复性之初"，即要恢复我们本性最初始的状况。③ 也就是要用"无"把我们的精神往上提到最高的境界。当把精神提升到最高的境界，往下看世间万物的区分就没有很多意义了。由是，我们对待下面的世间万物，在施治的时候就可以平等地予以对待。讲究平等意识。

我在关注黄老思潮时，注意到从《黄帝四经》到《管子》诸篇，一直都在讲公平、平等。回过头追溯，《论语》和《孟子》却从来不谈平等问题。为什么孔子、孟子不谈平等呢？一方面，其实不是因为他们不爱平

---

① 《淮南子·主术训》称："人主之术，处无为之事，而行不言之教。清静而不动，一度而不摇。因循而任下，责成而不劳。……进退应时，动静循理。不为丑美好憎，不为赏罚喜怒。名各自名，类各自类。事犹自然，莫出于己。"此所谓"类各自类"，即依客观存在的"类"的不同做不同处理，不做价值上好坏善恶的取舍。

② 《淮南子·天文训》称："天地未形，冯冯翼翼，洞洞灟灟，故曰太昭。道始于虚廓，虚廓生宇宙，宇宙生气。气有涯垠，清阳者薄靡而为天，重浊者凝滞而为地。清妙之合专易，重浊之凝竭难，故天先成而地后定。天地之袭精为阴阳，阴阳之专精为四时，四时之散精为万物。积阳之热气生火，火气之精者为日；积阴之寒气为水，水气之精者为月。日月之淫为精者为星辰，天受日月星辰，地受水潦尘埃。"此即把天地宇宙的来源推得更高更远。

③ 《淮南子·俶真训》称："是故圣人之学也，欲以返性于初，而游心于虚也。达人之学也，欲以通性于辽廓，而觉于寂漠也。若夫俗世之学也则不然，擢德搴性，内愁五藏，外劳耳目，乃始招蛲振缱物之豪芒，摇消掉捎仁义礼乐，暴行越智于天下，以招号名声于世。此我所羞而不为也。"此即讲"返性于初，而游心于虚"为最高境界。

等或者他们在理论上有什么缺失,而是因为从孔子和孟子的立场看,人们需要做的是付出自己的爱去关心他人、帮助他人,而并不要求他人对自己有什么平等的回馈,也就不需要谈平等问题。当然,另一方面,如果要把爱往外推,又得有亲疏远近的区别。不能把自己的父亲和别人的父亲完全地同等对待。爱往外推所出现的亲疏远近的区别就意味着"爱有差等"。所以,墨子批评儒家讲"爱有差等"不是没有理由的。这意味着什么?意味着平等一定要抽离现实中远近亲疏的关系,往上提。抽离之后才会有"万物一体"。能够这样做的就是道家。道家"无"的观念就是把人们从万物的复杂关系、复杂牵连中往上提,抽离上去。抽离上去以后,回落下来,世间万物的差别都不重要了。万物可以说是一体了。一体的观念从《老子》"天地不仁,以万物为刍狗;圣人不仁,以百姓为刍狗"的论说已有体现,这其实就是讲平等地对待百姓。《庄子·齐物论》"齐万物"也是讲平等。所以,只有把自己从远近亲疏的关系中抽离出来才会有"万物一体"的看法。由此形成的这个"一体"观我把它称为"道家式的内圣外王"说:把自己往上提就是"内圣",对下面平等地看待则是"外王"。① 这里我们可以把从《老子》到《淮南子》以及下面要谈到的董仲舒的思想变迁,用一个图式表示:

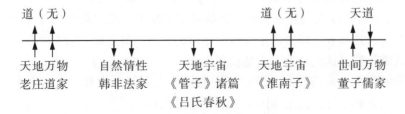

这个图式显示:老庄力图把"道"抽离万物、往上提升,它所说的

---

① 《淮南子·诠言训》称:"为治之本,务在于安民;安民之本,在于足用;足用之本,在于勿夺时;勿夺时之本,在于省事;省事之本,在于节欲;节欲之本,在于反性;反性之本,在于去载。去载则虚,虚则平。平者,道之素也;虚者,道之舍也。能有天下者,必不失其国;能有其国者,必不丧其家;能治其家者,必不遗其身;能修其身者,必不忘其心;能原其心者,必不亏其性;能全其性者,必不惑于道。"这里显然有取于《大学》以"天下""国""家""身""心"为先后次序,然却归本于"能全其性";而"反性之本,在于去载",此"去载"即抽离;"去载则虚",此即以为抽离之后可上提至虚无之境;"虚则平",是谓上提至虚无之境便可平等地对待人人物物。此即"道家式的内圣外王"说。

"道"就是"无",这个"无"既是一种存在状况,同时也是一个价值追求;到了法家,慎到和韩非把"自然"称为"自然情性",把"无"拿走了,也就无意于形上学的追求;再往下是《管子》诸篇和《吕氏春秋》,把"自然"解释成为"天地宇宙"或者"自然世界",它们也还是不太讲"无",所以境界层面虽然不是完全没有,而是对它们来说不太重要。如吕氏春天讲道家,夏天讲儒家,秋天讲兵家和法家,冬天讲墨家,就没有统一的价值追求。没有统一的价值追求,其实也即意味着没有确定的价值信念。再到《淮南子》,"自然"也指天地宇宙,不过《淮南子》的"道"和"物"是背离的。作为得"道"的圣人其境界是要往上提的,而对在下面的天地万物则是一体看待之。因为对天地万物一体看待,所以才有平等可言。

　　如果把《淮南子》等道家著作的平等观和近代西方的平等观做一比较,那是非常有趣的。西方自由主义政治哲学建构的近现代平等意识,其实出自三个观念:其一是讲求"自然状态",这是要把人从神那里剥离出来;其二是讲求"每个个人",这是要把每个个人从社群中剥离出来;其三是讲求"功利个体",这是要把人的形上追求去掉。就是说,处在自然状态中的每个个人其实就是一个功利个体,我们是在功利或权利这一点上平等的。这是把人往下拽落,通过将每个个人单一化、平均化而求得平等。《淮南子》强调要从天地万物的多重关联中剥离开来而讲对万物平等看待之,这和近代以来的平等观有相似的地方,但是最大的不同在于,现代的平等观只认允每个个人是功利个体,缺失往上提的那一面。因为只强调我们每个个人的权利,所以当今的世界充满了个人和他人、个人和社会、族群和族群、国家和国家之间完全落在利益层面上的争夺。我们以往觉得美国讲"自由、民主、平等",好像挺值得羡慕,可是这几年发现美国头面人物走到什么地方都只讲"美国利益",世界上每一个小角落发生什么事情也关系到"美国利益"。那些"自由、民主、平等"的外衣全部剥落了,只有利益的问题,这是很可怕的。由于只讲利益,所以经常出现的状况是要求你对我应该平等,而我对你却是强权。如果说上帝"已经死了",再也没有他力把人的精神往上提,那么不妨学习道家,道家是讲求我自己把自己往上提。它不看重现实的各种功利争夺,所以不存在向谁争夺的问题。现代社会中如果真要讲平等的话,道家的这样一个内圣外王体系,更值得我们借鉴。

二、董仲舒如何引入宇宙论证成儒家的价值论

下面我们要谈董仲舒了。

学界无疑都会承认，董仲舒深受黄老思潮的影响。所撰《春秋繁露》，以"阴阳"为题的就有六篇，以"五行"为题的有九篇，以"四时"为题的虽仅有一篇，但"四时"多与"阴阳""五行"合论。虽然不能说董仲舒是在儒学系统中第一个引入宇宙论，为儒学的价值论提供存在论的说明的，因为董子之前，《中庸》"天命之谓性"说已确认心性是由"天命"下贯而成的，但"天命"是什么，并没有详细地展开；《易传》中"易有太极，是生两仪，两仪生四象，四象生八卦，八卦定吉凶，吉凶生大业"和"一阴一阳之谓道，继之者善也，成之者性也"等提法，也已描画出宇宙变迁的规模，但缺少"五行"，而且证得的价值观念也还不太系统。及董子充分吸纳黄老思潮的宇宙论，确认"天地之气，合而为一，分为阴阳，判为四时，列为五行"①为天道变迁的次序，才使儒学的宇宙论建构获得完整的形态。

那么，董仲舒引入黄老学所建构的宇宙论，之所以被称为儒家的宇宙论，原因在哪里呢？

试比较董仲舒的《春秋繁露》与《淮南子》，可以看到它们之间有一重要区别，那就是董子虽然有强烈的价值信念，却不讲"无"，没有像《淮南子》那样把价值的追求放在天地万物之外、之上。然则，董子所推崇的儒家的价值信念从哪里获得宇宙论的支撑呢？他一如《中庸》那样地主张要从"赞天地之化育"中证得，或亦如《易传》"一阴一阳之谓道，继之者善也，成之者性也"的说法，认为天地宇宙的变迁是由一阴一阳的变化带出来的，我们承继阴阳变迁而付出自己的努力就是善的行为，善的积淀就成为我们的本性。可以说，以董仲舒为代表的儒家的宇宙论，是把价值直接安立在天地万物的变迁中，确认依照天地万物的变迁节律去付出我们作为人的努力，我们的价值就得以实现。我们知道，《管子·四时》篇讲到四时变迁时，并不与仁、义、礼、智挂搭；《吕氏春秋》中"十二纪"的纪首也全部没有涉及仁、义、礼、智。但是到了董

---

① 《春秋繁露·五行相生》。

仲舒这里却认为，春天万物是"生"的，所以我们要讲"仁"；夏天万物是"养"的，所以我们要讲"智"。董仲舒有点怪，"智"本来应该放在冬天的"水"那里去讲，可他却放到夏天去讲。接下来秋天是讲"收"的，我们要讲"义"；冬天是讲"藏"的，我们要讲"礼"；然后中央是"土"，要讲"信"。四季的五个方位以及相应的五行的变迁全部和仁、义、礼、智、信关联起来，此即确认仁、义、礼、智、信都要放在"赞天地之化育"中证取。① 因为天地宇宙的生养收藏，就构成为人的价值源头，天地宇宙本身便具有绝对的意义。所以，董子不需要讲"无"，只需要把"天"与"万物"掰开，赋予"天"以形上地位即可。董子由此就把黄老学的宇宙论引入儒家，完整地建构起儒家的宇宙论。我们说过，道家由于把价值的追求安置在"无"那里，下落于天地万物强调天地万物的一体地位，不免带有一种冷漠性。老子所说"天地不仁，以万物为刍狗；圣人不仁，以百姓为刍狗"，就显出一种冷漠性。董子把仁、义、礼、智、信等价值信念放进天地宇宙的生养收藏中去，天地宇宙及其变迁不再是自存的，与人无关的，而是亲近人的，成就人的。董仲舒由此建构起来的宇宙论，我也称之为"存在世界价值化"，同时价值也被存在化的一种理论。

　　天地万物本来是一个存在世界，但在董仲舒那里它被用来证成价值了。这是存在世界被价值化，反过来说，价值也被存在化了。价值存在化使原来由主体心性引出的价值借存在论之支撑而获得了信实性的意义，这正是董子所追求的。但是，我们也不能不注意到存在世界价值化以后所带出的问题，就是存在世界同时被灵性化了。因为存在世界被灵性化，由之

---

① 《春秋繁露·五行相生》称："东方者木，农之本。司农尚仁。进经术之士，道之以帝王之路，将顺其美，匡救其恶。执规而生，至温润下，知地形肥硗美恶，立事生则，因地之宜，召公是也。……南方者火也，本朝。司马尚智。进贤圣之士，上知天文，其形兆未见，其萌芽未生，昭然独见存亡之机，得失之要，治乱之源，豫禁未然之前，执矩而长，至忠厚仁，辅翼其君，周公是也。……中央者土，君官也。司营尚信。卑身贱体，夙兴夜寐，称述往古，以厉主意，明见成败，微谏纳善，防灭其恶，绝源塞隟，执绳而制四方，至忠厚信，以事其君，据义割恩，太公是也。……西方者金，大理司徒也。司徒尚义。臣死君而众人死父。亲有尊卑，位有上下，各死其事，事不踰矩，执权而伐。兵不苟克，取不苟得，义而后行，至廉而威，质直刚毅，子胥是也。……北方者水，执法司寇也。司寇尚礼。君臣有位，长幼有序，朝廷有爵，乡党以齿，升降揖让，般伏拜谒，折旋中矩……据法听讼，无有所阿，孔子是也。"此即把五德与五行完全挂钩起来。

董仲舒的思想体系便不免有很强烈的信仰成分。① 董仲舒的思想体系经常被批评为神学目的论，都与此有关。这在道家那里是没有的，因为道家把价值追求与天地万物分开，天地万物是被作为客观存在看待的。神学化是董子把宇宙论引入儒家后出现的问题。

这就是黄老思潮自身的发展状况和它被法家、儒家分别引申以后发生的变化。这只是一个简单的介绍。

三、如何评价宇宙论

如何从总体上评价宇宙论，是我们接下来要讨论的最重要的问题。这当中涉及如下三点。

第一点是怎样评价宇宙论所表现的认知方式和它在认知上提供的价值。

大家知道，近世以来宇宙论多受批评甚至被严厉指责，就是认为它不科学，不符合现代人的认知方式和知识体系。像徐复观即认为它是经受不住理性主义考验的，也是说它经受不住知识论的反省和批评。然而，就在中国学者不断地批判宇宙论在认知方式上是荒唐的、不科学的背景之下，西方一些学者却早就对我们的宇宙论做出了许多肯定。大家知道李约瑟就把中国阴阳五行的思维称为"关联思维"，而且他的这种说法可以往前推到葛兰言的发现。葛兰言和李约瑟都用关联思维（有时也称为"有机思维"）来指称中国古典思维。李约瑟以为西方思维是一种因果思维，这种思维执认，如果某个东西停在某点上，一定是另外一个东西把它推上去的。但是关联思维不是这样的，关联思维以为，某个东西停在某点上，是

---

① 董仲舒的"人副天数"说把人体结构与天地阴阳、四时五行对应起来，还属于"机械观"。当他称道"天者，百神之大君也。事天不备，虽百神尤无益也"（《春秋繁露·郊语》），此则确实把儒学神学化了。

它与周围的事物相互作用造成的。① 20世纪80年代，另一汉学家葛瑞汉写过一本《论道者》，同样用关联思维来指称中国阴阳五行这种思维。他认为其实我们日常的思维都是关联思维，只是我们需要对某一个局部弄清楚的时候才用分析思维。② 葛瑞汉无疑对关联思维也做了充分的肯定。

我自己在20世纪80年代所撰《中国哲学的探索与困惑：殷周—魏晋》③一书里，则把古典宇宙论的认知方式称为"类归方式"，以与西方的"分解—分析性"的认知方式相区别。分解—分析性的认知方式，习惯于把认知对象从复杂的关联中抽离出来予以把捉，以"属差加种"的方法予以定义，着眼处在"差别"。在把这种差别做得越来越精细的时候，便可以量化，由之而成就了近代的技术科学。中国古典宇宙论的"类归方式"不然。它总是习惯于把单个事物归入"类"中，进而把"小类"归入"大类"中，通过归入来予以介说与把捉。归类的结果是，事物的差别被模糊了，但由于与更多的事物发生了"类"的相关性，它的面向也更丰富了，联想的空间也更开阔了。宇宙论把各种事物归入"五行"（如《淮南子·地形训》），归入"四时"（如《吕氏春秋·十二纪》），以至归之"阴阳"（如《黄帝内经·素问·阴阳应象大论》），所体现的即是这种"类归性"的认知方式。

那么，"类归性"的认知方式有客观的依据吗？

---

① 李约瑟称："中国人之关联式思考或联想式思考的概念结构，与欧洲因果式或法则式的思考方式，在本质上根本就不同。……中国人关联式的思考绝不是原始的思想方式。……它的宇宙，是一个极其严整有序的宇宙，在那里，万物'间不容发'地应合着。但这种有机宇宙的存在，并不是由于至高无上的造物者之谕令（万物皆臣服于其随伴天使的约束）；也不是由于无数球体的撞击（一物之动为他物之动的原因）。……中国人的理想里，没有上帝和律法。宇宙内的每一分子，都由其本性的内在趋向，于全体的循环中欣然贡献自己的功能，这个非由创造而来的有机体，反映于人类社会上的，是一个普遍的理想，即人与人间的善意谅解，以及相互依持和团结的柔和体制，此种体制永不立基于绝对的法令或法律。"（[英]李约瑟著：《中国古代科学思想史》，陈立夫主译，江西人民出版社1990年版，第382～387页）

② 葛瑞汉写道："从把人与共同体和宇宙联系起来的系统的方向看，一种关联的世界观开启了一个有益得多的层面。基本的社会制度，语言，与关联世界观充分共享了它的结构……政治学、社会学和心理学从没获得分析思维的那种纯粹性，根据物理学类推，它们因宣称为'科学'故应需要这种纯粹性。除了所有学说之外，现实的日常生活也大都无可改变地属于关联思维。"（[英]葛瑞汉著：《论道者——中国古代哲学论辩》，张海晏译，中国社会科学出版社2003年版，第402页）

③ 冯达文：《中国哲学的探索与困惑：殷周—魏晋》，中山大学出版社1989年版。修订版易名《早期中国哲学略论》（广东人民出版社1998年版）。

这里的关键在一"类"字。"类"是如何确定的？这种确定的正当性在哪？

前面说过，宇宙论是通过把捉、还原大自然生化的过程与节律而建构起来的。它的主要概念，如阴阳，所把捉的是大自然正向与反向的两种生命力变换的节律；四时，所把捉的是原始生命力在时间上的变迁节律；五行，所把捉的是原始生命力在空间（方位、方向）上的变迁节律。而天地宇宙间的各个生命个体、各种生命物类，就都是在适应大自然在时空的交换与变迁的节律才成其为如此的；那些无法适应的生命个体、生命物类，都会被自然变迁节律所淘汰。这意味着，生命个体、有生命的各种物类，在长期适应大自然变迁节律的过程中，其实已经把这种节律内化为自己的结构、功能。《黄帝内经》所谓"人以天地之气生，四时之法成"①"阴阳有时，与脉为期"②，实即指大自然变迁节律之被内在化；所使用的"纪""经""度"等概念，又即指天人相应之节律，也即是"类"。可见，以"五行""四时""阴阳"的观念对生命体做生理、病理、药理、治理的"类"的区分，便毫无疑问地具足客观性与科学性。《黄帝内经》为中医经典。中医在近世曾经被指斥为不科学，理由是同一种病不同中医用药多不相同。然而，中医用药之不同，其实顾及男女老少的差异、春夏秋冬的不一、东南西北之各别。这无疑就是宇宙论及其"类"观念的具体运用吧！

实际上我们可以这样说，以分解—分析为入路的认知方式本质上是以解构大自然的自然—本然形态为用力处的，这固然也是人类所需要的。但既然人的这副身骨架是大自然依其自然—本然的变迁节律塑造的，数百万年来并没有太大的变化，而人对大自然的解构已经到了无以复加的地步，人的不太变化的身骨架还能适应变化得不像样子的外在世界吗？如果说这一个世纪人们应该改弦更辙，以回归自然为价值追求，那么，中国古典宇宙论及其依自然的变迁节律论生理、病理、治理、药理的认知方式，不是更应该受到认肯吗？

---

① 《黄帝内经·素问·保命全形论篇》称："天覆地载，万物悉备，莫贵于人，人以天地之气生，四时之法成。"

② 《黄帝内经·素问·脉要精微论篇》称："阴阳有时，与脉为期。……微妙在脉，不可不察，察之有纪，从阴阳始，始之有经，从五行生，生之有度，四时为宜，补泻勿失，与天地如一，得一之情，以知死生。"

第二点是怎样看待宇宙论引申出的政治哲学或政治施设？

我以前一读到《礼记·月令》篇、《吕氏春秋》的"十二纪"，都会很感慨，这整个不就是生态型的政治哲学！这种政治哲学或治国理念认为，政治施设应该依据每个月天上的星星在什么位置、地下出现什么物候，而做出决定和予以颁行。如春季正月，太阳的位置在北方之营室，日干是甲乙，主神为木德之帝太暤和木官之神句芒。其时东风吹暖，地上的冰封开始解冻，各种蛰居的动物开始活动。这是万物初生的季节。与此相应的政治施设，是皇帝应于立春前斋戒三天，然后于立春当天率三公九卿文武百官举行迎春开耕典礼；又应颁布政令，不许宰杀雌性的动物，不可砍伐树木，不可倾覆鸟巢取鸟卵，不可杀害幼小的禽兽，亦不可征召农夫修城筑郭从而妨碍农事；总之是"无变天之道，无绝地之理，无乱人之纪"。所有的施设，都围绕着"生"来颁行。下来，二月、三月，以至十二月也一一依天上星象的变化、地下物候的更替而取相应之举措。①

我觉得古人太伟大了，他们早已讲究生态文明了。我很感慨的原因是，近代流行的自由主义的政治哲学所带来的严重的现实状况。我们上面曾说过近代的政治自由主义主要有三个观念：其一为"自然状态"，把人从神分离出来；其二为"每个个人"，把人从社群分离出来；其三为"利益个体"，把人的精神追求拿掉，回落到我们只是一个个追求功利的存在者。由此，我们平等了。但是，每个个人赤裸裸的利益追求同时也被极大地凸显了。我们现在评价所有的政令措施都只用利益是否获得改善做衡量标准。精神追求变成每个个人的私事。而且平等权利又只讲在场的，18岁以前不在场，死了以后也不在场。我们知道超越一定要顾及过去、现在、未来三维。如果我们只管在场的，那么我们实际上就把很多前人和后人的权利剥夺掉了。现代鼓动的"超前消费"就是这样一个问题，超前消费就是把未来的资源、未来孩子们应该享有的幸福拿过来，尽量在现在花费掉。近代政治自由主义把人往下拽落成为一个个的利益个体，个人与他人、个人与社会、国家与国家不能不充满赤裸裸的、残酷的利益争夺，这就是我们现在面临的非常可悲的状况。

因为现代社会有这样的危机，20世纪80年代就有社群主义提出批

---

① 详见林品石注译《吕氏春秋今注今译》之"十二纪"部分，台湾商务印书馆1985年版。

评。社群主义者认为政治自由主义在方法论上是错误的,因为绝对没有每个个人的所谓"单独个体",每个个人一生下来都是处在一个社群里面的,离开特定的社群来谈个人的权利是很荒唐的;其次,社群是随历史变迁而变迁的,离开历史变迁来谈个人现时的绝对权利也是荒唐的。就是说,把人从社群中抽离、把人从历史中抽离出来谈单独每个个人的绝对权利,在方法论上错误的,在价值观上是不恰当的。社群主义希望能够回归到对社群的责任承担。① 如果我们顺着社群主义的路子往下推,我们实质上可以这样说,每个个人生下来不仅不能够离开社群,其实也不能够离开自然。我们的生命体就是由自然在不断变迁中积淀而成的,我们现时的生存处境也离不开自然。在当今,我们不仅面临难以改变的人的身骨架与已经发生巨大改变的外在世界的矛盾;又且,在人为着自己贪婪的欲望而无节制地侵占自然物种的生存领地,逼迫自然物种不得不通过不断改变形态而潜入人的生存领地以谋求生存,自然物种这种报复性行为不也把人类的存续问题推向极其危险之地?人类面对此情此景,难道还不应该讲求回归自然吗?毫无疑问,中国宇宙论这种政治运作措施或者这种政治哲学能为我们回归自然提供非常有益的思想资源。这是我为宇宙论翻案的第二点。

第三点主要涉及儒家引入宇宙论的问题。这也是价值存在化与存在价值化如何可能的问题。

我们前面说到董仲舒是把宇宙论引进儒家,追求把价值存在化以使价值信实化从而导致存在世界灵性化,以至于走向神学的。我们知道,世界上许多大的宗教,都是靠神话传播信念,有的还靠权力支撑起来的。比较

---

① 俞可平在一篇题为《从权利政治学到公益政治学——新自由主义之后的社群主义》的文章中概述社群主义与自由主义的区别称:"从方法论上说,自由主义的出发点是个人,而社群主义的出发点则是社群;从价值观方面看,自由主义强调个人的权利,而社群主义则强调公共的利益。……在方法论上,社群主义者认为,个人主义关于理性的个人可以自由地选择的前提,是错误的或虚假的,理解人类行为的唯一正确方式是把个人放到其社会的、文化的和历史的背景中去考察。换言之,分析个人首先必须分析其所在的社群和社群关系。在规范理论方面,社群主义者断定,作为公平的正义不可能对善具有优先性,反之,我们对善的感知(our conception of the good)应当具有绝对的优先性。社群既是一种善,也是一种必需,人们应当努力追求而不应当放弃。正义优先的原则要求权利优先的政治学,而善优先的原则要求公益优先的政治学。因此,用公益政治学替代权利政治学,便成为社群主义的实质性主张。"(刘军宁等编:《自由与社群》,生活·读书·新知三联书店1998年版,第66~68页)

之下，董子没有创世纪，也没有编织许多神话故事。他引入宇宙论，以为我们依一年四季的变迁付出努力，就可以成就价值，这其实是很理性的。而且，就文化发展的轨迹看，文化在时空上的拓展不正是通过不断地把价值存在化而实现的？如我们日常说的，"天多么湛蓝""山多么雄伟""海多么宏阔""花多么美丽"，我们能够区分这些说法到底是指事实还是指价值？无疑，这些提法就已经把存在世界灵性化了。

再说，董子引入宇宙论，是从气的生生化化来讲灵性的。气因为可以无限生化，具有无限的生命力，因而本身就表现出一种灵性。气禀而为人为物，人与物亦获得生命力，便亦具足灵性。有生命力，有灵性，必当有原发性的生命冲动，汉唐人讲"天生才情"，看重生命力的原发性和禀赋上的个性，精神文化就比较上扬，比较浪漫。宋明讲"变化气质"，把"气"质料化，便消解了灵性与活力；"气"还得被公共划一的"理"框定与改变，也再不讲个性。宋明文化精神过分地讲求"内圣"，其实难以开出接通天地、拥抱宇宙的大气象。学界多推重宋明儒学，并不见得完全得当。

无疑，董学被认作有问题并不止于它的灵性化，更在于它带出了谶纬神学。我们必须承认，谶纬之学在被各种政治势力引作争权夺利的工具时带来了许多混乱。但是不要忘记它成为民间流行还有其特定意义：它为民间日常杂乱的生活建构了秩序，为民间日常平庸的生活提供了意义。它为民间日常杂乱的生活建构的秩序是依一年四季十二个月二十四节气安排的，因之它守护了人与自然变迁节律的协和性；它为民间日常平庸的生活提供的意义则是：每个个人是有限的，个人的每一分成长、每一分成功，都离不开他人、社会、天地宇宙。因之，对他人、社会与天地宇宙应该心存敬畏与感恩。凭着这一分敬畏与感恩，个人得以走出个我，走向他人、社会与天地宇宙，使自己哪怕是微薄的努力，都获得一种终极的意义。

这就表明，董子的神学走向乃至谶纬神学，其评价也是可以"一分为二"的。

价值存在化及其灵性化如何看待已如上述。那么存在价值化又是如何可能？劳思光先生曾明确认定，存有和价值不是一回事，"实然"和"应然"不是一回事，从知识不能够转出价值。① 但在董子那里，存在价值化的问题不是一个知识论问题，而是一个生存论问题，涉及生存处境、生存体验。用董仲舒所表达的意思来说就是：我们人类是大自然用自己长久的发展变迁而培育出来的最有灵性、最有聪明才智的一个族类，大自然对我们多么佑护，我们难道不应该敬畏与感恩吗？而且大自然不仅把我们人类塑造成为最有灵性、最聪明的一族，同时还年复一年地生存长养万物来为我们的生活提供基本的保证，为我们族类的发展提供基本的物质基础，今年大自然生长出来的东西我们吃完、用完了，明年大自然又会重新生长出万物，使我们明年的生活也有了保证。大自然对我们这样地恩宠，难道我们不也应该敬畏和感恩吗？②

我们的道德就从对大自然的敬畏和感恩中证取出来、延伸出来。如大自然一年四季、十二个月、二十四节气的变迁是依时而来的，这体现了大自然的诚信，所以我们人也应该以诚信作为我们的基本道德；在一年四季、十二个月的变迁中，春天是最重要的，春天万物生长得好，我们一年的生计就有了保证，这体现了天地宇宙对我们的仁恩，所以我们也应该以"仁"作为我们的基本道德；我们现在有这样的生活境遇，是大自然长期的发展，也包括我们前辈"赞天地之化育"的努力而成就的，所以我们对前辈、对天地宇宙都要感恩；"天地生之本，父母类之本"，因之我们都应该讲孝；当然，我们这一代人也要对后代负责，为后代付出，由是我们又必须讲慈和爱。显然儒家所有的道德信念都可以从对大自然变迁的敬

---

① 劳思光称："儒学心性论之基源问题，原为：'德性如何可能？'故必须深究所谓'善'之本义——亦即'德性价值'之本义。而此一问题即与描述任何'存有'之问题，不同类属。盖无论取经验意义或形上意义，'存有'问题总与价值问题本性不同。……'应该'或'不应该'之问题，本身另有一领域，此领域必成立于一自觉基础上。因必有自觉之活动，方有如理或不如理之问题，离开自觉，专就'存有'讲，则无所谓'应该'或'不应该'。因无论'有'或'无'，皆是一'实然问题'，非'应然问题'。"[劳思光：《新编中国哲学史》（二卷），广西师范大学出版社 2005 年版，第 29 页] 劳氏此即强调"存有"与"价值"、"实然"与"应然"之不相连属。

② 董仲舒说："仁之美者在于天。天，仁也。天覆育万物，既化而生之，有养而成之。事功无已，终而复始，凡举归之以奉人。察于天之意，无穷极之仁也。人之受命于天也，取仁于天而仁也。""天德施，地德化，人德义。天气上，地气下，人气在其间。春生夏长，百物以兴；秋杀冬收，百物以藏。故莫精于气，莫富于地，莫神于天。天地之精所以生物者，莫贵于人。人受命乎天也，故超然有以倚。物疢疢莫能为仁义，唯人独能为仁义；物疢疢莫能偶天地，唯人独能偶天地。"此即从敬畏与感恩引申出"仁"。

畏和感恩中引申出来。明代思想家罗汝芳以下一段话讲得多么深切：

> 孔子云："仁者人也。"夫仁，天地之生德也，天地之大德曰"生"，生生而无尽曰"仁"，而人则天地之心也。……夫知天地万物之以生而仁乎我也，则我之生于其生，仁于其仁也，斯不容己矣。夫我生于其生以生，仁于其仁以仁也，既不容己矣，则生我之生，以生天地万物，仁我之仁，以仁天地万物也，又恶能以自己也哉？夫我能合天地万物之生以为生，尽天地万物之仁以为仁也，斯其生也不息，而其仁也无疆，此大人之所以通天地万物以成其身者也。①

罗汝芳这是说，天地万物是以它的"生"来养育我、成全我的，这体现了天地之仁；我既以天地万物之"生"为"生"，则我亦当以我之生来延续天地万物之生，这是不容自己，不允许自己不这样做的，这是我之仁；正是由天地万物之生生我，由我之生生天地万物，而使天地宇宙得以无限地延续、无限地发展，我亦得以融入天地宇宙无限延续、无限发展的长河，而获得无限的意义。

我们看植物，在花开得最灿烂、绽放得最美丽的时候，无疑是最能呈现它自己的时候。但是花开得最灿烂，长得最漂亮是为什么？为了传授花粉，繁殖后代。动物也是一样，动物在雌雄的功能还没有成熟的时候，雌雄是不分的，在其性功能成熟以后，雄性长得特别漂亮，叫得特别响亮，那也是最"自我"、最可显耀的时候。但它长得那么漂亮，叫得那么响亮是干什么？求偶，也是为了繁殖后代。这就是大自然。

我们人类能够逃脱大自然的魔法吗？不可能。恰恰相反，如果大自然把我们人类塑造成为最聪明、最有才干的一族，我们不仅不能够过分地讲求个体自我，而且应该更自觉地承担更多的责任。这一点也许正是儒学和西学的重要区别。近代西学讲天赋人权，凸显的是个人权利。中国儒学讲天地宇宙塑造我们是要我们承担责任，包括维护人类族群的发展，守护自然正常变迁的责任。我们的价值也恰恰就是在使得族群获得正常发展，使得大自然获得正常变迁中实现的。在儒学这里，自我和世界、有限和无限是一体的。许多宗教强调要把自我去掉，才能获得神的救赎，回到神的身

---

① 方祖猷、梁一群等编校整理：《罗汝芳集》（上），凤凰出版社2007年版，第388页。

旁，自我和神是割裂的。在纯粹知识的建构中，也要把"我"拿走，知识才具有所谓的客观性。可是中国人的观念不是这样的，中国人认为自我和世界、有限和无限是连成一体的。一个人尽个人的有限努力让族群、世界获得更好的发展，个人的价值就会和世界发展的长河融汇在一起，从而获得永恒。可见，儒家引进宇宙论来支撑与证成其价值信念也是极具正当性的，我们应该为它辩护并诚心予以持守！

（2014年7月4日，应北京大学哲学系、北京大学道家研究中心邀请做了题为"黄老思潮新探"的讲演。本文初稿由北京大学哲学系研究生苗玥君据录音整理而成，修订与删削后以《重评中国古典哲学的宇宙论》为题刊载于《孔学堂》2015年第4期）

借宇宙论确立的儒道两家之"生命的学问"

大家逐渐地认同,中国传统儒道两家的哲学,都可称为"生命的学问"。这种"生命的学问",在形而上层面上,可以以宇宙论或本源论为支撑,亦可以由本体论来确认。本文即致力于探讨儒道两家在宇宙论上的差别,及由这种差别建构而成的"生命的学问"的不同路向。

一

关于儒家的宇宙论,海外学者牟宗三对《中庸》《易传》与董仲舒的见解做了区分,并只认可前者。牟先生称:

> 依儒家的立场来讲,儒家有《中庸》《易传》,它可以向存在那个地方伸展。它虽然向存在方面伸展,它是道德的形上学(moral metaphysics)。他这个形上学还是基于道德。儒家并不是 metaphysical ethics,像董仲舒那一类的就是 metaphysical ethics。董仲舒是宇宙论中心,就是把道德基于宇宙论,要先建立宇宙论然后才能讲道德,这是不行的,这在儒家是不赞成的,《中庸》《易传》都不是这条路。①

牟氏认为董仲舒"把道德基于宇宙论"是不行的。唯《中庸》《易传》及后来的周敦颐、张载等所代表的儒学,因为首先建立了"道德的形上学",然后才"向存在方面伸展"即讲宇宙论,才可以凸显人的道德主体性。

应当说,牟先生在宇宙论问题上对《易传》《中庸》与董学做了区分,是有见地的,但对两者的区分与评价的标准却是可以讨论的。

之所以说牟宗三对这两系统的区分的标准可以讨论,是因为牟先生不太承认《易传》也如董仲舒一样是"先建立宇宙论然后才能讲道德",而

---

① 牟宗三:《中国哲学十九讲》,台湾学生书局1983年版,第76页。

实际上在这点上两者区别不大。《易传·系辞上》称："是故易有太极，是生两仪。两仪生四象，四象生八卦。八卦定吉凶，吉凶生大业。"此处以"太极"为最初本源，把宇宙演生过程视为由太极而阴阳（两仪）而四时而八卦而万物（大业）的过程，① 与董仲舒所描述的"天地之气，合而为一，分为阴阳，判为四时，列为五行"② 的生化过程，并没有本质的差别，而且就这种演生过程所遵循的规则并不是可以做知识处理的数学规则，而是与信仰有关，二者之观念亦是一致的。董仲舒说："一者，万物之所以从始也。元者，辞之所谓大也。谓一为元者，视大始而欲正本也。"③ 董仲舒这里对作为本源的"一""元"的提法，与《易传》作为"本源"之"太极"，固都可被认作为混沌未分之气④，亦同时可被认作为北辰⑤。在被认作为北辰时，它就成为具信仰意义的中宫大帝了⑥。

可见，在先确立自然本源，且将自然本源、神灵信仰与道德价值混同不分这点上，《易传》仍有不少与董仲舒相近处。

《易传》与董仲舒学说所不同者，在于它不太强调（或者淡化了）本源对于派生物在性质与功能上的给定性或机械的对应性。董仲舒经常有这样一类说法："天两有阴阳之施，身亦两有贪仁之性。天有阴阳禁，身有

---

① 按，朱熹认为《易传》这段话是讲画卦揲蓍的过程，他称："太极、两仪、四象、八卦者，伏羲画卦之法也。"（《朱熹集》卷五四《答王伯礼》）但是要知道此种画卦之法依然以"天地化生"为基础。故汉唐诸家把《易传》这段话作为宇宙生成论的解释亦是可以成立的。《易纬·乾凿度》称："昔者圣人因阴阳，定消息，立乾坤，以统天地也。夫有形生于无形，乾坤安从生？故曰：有太易，有太初，有太始，有太素也。太易者未见气也，太初者气之始也，太始者形之始也，太素者质之始也。气形质具而未离，故曰浑沦。浑沦者言万物相浑成而未相离。视之不见，听之不闻，循之不得，故曰易。"又称："既然物出，始俾太易者也。太易始著太极成。太极成，乾坤行。"孔颖达谓："太极谓天地未分之前，元气混而为一，即是太初太一也"；"'两仪生四象'者，谓金木水火，禀天地而有"；"'四象生八卦'者，若谓震木离火兑金坎水各主一时，又巽同震木，乾同兑金，加以坤艮之土，为八卦也"（《周易正义》《系辞上》疏）。此都以"本源"释"太极"而以宇宙生成论说《易传》文本。
② 《春秋繁露·五行相生》。
③ 《汉书·董仲舒传》。
④ 孔颖达《周易正义》疏"易有太极"句称："太极谓天地未分之前，元气混而为一，即是太初太一也。"
⑤ 孔颖达《周易正义》疏"大衍之数五十，其用四十有九"句引马融说："易有太极，谓北辰也。"
⑥ 《春秋纬·文耀钩》称："中宫大帝，其精北极星，含元出气，流精生物。""中宫大帝，其北极下一明者，为太一之先，含元气以斗布常。"

情欲栣，与天道一也。"① "春爱志也，夏乐志也，秋严志也，冬哀志也。故爱而有严，乐而有哀，四时之则也。"② 这类提法，是把人为的、精神价值的东西予以存在化且客观地给定化了。而《易传·系辞下》的提法却是："天地絪缊，万物化醇。男女构精，万物化生。"《说卦》则称：

> 动万物者，莫疾乎雷；桡万物者，莫疾乎风；燥万物者，莫熯乎火；说万物者，莫说乎泽；润万物者，莫润乎水；终万物始万物者，莫盛乎艮。故水火相逮，雷风不相悖，山泽通气，然后能变化既成万物也。

这都是描述万物由天地、阴阳、八卦之间相互激荡而化生，但并不确认其功能、性质亦由之直接而给定。《易传·序卦》又谓：

> 有天地，然后有万物。有万物，然后有男女。有男女，然后有夫妇。有夫妇，然后有父子。有父子，然后有君臣。有君臣，然后有上下。有上下，然后礼义有所错。

《易传》这里也是讲宇宙生成之前后次序。在这一次序中，我们看到，"生者"与"所生"并不具因果给定性；但是二者又不是无关的，人们毕竟还是可以体证到前者对后者的意义。"然后"一词在这里用得非常微妙。

论及道德的起源，《易传·系辞上》谓：

> 一阴一阳之谓道。继之者善也。成之者性也。仁者见之谓之仁，知者见之谓之知，百姓日用而不知，故君子之道鲜矣。

前两句，孔颖达《周易正义》疏为："道是生物开通，善是顺理养物，故继道之功者唯善行也。""生物开通"为一客观的自然过程，"顺理养物"为主体的自身努力。由"顺理养物""继道之功"而成善成性，则显然此

---

① 《春秋繁露·深察名号》。
② 《春秋繁露·天辨在人》。

善此性并非由本源直接给定。它是从人—主体对自然之道的运化功能的景仰与体认中产生的，不同的人也许有不同的体认，故才出现了"仁者见之谓之仁，知者见之谓之知，百姓日用而不知"的差别。

于此，我们看到《易传》之宇宙本源论与董仲舒一系的宇宙本源论的一个主要差别是，董仲舒强调主客之间、主体的善恶与宇宙的生化之间的混元无分性而总体上以存在化为趋归，而《易传》却把德行主要赋归人—主体的体认。

宋代周敦颐、张载之学，是沿着《易传》的路数发展起来的。①

周敦颐称：

> 诚者，圣人之本，"大哉乾元，万物资始"，诚之源也，"乾道变化，各正性命"，诚斯立焉。纯粹至善者也。故曰："一阴一阳之谓道，继之者善也，成之者性也。"元、亨，诚之通；利、贞，诚之复。大哉《易》也，性命之源乎！②

此中所引《易传》"大哉乾元，万物资始"描述的，原为一阳气始出万物始生的自然过程。③ 此自然过程与人之德性并无直接关系，周敦颐却以此为"诚之源"，此"诚"即是属于人—主体的一种体验。

张载称：

> 一阴一阳是道也，能继继体此而不已者，善也。善，（之）犹言能继此者也；其成就之者，则必俟见性，是之谓圣。……

---

① 按，宋初儒学的复兴是借《易传》之宇宙论而建构形而上学的，周敦颐、张载都从重新解释《易传》而开显儒学。及至程颐、朱熹转向重视《大学》，才走向知识论并借对共、殊关系的辩证，为儒学提供本体论。

② 《通书·诚上第一》。

③ 孔颖达《周易正义》将此句疏解为："'大哉乾元'者，阳气昊大，乾体广远，又以元大始生万物，故曰'大哉乾元'。'万物资始'者释其乾元称大之意，以万象之物皆资取乾元而各得始生，不失其宜，所以称大也。"又称"乾道变化各正性命"句谓："乾之为道，使物渐变者，使物卒化者，各能正定物之性命。性者，天生之质，若刚柔迟速之别；命者，人所禀受，若贵贱夭寿之属是也。"此显然都以自然过程论《易传》之"乾元"与"性命"。按，汉唐人释先秦名相多取宇宙生成论而更重"自然性"（或人的自然化），宋明人则多取心性本体论而更重"精神性"（或自然在解释中被人化）。然，就文本之疏解而言，汉唐人显然更近古人。

> 老子言"天地不仁,以万物为刍狗",此是也;"圣人不仁,以百姓为刍狗",此则异矣。圣人岂有不仁?所患者不仁也。天地则何意于仁,鼓万物而已。圣人则仁尔,此其为能弘道也。……
>
> 天不能皆生善人,正以天无意也。"鼓万物而不与圣人同忧",圣人之于天下,法则无不善也。①

张载于此亦明确认定人之善之德性并不由天地本源直接给定,而是人——主体从天地本源之化生功能继继所得,体认而成。

如上,由于天地本源对人与万物并不通过某种对应或互渗关系直接给定什么,在这一意义上也可以说它是"虚""无"(自身不具有某种或种种性状,也不给人与万物予某种性状),故周敦颐要在"太极"之前别立一"无极"②。张载则称"气之性本虚而神"③。然而,万物却又由之得以生化,人之德性又由之得以育成。这一点正是这一系统之宇宙本源论与董仲舒等人所讲的宇宙本源论之不同处。这里揭示的,才诚如牟宗三诸儒所强调的"生命的学问"与在"生命"成长中的人的主体性挺立的问题。当然,这里所说的生命,原则上是指"道德生命"。

什么叫"生命的学问"呢?

牟宗三的提法是:

> 中国哲学,从它那个通孔所发展出来的主要课题是生命,就是我们所说的生命的学问。它是以生命为它的对象,主要的用心在于如何来调节我们的生命,来运转我们的生命、安顿我们的生命。这就不同于希腊那些自然哲学家,他们的对象是自然,是以自然界作为主要课题。④

牟先生于此与古希腊以"自然"为对象的哲学相比较而论中国哲学开启之"生命"性。"自然"所关涉的是知识的问题。故儒家这一系统的哲学

---

① [宋]张载:《横渠易说·系辞上》,见章锡琛点校《张载集》,中华书局1978年版,第187~189页。
② 周敦颐《太极图说》之首句即"无极而太极"。
③ [宋]张载:《正蒙·乾称篇》,见章锡琛点校《张载集》,中华书局1978年版,第63页。
④ 牟宗三:《中国哲学十九讲》,台湾学生书局1983年版,第15页。

与古希腊哲学的区别，实又可归为生命的进路与知识的进路的区别。

知识进路的特点，如人所皆知的是强调主、客二分。在二分中，一方面，客体被认作仅依自己固有的规则存在着、变化着，它对人并不关切，或者说人是外在于它的；另一方面，人—主体则是被认定有可能认识到它的存在与变化规则的。在人认识了它的存在与变化规则之后，人又是可以蛮横粗暴地支配它、宰割它，在这里它依然是外在于人的。

生命的进路与知识的进路不同。就儒家一派而言，我们或许可以用延续性、升进性、主体性三个概念来揭示这一进路的基本内涵。

所谓延续性，是指我们都是从天地宇宙中来，我们就是宇宙延续自己的一个过程或体现，我们与宇宙大化是不能分割的。在这一意义上，我们在宇宙大化中。张载《西铭》所谓"乾称父，坤称母；予兹藐焉，乃混然中处。故天地之塞，吾其体；天地之帅，吾其性。民吾同胞，物吾与也"，即此。

所谓升进性，是指宇宙的延续并不是简单的重复且并没有到我们为止。宇宙大化的过程为一不断增进、不断上升的过程，它还将通过我们继续地增进、继续地上升，宇宙大化就其起源来说没有什么（或者说它是单一的），它并没有给出什么予每一发展阶段、每一代，但每一阶段、每一代都通过自己的努力要为它带来增进，使之有所上升。当然，我们这一代也要通过自己的努力为它带来增进，使之有所上升。在这一意义上，宇宙大化亦在我当中。①《易传·系辞上》所说"一阴一阳之谓道，继之者善也，成之者性也"，张载所说"一阴一阳是道，能继继体此而不已者，善也"，即此。

所谓主体性，一方面是指宇宙大化唯通过无限的发展才造就了我和我们每一代，这表明宇宙大化是为我的；另一方面是指宇宙大化又唯通过我和我们每一代人的努力才得以无限地发展，这表明宇宙大化还是属于我的。我（我们每一代）从无限中走来，我又向无限中走去，我不仅成为宇宙之主体，而且此主体具本体意义。张载所称"视天下无一物非我"，

---

① 方东美称："'生命'对我们中国人来说，绝非呆滞僵化，而是邀请我们参赞化育，与宇宙共同创进，臻于无穷，此所以孔子会说：'君子无入而不自得。'"（方东美著，蒋国保、周亚洲编：《生命理想与文化类型——方东美新儒学论著辑要》，中国广播电视出版社1992年版，第144页）此说于儒家宇宙论言之甚是。

又谓"为天地立心,为生民立道,为去圣继绝学,为万世开太平"①,其凸显之主体性乃至于此。

此为体现"生命成长"之三个特性。

就延续性而言,我们是宇宙大化延续自己的产物,我们的生命即具庄严性。(我们每一个人都不是自己的;宇宙通过那么长久的发展,借助多少代人的努力,才成就了我们,我们的人生岂不庄严?)

就升进性而言,宇宙大化又是通过我们这一代人的努力才得以进一步延续与发展的,因而我们必须有担当精神与献身性。(我们作为宇宙大化延续自己的产物,我们便不仅仅是自己的;而我们生命的延续,又有待于下一代。我们岂可不努力,岂能不献身?)

就主体性而言,此则凸显了担当的自觉性与在境界追求上的绝对性。(主体既已具本体意义,此主体即不与外界构成对待关系,岂不绝对?)

这就是《易传》、周敦颐、张载之儒学借宇宙论开显的人的主体性。这种开显是由生命之进路而非知识的进路完成的。知识的进路,如西方古代的原子论,把宇宙之发展与变化看作纯属客观自然的过程,那是与人—主体特别是主体之德性无涉的。即便董仲舒之儒学,虽确认主体与客体互涉,但在其把人的德性看作由本源直接给定(人的道德行为自然化)的情况下,实际上是把人为的与价值的问题认作存在问题而无涉人的主体性。《易传》一系以生命为进路,一方面并不否认有外在世界的存在且以为它的存在不可以与人—主体无关,另一方面又并不认为二者之相关即表现在二者间之互渗或直接互相给定。与董仲舒之路向比较而言,如果说董学的特点是把人为的(含价值的)东西存在化(与属"灵"化),那么《易传》一系生命进路的特点是把存在的(淡去属"灵"的)体认为价值的,把存在的东西价值化。生命进路之取向,是通过把每个个人摆进宇宙生生不已的大化中去,摆进社会历史发展中去,感悟人生的价值,而成就人之德性,成就人之博大胸怀和人作为主体的庄严性与使命感。

无疑,由此一进路成就的精神境界为极高之境界。

这样一种境界诚为孔孟原创之儒学所并未开出。孔孟儒学没有宇宙论

---

① [宋]张载:《近思录拾遗》,见章锡琛点校《张载集》,中华书局1978年版,第376页。

的支撑，在他们把自己的仁道置放在与外在客观时势相分立的状况下①，这种"仁道"追求只能内化为纯粹的人格追求。孔子"天下有道则见，无道则隐"的坦言，表明了他的精神追求的内向性；而毋如张载"为天地立心，为生民立道"那种担当性，以及陆九渊"吾心即宇宙，宇宙即吾心"那种以主体性涵摄客体、主体转化与提升存有的宏大气象与广阔胸怀。

这样一种境界亦为董仲舒所代表之汉学所不及。董仲舒由于把人类行为自然化，把价值问题存在化，实际上没有境界论。即使他的"性三品"说承认"中民之性"可以借教化为善，然此教化亦不因主体之涵养而起，仅由外在之王化而成，且此王化多禁制之意义。② 故董学于主体境界无所取。董学一系宇宙论与由《易传》至周敦颐、张载一系宇宙论之区别，实表现了民间的、粗俗的文化意念与精英的、精致的文化理念的区别。③

但是，问题在于：

其一，这样精致的东西、这样大的气象与这样高的境界，毕竟只有少数人可以接受，可以悟得。或者说，人们只有经过相当一段时期的人文教化与学术训练，才有可能把自己个人的日常意欲与行为和宇宙之无限大化与社会历史的长期发展挂搭起来，从而赋予其意义，从而证得此境界。这岂是平民能做之事？显然，这种境界追求很难普遍化而产生广泛的影响。

其二，反过来说，若然大多数甚至绝大多数人都不能自觉悟得，而又一定要能够落实，唯有采取强制性的办法，为此必须把原先只由个人体认而成的德性赋予外在的客观普遍的意义。在宋代儒学中，周敦颐、张载论

---

① 孔子说："道之将行也与，命也；道之将废也与，命也。"（《论语·宪问》）此即把仁道与天命看作是分立的。

② 董仲舒《春秋繁露·深察名号》篇称："名性不以上，不以下，以其中名之。性如茧，如卵。卵待覆而成雏，茧待缲而为丝，性待教而为善，此之谓真天。天生民，性有善质而未能善。于是为之立王以善之，此天意也。……今万民之性，待外教然后能善。"董学强调外王之教化，于此可见。

③ 学者一般只关注汉学之源流，如钱穆《国史大纲》谓："董氏大体为齐学，议论有近鲁学处。"又谓："齐学恢奇，鲁学平实，而皆有其病。齐学流于怪诞（其病在不经），鲁学流为训诂（其病在尊古），立论本意非不是，而不能直凑单微，气魄、智慧皆不够，遂不足斡旋世运，而流弊不免。"［钱穆：《国史大纲》（修订本上册），商务印书馆1994年版，第152页］此说姑不论其评价当否，但讨论汉学只及源流不及现实政治社会变迁对它的影响，不免有失偏颇。而汉学特别是汉初政治，如钱穆先生所说，为"平民政府"。

"诚"说"仁",都为个体直接面对天地本源、宇宙生化所体证。及至朱熹,却要讲"诚之理""仁之理""爱之理"了。① 朱子把"诚""仁"实理化,即是要把由内心体认所得的德性外在客观化,且赋予其普遍必然性的意义。宋学的这一变化或许即体现了思想发展的这一逻辑?然而,这一转变不仅意味着由此将带来思想文化领域的专制性统治,同时也意味着,由于道德的律法化、外在化与划一化,人们在日常生活中原先由感情与信仰维系着的亲近关系将被破坏、被疏离化。如此说来,由这一进路开出与引申而来的德性追求又何以见得一定是好事?

其三,况且把个人的生存挂搭到宇宙大化中去所体证到的,岂止一定是生命的成长性和在成长中的人的主体性,而不是相反:这种大化显示的,只不过是生命的坠落!下面我们会看到,道家的宇宙本源论所确认的,即是生命之展开过程为生命之下坠过程。

二

道家亦主宇宙论或本源论,亦借本源论为其关于社会与人生的见解提供形上学依据。在这方面《老子》一书有清楚的表述②:

> 有物混成,先天地生。寂兮寥兮,独立而不改,周行而不殆,可以为天地母。吾不知其名,字之曰道。③
> 道生一,一生二,二生三,三生万物。万物负阴而抱阳,冲气以

---

① 朱子特重"性"与"情"之区分,以为"性者,心之理;情者,心之动"(《朱子语类》卷五),而称"爱是仁之情,仁是爱之性""仁是爱的道理""诚只是实""诚者,实有此理"(《朱子语类》卷六)。朱子显然认为,诚、仁、爱固然源出于"情",但如仅属于"情"即只是个人的,这是不够的。故朱子一定要赋予其"性"的意义从而使之成为"理"。此即把个人由内心体认所得之道德信念外在客观化了。

② 按,关于《老子》,有王弼所注的通行本一种,又有帛书甲、乙两种,郭店甲、乙、丙三种。个人认为,帛书甲、乙两种在思想观念上与通行本差别不大。郭店甲、乙、丙三种目前为学界所关注,其实除个别提法(主要是对儒家倡导的仁义观)与通行本差别较大之外,其思想之总体倾向与通行本仍是一致的。本文仅限于讨论道家的总体倾向,为行文方便,故引文仍以通行本为据。

③ 《老子·二十五章》。

为和。①

天下万物生于有，有生于无。②

于此，老子确认宇宙有一由最初本源不断生化而形成万物的过程。而此一生化过程为坠落，于老子的说法中亦随处可见。诸如：

大道废，有仁义；智慧出，有大伪；六亲不和，有孝慈；国家昏乱，有忠臣。③

失道而后德，失德而后仁，失仁而后义，失义而后礼。夫礼者，忠信之薄而乱之首。④

此两段话虽是用以描述社会现象的，但已可看到，在儒家那里处处被认为发展或进步了的，于老子这里均被视为失而落者。

在儒家那里，由于认定从单一本始到芸芸万有是发展与进步了，故在价值取向上亦以"盛德大业""厚德载物"的热诚态度拥抱现实，以"参天地之化育"的主动精神投身现实。然而，老子的态度相反。他对现实取隔离、冷漠、静观的态度。他称道：

致虚极，守静笃。万物并作，吾以观复。夫物芸芸，各复归其根。归根曰静，是谓复命；复命曰常，知常曰明。不知常，妄作凶。知常容，容乃公，公乃王，王乃天，天乃道，道乃久，没身不殆。⑤

荒兮其未央哉。众人熙熙，如享太牢，如春登台。我独泊兮其未兆，沌沌兮如婴儿之未孩；儽儽兮若无所归。众人皆有余，而我独若遗。我愚人之心也哉。俗人昭昭，我独昏昏；俗人察察，我独闷闷。淡兮其若海，飂兮若无止。众人皆有以，而我独顽似鄙。我独异于人，而贵食母。⑥

---

① 《老子·四十二章》。
② 《老子·四十章》。
③ 《老子·十八章》。
④ 《老子·三十八章》。
⑤ 《老子·十六章》。
⑥ 《老子·二十章》。

老子的这些话表明，唯离弃熙熙攘攘、沸沸扬扬之现实世界与芸芸众生，对纷繁复杂的万事万物取冷眼静观的态度而"观复"，才可以回归于道，得以与道保持同一的状态。

老子之视由宇宙本源至万物的演化为坠落于此可见。

承继老子之思想，庄子亦以"坠落"论天地大化。《庄子·天地》篇称：

> 泰初有无，无有无名。一之所起，有一而未形。物得以生谓之德。未形者有分，且然无间谓之命。留动而生物，物成生理谓之形。形体保神，各有仪则谓之性。性修反德，德至同于初。同乃虚，虚乃大。合喙鸣，喙鸣合，与天地为合。其合缗缗，若愚若昏，是谓玄德，同乎大顺。

庄子这段话亦在描述宇宙生化过程。但此一描述与儒家甚为不同：其一，庄子此间始终未把"生""德""命""性""理""形"等概念与道德取向挂搭起来，其以"物得以生谓之德"，此"德"为由"道"分得其自己之意；其以"且然无间谓之命"，此"命"指大化流行之偶然性所产生的定然性；其称"物成生理谓之形"，此"生理"以"成形"言，实指自然的"形构之理"；其谓"形体保神，各有仪则谓之性"，此"性"以"形体保神"之养生规则论，则显然亦指自然情性。① 庄子于此都只把"生""德""命""性""理""形"视为一自然状态或自然过程，而毋如儒家总喜欢把这些概念与伦理取向联系起来，力图赋予自然过程以价值之意义。② 其二，当然，庄子此间对宇宙生化之描述，也不纯属一客观化的描述而无任何价值之含蕴。庄子本段话的后半段强调"性修反德，德至同于初"，此即以回归本初那种"其合缗缗，若愚若昏"的状态为最高状态。此诚亦见庄子有别于儒家者流。儒家以接续大化生生不息之努力为

---

① 关于庄子这段话之详解，请参见陈鼓应《庄子今注今译》（中），中华书局1999年版，第309～311页。

② 周敦颐称："天以阳生万物，以阴成万物。生，仁也；成，义也。"（《通书·顺化》）此即把"生"与"仁"联系在一起。又，张载称："至诚，天性也；不息，天命也。人能至诚则性尽而神可穷矣，不息则命行而化可知矣。"（［宋］张载：《正蒙·乾称篇》，见章锡琛点校《张载集》，中华书局1978年版，第63页）此即赋予"性""命"以道德的意义。

"继善成性""盛德大业"者。庄子此间表显的价值取向，同样以生化为下坠。

汉《淮南子》思想杂博，但在宇宙论问题上仍可以看到它明显不同于《易传》《春秋繁露》《白虎通义》之提法而更有取于道家。该书《本经训》称：

> 古之人，同气于天地，与一世而优游。当此之时，无庆贺之利，刑罚之威。礼义廉耻不设，毁誉仁鄙不立，而万民莫相侵欺暴虐，犹在于混冥之中。逮至衰世，人众财寡，事力劳而养不足，于是忿争生，是以贵仁；仁鄙不齐，比周朋党，设诈谞，怀机械巧故之心，而性失矣，是以贵义；阴阳之情，莫不有血气之感，男女群居杂处而无别，是以贵礼；性命之情，淫而相胁，以不得已则不和，是以贵乐。是故仁义礼乐者，可以救败，而非通治之至也。……神明定于天下，而心反其初；心反其初，而民性善；民性善，而天地阴阳从而包之，则财足而人澹矣；贪鄙忿争，不得生焉。由此观之，则仁义不用矣。道德定于天下，而民纯朴，则目不营于色，耳不淫于声，坐俳而歌谣，被发而浮游，虽有毛嫱西施之色，不知说也；《掉羽》《武象》，不知乐也；淫泆无别，不得生焉。由此观之，礼乐不用也。是故德衰然后仁生，行沮然后义立，和失然后声调，礼淫然后容饰。是故知神明，然后知道德之不足为也；知道德，然后知仁义之不足行也；知仁义，然后知礼乐之不足修也。今背其本而求其末，释其要而索之于详，未可与言至也。

《淮南子》这段话实为《老子·三十八章》"失道而后德"一说的详释。依这段话所述，为儒家所推重的仁、义、礼、乐等德教的建立并不体现宇宙之成长，恰恰相反，此正标志着宇宙走向衰落；在宇宙下坠的意义上看仁、义、礼、乐等德教，它只是为"救败"而人为地施设的，因而它仅为一种工具，仅具操作的意义。于此，我们再次看到了道家之宇宙论与儒家之宇宙论的基本区别。

《抱朴子》外篇《诘鲍》篇基于魏晋时期贵名教还是尚自然的论争背景，以鲍敬言与葛洪（抱朴子）对答的方式再次展示了道、儒两家在宇宙论上的分歧。葛洪取儒家之言而称：

> 盖闻冲昧既辟，降浊升清，穹隆仰焘，旁泊俯停。乾坤定位，上下以形。远取诸物，则天尊地卑，以著人伦之体；近取诸身，则元首股肱，以表君臣之序。降杀之轨，有自来矣。若夫太极混沌，两仪无质，则未若玄黄剖判，七耀垂象，阴阳陶冶，万物群分也。由兹以言，亦知鸟聚兽散，巢栖穴窜，毛血是茹，结草斯服，入无六亲之尊卑，出无阶级之等威；未若庇体广厦，稉粱嘉旨，黼黻绮纨，御冬当暑，明辟莅物，良宰匠（匡）世，设官分职，宇宙穆如也。

鲍敬言取道家立场则谓：

> 夫天地之位，二气范物，乐阳则云飞，好阴则川处。承柔刚以率性，随四八而化生，各附所安，本无尊卑也。君臣既立，而变化遂滋。夫獭多则鱼扰，鹰众则鸟乱，有司设则百姓困，奉上厚则下民贫。……夫身无在公之役，家无输调之费，安土乐业，顺天分地，内足衣食之用，外无势利之争；操杖攻劫，非人情也。象刑之教，民莫之犯；法令滋彰，盗贼多有。岂彼无利性，而此专贪残？盖我清静则民自正，下疲怨则智巧生也。

从葛、鲍二氏的对答可见，由于有魏晋时期自然与名教论争之背景，故二人亦把论争之焦点设置在国家政治之架构上，而非价值与伦理上。在政治架构上，二者之主张是相反的，但其形上依据同为宇宙论。何以出现这种情况？原因还是在于二者的宇宙论其实是不同的。儒家的宇宙论强调宇宙之有序性和借有序而发展，故在其将宇宙"有序而发展"的理念延伸于国家政治之时，国家建制上的等级统治便具天然（自然）合理性；而道家的宇宙论强调宇宙对每个个体的自然禀赋（性情）及这种禀赋的个体自足性上，故在其从个体自然禀赋之自足性的角度来审视国家政治建制时，这种建制对个体便构成为人为地外加的与后加的限定性。故鲍敬言亦有回归自然本初而视自然之分化特别是社会历史之发展为坠落之论。过去许多论者不太注意区分儒道两家的宇宙论的这种区别，以为儒道两家同讲宇宙生成，同讲自然生化，故同主"名教合于自然"①。此说诚不妥。从葛、鲍二氏之辩难，不难看出后人的这种提法早已为前人所拒斥。

在上一节里，我们曾经以延续性、升进性、主体性三个概念来描述儒家从《易传》至周敦颐、张载这一路向的宇宙论的基本特点。然而，从道家的角度看，儒家宇宙论借这三个概念所表征的取向，都是可以被消解的。

其一，在道家看来，宇宙之生化不存在延续性问题。宇宙间之人人物物，都绝不是天地阴阳男女夫妇有意识、合目的地延续自身的产物，而是偶然地发生的，即在偶然的运化中被抛离出来，扔到世间的。老子说"道之为物，惟恍惟惚"②，庄子说"杂乎芒芴之间，变而有气，气变而有形，形变而有生"③，此即指"生"的偶然性与无序性④。汉末孔子后人孔融谓："父之于子，当有何亲？论其本意，实为情欲发耳。子之于母，亦复奚为？譬如寄物瓶中，出则离矣。"⑤此即视人世间为遭离弃并由之萌发出对周遭世界的陌生性与孤独感。生固如是且何喜，死固如是亦何悲？天地、阴阳（父母）可以随意地把每一人每一物扔落世间，也可以随便地毁弃每一人、每一物乃至整个世间。老子说："天地不仁，以万物为刍狗；圣人不仁，以百姓为刍狗。"此中关系，又岂有生生不已、继继

---

① 此说盖出自汤用彤先生。汤氏称："向秀、郭象继王、何之旨，发明外王内圣之论。内圣亦外王，而名教乃合于自然。外王必内圣，而老、庄乃为本，儒家为末矣。故依向、郭之义，圣人之名（如尧、舜等）虽仍承炎汉之旧评，圣人之实则已纯依魏晋之新学也。"（汤用彤：《汤用彤学术论文集》，中华书局1983年版，第284页）汤先生于此尚确认，玄学之"内圣外王"论是以老、庄为本，儒家为末。及近几十年之"名教即自然"论，则执以为魏晋玄学家是以"自然"论证"名教"所倡导的等级统治的合理性，从而表明儒道已是合流了。此说诚不然。

② 《老子·二十一章》。

③ 《庄子·至乐》。

④ 按，如确认宇宙之生化具延续性、升进性，必主张宇宙生化之合目的性。《中庸》所谓"诚者，天之道也，诚之者，人之道也"；《易传》所谓"天地之大德曰生，圣人之大宝曰位"（《系辞下》），所谓"天地以顺动，故日月不过，而四时不忒。圣人以顺动，则刑罚清而民服，豫之时义大矣哉"（《彖传·豫卦》）；此都以为宇宙生化具有一种为了人、向着人的合目的性。董仲舒之儒学则直接表现为目的论。反之，道家否定宇宙生化之具延续性、升进性，亦必否定目的论而特主偶然性。老、庄之"恍惚"（芒芴）说，即指偶然、随意而尤可把捉者。汉王充说："天地合气，物偶自生矣。"（《论衡·物势》）又谓："天地合气，万物自生，犹夫妇合气，子自生矣。"（《论衡·自然》）此"自生"亦指无目的之"偶生"。王充之说法亦道家之言。王与老、庄不同处在于，他之说法，纯为一客观、自然之描述，而老、庄却借此种描述开示了一种不同于儒家的境界追求。

⑤ 《后汉书·孔融传》。

相续、代代相承之庄严性可言？

其二，依道家之看法，宇宙由本源至万物之生化是升进还是蜕变，也是个问题。如上所说，在儒家看来，宇宙由本始之单一性（"无"）发展至后来之无限丰富性，无疑是成长了、升进了，是应予珍爱、应加赞叹的，《易·乾卦·彖传》所谓"大哉乾元，万物资始，乃统天。云行雨施，品物流形……首出庶物，万国咸宁"；《易·坤卦·彖传》所谓"至哉坤元，万物滋生，乃顺承天。坤厚载物，德合无疆，含弘光大，品物咸亨"。《易传》的这些话语，都表现了对宇宙成长与升进的肯定性。道家不然。道家之所以以宇宙由本源至万物的生化为蜕变、为坠落，是因为当我们说在本源的层面上为"一"、为"无"的时候，即意味着它无矛盾而最单纯，不受对待关系的制约与限定而最自由；当着本源一分为二而有所展开时，则意味着已进入矛盾对待之中，已受限定与不自由了；及至由二而生三，由三而生万物，或由阴阳而有四时、五行，由四时、五行而生万物，宇宙越走向分化，面对的矛盾将会越多，所受的限制和由之带来的困扰也将越多。人面对宇宙如此的一种"发展"，又何喜可贺呢？人被宇宙大化抛落到世间，越是努力，只会越加剧矛盾，岂不更痛楚？庄子曾谓："一受其成形，不忘以待尽，与物相刃相靡，其行尽如驰，而莫之能止，不亦悲乎！"① 庄子这一悲怆之叹，正是由于人被宇宙运化抛落到人间世，扔进种种矛盾对待关系中备受肢解、饱受折磨所引发的。老子则直以"复归于无物"②"婴儿之未孩"③ 为训。此实因为回归本初的状态后，若"无物"即不会落入矛盾对待中，似"婴孩"便得以保持单纯性。④ 老庄道

---

① 《庄子·齐物论》。
② 《老子·十四章》。
③ 《老子·二十章》。
④ 冯友兰于《新原道》中称："老子所谓复，是所谓'归根复命'。所注重是在'无'，《易传》所谓复，是所谓'往来不穷'，其所注重是在'有'，这一点是儒家与道家中间底一个根本不同。"陈张婉莘在评述冯先生这一说法时写道："冯说得对，《易经》'复'的意思，和《道德经》刚刚相反。老子的'复'，是'有限'的复归'无限'，以回到它的生命之源，这是叫归根，就是复命。……另一方面，《易经》的'复'，是'无限'的回归'有限'，以保其生生不绝，这就是《彖传》说的：'复，其见天地之心乎'，《系辞》说的：'天地之大生曰德'，也是《中庸》说的：'至诚不息.'这是儒、道的根本不同。"［陈鼓应主编：《道家文化研究》（第15辑），生活·读书·新知三联书店1999年版，第130～131页］冯氏与陈张氏此论甚精，只是《易经》的"复"应视为"'无限'回落于'有限'"更妥帖。

家视宇宙之生化并非升进而为坠落，即在于此。

其三，既然宇宙大化并非合目的地造就了我（我们），那么它就不是为我的；既然我越是试图为宇宙大化增加什么，便越会促使其下坠，那么我的努力对宇宙大化也就毫无肯定性意义可言。诚然，我不在宇宙大化中，宇宙大化不在我中，人的主体性又何从建立？庄子谓："牛马四足，是谓天；落马首，穿牛鼻，是谓人。故曰：无以人灭天，无以故灭命，无以得殉名。谨守而勿失，是谓反其真。"① 庄子于此都以人之主体性为不然。人之主体性是通过人与自然拉开距离，使人成为有知性（知识主体）或有德性（道德主体）的一族而确立的。庄子以"混沌初开"和"大冶铸金"为譬，说明人一旦成为有知识、有教养、有主动性的一族，从而与自然分立，即意味着不祥，乃至于死亡，由之消解了人的主体性追求。

如上，道家在宇宙论或本源论的这一路向，既以消解儒家《易传》一系借宇宙论或本源论确认的生命的延续性、升进性与主体性观念为事，那么，它是否还可以归属于"生命的学问"这一范畴呢？如果把"生命的学问"扩展为"价值的学问"，那么，答案应该是肯定的。只不过，道家开启的是与儒家不同的另一种形态的精神生命的追求。

诚然，就道家否定由宇宙大化直接延伸出人的善的道德取向而把宇宙大化自然化、冷漠化而论，似乎有把宇宙大化客观化与对象化的倾向。但如上面所述，在把宇宙大化客观化、对象化的情况下，则宇宙由本源向万物的生化，既不存在升进也不存在下坠之问题。把宇宙之任何变化判认为升进或下坠，都只是人的一种价值取舍。所以，道家之宇宙论，道家把由本源向万物的变化视为坠落而以复归本根之追求为理想状态的追求，仍然是体认着一种价值生命的追求。牟宗三谓："'无'不是个存有论的概念（ontological concept），而是个实践、生活上的观念；这是个人生的问题，不是知解的形而上学之问题。"② 此说诚是。

之所以说道家开启的是与儒家不同的另一种价值理念与生命情调，实是因为，在道家看来，人越坠落于世间，越陷溺于万事万物之中，即越会被工具化与角色化。此意味着个体不再有自我与自由。没有个体之自我与自由，生命岂可以成长，生命何来活泼性？故先秦与魏晋道家一般不以儒

---

① 《庄子·秋水》。
② 牟宗三：《中国哲学十九讲》，台湾学生书局1983年版，第91页。

家过分的入世担当（如孔子的"知其不可而为之"）为言而更推崇个人的精神自由。

对道家这种个体精神自由的追求应如何评价？牟宗三先生有如下说法：

> 儒家是太阳教的自由，道家是太阴教的自由。这是中国文化生命中所固有的两轮。太阳教的自由解决自由与矛盾的冲突，有一超越的分解，它能使"自由主体性"实体地挺立其自己，客观化其自己。而太阴教的自由则既不想克服此矛盾，亦无超越的分解，自亦不能使其"非道德而超道德的自然无为之主体"实体地挺立其自己，客观化其自己，而是永远停在偏面的主观之用中。①

牟氏此处的评价虽然认可儒道两家均为"中国文化生命中所固有的两轮"，但不免过分偏爱于儒家。究其实，儒家又何以能够"使'自由主体性'实体地挺立其自己，客观化其自己"呢？依牟先生的说法，无非是因为：其一，"道德礼法正是自由主体性之所自由地决定，亦是其所自由地要求者"②；其二，"吾人服从客观化之礼法不只是外在地习惯地服从，而是自由主体性呈现后之内在地必然地（理性地）服从"③。但是，在以上所列的第一个原因中，牟先生即是把"道德"与公共之"礼法"混为一谈了。在"道德"问题上，每个个人诚可以具足"自由主体性"且得以"自由地决定"。在"公共礼法"问题上，在古代，大概只有皇帝才可以"自由地决定"而使他个人之"'自由主体性'实体地挺立其自己"；在当今，礼法因由机械程序与机械多数决定，则表明没有一个人有"自由主体性"可以"实体地挺立其自己"。此表明牟氏所列第一因由不成立。公共礼法既然不可能由每个个人的"自由主体性""自由地决定"，则对这种礼法（被客观化、划一化了的）的服从也不可能是"内在地必然性地（理性地）服从"。此第二因亦不成立。显然，牟先生称颂唯儒家才真正解决了自由意志与公共礼法的冲突，使之获得统一，此纯为一价值理想。作为一价值理想，诚有其意义，然它是始终无法落实于现实生活层面中，因而往往是被挂空了的。相反的，如果认定公共礼法不可以不服

---

① 牟宗三：《才性与玄理》，台湾学生书局1997年修订版，第376～377页。
② 牟宗三：《才性与玄理》，台湾学生书局1997年修订版，第376页。
③ 牟宗三：《才性与玄理》，台湾学生书局1997年修订版，第376页。

从，然而不一定是我自由自主地认准的，那么，道家的精神自由追求，不是更好地体现了借超越公共礼法（非我的）而成就的个体真实生命（落到实处的）的自主性追求吗？

如果这一说法能够成立，则我们绝不可以谓道家永远只"停在偏面的主观之用中"，恰恰相反，它所成就的"个体真实生命的自主性追求"，就是中国传统学人的本根性的或本体性的追求。这里所说的"中国传统学人"，诚包括儒家学者。宋明时期的儒家学者，一面即借道家回归本初的思想把自己的心灵境界提升到了更空灵、更洁净的田地（不沾滞于任一物①）；另一面又吸纳了儒家入世担当的精神，从而开拓出了更宽容、更博大的胸怀。张载所谓"大人者，有容物，无去物，有爱物，无徇物，天之道然"②，所谓"大其心则能体天下之物"③，程颢所谓"仁者，混然与物同体"④，此中都透视出儒道兼容所培植出的博大精神。方东美说："至于宋明理学，他们承受了三种传统：第一、儒家，第二、道家兼道教，第三、佛学（大半是禅宗），所以宋明理学家主张生命与宇宙配合，产生与天地合而为一、因为一体的境界，具有'时空兼综的意义'，可以称之为'兼综的时空人'（Concurrent space-time man）。"⑤ 此说诚有所得。

[原载李国章、赵昌平主编《中华文史论丛》（第75辑），上海古籍出版社2004年版]

---

① 王阳明说："有只是你自有，良知本体原来无有，本体只是太虚。太虚之中，日月星辰，风雨露雷，阴霾饐气，何物不有？而又何一物得为太虚之障？人心本体亦复如是。太虚无形，一过而化，亦何费纤毫气力？"【[明] 王守仁：《王阳明全集》（卷三十五），上海古籍出版社1992年版，第1306页】王阳明于此以"虚"说"心"即使心变得更空灵、更洁净了。

② [宋] 张载：《正蒙·至当篇》，见章锡琛点校《张载集》，中华书局1978年版，第35页。

③ [宋] 张载：《正蒙·大心篇》，见章锡琛点校《张载集》，中华书局1978年版，第24页。

④ [宋] 程颢：《河南程氏遗书》（卷二上），见 [宋] 程颢、程颐著，王孝鱼点校《二程集》（第1册），中华书局1981年版，第16页。

⑤ 方东美：《原始儒家道家哲学》，此处录自蒋国保、周亚洲编《生命理想与文化类型——方东美新儒学论著辑要》，中国广播电视出版社1992年版，第271页。方东美论道家之精神称："凡是物质一着实的，就会沾滞不化，索然无味，凡是能去迹存象，保持精神空灵以显势用的，就会顿生芳菲蓊勃的意蕴。这就是为什么我们永远能将实者虚之，并将物质世界以哲学心灵点化成空灵胜境，让我们再听听老子的讲法，这正是'天地之间，其犹橐籥乎？虚而不屈。动而愈出'。'大成若缺，其用不敝，大盈若冲，其用不穷。'"（蒋国保、周亚洲编：《生命理想与文化类型——方东美新儒学论著辑要》，中国广播电视出版社1992年版，第142～143页）此中论及如何回归本初，把心灵虚化，心灵虚化之后如何可以生发无限生机，甚为精到。

儒家系统的宇宙论及其变迁
——董仲舒、张载、戴震之比较研究

孔子、孟子的原创儒学，是从亲亲之情、不忍之心引申出来的，这一点学界多有共识。及在后来的发展中，儒家学者力图引入道家的宇宙论为孔孟建立的价值信念提供存在论的依据，其确当性则众说纷纭。拙著《道家哲学略述——回归自然的理论建构与价值追求》之第五章《道家与儒学》，对董仲舒的做法有过若干检讨并多予正面的肯定。本文无意就儒学引入宇宙论是否切适再做评论，而仅就从董仲舒到张载再到戴震引入宇宙论证成儒学价值信念所取的方式的差别，从一个侧面来看思想史的变化历程。

一、董仲舒：从因顺阴阳之化证得仁义之道

儒学引入宇宙论，并非董仲舒始创。《中庸》"天命之谓性"说，就已经把人—主体的心性，往上挂搭于"天命"，力图从"天命"的下贯，求得心性所认取的价值信念的正当性。只是，《中庸》并没有就"天命"是怎样的，做进一步的开展。来到《易传·系辞上》，宇宙论得到了稍为完整的表述："易有太极，是生两仪，两仪生四象，四象生八卦，八卦定吉凶，吉凶生大业。"《易传》的这一说法，尽管与筮法有关。但筮法所依托的正是宇宙论，而且秦汉时期人们也多以宇宙论释译。及《易传》的如下一些提法："一阴一阳之谓道，继之者善也，成之者性也"[1]"有天地然后有万物，有万物然后有男女，有男女然后有夫妇，有夫妇然后有父子，有父子然后有君臣，有君臣然后有上下，有上下然后礼义有所错"[2]，等等，即从宇宙论来讲成德论。

《易传》讲"太极""阴阳""四时"，未及"五行"。"四时"是指

---

[1] 《易传·系辞上》。
[2] 《易传·序卦》。

的宇宙生化的时间节律,"五行"所及为方位、方向,乃为生化的空间节律。不讲"五行",宇宙论仍是不完整的。降及董仲舒,充分吸纳包括《吕氏春秋》《淮南子》等一批被称为"黄老思潮"的思想成果入于儒学,儒学的宇宙论才得以走向完备。

董子于其所著《春秋繁露·五行相生》篇中称:

> 天地之气,合而为一,分为阴阳,判为四时,列为五行。

这里,董子就把宇宙的生化完整地表述为由天地之气而阴阳而四时而五行的过程。气或元气,无疑被视为天地宇宙最原初的生命力,阴阳则是原初生命力发动呈现的两种不同趋向。

由阴阳的不同趋向带出四时:

> 阴与阳,相反之物也,故或出或入,或左或右。春俱南,秋俱北,夏交于前,冬交于后,并行而不同路,交会而各代理;此其文与。①

这是说,春夏秋冬四时,是由阴阳之气的不同运化状况带出的。
阴阳的运化不但带出四时,而且亦兼及方位:

> 天之道,终而复始,故北方者,天之所终始也,阴阳之所合别也。冬至之后,阴俛而西入,阳仰而东出,出入之处常相反也。多少调和之适,常相顺也。有多而无溢,有少而无绝。春夏阳多而阴少,秋冬阳少而阴多。多少无常,未尝不分而相散也。以出入相损益,以多少相溉济也……春秋之中,阴阳之气俱相并也。中春以生,中秋以杀。由此见之,天之所起其气积,天之所废其气随。故至春少阳东出就木,与之俱生;至夏太阳南出就火,与之俱暖。此非各就其类而与之相起与?少阳就木,太阳就火,火木相称,各就其正。此非正其伦与?至于秋时,少阴兴而不得以秋从金,从金而伤火功。虽不得以从

---

① [汉]董仲舒:《天道无二第五十一》,见[清]苏舆撰,钟哲点校《春秋繁露义证》,中华书局1992年版,第345页。

金，亦以秋出于东方，偝其处而适其事，以成岁功，此非权与？阴之行，固常居虚而不得居实。至于冬而止空虚，太阳乃得北就其类，而与水起寒。是故天之道，有伦、有经、有权。①

董子这里所说，"天之道，终而复始"，依苏舆义证，近于《淮南子·天文训》所述："昼者阳之分，夜者阴之分，是以阳气胜则日修而夜短，阴气胜则日短而夜修。帝张四维，运之以斗。月徙一辰，复反其所。正月指寅，十二月指丑，一岁而匝，终而复始。"《淮南子·诠言训》又称："阳气起于东北，尽于西南；阴气起于西南，尽于东北。阴阳之始，皆调适相似。"董子这里所说阴阳出入与春夏秋冬四时的关联，即有得于黄老道家。及所说四时与五行的关联，董子有进一步解释：

  天有五行，木火土金水是也。木生火，火生土，土生金，金生水。水为冬，金为秋，土为季夏，火为夏，木为春。春主生，夏主长，季夏主养，秋主收，冬主藏。②
  五行之随，各如其序；五行之官，各致其能。是故木居东方而主春气，火居南方而主夏气，金居西方而主秋气，水居北方而主冬气。是故木主生而金主杀，火主暑而水主寒。使人必以其序，官人必以其能，天之数也。土居中央，谓之天润。土者，天之股肱也，其德茂美，不可名以一时之事，故五行而四时者，土兼之也。③

董子确认，木、火、土、金、水五行是各居东、南、中、西、北各方，且主理春、夏、季夏、秋、冬五时的。"五行"所代表的"五方"观念的引入，显然比《易传》更贴近大自然变化的节律与农业文明的经验直观。

依宇宙论，天地万物因顺着阴阳、四时、五行（五方）的秩序而生

---

① ［汉］董仲舒：《阴阳终始第四十八》，见［清］苏舆撰，钟哲点校《春秋繁露义证》，中华书局1992年版，第339～340页。
② ［汉］董仲舒：《五行对第三十八》，见［清］苏舆撰，钟哲点校《春秋繁露义证》，中华书局1992年版，第315页。
③ ［汉］董仲舒：《五行之义第四十二》，见［清］苏舆撰，钟哲点校《春秋繁露义证》，中华书局1992年版，第322～323页。

生化化；阴阳、四时、五行变迁的节律便使万物形成不同的品类；同类的事物，由于有相同的性质、功用可以相互通感；异类的事物，则因性质、功用的不同而产生互制。这种情况早在《管子》诸篇已有论述。《吕氏春秋·有始览·应同》称："类固相召，气同则合，声比则应。鼓宫而宫动，鼓角而角动。平地注水，水流湿；均薪施火，火就燥。山云草莽，水云鱼鳞，旱云烟火，雨云水波，无不皆类其所生以示人。"董子既取宇宙论之阴阳、四时、五行为说，必也认同这种"类"观念。他甚至专撰《同类相动》一文，以便发挥《应同》篇的见解。他称：

> 今平地注水，去燥就湿；均薪施火，去湿就燥。百物去其所与异，而从其所与同。故气同则会，声比则应，其验皦然也。试调琴瑟而错之，鼓其宫则他宫应之，鼓其商则他商应之，五音比而自鸣，非有神，其数然也。美事召美类，恶事召恶类，类之相应而起也。①

董子于此也强调同类事物的相感相动性，并力图赋予这种同类相感相动性以经验的实证意义。

那么，从这样一种宇宙论，如何引申与证成儒家的价值论呢？

董子首先是把人的身体构成与天地、阴阳、四时、五行联结起来予以介说的。这种联结，董子又称"为人者天""人副天数"。他称道：

> 为生不能为人，为人者天也。人之人本于天，天亦人之曾祖父也。此人之所以乃上类天也。②
>
> 天地之符，阴阳之副，常设于身，身犹天也，数与之相参，故命与之相连也。天以终岁之数，成人之身，故小节三百六十六，副日数也；大节十二分，副月数也；内有五藏，副五行数也；外有四肢，副四时数也；乍视乍瞑，副昼夜也；乍刚乍柔，副冬夏也……于其可数

---

① ［汉］董仲舒：《同类相动第五十七》，见［清］苏舆撰，钟哲点校《春秋繁露义证》，中华书局1992年版，第358页。
② ［汉］董仲舒：《为人者天第四十一》，见［清］苏舆撰，钟哲点校《春秋繁露义证》，中华书局1992年版，第318页。

也,副数;不可数者,副类。皆当同而副天,一也。①

董子如此论说"人副天数",未免显得简单,但《淮南子·精神训》也有相似说法。② 可见,以为天地阴阳与人体构成有对应的关系,为秦汉人共识。

董子与《淮南子》不同之处在于,董子进而把人体构成与天地阴阳的关联引申为儒家追求的"治道"。他写道:

> 天之道,春暖以生,夏暑以养,秋清以杀,冬寒以藏。暖暑清寒,异气而同功,皆天之所以成岁也。圣人副天之所行以为政,故以庆副暖而当春,以赏副暑而当夏,以罚副清而当秋,以刑副寒而当冬。庆赏罚刑,异事而同功,皆王者之所以成德也。庆赏罚刑与春夏秋冬,以类相应也,如合符。③

董子这里即从阴阳四时变迁的"天之道",开出庆赏罚刑的"人之政"。阴阳四时的"天道"变迁是重阳轻刑,重春夏乃至秋之"三时"而轻"冬"之一时的,故为政之道便亦应重赏轻刑。董子说:

> 阴阳二物,终岁各一出。一其出,远近同度而不同意。阳之出也,常悬于前而任事;阴之出也,常悬于后而守空处。此见天之亲阳而疏阴,任德而不任刑也。④

---

① [汉]董仲舒:《人副天数第五十六》,见[清]苏舆撰,钟哲点校《春秋繁露义证》,中华书局1992年版,第356~357页。
② 该篇写道:"夫精神者,所受于天也,而形体者,所禀于地也。故曰:'一生二,二生三,三生万物。万物背阴而抱阳,冲气以为和。'……故头之圆也象天,足之方也象地。天有四时五行九解三百六十六日,人亦有四支五藏九窍三百六十六节。天有风雨寒暑,人亦有取与喜怒。故胆为云,肺为气,肝为风,肾为雨,脾为雷,以与天地相参也,而心为之主。"此亦有"人副天数"之意。
③ [汉]董仲舒:《四时之副第五十五》,见[清]苏舆撰,钟哲点校《春秋繁露义证》,中华书局1992年版,第353页。
④ [汉]董仲舒:《基义第五十三》,见[清]苏舆撰,钟哲点校《春秋繁露义证》,中华书局1992年版,第351页。

董子于此，即从阴阳四时的变迁，证成儒家治国的基本原则。

进而，董子更从阴阳四时五行的运化，确立国家政治运作的具体施设与仁、义、礼、智、信的五大德目。他在《五行相生》一文中写道：

> 东方者木，农之本。司农尚仁。进经术之士，道之以帝王之路，将顺其美，匡救其恶。执规而生，至温润下，知地形肥硗美恶，立事生则，因地之宜，召公是也。……
>
> 南方者火也，本朝。司马尚智，进贤圣之士，上知天文，其形兆未见，其萌芽未生，昭然独见存亡之机，得失之要，治乱之源，豫禁未然之前，执矩而长，至忠厚仁，辅翼其君，周公是也。……
>
> 中央者土，君官也。司营尚信，卑身贱体，夙兴夜寐，称述往古，以厉主意。明见成败，微谏纳善，防灭其恶，绝源塞隟，执绳而制四方，至忠厚信，以事其君，据义割恩，太公是也。……
>
> 西方者金，大理司徒也。司徒尚义，臣死君而众人死父。亲有尊卑，位有上下，各死其事，事不踰矩，执权而伐。兵不苟克，取不苟得，义而后行，至廉而威，质直刚毅，子胥是也。……
>
> 北方者水，执法司寇也。司寇尚礼，君臣有位，长幼有序，朝廷有爵，乡党以齿，升降揖让，般伏拜谒，折旋中矩……据法听讼，无有所阿，孔子是也。①

董子这里也把国家政治的施设和运作与五方挂搭起来了，但他所说的"东方者木"主"进经术之士"，"南方者火"主"进贤圣之士"等与自然世界的空间方位似无太多关联。及"西方者金"重"亲有尊卑，位有上下"，其实属"礼"；"北方者水"讲"君臣有位，长幼有序"，也还是"礼"。显见二方所应取的施设也不太清晰。

但是，最重要的是，董子把孔子、孟子所倡导的仁、智、信、义、礼等价值信念与天地宇宙的生化联系起来了。儒家原先从心理情感引申出来的价值信念，就此获得了存在论的完备的证明。

董仲舒引入宇宙论为孔孟始创的价值信念提供存在论的支撑，应该如

---

① ［汉］董仲舒：《五行相生第五十八》，见［清］苏舆撰，钟哲点校《春秋繁露义证》，中华书局1992年版，第362～365页。

何评说呢?

要知道,在道家—黄老思潮的宇宙论系统中,人的价值追求是被安置在万物之外之上的终极本源那里的。作为终极本源的"道"得以以"无""无名""虚空"介说,正表现了价值追求的绝对超越性。为了证入这种价值,修习功夫必须取"归根复命""复性之初"为通途。通过这种功夫证成超越的价值追求后,往下审视散殊的天地万物,它们之间的差别再也没有意义。由之而有"齐万物""万物一体"的观念。这或许就是道家式的"治道"。这种"治道"透显着一种"平等"意识。

然而,董仲舒虽然引入宇宙论,却不像道家那样讲"无",讲"虚空",不追求"归根复命""复性之初"。他显然是把价值的实现放在依天地宇宙变迁的节律付出人的努力的当下中。此即如同《中庸》所说的在"赞天地之化育"中体认人的价值,亦如同《易传·系辞上》所说的"一阴一阳之谓道,继之者善也,成之者性也",在承接(继之)阴阳变迁的"道"的当下体证善的价值与成就人的本性。秦汉至隋唐时期儒学的宇宙论,无疑都持守这样一种价值论。

这样一种把价值追求置入于依宇宙变迁的节律去行事、去证成的思想路数,似乎有把"事实"与"价值""是"与"应当"混为一谈之嫌疑,故多受批评。① 然而,我们看董子的论说:

> 仁之美者在于天。天,仁也。天覆育万物,既化而生之,有养而成之。事功无已,终而复始,凡举归之以奉人。察于天之意,无穷极

---

① 劳思光称:"儒学心性论之基源问题,原为:'德性如何可能?'故必须深究所谓'善'之本义——亦即'德性价值'之本义。而此一问题即与描述任何'存有'之问题,不同类属。盖无论取经验意义或形上意义,'存有'问题总与价值问题本性不同……'应该'或'不应该'之问题,本身另有一领域,此领域必成立于一自觉基础上。因必有自觉之活动,方有如理或不如理之问题,离开自觉,专就'存有'讲,则无所谓'应该'或'不应该'。因无论'有'或'无',皆是一'实然问题',非'应然问题'。"[劳思光:《新编中国哲学史》(二卷),广西师范大学出版社2005年版,第29页]劳氏此即强调"存有"与"价值"、"实然"与"应然"之不相属连。牟宗三则称:"董仲舒是宇宙论中心,就是把道德基于宇宙论,要先建立宇宙论然后才能讲道德,这是不行的,这在儒家是不赞成的,《中庸》《易传》都不是这条路。"(牟宗三:《中国哲学十九讲》,台湾学生书局1983年版,第76页)牟先生于此更意味不能把道德挂搭于宇宙论,甚至认为这种做法有违儒家的道德形上学,而无法为儒家所认同。只有像《中庸》《易传》那样,从道德形上学开出宇宙论,才是儒家所坚执的。

之仁也。人之受命于天也，取仁于天而仁也。①

天德施，地德化，人德义。天气上，地气下，人气在其间。春生夏长，百物以兴；秋杀冬收，百物以藏。故莫精于气，莫富于地，莫神于天。天地之精所以生物者，莫贵于人。人受命乎天也，故超然有以倚。物疢疾莫能为仁义，唯人独能为仁义；物疢疾莫能偶天地，唯人独能偶天地。②

董子这里显然是说，人是天地宇宙创生的最优秀的族类，天地宇宙把人这一族类造就得最有灵性、最富活力，这显示了天地宇宙"无穷极之仁"，人对天地宇宙岂能不怀敬仰、敬畏与感恩之情？

又且，天地宇宙不仅把人创造为最优秀的族类，还通过春生、夏长、秋收、冬藏的变迁，年复一年地生养百物供人们享用，使族类得以繁衍，这更体现着天地宇宙"无穷极之仁"，人对天地宇宙岂能不敬仰、敬畏与感恩？

显然，从天地宇宙作为"事实"证取仁、义、礼、智之为"价值"，不是一个如何"认知"的问题，而是人的生存处境与生命体验的问题。凭借生命体验，人的生成长养才得以与天地宇宙——大自然变迁紧密关联起来，人由这种关联而证成的价值才获得一种信实性意义。董子对儒学的发展，无疑功不可没。

当然，从儒学往后推进的角度审视，董子也不是没有问题与不足。这主要见诸以下两点。

其一，讲求天地宇宙变迁的节律、秩序，必得承认上下先后的层级区分。所以，董子不取道家那种"万物一体"的"平等"理念，而更认可层级区分的正当性。他称道：

凡物必有合。合，必有上，必有下，必有左，必有右，必有前，必有后，必有表，必有里。……阴者阳之合，妻者夫之合，子者父之

---

① ［汉］董仲舒：《王道通三第四十四》，见［清］苏舆撰，钟哲点校《春秋繁露义证》，中华书局1992年版，第329页。

② ［汉］董仲舒：《人副天数第五十六》，见［清］苏舆撰，钟哲点校《春秋繁露义证》，中华书局1992年版，第354页。

合，臣者君之合。物莫无合，而合各有阴阳。阳兼于阴，阴兼于阳，夫兼于妻，妻兼于夫，父兼于子，子兼于父，君兼于臣，臣兼于君。君臣、父子、夫妇之义，皆取诸阴阳之道。①

董子于此即以自然世界中阴阳区分的存在状况，来说明人间社会层层区分的合理性。这一说法，后来多被诟病。

其二，董子从天地宇宙的变迁证成仁、义、礼、智诸种价值，固可以使价值信实化，但又不免会把天地宇宙—自然世界目的化与灵性化。这也不同于道家。道家把价值追求设置于天地宇宙之外之上，天地万物是被"客观"看待的。董子既把天地宇宙—自然世界目的化、灵性化，难免要带出谶纬神学。谶纬神学在作为民间信仰的情况下，固可以为日常杂乱的生活建构秩序，为日常平庸的生活提供意义。但是一旦被介入政治操作，便会蜕变为争权夺利的工具。两汉政权的更替，南北朝各代的兴衰，无不暴露谶纬神学作为争夺手段所带来的困窘。

由是，入宋以后，就有以张载为代表的儒家学者对宇宙论与儒家价值意识的关联做出的一种新的理解与论说。

二、张载：从以天体身证成一体之仁

张载是从批评佛、老开始其宇宙论建构的。他于《正蒙·太和篇》称：

> 知虚空即气，则有无、隐显、神化、性命通一无二，顾聚散、出入、形不形，能推本所从来，则深于《易》者也。若谓虚能生气，则虚无穷，气有限，体用殊绝，入老氏"有生于无"自然之论，不识所谓有无混一之常；若谓万象为太虚中所见之物，则物与虚不相资，形自形，性自性，形性、天人不相待而有，陷于浮屠以山河大地

---

① ［汉］董仲舒：《基义第五十三》，见［清］苏舆撰，钟哲点校《春秋繁露义证》，中华书局1992年版，第350页。

为见病之说。①

张子指出，老氏讲"有生于无"，佛家把"万象"归于"虚"，都是不对的。他以"虚空即气"说，确认存在世界的真实性。张子继续称：

> 太和所谓道，中涵浮沉、升降、动静、相感之性，是生絪缊、相荡、胜负、屈伸之始。其来也几微易简，其究也广大坚固。起知于易者乾乎！效法于简者坤乎！散殊而可象为气，清通而不可象为神。不如野马、絪缊，不足谓之太和。②
>
> 气坱然太虚，升降飞扬，未尝止息，《易》所谓"絪缊"，庄生所谓"生物以息相吹""野马"者与！此虚实、动静之机，阴阳、刚柔之始。浮而上者阳之清，降而下者阴之浊，其感（遇）[通]聚（散）[结]，为风雨，为雪霜，万品之流形，山川之融结，糟粕煨烬，无非教也。③

张子这些话语，都是对宇宙生化状态的描写。这些描写与董子和汉唐儒者所述，没有太多不同。

张子与汉唐儒者不同之处在以下两点。

其一，张子特别强调了宇宙生化过程的自然性，如张子于《正蒙·天道篇》即说：

> "鼓万物而不与圣人同忧"，天道也。圣不可知也。无心之妙非有心所及也。……世人知道之自然，未始识自然之为体尔。④

---

① [宋]张载：《正蒙·太和篇第一》，见章锡琛点校《张载集》，中华书局1978年版，第8页。
② [宋]张载：《正蒙·太和篇第一》，见章锡琛点校《张载集》，中华书局1978年版，第7页。
③ [宋]张载：《正蒙·太和篇第一》，见章锡琛点校《张载集》，中华书局1978年版，第8页。
④ [宋]张载：《正蒙·天道篇第三》，见章锡琛点校《张载集》，中华书局1978年版，第14～15页。

于《横渠易说·系辞上》中又称：

> 老子言"天地不仁，以万物为刍狗"，此是也；"圣人不仁，以百姓为刍狗"，此则异矣。圣人岂有不仁？所患者不仁也。天地则何意于仁？鼓万物而已。圣人则仁尔，此其为能弘道也。
>
> 天不能皆生善人，正以天无意也。"鼓万物而不与圣人同忧"，圣人之于天下，法则无不善也。①

张子的这些话语，都明确指认天地宇宙的变迁过程是自然的、无意识与无目的性的。

其二，张子对宇宙生化过程的描述，仅涉及天地阴阳，未涉及四时五行。我们看他的《正蒙·动物篇》：

> 动物本诸天，以呼吸为聚散之渐；植物本诸地，以阴阳升降为聚散之渐。物之初生，气日至而滋息；物生既盈，气日反而游散。至之谓神，以其伸也；反之为鬼，以其归也。②
>
> 有息者根于天，不息者根于地。根于天者不滞于用，根于地者滞于方，此动植之分也。③

张子于此只以天地阴阳分"类"，不以四时五行之变迁节律论类分与类归。宇宙的生化既然是自然的，即意味着它不直接给出某种价值；对宇宙的变迁及其"类"的描述无涉于四时五行，又表明张子也无意于把价值与宇宙生化节律挂搭。那么，价值从何而来，圣人依持什么建立起价值信念？

---

① ［宋］张载：《横渠易说·系辞上》，见章锡琛点校《张载集》，中华书局1978年版，第188～189页。
② ［宋］张载：《正蒙·动物篇第五》，见章锡琛点校《张载集》，中华书局1978年版，第19页。
③ ［宋］张载：《正蒙·动物篇第五》，见章锡琛点校《张载集》，中华书局1978年版，第19页。

我们先看《正蒙·天道篇》：

　　天道四时行，百物生，无非至教；圣人之动，无非至德，夫何言哉！
　　天体物不遗，犹仁体事无不在也。"礼仪三百，威仪三千"，无一物而非仁也。"昊天曰明，及尔出王，昊天曰旦，及尔游衍"，无一物之不体也。①

这里我们看到张子一方面仍然把价值的源头上诉于"天道四时行"，但另一方面却并不谈及"天道四时"如何"行"，更不涉及"天道四时行"的先后上下种种次序上的差别。张子是直接从"天道四时行"对"百物"均予同等的施生，即"天体物不遗"的无私性，而引申出"仁体事无不在"的大爱精神的。

我们再看《正蒙·诚明篇》：

　　天所以长久不已之道，乃所谓诚。仁人孝子所以事天诚身，不过不已于仁孝而已。故君子诚之为贵。②

《正蒙·大心篇》又称：

　　大其心则能体天下之物，物有未体，则心为有外。世人之心，止于闻见之狭。圣人尽性，不以见闻梏其心，其视天下无一物非我，孟子谓尽心则知性知天以此。天大无外，故有外之心不足以合天心。见闻之知，乃物交而知，非德性所知；德性所知，不萌于见闻。
　　……
　　体物体身，道之本也。身而体道，其为人也大矣。道能物身故

---

① ［宋］张载：《正蒙·天道篇第三》，见章锡琛点校《张载集》，中华书局 1978 年版，第 13 页。
② ［宋］张载：《正蒙·诚明篇第六》，见章锡琛点校《张载集》，中华书局 1978 年版，第 21 页。

大，不能物身而累于身，则薿乎其卑矣。能以天体身，则能体物也不疑。①

张子这些话语同样也都把价值的生发安立于"以天体身""以心体物"之"体"当中。天地宇宙之生化是长久不已的，此是"天"（道）之"诚"，效天法地，"故君子诚之为贵"；天地宇宙之生化对天下万物是均等的，故圣人"体物体身"，"其视天下无一物非我"。显然，在张子这里，价值之从出虽毋如于董子为得自阴阳四时五行变迁节律的定然性，但其源头还是根自对天地宇宙生化伟力的敬仰、敬畏、敬祈与感恩。

那么，张子"以天体身""以心体物"引申的价值有什么独特处呢？是"一体之仁"。

上引《大心篇》已表达了这一价值信念。张载《西铭》中又称：

> 乾称父，坤称母；予兹薿焉，乃混然中处。故天地之塞，吾其体；天地之帅，吾其性。民吾同胞，物吾与也。大君者，吾父母宗子；其大臣，宗子之家相也。尊高年，所以长其长；慈孤弱，所以幼其幼。圣其合德，贤其秀也。凡天下疲癃、残疾、惸独、鳏寡，皆吾兄弟之颠连而无告者也。于时保之，子之翼也；乐且不忧，纯乎孝者也。违曰悖德，害仁曰贼，济恶者不才，其践形，惟肖者也。知化则善述其事，穷神则善继其志。不愧屋漏为无忝，存心养性为匪懈。……富贵福泽，将厚吾之生也；贫贱忧戚，庸玉汝于成也。存，吾顺事；没，吾宁也。②

张子这里倡导的"民胞物与"的观念，很好地表达了"一体之仁"的价值诉求。

这当中"仁"毫无疑问是儒学脉络中最基本的价值信念，然而"一体"却不是传统儒学所本有。从孔子、孟子到董仲舒，都以"爱有差等"

---

① ［宋］张载：《正蒙·大心篇第七》，见章锡琛点校《张载集》，中华书局1978年版，第24～25页。

② ［宋］张载：《正蒙·乾称篇第十七》，见章锡琛点校《张载集》，中华书局1978年版，第62～63页。

为说。那么,"一体"从何而来,又如何可能呢?

在这里,我们又不得不重新回溯到道家—黄老思潮。前面说过,"齐万物""万物一体"本是道家的主张。道家—黄老思潮建构以"无"为本的形上学,一方面就是为了把价值追求安立在舍弃与超越形下万物的终极层面上;另一方面从形上终极层面回落下来省察万物,便可以以万物为"一体"而平等对待之。

我们看张子。张子没有像道家那样明确的形上形下区分,但他对"性"做了"天地之性"与"气质之性"的二分。关于"天地之性",他称道:

> 合虚与气,有性之名。①
> 气本之虚则湛(本)无形,感而生则聚而有象。②
> 气之性本虚而神,则神与性乃气所固有。③
> 性通极于无,气其一物尔。④
> 天地以虚为德,至善者虚也。虚者天地之祖,天地从虚中来。⑤

张子这也是以"虚"以"无"指称"天地之性"。因为"天地之性"为"虚"为"无",故复归"天地之性"便需讲求"无我"。张子称:

> 无我而后大,大成性而后圣,圣位天德不可致知谓神。故神也者,圣而不可知。⑥

---

① [宋] 张载:《正蒙·太和篇第一》,见章锡琛点校《张载集》,中华书局 1978 年版,第 9 页。
② [宋] 张载:《正蒙·太和篇第一》,见章锡琛点校《张载集》,中华书局 1978 年版,第 10 页。
③ [宋] 张载:《正蒙·乾称篇第十七》,见章锡琛点校《张载集》,中华书局 1978 年版,第 63 页。
④ [宋] 张载:《正蒙·乾称篇第十七》,见章锡琛点校《张载集》,中华书局 1978 年版,第 64 页。
⑤ [宋] 张载:《张子语录》(中),见章锡琛点校《张载集》,中华书局 1978 年版,第 326 页。
⑥ [宋] 张载:《正蒙·神化篇第四》,见章锡琛点校《张载集》,中华书局 1978 年版,第 17 页。

能通天下之志者为能感人心，圣人同乎人而无我，故和平天下，莫盛于感人心。①

张子此所谓"无我"，亦即把"我"从万物中抽离出来，往上提升；"无我而后大"，此"大"即能"体天下之物"，"视天下无一物非我"。这就是"一体之仁"。

如何修习才能上达于"天地之性"而成就"一体之仁"呢？张子依其"天地之性"与"气质之性"的二重区分，对功夫也做了"德性所知"与"见闻之知"的二重区分。上引《大心篇》所述，张子是明确否认"见闻之知"，即经验知识在"一体之仁"的境界追求上的意义的。因为经验知识乃"物交而知"，只关涉相互区别的具体事物。为是，只有抛离经验知识，通过"体认"才可以把心境上提而成就"一体之仁"。张子对修习功夫上的这种二分，已隐含有形上形下二分的意义。

张子以"一体之仁"，消解了传统儒学"爱有差等"的层级观念，成就了儒学脉络中的最高境界。而这种境界的确立，无疑就得益于道家—黄老思潮的形上形下二分的理论建构。

张载引入宇宙论支撑儒学价值信念的做法，显然不为后来的程颐与朱熹所认同，但他们极其赞赏张载的"天地之性"与"气质之性"的二分说，进而从"理"的本体论的角度对这种区分做了提升。朱子把张子的"天地之性"改为"天命之性"，指出"天命之性"源出于形而上的"天理"，"气质之性"得自于形而下的"气禀"。程颐称：

"一阴一阳之谓道"，道非阴阳也。所以一阴一阳道也，如一阖一辟谓之变。②

离了阴阳更无道，所以阴阳者是道也。阴阳，气也。气是形而下者，道是形而上者。③

---

① [宋]张载：《正蒙·至当篇第九》，见章锡琛点校《张载集》，中华书局1978年版，第34页。

② [宋]程颐：《河南程氏遗书》（卷三），见[宋]程颢、程颐著，王孝鱼点校《二程集》（第1册），中华书局1981年版，第67页。

③ [宋]程颐：《河南程氏遗书》（卷十五），见[宋]程颢、程颐著，王孝鱼点校《二程集》（第1册），中华书局1981年版，第162页。

由是，"气"被贬落为形而下，且形上与形下及与之相关的体与用、未发与已发、理与欲等得以截然判分。形上、体、未发、理均被赋予先验绝对意义，形下、用、已发、欲等不具正当性。朱熹认为："圣贤千言万语，只是教人明天理，灭人欲。"①

学者不管对朱子这一说法做何种辩解，但对情欲的贬斥还是毋庸置疑的，不然就不会有接下来戴震的批评。

至于张载在境界上的"一体之仁"说，程子、朱子却另有一番说法。他们或者就辨识，张子其实并不讲求"一体之仁"，其《西铭》还是讲"理一分殊""爱有差等"②；或者直认，"万物一体""一体之仁"说不可提倡。朱子于《仁说》一文中指认："泛言'同体'者，使人含糊昏缓，而无警切之功，其弊或至于认物为己者有之矣。"③而所谓"含糊昏缓"至于"认物为己者"，即指其不做分别。这种不做分别的做法，在朱子看来，其实是"立意愈高，为说愈妙，而反之于身愈无根本可据之地也"④。就是说，在现实处境中，人与人、人与物是有别的，讲"万物一体"，对万物"一视同仁"，"立意"虽高，却是无法施行的。因之，朱子不取"一体之仁"说，他更认可层级区分，而以"公"——公正为价值所赏。下面我们又会看到，戴震对层级区分有所认同，然而却是在经验知识的意义上给出的。

---

① ［宋］黎靖德编，王星贤点校：《朱子语类》（卷十二），中华书局1986年版，第207页。
② 程颐于《答杨时论西铭书》中称："横渠立言，诚有过者，乃在《正蒙》。……《西铭》明理一而分殊。"【［宋］程颐：《伊川先生文五》，见［宋］程颢、程颐著，王孝鱼点校《二程集》（第2册），中华书局1981年版，第609页】《朱子语类》称："《西铭》通体是一个'理一分殊'，一句是一个'理一分殊'，只先看'乾称父'三字。"【［宋］黎靖德编，王星贤点校：《朱子语类》（卷九十八），中华书局1986年版，第2522页】按，这是程朱依自己的理路对张载"一体"说的解释。检阅张载《正蒙》，不仅不取四时五行变迁节律论价值及层级区分，即便反复谈阴阳，也不取"尊""卑""贵""贱"之差等为说。张载在释《易传·系辞上》"天尊地卑，乾坤定矣；卑高以陈，贵贱位矣"一句称："不言高卑而曰卑高者亦有义，高以下为基，亦是人先见卑处，然后见高也。"（章锡琛点校：《张载集》，中华书局1978年版，第177页）张子于此对"卑高"的解释就不涉及"贵贱位"，而仅取老子"高以下为基"为言。
③ ［宋］朱熹：《仁说》，见郭齐、尹波点校《朱熹集》（卷六十六），四川教育出版社1996年版，第3544页。
④ ［宋］朱熹：《又论仁说》，见郭齐、尹波点校《朱熹集》（卷三十二），四川教育出版社1996年版，第1397页。

三、戴震：从资于学问求取德性价值

来到戴震，儒学思想史已经历了从程朱理学到陆王心学的长久变迁。程朱理学与陆王心学均强调形上与形下、体与用、理与气、理与欲的二分，只是究竟是以"理"为本还是以"心"为本，才形成在学派上的差异。但是，至明末清初，应合市民社会的需要，思想史的发展已经要求打破这种二分，给形下、事用、情感与欲望一种正当性的说明了。因为形下、事用、情感与欲望，在理学与心学那里均被指认为由"气"带出来的，因之，恢复与重构以"气"为本源的宇宙论，便构成清初儒学的中心话题。王夫之、黄宗羲、方以智等众多学者为此都做出了努力。但由于篇幅的关系，本文只关涉戴震。①

在《孟子字义疏证》中，戴震反复指出，程朱乃至陆王关于形上、形下的区分，其实源自老庄释氏。他写道：

> 程子朱子谓气禀之外，天与之以理，非生知安行之圣人，未有不污坏其受于天之理者也，学而后此理渐明，复其初之所受。……陆子静王文成诸人，推本老庄释氏之所谓"真宰""真空"者，以为即全乎圣智仁义，即全乎理……此又一说也。程子朱子就老、庄、释氏所指者，转其说以言夫理，非援儒而入释，误以释氏之言杂入于儒耳；陆子静王文成诸人就老、庄、释氏所指者，即以理实之，是乃援儒以入于释者也。②

> 程朱乃离人而空论夫理，……不过从老庄释氏所谓真宰真空者之受形以后，昏昧于欲，而改变其说。特彼以真宰真空为我，形体为非我，此乃以气质为我，难言性为非我，则惟归之天与我而后可谓之我有，亦惟归之天与我而后可为完全自足之物，断之为善，惟使之截然

---

① 胡适曾称："这八百年来，中国思想史上出了三个极重要的人物，每人画出了一个新纪元。一个是朱子（1130—1200），一个是王阳明（1470—1528），一个是戴东原（1724—1777）。"（胡适：《戴东原的哲学》，安徽教育出版社1999年版，第139页）可见，单独拈出戴震来讨论，也不是没有理由的。

② ［清］戴震：《孟子字义疏证》（卷上），见戴震研究会等编纂《戴震全集》（第1册），清华大学出版社1991年版，第166页。

别于我，而后虽天与我完全自足，可以咎我之坏之而待学以复之，以水之清喻性，以受污而浊喻性堕于形气中污坏，以澄之而清喻学。水静则能清，老庄释氏之主于无欲，主于静寂是也。因改变其说为主敬，为存理，依然释氏教人认本来面目，教人常惺惺之法。①

戴子这是说，老庄释氏以"真宰""真空"为体，为"真我"，以形体为幻，为非我；宋儒以"理"为体，以形气（气质）为杂污，其理论构架与价值追求其实是相似的。只不过，宋儒以"理"取代"空"，又以"理"加之于"形气"才具自足性，才得成其为"我"，而与老庄释氏稍有区别。然认为修习的功夫和目的均以"复其初""认本来面目"，即摆脱形下，追求形上先验、绝对为旨，宋儒与老庄、释氏并无二致。

戴子借此批判，得以回落到气化流行的论域中。戴子称：

> 一阴一阳，流行不已，生生不息。主其流行言，则曰道；主其生生言，则曰德。道其实体也，德即于道见之者也。"天地之大德曰生"，天德不于此见乎？其流行，生生也，寻而求之，语大极于至钜，语小极于至细，莫不各呈其条理；失条理而能生生者，未之有也。故举生生即赅条理，举条理即赅生生，信而可征曰德，微而可辨曰理，一也。②

又称：

> 盖气初生物，顺而融之以成质，莫不具有分理，得其分则有条理而不紊，是以谓之条理。以植物言，其理自根而达末，又别于干为枝，缀于枝成叶；根接土壤肥沃以通地气，叶受风日雨露以通天气；地气必上至乎叶，天气必下反诸根，上下相贯，荣而不瘁者，循之于其理也。以动物言，呼吸通天气，饮食通地气，皆循经脉散布，周溉

---

① ［清］戴震：《孟子字义疏证》（卷中），见戴震研究会等编纂《戴震全集》（第1册），清华大学出版社1991年版，第186～187页。
② ［清］戴震：《孟子私淑录》（卷上），见戴震研究会等编纂《戴震全集》（第1册），清华大学出版社1991年版，第40页。

一身，血气之所循，流转不阻者，亦于其理也。理字之本训如是。①

戴子于此即以气化之流行论人与物之生成长养，而以"道"即指流行，称"理"为流行显示之条理。戴子此说近于张载。张载也称"由气化，有道之名"②。然进而从"生"说"性"，二人却甚为不同了。

上面说到，张子把"性"做了二分，以为"天地之性"是纯善的。戴子不然。他写道：

> 性，言乎本天地之化，分而为品物者也。限于所分曰命；成其气类曰性；各如其性以有形质，而秀发于心，征于貌、色、声曰才。③

是则戴震以气禀所生物类之不同特征论"性"。此"性"不是"德性"，而为"物性"。及气禀生人，则以"血气心知"为之"性"。此"血气心知"亦为"自然"所得。戴子称：

> 人之血气心知本乎天者也，性也。如血气资饮食以养，其化也，即为我之血气，非复所饮食之物矣；心知之资于问学，其自得之也即为我之心知。以血气言，昔者弱而今者强，是血气之得其养也；以心知言，昔者狭小而今也广大，昔者暗昧而今明察，是心知之得其养也。故人之血气心知，本乎天者之不齐，得养不得养，则至于大异。④

戴子这里把"血气心知"均指为"性"。"血气"为形体，故源于自然禀赋；"心知"为认知能力，亦为自然之赠予。是即可见戴子以"自

---

① ［清］戴震：《孟子私淑录》（卷上），见戴震研究会等编纂《戴震全集》（第1册），清华大学出版社1991年版，第41页。
② ［宋］张载：《正蒙·太和篇第一》，见章锡琛点校《张载集》，中华书局1978年版，第9页。
③ ［清］戴震：《原善》（卷上），见戴震研究会等编纂《戴震全集》（第1册），清华大学出版社1991年版，第9页。
④ ［清］戴震：《绪言》（卷下），见戴震研究会等编纂《戴震全集》（第1册），清华大学出版社1991年版，第111页。

然"论"性"。

"血气心知"既为自然禀赋，则其所需之滋养自当亦是必需的。由之，戴子又强调"欲"与"情"的正当性：

> 凡有血气心知，于是乎有欲，性之征于欲，声色臭味而爱畏分；既有欲矣，于是乎有情，性之征于情，喜怒哀乐而惨舒分；既有欲有情矣，于是乎有巧与智，性之征于巧智，美恶是非而好恶分。生养之道，存乎欲者也；感通之道，存乎情者也。二者，自然之符，天下之事举矣。①

戴子这里把"欲""情""巧""智"均视为"性"的表征。此性及其种种表征，作为"自然之符"自不具"价值"意义，但是正当的。戴子以"实体实事"②指称气化流行及其所成人物之性状、欲求，无疑即是要回落到形下的与经验的层面上，凸显经验世界与经验生活的正当性。

那么，"价值"从何引出？戴子认为应该从"必然"引出。他写道：

> 耳目百体之所欲，血气资之以养，所谓性之欲也，原于天地之化者也，是故在天为天道，在人，咸根于性而见于日用事为，为人道。仁义之心，原于天地之德者也，是故在人为性之德。斯二者，一也。由天道而语于无憾，是谓天德；由性之欲而语于无失，是谓性之德。性之欲，其自然之符也；性之德，其归于必然也。归于必然适全其自然，此之谓自然之极致。……自然者，散之普为日用事为；必然者，秉之以协于中，达于天下。③

---

① ［清］戴震：《原善》（卷上），见戴震研究会等编纂《戴震全集》（第1册），清华大学出版社1991年版，第12页。
② 戴震称："阴阳五行，道之实体也；血气心知，性之实体也。"【［清］戴震：《孟子字义疏证》（卷中），见戴震研究会等编纂《戴震全集》（第1册），清华大学出版社1991年版，第172页】"物者，指其实体实事之名；则者，称其纯粹中正之名。实体实事，罔非自然，而归于必然，天地、人物、事为之理得矣。"［《孟子字义疏证》（卷上），第163页］戴子于此均视经验世界与感性欲求为"实体实事"。
③ ［清］戴震：《原善》（卷上），见戴震研究会等编纂《戴震全集》（第1册），清华大学出版社1991年版，第12～13页。

戴子这里继续认肯"性之欲"作为"天地之化"的正当性，并由"性之欲"的正当性，进而揭明"日用事为"即日常感性生活的正当性。作为价值追求的"仁义之心"，并不在"性之欲"之外给出，它是从"性之欲"得以"协于中"而"无憾""无失"中确立的。"性之欲"为"自然"，"性之德"为"必然"；讲求"必然"，即讲求"性之德"，恰恰是为了"全其自然"。就是说，价值追求绝不是通过拒绝"性之欲"才得以实现；恰恰相反，价值追求是在实现与完善"性之欲"之中而成就的。

价值追求作为"必然"是从"协于中"得以成就，那么，何谓"协于中"，又如何可以"协于中"呢？戴子袭用宋明儒学，以"理"总括儒家的价值信念。他称道：

> 理也者，情之不爽失也，未有情不得而理得者也。凡有所施于人，反躬而静思之：人以此施于我，能受之乎？凡有所责于人，反躬而静思之：人以此责于我，能尽之乎？以我絜之人，则理明。天理云者，言乎自然之分理也。自然之分理，以我之情絜人之情，而无不得其平是也。①

又谓：

> 反躬而思其情，人岂异于我？盖方其静也，未感于物，其血气心知，湛然无有失，故曰"天之性"。及其感而动，则欲出于性。一人之欲，天下人之之（所）同欲也，故曰"性之欲"。好恶既形，遂己之好恶，忘人之好恶，往往贼人以逞欲。反躬者，以人之逞其欲，思身受之之情也。情得其平，是为好恶之节，是为依乎天理。古人所谓天理，未有如后儒之所谓天理者矣。②

依此说，戴子所谓"协于中"者，即谓"以我之情絜人之情，而无

---

① ［清］戴震：《孟子字义疏证》（卷上），见戴震研究会等编纂《戴震全集》（第1册），清华大学出版社1991年版，第152页。
② ［清］戴震：《孟子字义疏证》（卷上），见戴震研究会等编纂《戴震全集》（第1册），清华大学出版社1991年版，第152～153页。

不得其平是也"。要注意的是，戴子这番话语有似于孔子所说"己欲立而立人，己欲达而达人""己所不欲，勿施于人"。其实不然。孔子是从作为君子、作为有教养的"人"出发的，一个"人"如果不能做到"推己及人"便失去"人性"；戴震却更多的是从"人"之"欲"出发，反躬而求其"平"便不可免落在利欲关系的权衡上。显然，戴子反对在个体情欲之外设置所谓"天理"，仅认取在个体情欲相互比较中求得公平为"理"。

及"理"的细目，戴震也称：

> 生生者，仁乎！生生而条理者，礼与义乎！何谓礼？条理之秩然有序，其著也。何谓义？条理之截然不可乱，其著也。得乎生生者谓之仁，得乎条理者谓之智。……是故生生者仁，条理者礼，断决者义，藏主者智。仁智中和曰圣人；圣合天，是谓无妄。无妄之于百物生生，至贵者仁。仁得则父子亲，礼得则亲疏上下之分尽，义得则百事正，藏于智则天地万物为量，归于无妄则圣人之事。①

以"生生"为"仁"，近似于董仲舒。"生生"必有"条理"，"条理者礼"，依"条理"做断决为"义"，则"生生"之"仁"是放在由"条理"及其"断决"的亲疏上下的层级关系中被限定的。这就是说，戴子无意于张载的"一体之仁"。

又，"协于中"之理，生生之仁和"生生而条理"之礼和义，这些属价值意识的东西，从何得以确定？我们知道，董子是诉诸对天地宇宙变迁节律的敬顺，张子则诉诸对"天体物不遗"的认取，二人无疑都不取认知为入路。戴子不然。他特讲求"学"，讲求认知。他写道：

> 就人言之，有血气，则有心知；有心知，虽自圣人而下，明昧各殊，皆可学以牖其昧而进于明。②

---

① ［清］戴震：《原善》（卷上），见戴震研究会等编纂《戴震全集》（第1册），清华大学出版社1991年版，第4页。
② ［清］戴震：《孟子字义疏证》（卷上），见戴震研究会等编纂《戴震全集》（第1册），清华大学出版社1991年版，第170页。

> 仁义礼智非他，心之明之所止也，知之极其量也。知觉运动者，人物之生；知觉运动之所以异者，人物之殊其性。……性者，血气心知本乎阴阳五行，人物莫不区以别焉是也，而理义者，人之心知，有思辄通，能不惑乎所行也。……然人之心知，于人伦日用，随在而知恻隐，知羞恶，知恭敬辞让，知是非，端绪可举，此之谓性善。……此可以明仁义礼智非他，不过怀生畏死，饮食男女，与夫感于物而动者之皆不可脱然无之，以归于静，归于一，而恃人之心知异于禽兽，能不惑乎所行，即为懿德耳。古贤圣所谓仁义礼智，不求于所谓欲之外，不离乎血气心知，而后儒以为别如有物凑泊附着以为性，由杂乎老、庄、释氏之言，终昧于六经、孔、孟之言故也。①

戴子这里更毫不遮蔽地把"性之欲"指为"怀生畏死，饮食男女"。从每个个人的"性之欲"出发，之所以还能够建立起关切他人的公共道德，乃因为人不仅有"血气"，而且有"心知"。这"心知"不是在"欲"之外冒出来的，它就表现在如何以己之欲絜人之欲求得公平这样一种理性分判之中。人正是借这种理性分判成就仁义礼的种种价值。而这种理性分判是通过闻见的广博、学问的积累养成的。可见，"德性"不仅不排斥认知，恰恰相反，"德性资于学问"②。就是说，在戴子这里，价值信念是在认知的基础上给出的。

这样一来，我们无疑看到，戴子的基本理路是通过消解理与气、形上

---

① ［清］戴震：《孟子字义疏证》（卷中），见戴震研究会等编纂《戴震全集》（第1册），清华大学出版社1991年版，第179～180页。

② ［清］戴震《孟子字义疏证》（卷上）写道："试以人之形体与人之德性比而论之，形体始乎幼小，终乎长大；德性始乎蒙昧，终乎圣智。其形体之长大也，资于饮食之养，乃长日加益，非'复其初'；德性资于学问，进而圣智，非'复其初'明矣。"［戴震研究会等编纂：《戴震全集》（第1册），清华大学出版社1991年版，第166～167页］戴震于此即明确认定，"德性"成就于"知识"。余英时称："清代考证学，从思想史的观点说，尚有更深一层的涵义，即儒学由'尊德性'的层次转入'道问学'的层次。这一转变，我们可以称它作'儒家智识主义'（Confucian Intellectualism）的兴起。"（余英时：《论戴震与章学诚：清代中期学术思想史研究》，生活·读书·新知三联书店2000年版，第20页）又称："其实如果从学术史的观点来看，东原对学问与知识的态度正是儒家智识主义发展到高峰时代的典型产品。"（余英时：《论戴震与章学诚：清代中期学术思想史研究》，生活·读书·新知三联书店2000年版，第23页）余英时于此也认定戴震的知识主义倾向。

与形下的二分，回到阴阳五行生化的宇宙论中来。① 然戴子不同于董子与张子之处在于，董子、张子对天地宇宙生化持敬仰、敬畏之心，凭着这份敬仰、敬畏之情得以把人的价值追求往上提升。而戴子引入宇宙论并不是为了对人与万物的创生者表达敬畏与感恩以使人的精神心灵往上提升，而只在于往下确认每个个人"血气心知"作为"实体实事"的正当性。戴震不讲"敬""静"即表明了他的这种取向。缺失敬畏与感恩之情，自然界的变迁只是客观事实，不可能与仁义礼智之价值意识关联起来。因之，戴震引入宇宙论，其实无法成就价值论。他只好从"性之欲"的平衡与协调论"理"，并把"理"置于"心知"的基础上，因此他确认的价值观念不具超越意义，它也只是经验的、相对的。

至此可见，戴子的理论明显地已经发生了一大转向：这是从信仰向认知理性的转向；在其借宇宙论确认"欲"的正当性时，实际上标志着这一转向开启了近代社会的俗世化过程。这似乎在走向进步，但也似乎在走向堕落。要知道，在董子那里，借参与宇宙大化给出价值信仰，能够使一年四季平庸的劳作获得神圣的意义；张子、朱子取老庄、释氏的形上、形下区分并对形上保持一种诚敬之心，则有助于人们从充满欲望的俗世社会中摆脱出来，提升起来，变得尊贵。然而，在戴子借把"敬"比拟于老庄释氏之"静"而予以斥逐之后，人们对神圣、尊贵、崇高的追求便日渐淡化。及于当今，汹涌澎湃的俗世生活更把神圣、尊贵、崇高的一切事情都予游戏化，都被化作嘲弄、挖苦的对象。社会历史的这样一种转向也许可以用"众说纷纭"来开解，但是不免使得有责任感、有献身精神的人带有一分悲凉！

(原载《社会科学战线》2016 年第 5 期)

---

① 按，戴震承接《易传》"形而上者谓之道，形而下者谓之器"说，也谈及形上、形下二分，称："气化之于品物，则形而上下之分也。形乃品物之谓，非气化之谓。《易》又有之：'立天之道，曰阴与阳'。直举阴阳，不闻辨别所以阴阳而始可当道之称，岂圣人立言皆辞不备哉？一阴一阳，流行不已，夫是之谓道而已。"【[清] 戴震：《孟子私淑录》（卷上），见戴震研究会等编纂《戴震全集》（第 1 册），清华大学出版社 1991 年版，第 34 页】戴震这番话明显是针对程朱以阴阳为形而上，以"所以阴阳"为形而上之道的二分说的。戴震以阴阳气化为形而上，以器物为形而下，并均以"实体实事"指称，又以为可以为"心知"把捉，依当今的判分，是即消解了先验设准，回落到经验世界层面上来了。

中国哲学的本体论和儒学的三种本体论取向

一

在先秦诸子中,"体"与"用"并不是作为一对对列的概念被使用的。《论语》中有"四体不勤"的提法,此"四体"是指四肢,以"肢"为"体"即指质体。在这种意义上的"体",无任何形上意义。

先秦哲学之形上学,主要使用"道"与"物"这一对概念。"道"与"物"的关系,首先是被看作"本源"与"万物"的关系,然后才是"规则"与"实存物"的关系。在第一重关系中,"道"被赋予绝对的意义;在第二重关系中,则是"物"才具根本意义。在这两重关系里,都不具有后来人们惯常使用的"本体"与"末用"的关系的意义。

倒是老子的一个提法极耐人寻味:

道冲而用之或不盈,渊兮似万物之宗。①

此处之"道冲",其意为道本身是空的;"而用之或不盈"则谓这本身是空的道,却有无穷之作用(功用)。② 当中"道"与"用"的关系,不再被看作"生"与"被生"的关系,而极似后来之体用关系。"道冲"即"体空",道体已不是具在之质体,显示事物个体特征与差别的具在质体被抽去了。具在质体之被抽掉,在老子那里似乎出于如下一种思考:一种质体有一种质体之用,那么,有哪一样东西可以无所不用的呢?依推论,

---

① 《老子·四章》。
② 楼宇烈校释《王弼集校释》(上册)释"冲"字称:"俞樾说:'《说文》皿部:"盅,器虚也。《老子》曰:道盅而用之。"作"冲"者,假字也。'按,王弼此处以'冲'与'满''实'对言,是以'冲'为'虚'之义。汤用彤《魏晋玄学流别略论》以为'冲而用之'即'以无为用'之意,则亦释'冲'为'虚'。"【[魏] 王弼著,楼宇烈校释:《王弼集校释》(上册),中华书局1980年版,第12页】

必是"空"而"无体"，才可以"用乃不能穷"（王弼注释）。且这一推论之确当性可有经验之证明：

    三十辐共一毂，当其无，有车之用。埏埴以为器，当其无，有器之用。凿户牖以为室，当其无，有室之用。故有之以为利，无之以为用。①

在这段话里，老子列举了三个经验性的实例，从中引出的结论可称"故"的，即是"有之以为利，无之以为用"②。可见此结论亦可视为由归纳而来。

  按，此由经验归纳而来的结论是否可靠，且借此确认的"空体"之于"有用"的判定是否仍属经验范畴，等等，尚可讨论。但这些问题在此并不重要，重要的是以下两点。

  其一，老子这里表现的思考过程，已经体现为由具体到抽象、由个别到一般或与之相反的逻辑思维过程。这是客观化、形式化的，因而也属于认知范畴的思考过程。如果说老子的这些论述是最早地触及体用关系，那么无疑可以说，在中国哲学中本体论问题的提出，是以知识论为前提与起点。"体"之抽离形与质，正是逻辑化、知识化的思考过程的产物。

  其二，由这一思考过程产生的体用概念，就与"体"相对应的"用"而言，它不同于本源论理论形态中之"万物"概念。"万物"虽亦被用以指称种种客观、具体之存在物或过程，但不一定与人的认知有关，甚或完全与人的认知无关；与"万物"相对应的"本源"在被认作宇宙生命发生的最初神秘源头时，则往往因具超验意义，亦不属认知范畴。而与"体"相对应的"用"与"万物"不同，它是相对于人才有的，属于可以为人所把握的工具性的、可操作性的东西（层面），因而它显然具经验知识与经验事物的性质；与这种"用"相对列的"体"，则由于它无具体事相与具体作用，从而被赋予了先验的意义。"体"与"用"之别，是借经验知识的正面提升或对经验知识的省察与反叛而成就的先验世界（层

---

① 《老子·十一章》。
② 王弼于此句注释为："言无者，有之以为利，皆赖无以为用也。"此释点出老子所表达的意思是"体无"而"用有"，甚当。

面）与经验世界（层面）的区别。

体与用的关系即本体论问题，本源与万物的关系即本源论问题，二者的这种差异在被公认为属中国哲学本体论最早的典型形态的王弼的哲学中，有特别清楚的表征。关于这一点，读者或可参详拙著《王弼哲学的本体论特征》一文。这里需要再予说明的是，王弼于《老子指略》中的许多提法，都比老子更加明晰地表现了思考问题的形式化、逻辑化过程。如于该文中王弼写道：

> 若温也则不能凉矣，宫也则不能商矣。形必有所分，声必有所属。故象而形者，非大象也；音而声者，非大音也。……是故天生五物，无物为用。圣行五教，不言为化。是以"道可道，非常道；名可名，非常名"也。五物之母，不炎不寒，不柔不刚；五教之母，不皦不昧，不恩不伤。①

王弼的这类话语，可以说是在讨论存有问题：它确认凡具有某种既定属性与特征的事物都是有限的，唯不具任何属性与特征的事物才具无限性。但实际上王弼主要是在讨论名言之逻辑问题：

> 名必有所分，称必有所由。有分则有不兼，有由则有不尽。不兼则大殊其真，不尽则不可以名，此可演而明也。②
> 名也者，定彼者也；称也者，从谓者也。名生乎彼，称出乎我。故涉之乎无物而不由，则称之曰道；求之乎无妙而不出，则谓之曰玄。……名号生乎形状，称谓出乎涉求。名号不虚生，称谓不虚出。故名号则大失其旨，称谓则未尽其极。③

王弼于此即谓：凡名词概念都有确定之指涉（内涵）；此种指涉越具体，则此名词概念之涵盖性（外延）越狭小；为无任何具体指涉者，其涵盖

---

① ［魏］王弼著，楼宇烈校释：《王弼集校释》（上册），中华书局1980年版，第195页。
② ［魏］王弼著，楼宇烈校释：《王弼集校释》（上册），中华书局1980年版，第196页。
③ ［魏］王弼著，楼宇烈校释：《王弼集校释》（上册），中华书局1980年版，第197～198页。

性才具无限性。如果用"道"来指涉这种无限性，那么"道"就应为无任何具体指涉者。王弼说："道者，无之称也。"① 其意即指其无任何具体指涉内容。

由此看王弼哲学之"有"与"无"的关系，就不是一种生生关系，而是一种逻辑关系。冯友兰先生谓：

> 从逻辑上说，一个名的外延越大，它的内涵就越小，在理论上说"有"这个名的外延最大，可以说是"至大无外"，它的内涵就越少，少至等于零，既然它的内涵等于零，它的外延也就等于零，这也就是无。《老子》和玄学贵无派把"道"相当于"无"，所以强调"道"是"无名"。
>
> ……
>
> 每一个名言，都代表一种规定性，所谓常道常名，没有规定性，所以就不可以说不可名。就这一方面说，有就是无了。……这些都是从逻辑和本体论方面讲的。如果从宇宙发生论方面讲，那就是《老子》所说的"天下万物生于有，有生于无"（四十章）。照这个讲法，那就不能说有、无是"异名同谓"了。本体论是对于事物作逻辑的分析，它不讲发生的问题。②

冯先生的这一说法，对于王弼的本体论特征及其与老子的宇宙论的区别所下的判准，无疑是得当的。

下面再举王弼之《周易注》以示此区别。

《易传·乾卦·象传》有谓：

> 大哉乾元，万物资始，乃统天。云行雨施，品物流形；大明终始，六位时成，时乘六龙，以御天。乾道变化，各正性命。

---

① ［魏］王弼著，楼宇烈校释：《王弼集校释》（下册），中华书局1980年版，第624页。
② 冯友兰：《中国哲学史新编》（第4册），人民出版社1980年版，第31～32页。

王弼对这段话的注释是：

> 天也者，形之名也；健也者，用形者也。夫形也者，物之累也。有天之形，而能永保无亏，为物之首，统之者岂非至健哉！大明乎终始之道，故六位不失其时而成。升降无常，随时而用。……静专动直，不失大和，岂非正性命之情者邪？①

后来之周敦颐对这段话则疏解为：

> 诚者，圣人之本。"大哉乾元，万物资始"，诚之源也。"乾道变化，各正性命"，诚斯立焉。纯粹至善者也。故曰："一阴一阳之谓道，继之者善也，成之者性也。"元、亨，诚之通；利、贞，诚之复。大哉易也，性命之源乎！②

按，以上三段引文中，作为文本之《乾卦·象传》，主要还是用以描述宇宙之生化过程。"大哉乾元，万物资始""云行雨施，品物流形"等句实指纯阳之气始出，万物由之得以化生与成形；"乃统天""时乘六龙，以御天"等句之"天"，因为元气所生所统，实亦属宇宙生化过程之显示；至"乾道变化，各正性命，保合太和，乃利贞"句，仅以阳气（乾道）变化论性命和以阴阳之和合称"利贞"而认肯之；"首出庶物，万国咸宁"句，又以百物繁衍（首出庶物）祈"天下太平"，此则导源于在农业社会条件下对农作物的生成长养的依赖性。显然，此中所表达的虽不可以说无人—主体的价值取舍，主要的还是对神秘性宇宙生命的信崇与敬祷。

周敦颐的疏解不然。周氏是直接从"大哉乾元，万物资始"，即宇宙之创生，而建立起"诚"的形上地位；又从"乾道变化"，而论个体之性命，且以之为"纯粹至善者"的。周氏明显是通过把宇宙自然化生过程价值化，而成就人—主体的道德责任的。这一做法可以说是宋明儒学的基本特点。宋明儒学在诠释先秦典籍过程中，常常是借把讨论存在问题的神

---

① [魏]王弼著，楼宇烈校释：《王弼集校释》（上册），中华书局1980年版，第213页。
② [宋]周敦颐著，陈克明点校：《周敦颐集》，中华书局1990年版，第12～13页。

灵观或宇宙论价值化来建构自己的道德形上学。

王弼之注释非是。他根本不关切"大哉乾元，万物资始"这句值以导出宇宙生化与道德生命的最重要的话；他以"形之名"称"天"，"用形者"称"健"；由于宇宙生化之义被抹去了，"天"又仅被视为形物之"天"，"性命"便失去了根底。所谓"静专而动直，不失太和"，是即"正性命之情"，就只是一种字面的、词义性的，亦即是形式化的解释。牟宗三说："凡牵涉到个体性命之处，王、韩注皆不能切。是即丧失天道生化万物，成就万物之密义。孔门义理，在十翼与中庸，俱就孔子之'性与天道'而发挥。天道不能空言，不能不贯于个体之性命。性命不能无根，不能不通于形上之天道。乾象亦仍是就性与天道之贯通而立言。"① 从儒学、从生命成长或人—道德主体的立场看，牟氏的批评诚然不妄。但是，王弼在解释中舍弃了无确定性含义的含混话头，抽空了含人—主体主观赋予的道德内容，而只就概念的内涵与外延立论，这不正表明他走的是客观化、形式化与知识化的路子，并由这一路子开辟出了中国哲学的本体论的吗？

以上我们借王弼哲学为例，揭示中国哲学本体论的基本特征及其与本源论（宇宙论）的差别。就与本源论的比较而言，以董仲舒为代表的汉学（其实含道教）的本源论带有前理性的色彩；依《易传》引申的周敦颐、张载的本源论和道家以《老子》为代表的本源论则具后理性的意味。但不管前者还是后者，其本源论崇拜实都脱胎于上帝崇拜，因而本源论作为一种解释宇宙生化与人类行为的理论，都蕴含有信仰或准信仰的成分而不具可以以知识理性处理的意义。与本源论不同，本体论可以说是与抽象思维能力和知识理性的发展相联系的。它讨论的问题，从某种意义上说，是环绕在认知过程中发生的共相与殊相的关系而展开的：在我们生存的世界里，究竟是共相更具先验的、绝对的因而即是本体的意义呢，还是殊相才具此意义？先验的、绝对的因而即是本体的东西，究竟是存有问题，还是主体问题？如果是一个主体问题，那么，是知的问题、意的问题，还是情或志的问题？如果是情或志的问题，那么，它和共相与殊相问题又构成一种什么样的关系？……

必须指出的是，中国哲学的本体论问题，我们上面指出它是环绕在认

---

① 牟宗三：《才性与玄理》，台湾学生书局1997年修订版，第103～104页。

知过程中发生的共相与殊相的关系而展开的,这只是"从某种意义上"说的。因为,尽管共相与殊相的问题属于认知问题,但在其赋予当中某一项以先验意义时,即已超出认知范围。故中国哲学的本体论虽以认知为起点,却常常以否定认知的终极意义为归结;本体论对先验层面的追求,也不体现为对知识的绝对性的追求,而归属于一种精神境界的追求。这是讨论中国哲学的本体论问题不可疏忽的。

在明确中国哲学本体论的基本特征之后,即可以转入对各家学说的本体论分疏。但是,本书已收入多篇文章讨论道家哲学的本体论,故尽管这些讨论尚有不如意处,为避免重复,本文不再另予申述。本文以下只侧重剖析儒家哲学中的三种本体论形态。

二

儒家哲学之形上学最具本体论特征的,当为程颐与朱熹一系之理学。这就是人们惯常指称的程朱理学。

之所以说程朱理学在儒家哲学系统中最具本体论特征,是因为它最先引入了共相与殊相的认知框架来讨论道德问题,并把"共相"提升为"本体"从而成就了道德形上学。

程朱理学把"共相"提升为"本体",最明显的标志便是以"理"为最高范畴,以"理"诠释原具"本源"意义之"太极""道"。由之,儒学之形上学得以实现由本源论向本体论的转变。

人们都注意到程颢如下一个说法:"吾学虽有所受,天理二字却是自家体贴出来。"① 按说"天理"一词绝非程氏兄弟所独创,② 然而他们何以如此看重这一概念,并视之为"自家体贴"的呢?显然即因为他们虽师事周敦颐,却不太接受其"无极""太极"说,而以"天理"说代之。他们觉察到这一取代的哲学意义,故以此为一大创获。而朱熹正是承接程氏之"天理"说,直以"理"论"太极"的:

---

① 《河南程氏外书》(卷十二),见〔宋〕程颢、程颐著,王孝鱼点校《二程集》(第2册),中华书局1981年版,第424页。

② "理"之一词在先秦典籍中时而有见。以"天理"称且与"人欲"构成对应概念者,亦已于《礼记·乐记》中出现:"人生而静,天之性也。感于物而动,性之欲也。……夫物之感人无穷,而人之好恶无节,则是物至而人化物也。人化物也者,灭天理而穷人欲者也。"

> 太极，形而上之道也；阴阳，形而下之器也。是以自其著者而观之，则动静不同时，阴阳不同位，而太极无不在焉。自其微者而观之，则冲漠无朕，而动静阴阳之理，已悉具于其中矣。①
>
> 曰："事事物物皆有个极，是道理极至。"蒋元进曰："如君之仁，臣之敬，便是极。"曰："此是一事一物之极。总天地万物之理，便是太极。太极本无此名，只是个表德。"②
>
> "无极而太极"，只是说无形而有理。所谓太极者，只二气五行之理，非别有物为太极也。③

在朱熹以"理"释"太极"的这些话语里，我们可以看到，"理"具形上意义，但"理"之形上意义不是以在二气五行之外之先的本源性存在物的方式予以确保的，而是由作为"有物之极则"的地位获取的。"事事物物皆有个极"，故事事物物皆有理，"总天地万物之理，便是太极"。因之，"太极"（"无极"）不是一本源物，而只是理。

而"理""太极"作为有物之极则，它其实即是一标识万物之所以然的一个范畴。所以朱熹又常说：

> 如阴阳五行错综不失条绪，便是理。④
> 一阴一阳虽属形器，然其所以一阴而一阳者，是乃道体之所为也。⑤
> 凡有形有象者，皆器也。其所以为是器之理者，则道也。⑥

朱子于此都以"所以然"说"理"或"道"。我们知道，所以然之"道"

---

① 《太极图说·朱熹附解》，见［宋］周敦颐著，陈克明点校《周敦颐集》，中华书局1990年版，第3~4页。
② ［宋］黎靖德编，王星贤点校：《朱子语类》（卷九十四），中华书局1986年版，第2375页。
③ ［宋］黎靖德编，王星贤点校：《朱子语类》（卷九十四），中华书局1986年版，第2365页。
④ ［宋］黎靖德编，王星贤点校：《朱子语类》（卷一），中华书局1986年版，第3页。
⑤ ［宋］朱熹：《答陆子静》，见郭齐、尹波点校《朱熹集》（卷三十六），四川教育出版社1996年版，第1575页。
⑥ ［宋］朱熹：《答陆子静》，见郭齐、尹波点校《朱熹集》（卷三十六），四川教育出版社1996年版，第1580页。

或"理",在张载那里是被作气化之规则看待,因而实则是被指认为经验知识之对象的。① 然而,在程子、朱子这里作为规则之"道"与"理",无论是较之于宇宙万物之构成(气)还是较之于物之散聚存在状况,都更具根本意义了。程颐说:

> 离了阴阳更无道,所以阴阳者是道也。阴阳,气也。气是形而下者,道是形而上者。②

朱熹说:

> 天地之间,有理有气。理也者,形而上之道也,生物之本也。气也者,形而下之器也,生物之具也。是以人物之生,必禀此理然后有性,必禀此气然后有形。③

程、朱于此,都把"理"与"气"的关系倒转过来了。"理""道"才具形上性,本源之"气"及由之而成之"形"仅具经验意义。

而作为阴阳、五行、形物之"所以然"之"理"或"道",因为是可以重复出现的,故亦即构成为同类之"共相"。《朱子语类》称:

> 道者,古今共由之理,如父之慈,子之孝,君仁,臣忠,是一个公共底道理。德,便是得此道于身,则为君必仁,为臣必忠之类,皆是自有得于己,方解恁地。……自天地以先,羲黄以降,都即是这一个道理,亘古至今未尝有异,只是代代有一个人出来做主。做主,便即是得此道理于己,不是尧自是一个道理,舜又是一个道理,文王周

---

① 张载说:"天地之气,虽聚散、攻取百涂,然其为理也顺而不妄。"(《正蒙·太和》)又说:"由气化,有道之名。"(《正蒙·太和》)"化,天道。"(《正蒙·神化》)这些提法都以本源之"气"为形上物,而以"道""理"为经验对象。

② 《河南程氏遗书》(卷十五),见〔宋〕程颢、程颐著,王孝鱼点校《二程集》(第1册),中华书局1981年版,第162页。

③ 〔宋〕朱熹:《答黄道夫》,见郭齐、尹波点校《朱熹集》(卷五十八),四川教育出版社1996年版,第2947页。

公孔子又别是一个道理。①

这即是说，君仁臣忠之道理，对于尧、舜、文王、周公、孔子等不同时代的不同个人都是一样的，故此道理即具"共相"之意义，它与个别存在是一种"理一分殊"的关系。故朱子又论"理一分殊"而称：

> 圣人未尝言理一，多只言分殊。盖能于分殊中事事物物，头头项项，理会得其当然，然后方知理本一贯。②
> "吾道一以贯之"，譬如聚得散钱已多，将一条索来一串穿了。所谓一贯，须是聚个散钱多，然后这索亦易得。若不积得许多钱，空有一条索，把什么来穿？吾儒且要去积钱。③

按，朱子此处是在议论孔子"吾道一以贯之"这一话语之含义时论"理一分殊"的。孔子"吾道一以贯之"之含义，原指个人要有一基本信念做定力而贯穿于立身处世、待人接物中，因而涉及的是道德主体性的问题。朱子却借线与串钱之绳索为例，说明孔子的话语讨论的是客观存在物中个别与一般、殊相与共相的关系。

把问题客观化，借殊相与共相之区分把研究对象做形式化的处理，这种做法正是知识论的做法。朱子将研究对象做了殊相与共相的区分，且强调需经对众多殊相的了解才可以把握共相（朱子所谓"吾儒且要去积钱"），此都典型地表现了朱子哲学的知识论特征。由之，朱子反复强调《大学》之于"修身治人底规模"④的重要性，而特别对其中之"格物致知"章被认为缺失的部分另予补传，即是不难理解之事。补传称：

> 所谓致知在格物者，言欲致吾之知，在即物而穷其理也。盖人心之灵莫不有知，而天下之物莫不有理，惟于理有未穷，故其知有不尽也。是以《大学》始教，必使学者即凡天下之物，莫不因其已知之

---

① [宋]黎靖德编，王星贤点校：《朱子语类》（卷十三），中华书局1986年版，第231页。
② [宋]黎靖德编，王星贤点校：《朱子语类》（卷二十七），中华书局1986年版，第677～678页。
③ [宋]黎靖德编，王星贤点校：《朱子语类》（卷二十七），中华书局1986年版，第684页。
④ [宋]黎靖德编，王星贤点校：《朱子语类》（卷十四），中华书局1986年版，第250页。

理而益穷之，以求至乎其极。至于用力之久，而一旦豁然贯通焉，则众物之表里精粗无不到，而吾心之全体大用无不明矣。此谓物格，此谓知之至也。①

朱子此处所谓"天下之物莫不有理"，即视"理"为一客观存有者；所谓"人心之灵莫不有知"，则以"心"为知识心；所谓"必使学者即凡天下之物"，实指认知须由一物一物之格至即由殊相开始；所谓"至于用力之久，而一旦豁然贯通焉"，如上引积钱既多才可以有所贯穿之比况所示，由之终可以进达对共相之认识，而使"吾心之全体大用无不明"；此间朱子所展示的路子，都是知识论的路子。

依上所述，显然冯友兰、牟宗三诸前辈对程朱之学的判定与评论诚然不谬。冯友兰先生称：

事实上朱熹就是中国哲学史中一个最大的本体论者。不过他们并不停止在本体论的路子上，并不停留在对于共相与殊相的分析上。……照道学家所说的，共相与殊相之间，一般与特殊之间，殊相并不是共相的摹本，而是共相的实现。实现也许是不完全的，但是如果没有殊相，共相就简直不存在。在这一点上，道学的各派并不一致。朱熹自己的思想也不一致。不过我认为这应该是道学的正确的结论。②

冯先生于此便以讨论共、殊关系认朱子为"中国哲学史中一个最大的本体论者"。此种共、殊关系在朱子那里首先是被理解为一种逻辑关系，故朱子之哲学由此走上了形式化与经验知识化的道路。

牟先生则谓：

（依程伊川与朱子之看法）充塞天地间无适而非普遍的存有之"实理"。"天下无实于理者"。而现象地反观吾人之实然的心……吾人之心所攀企的对象，客观地平置于彼而为心之所对，理益显其只为

---

① [宋]朱熹：《四书章句集注》，中华书局1983年版，第6～7页。
② 冯友兰：《中国哲学史新编》（第5册），人民出版社1980年版，第14页。

静态的"存有"义。而通过格物致知以言理,并由此以把握理,则理益显其为认知心之所对。道体性体只成这个"存有"义与"所对"义之"理"字。此显然已丧失"于穆不已"之道体、实体义,亦丧失原初言性体之实意。原初言道体性体是不能由格物穷理以知之者。①

牟先生于此亦强调程朱所认肯的形上之"理"为与格物致知相对的客观存有义与经验知识义。唯牟氏因其"已丧失'于穆不已'之道体、实体义"而过分贬斥之,尚有偏颇处。

之所以说牟氏之评价有偏颇处,是因为无论是借对上帝的"于穆不已"的敬仰中建立起来的道德信念,或是从对宇宙生生不息的敬仰中引申而成的道德信念,还是从人—主体情感生发出来的道德信念,都夹带有神秘性与个体性。而朱子借殊相与共相的对列得以把儒家认定的一种道德信念共相化,此实即使这种道德信念客观普遍化并置之于理性的基础上。我们常看到的,朱子认为不可以只讲恻隐之仁、爱之仁,以恻隐、爱属"情"而以仁属"性";不可以只讲"已发""已动",对"已发""已动"做简择格正功夫而必于已发之前预设有一"未发"之存在状况是谓必然之理;② 朱熹的这些做法,实都出于凸显道德信念的公共性与理性。

问题是,如果把朱子的形上学(道德哲学)厘定在追求客观性、公共性与知识理性的层面或向度上,怎样理解朱子的如下一些提法呢?这些提法是:

---

① 牟宗三:《心体与性体》(第1册),台湾正中书局1987年版,第80页。
② 朱熹说:"仁是爱之理,义是宜之理,礼是恭敬、辞逊之理,知是分别是非之理。"(《朱子语类》卷二十)"仁是理之在心者,孝弟是此心之发见者。"(《朱子语类》卷二十)"性是理之总名,仁义礼智皆性中一理之名。恻隐、羞恶、辞逊、是非是情之所发之名,此情之出于性而善者也。"(《朱子语类》卷五)"性是未动,情是已动,心包得已动未动。盖心之未动则为性,已动则为情,所谓'心统性情'也。欲是情发出来底。"(《朱子语类》卷五)牟宗三评价朱熹的这类说法称:"依朱子之义理间架,仁之名义可修改如下:仁是爱之所以然之理,而为心知之明之所静摄(心静理明)。常默识其超越之尊严,彼即足以引发心气之凝聚向上,而使心气能发为'温然爱人利物之行'(理生气)。久久如此,即可谓心气渐渐摄具此理(当具),以为其自身之德(心之德,理转成德);简言之,即是:仁者爱之所以然之理而为心所当具之德也。"[牟宗三:《心体与性体》(第3册),台湾正中书局1987年版,第244页]牟氏对朱子之情理(性)论之解析诚是。只是,朱子有朱子的贡献,不必过分指摘朱子之"别子为宗"。

天地以生物为心者也，而人物之生，又各得夫天地之心以为心者也。……盖仁之为道，乃天地生物之心，即物而在。情之未发，而此体已具；情之既发，而其用不穷。诚能体而存之，则众善之源、百行之本莫不在是。①

　　心之全体湛然虚明，万理具足，无一毫私欲之间；其流行该偏，贯乎动静，而妙用又无不在焉。②

　　学者须是求仁。所谓求仁者，不放此心。③

　　或曰："存得此心，即便是仁。"曰："此句甚好。……盖仁是此心之德；才存得此心，即无不仁。……此孔门之学所以必以求仁为先。盖此是万理之原，万事之本，且要先识认得，先存养得，方有下手立脚处耳。"④

依朱子的这些提法，则又可以说，朱子并未把道德信念外在化、客观化，朱子还是确认道德信念仍属于信仰问题，它对于每个信仰者而言仍是本心具足的；在修养之功夫论上亦未必主张需借认知的途径向外求取，而以为存心养性即是。故钱穆先生称：

　　后人言程朱主性即理，陆王主心即理，因分别程朱为理学，陆王为心学，此一分别亦非不是，然最能发挥心与理之异同分合及其相互间之密切关系者盖莫如朱子。故纵谓朱子之学彻头彻尾乃是一项圆密宏大之心学，亦无不可。⑤

钱穆于此直认朱子学即心学。金春峰先生更谓：

　　朱熹的宇宙论是"天地以生物为心"的目的论；朱熹的心性、道德学说，类如康德之思想，是道德自律系统；其心之本体即是性、

---

① ［宋］朱熹：《仁说》，见郭齐、尹波点校《朱熹集》（卷六十七），四川教育出版社1996年版，第3542～3543页。
② ［宋］黎靖德编，王星贤点校：《朱子语类》（卷五），中华书局1986年版，第94页。
③ ［宋］黎靖德编，王星贤点校：《朱子语类》（卷六），中华书局1986年版，第113页。
④ ［宋］黎靖德编，王星贤点校：《朱子语类》（卷六），中华书局1986年版，第114页。
⑤ 钱穆：《朱子新学案》，巴蜀书社1986年版，第361页。

即是理，因而"本心"实即道德理性，乃百行之源、万善之本。朱熹的格物致知，则是在"明明德"的宗旨下提出的，主要是"存天理、灭人欲"，复本心全德之明。其致知主要是扩充良知，或通过读书，以圣人之教导启迪内心本具之道德性理，使之由暗而复明。①

金春峰由之把朱子的形上学归入目的论与心性学因之亦具信仰意义而予高度评价。

毫无疑问，钱氏、金氏诸先生对朱子之研究诚多创获，所论力纠牟宗三对朱子的贬斥出现的偏颇处亦常有发前人所未发。然而，把朱子学归结为心学从而视朱子与陆九渊、王阳明为同流，恐怕朱、陆、王等先哲在生也不一定能够认可。事实上，把朱子形上学厘定在追求道德信念的客观化、公共化与理性形式的向度上，对上面引述的他那些话语仍然是可以解释的。此间之关键，在于对朱子所说的"性"与"心"的理解上。

我们知道，朱子虽借"理"的共相性而赋予"理"以形而上的意义，但他同时又认为"理"不是悬空的。"理"必散于人人物物而成其"性"，故朱子亦讲"性即理"②。然人与物不同，人之"性"（特殊性）即体现在人是有"心"的，故"理"散于人为人之"性"亦即体现于人的"心"中。在这个意义上，"性即理"亦可解释为"心即理"。但即便可以做这样的解释，朱子还是很少讲"心即理"，而多言"心具众理"。此一"具"字所标识的，正是"性"或"理"之于"心"的存在义。因为"性"或"理"对于"心"只具存在义，故还需对此存在之"性"或"理"做一番格物致知之功夫以了解之、明觉之，进而才可以体认之。然则由谁去做此格物致知的功夫？无疑还是由"心"。在这一意义上的"心"，朱子则以"知觉"、以"虚灵不昧"论之。朱子说，"心之全体湛然若明，万理具足"，此"万理具足"即指在"心"之"性"，而"湛然若明"则指"心"之知觉义。③《朱子语类》卷五记述：

---

① 金春峰：《朱熹哲学思想·自序》，东大图书股份有限公司1998年版，第3页。
② [宋]黎靖德编，王星贤点校：《朱子语类》（卷五），中华书局1986年版，第82页。
③ 朱子于《大学章句》释"明明德"一语中称："明德者，人之所得乎天，而虚灵不昧，以具众理而应万事者。"此亦以"具众理"论作为"性"的"心"，而以"虚灵不昧"说作为知觉（明）之"心"。

问："灵处是心，抑是性？"曰："灵处只是心，不是性。性只是理。"

　　……

　　问："心是知觉，性是理。心与理如何得贯通为一？"曰："不须去著实通，本来贯通。""如何本来贯通？"曰："理无心，则无著处。"

　　所觉者，心之理也；能觉者，气之灵也。①

在朱子的这些话语里，我们都可以看到朱子对作为"性"或"理"的"心"与作为"虚灵不昧"即"知觉"的"心"的明确区分。因为作为"性"或"理"的"心"具存在意义，故可被称为"所觉者"；作为"虚灵不昧"即"知觉"的"心"为认识心，故又可被称为"能觉者"。作为"能觉"的"心"，其"所觉"之对象既为"心"之"性"与"理"，故亦可以"尽心知性""存心养性"论功夫；所觉之对象"性"与"理"因本具于"心"，故亦可以"能觉"之功夫实只为复吾心（性）之本初论本体。然则，视朱子之形上学追求客观化、公共化与理性形式即"性理学"，无碍于解释朱子在特定场合下认允的"心理学"。

　　由之可见，朱子的问题不在借助知识论性质的共殊之分建构了本体论形上学，亦不在借此建构赋予某种道德信念以公共性、理性的意义。问题只在于，这某种特定的道德信念在被赋予绝对普遍意义后，朱子无法圆满地解释枯槁之物是否亦具道德理性的问题。② 若然枯槁之物并不具道德理性，道德理性仅为人—主体所独具，那么又何须在人—主体之外建构本体，在人—主体之外追求道德绝对性？

三

　　事实上，陆九渊、王阳明正是从批评程颐、朱熹于心外求理（道德

---

① ［宋］黎靖德编，王星贤点校：《朱子语类》（卷五），中华书局1986年版，第85页。

② 《朱子语类》卷四记："问：'枯槁有理否？'曰：'才有物，便有理。天不曾生个笔，人把兔毫来做笔。才有笔，便有理。'又问：'笔上如何分仁义？'曰：'小小底，不消恁地分仁义。'"【［宋］黎靖德编，王星贤点校：《朱子语类》（卷四），中华书局1986年版，第61页】朱子于此即回避了正面地回答问题。

理念），特别是于竹木瓦石中求理必不可得，① 而回归到人—主体之本心，从而建立起以人—主体之本心为本体的另一种儒学本体论形态的。

因为问题很清楚，如果把"理"看作道德理念或道德信仰，那么，在它的来源问题上诉诸天地阴阳，诉诸身外的自然事物与自然理则，都是极其荒谬的。"且如事父，不成去父上求个孝的理？事君，不成去君上求个忠的理？交友、治民，不成去友上、民上求个信与仁的理？都只在此心中。"显然，道德理念与道德行为，是由人—主体之心制宰的，故王阳明才可以断然认定"心即理"。② 应当说，只有在认定道德信念是由吾人之心所本具与引发的意义上，才可以称回归到本心，建构了"心学"。依此，王阳明无疑属"心学"，朱子不必归于"心学"。

那么，心又何以本具且可引发出道德信仰与道德理念呢？王阳明《大学问》之说法值得品味：

> 《大学》者，昔儒以为大人之学矣。敢问大人之学何以在于"明明德"乎？
>
> 阳明子曰："大人者，以天地万物为一体者也，其视天下犹一家，中国犹一人焉。若夫间形骸而分尔我者，小人矣。大人之能以天地万物为一体也，非意之也，其心之仁本若是，其与天地万物而为一也。岂惟大人，虽小人之心亦莫不然，彼顾自小之耳。是故见孺子之入井，而必有怵惕恻隐之心焉，是其仁之与孺子而为一体也；孺子犹同类者也，见鸟兽之哀鸣觳觫，而必有不忍之心焉，是其仁之与鸟兽而为一体也；鸟兽犹有知觉者也，见草木之摧折而必有悯恤之心焉，是其仁之与草木而为一体也；草木犹有生意者也，见瓦石之毁坏而必有顾惜之心焉，是其仁之与瓦石而为一体也；是其一体之仁也，虽小

---

① 杨简《象山先生行状》记：（陆九渊先生）"丱角时，闻人诵伊川语，自觉若伤我者。亦尝谓人曰：伊川之言，奚为与孔子、孟子之言不类？"【[宋]陆九渊：《陆象山全集》（卷三十三），中国书店1992年版】阳明《年谱》记阳明21岁行状："是年为宋儒格物之学。先生始侍龙山公于京师，遍求考亭遗书读之。一日思先儒谓'众物必有表里精粗，一草一木，皆涵至理'，官署中多竹，即取竹格之；沉思其理不得，遂遇疾。"【[明]王守仁撰，吴光等编校：《王阳明全集》（卷三十三），上海古籍出版社1992年版，第1223页】

② [明]王守仁撰，吴光等编校：《王阳明全集》（卷一），上海古籍出版社1992年版，第2页。

人之心亦必有之。是乃根于天命之性，而自然灵昭不昧者也，是故谓之'明德'。……故夫为大人之学者，亦惟去其私欲之蔽，以自明其明德，复其天地万物一体之本然而已耳；非能于本体之外而有所增益之也。"①

引文所说"以天地万物为一体者也，其视天下犹一家，中国犹一人焉"，此为宋明儒者所共同强调的应持的道德信念。然此信念从何而来或据何建立呢？我们知道，张载是借宇宙论建立的。张子于《西铭》谓："乾称父，坤称母；予兹藐焉，乃混然中处。故天地之塞，吾其体；天地之帅，吾其性。民，吾同胞；物，吾与也。"张子此即取乾坤大化无分物我之大德而成就"民胞物与"之"一体之仁"论。朱熹则是借"理"的本体论建立的。朱子于《大学章句》称："明德者，人之所得乎天，而虚灵不昧，以具众理而应万事者也。"又于《尽心说》中称："盖天者，理之自然，而人之所由以生者也。性者，理之全体，而人之所得以生者也。心则人之所以主于身而具是理者也。"② 朱子虽不讲"万物一体"，但亦以天之理为本体而以人与物均"具此理"，人因之可借"即事即物穷究其理"以成就其仁者之"以生物为心"说。然王阳明与张载、朱熹不同。王阳明直从"其心之仁本若是"论"一体之仁"，又以"怵惕恻隐"论"心"。依朱熹所说，"恻隐"属"情"，如是则王阳明实又回归到"情"，以"情"作为起始证定人—主体"本心"本具的"一体之仁"。不过，在王阳明那里，以"情"论"本心"毕竟只是个起始。他清楚地知道，"情"是有善有恶的。实际上，他只是以善的"情"属"本心"。这表明，他对"情"还是做了区分与选择的。在他那里，一心而有"本心"与"意"的分判正表现了他的区分与选择。③ 这种区分与选择说明王阳明在确立本心的本体地位时，更强调本心的定向性与目的性。这就使他的本心虽起于"情"而终归于"志"。拙著《宋明新儒学略论》以主"志"论称阳明学即出于此。

---

① ［明］王守仁撰，吴光等编校：《王阳明全集》（卷二十六），上海古籍出版社1992年版，第968页。

② 郭齐、尹波点校：《朱熹集》（卷六十七），四川教育出版社1996年版，第3535页。

③ 王阳明之"四句教"前二句谓："无善无恶心之体，有善有恶意之动。"【［明］王守仁撰，吴光等编校：《王阳明全集》（卷三十五），上海古籍出版社1992年版，第1307页】即此。

如果说王阳明是以"心即理"的命题与论证确立了人—主体的本体地位，那么他后来提倡的"致良知"说则更侧重于凸显人—主体在道德信念与践行上的本觉性与自明性。王阳明说：

> 良知只是一个天理，自然明觉发见处，只是一个真诚恻怛，便是他本体。①

此间，王阳明以"真诚恻怛"说"良"，以"自然明觉发见处"说"知"，即认道德本心具自觉自明性。

王阳明又谓：

> 心者身之主也，而心之虚灵明觉，即所谓本然之良知也。其虚灵明觉之良知，应感而动者谓之意。②
>
> 良知是天理之昭明灵觉处，故良知即是天理。思是良知之发用。若是良知发用之思，则所思莫非天理矣。③

在这些话语里，王阳明更直接指心之"虚灵明觉""昭明灵觉"为"良知"。

那么王阳明何以"江右以后，专提致良知三字"，似以取代"心即理"说，又特以"虚灵明觉"论"良知"，而凸显本心在道德信念上的本觉自明性呢？

我想，这一点首先与朱子学之弊有关。如上所说，朱子是主"心"与"理"有分的，故他亦不认同以"觉"训"仁"。在朱子看来，以"觉"训"仁"如不预立一可觉之仁之理，则所觉者不可以确保为道德本

---

① ［明］王守仁：《答聂文蔚》，见［明］王守仁撰，吴光等编校《王阳明全集》（卷二），上海古籍出版社1992年版，第84页。
② ［明］王守仁：《答顾东桥书》，［明］王守仁撰，吴光等编校《王阳明全集》（卷二），上海古籍出版社1992年版，第47页。
③ ［明］王守仁：《答欧阳崇一》，［明］王守仁撰，吴光等编校《王阳明全集》（卷二），上海古籍出版社1992年版，第72页。

心而可能只是利欲心（朱子所谓"其弊或至于认欲为理者有之矣"）①，故朱子宁可把"仁"看作存在性的"理"，而以"知觉"即认识心论"觉"与"心"。由此带来的问题是，"心"与"理"的区分构成为认识主体与认识客体的区分，道德信念被外在化与知识化了。此在王阳明看来，诚未揭明道德信念作为人的价值认定其所特显的人的主体性意义。故而，王阳明要以"心即理"改易之，借"心"对道德信念的自我认同性把"理"收摄归"心"而回归人的主体性。

但"心即理"如被解释为"心具理"，那么，此心此理亦可以被看作是存在性的。如王阳明谓："虚灵不昧，众理具而万事出。心外无理，心外无事。"② 此以"众理具"说"心外无理"，已近于朱子而视此心此理为存在者。阳明又谓："以其理之凝聚而言，则谓之性；以其凝聚之主宰而言，则谓之心；以其主宰之发动而言，则谓之意；以其发动之明觉而言，则谓之知；以其明觉之感应而言，则谓之物。……天下无性外之理，无性外之物。"③ 以"理之凝聚"论"性"，此性此理亦具存在义又且与"心"成对列性，亦近于朱子之析"心"与"理"为二者。故就人之主体性建构之圆足性而言，取"心即理"说毋如取"致良知"说。"致良知"说确认"心体"本质上不是一待觉之"理体"而为一已摄理（物）归己之"觉体"，此"觉体"因已摄理（物）归己而不处对待关系中，故才真正具圆足性与本体义。

> 良知是造化的精灵。这些精灵，生天生地，成鬼成帝，皆从此

---

① 朱子所著《仁说》批评程氏门徒称："彼谓物我为一者，可以见仁之无不爱矣，而非仁之所以为体之真也。彼谓心有知觉者，可以见仁之包乎智矣，而非仁之所以得名之实也。观孔子答子贡博施济众之问，与程子所谓觉不可以训仁者，则可见矣。子尚安得复以此而论仁哉？抑泛言同体者，使人含胡昏缓而无警切之功，其弊或至于认物为己者有之矣。专言知觉者，使人张皇迫躁而无沉潜之味，其弊或至于认欲为理者有之矣。一忘一助，二者盖胥失之。而知觉之云者，于圣门所示乐山能守之气象尤不相似，子尚安得复以此而论仁哉？"[郭齐、尹波点校：《朱熹集》（卷六十七），四川教育出版社1996年版，第3544页] 于此可见，朱子既不认同从"心"出发的"万物一体"说，亦不认同以"觉"训"仁"说。

② [明]王守仁：《传习录》（上），见 [明]王守仁撰，吴光等编校《王阳明全集》（卷一），上海古籍出版社1992年版，第15页。

③ [明]王守仁：《答罗整庵少宰书》，见 [明]王守仁撰，吴光等编校《王阳明全集》（卷二），上海古籍出版社1992年版，第76～77页。

出，真是与物无对。人若复得他完完全全，无少亏欠，自不觉手舞足蹈，不知天地间更有何乐可代？①

王阳明如此论"良知"与看重"良知"说，即因唯以"良知"为本心（觉体）才可以使人的主体地位完完全全地挺立，主体亦才因不再处于对待中而获得了最大的快乐与自由。②

阳明之"良知"说已如上述。那么"良知"何以需"致"之？

"致"之字面义为"至"，有以推达、扩充之意。牟宗三解释为："'致良知'是把良知之天理或良知所觉之是非善恶不让它为私欲所间隔而充分地把它呈现出来以使之见于行事，即成道德行为。"③ 这一解释只把"致良知"看作个人之道德修为。而实际上，它广泛涉及道德信念的普遍性问题，这一问题亦即是个人与他人、主体与客体的相互关系问题。

如上所述，王阳明是从批评朱熹析心与理为二之弊出发而提出"心即理"，直接把道德信念诉诸心之情、心之志的。但是，心之情、心之志完完全全是个人的，由此引申之道德信念与道德践行也只是个人之事，它何以可以推达至他人乃至整个世界，为他人与整个世界所普遍地接受呢？

《象山年谱》曾记述陆九渊的一个说法：

> 宇宙便是吾心，吾心即是宇宙。东海有圣人出焉，此心同也，此理同也。西海有圣人出焉，此心同也，此理同也。南海北海有圣人出焉，此心同也，此理同也。千百世之上至千百世之下，有圣人出焉，此心此理亦莫不同也。

---

① [明]王守仁：《传习录》（下），见[明]王守仁撰，吴光等编校《王阳明全集》（卷三），上海古籍出版社1992年版，第104页。

② 阳明弟子王畿记王阳明思想变化历程称："江右以后，专提致良知三字，默不假坐，心不待澄，不习不虑，出之自有天则。盖良知即是未发之中，此知之前更无未发；良知即是中节之和，此知之后更无已发。此知自能收敛，不须更主于收敛；此知自能发散，不须更期于发散。收敛者感之体，静而动者；发散者寂之用，动而静也。知之真切笃实处即是行，行之明觉精察处即是知，无有二也。居越以后，所操益熟，所得益化，时时知是知非，时时无是无非，开口即得本心，更无假借凑泊，如赤日当空而万象毕照。"（《姚江学案》，见《明儒学案》卷十）此论王阳明发明"致良知"后，得以消解体与用、未发与已发、静与动、知与行、是与非之所有对待关系而获心灵自由，以至于是。

③ 牟宗三：《从陆象山到刘蕺山》，台湾学生书局1990年版，第229页。

陆氏于此是以东西南北（宇）、古往今来（宙）、同心同理来解决普遍性问题的。这是存在论的解决，且只涉及圣人这一小范围。

上引王阳明《大学问》则谓："其心之仁本若是，其与天地万物而为一也。岂惟大人，虽小人之心亦莫不然。"这是说不仅大人（圣人），且小人亦同心同理。这似乎也是存在论的解决。但王阳明实际上更关切心灵通感式的解决，即价值论式的解决。《大学问》以"真诚恻怛"之"心"论"天地万物一体"属此。王阳明以下问答亦如是：

> 问："人心与物同体。如吾身原是血气流通的，所以谓之同体。若于人便异体了。禽兽草木益远矣。而何谓之同体？"
> 先生曰："你只在感应之几上看，岂但禽兽草木，虽天地也与我同体的，鬼神也与我同体的。"
> 请问。
> 先生曰："你看这个天地中间，什么是天地的心？"
> 对曰："尝闻人是天地的心。"
> 曰："人又甚么叫做心？"
> 对曰："只是一个灵明。"
> "可知充天塞地中间，只有这个灵明，人只为形体自间隔了。我的灵明，便是天地鬼神的主宰。天没有我的灵明，谁去仰他高？地没有我的灵明，谁去俯他深？鬼神没有我的灵明，谁去辨他吉凶灾祥？天地鬼神万物离却我的灵明，便没有天地鬼神万物了。我的灵明离却天地鬼神万物，亦没有我的灵明。如此，便是一气流通的，如何与他间隔得！"①

在这段问答中，提问者所问为存在论问题：个人与他人、人与禽兽草木，形体各异，何以说"万物一体"？王阳明的回答是，要从"感应之几上看"。从"感应之几上看"为什么可悟得万物具一体性呢？依王阳明"以

---

① ［明］王守仁：《传习录》（下），见［明］王守仁撰，吴光等编校《王阳明全集》（卷三），上海古籍出版社1992年版，第124页。

其明觉之感应而言，则谓之物"① 所说，万物即是感应所及而生又为感应所涵摄的，故万物自具一体性。在本段对答中，王阳明进而把"感应之几"展示为"天地之心"，且又以人为"天地之心"。以人为"天地之心"，这分明是人所做的价值认取，因之更明确地把所需回答的问题由存在问题转换为价值问题。王阳明以"灵明"指"心"而非以"性理"指"心"，即显示其"良知"说与朱子"性理"说之不同，而特别强调本心之本觉性。引文最后，王阳明以人的本心的灵明（良知）的通感的无限性，将天地鬼神万物之存在转化为属于"人"的存在，由之而证成"万物一体"论。牟宗三先生在评论王阳明的这一说法时称：

> 阳明从良知（明觉）之感通说万物一体，与明道从仁心之感通说万物一体完全相同，这是儒家所共同承认的，无人能有异议。从明觉感应说物，这个"物"同时是道德实践的，同时也是存有论的，两者间并无距离，亦并非两个路头。这个物当该不是康德所谓现象，乃是其所谓物自身。从明觉感应说万物一体，仁心无外，我们不能原则上说仁心之感通或明觉之感应到何处为止，我们不能从原则上给它划一个界限，其极必是以天地万物为一体。②

牟先生此间确认阳明学是以良知之灵明与感应去打掉个我与他人、主体与客体之分间而证定"万物一体"的。此说诚是。③

从良知之灵明与感应、从某种价值认定论"万物一体"，比之于从

---

① ［明］王守仁：《答罗整庵少宰书》，见［明］王守仁撰，吴光等编校《王阳明全集》（卷二），上海古籍出版社1992年版，第77页。
② 牟宗三：《从陆象山到刘蕺山》，台湾学生书局1990年版，第225页。
③ 《中庸》谓："故至诚无息，不息则久，久则征，征则悠远，悠远则博厚，博厚则高明。"杜维明先生在论及《中庸》这一段话所涉及的个体性与普遍性的关系时称："我们只有在知行合一之中才能发现内在决心的真正性质，因为自我实现的根基正是人的结构所固有的。可是，自我实现并不是个体化的过程，它主要是一个普遍共有的过程。一个人越是能深入到他的存在的深处，他就越能超越他的人类学结构的限制。这个悖论蕴涵着儒者的这样一个信念，即人的真正的性质和宇宙的真实的创造都是以'诚'为基础的。当一个人通过自我修养成为至诚时，他就是一个最真实的人而同时他就投身于宇宙化育的洪流之中了。"（［美］杜维明著：《人性与自我修养》，胡军、于民雄译，中国和平出版社1988年版，第93页）杜先生于此以"人的真正的性质"与"宇宙的真实的创造"是统一的，说明万物的一体性。此亦属儒者之论。

"性即理"这种纯依存在论与"心即理"这一亦可被认作存在论的解决路子,无疑更能凸显人的主体性与主体在道德选择与践行上的绝对性。然而,凭良知之灵明与感应是否真的可以化解个人与他人、主体与客体之间在存在性上的分隔与对立,这始终是一大问题。像我们所知道的,无论是孔子、孟子,还是陆子、阳明子,都从未得以真正化解过他们各自所面对的世界的分割、冲突与仇恨。此又何来感通或感应之无限性呢?况且,主体性与普遍性是很难同一的。越是强调人在价值认定上之主体性,必越凸显个体性,而失却普遍性。在这种情况下,仍然要强调个我价值认定的普遍意义,便只好诉诸对他人、对外在存有世界的强加性。王阳明说:

> 若鄙人所谓致知格物者,致吾心之良知于事事物物也。吾心之良知,即所谓天理也。致吾心良知之天理于事事物物,则事事物物皆得其理矣。①

王阳明竟以一己之道德认定即"天理",这是何等自信,又是何等专断;主"致吾心良知之天理于事事物物",使事事物物之是非善恶一以吾心为判断标准,这又是何等蛮横!在此,"致"不再仅具通感义、扩充义,且具足侵犯性!这是阳明学之弊病处。

由阳明学之弊病提出的问题是:一种道德信念作为个人之认准,有没有必要去追求它对于他人与社会的普遍意义?又,一种道德信念作为价值之判定,在其追求普遍性时有没有可能完全不顾及存在问题。前一问题引发的是阳明后学之主"情"论,后一问题引发的是借回归朱子学而开立的"致用"学。此两种思潮之发展势态,拙著《宋明新儒学略论》都已论及。下面我们略去对"致用"学的重新检讨,而只就主"情"思潮引申出的一些新想法,做一点说明。

四

由阳明后学发展起来的晚明的主"情"思潮虽已处于儒、释、道之

---

① [明]王守仁:《答顾东桥书》,见[明]王守仁撰,吴光等编校《王阳明全集》(卷二),上海古籍出版社1992年版,第45页。

间，但因于阳明学有所承传且其论者亦往往以儒者自居，故本文仍将其形上学归为儒家本体论的又一形态。①

主"情"思潮的最突出的特点，是以未经理性分判与筛选的原初的存在状态为本体性的存在状况，且在使用"道"或"理"这些概念对这种存在状态予以认肯时，已经消除了这些概念所含的公共性（必然性、普遍性、理性）意义。关于这一点，《宋明新儒学略论》一书已做过讨论，此不赘述。

值得注意的是，"情"在早期中国哲学中是被当作"性"看，而常常有"情性"之称的。如《荀子·性恶》称：

> 今人之性，饥而欲饱，寒而欲暖，劳而欲休，此人之情性也。……故顺情性则不辞让矣，辞让则悖于情性矣。

《礼记·乐记》称：

> 是故先王本之情性，稽之度数，制之礼义，合生气之和，道五常之行……

此都以"情"为"性"而称"情性"。依王充《论衡·本性》所述："宓子贱、漆雕开、公孙尼子之徒亦论情性，与世子相出入，皆言性有善有恶。"然则以"情"为"性"者乃先秦诸儒之常见。

以"情"为"性"，在"情"而言为喜怒哀乐，感于物而动者；在"性"而言为生而有之，概指人之命定者。故我们于郭店楚简之《性自命出》篇便看到如下说法：

---

① 以往治中国哲学史者不太关切晚明之主"情"思潮。拙著《宋明新儒学略论》把阳明后学界定为主"情"学且以专章讨论，显然不是没有意义的。近读蒙培元学兄所赠《心灵超越与境界》一书，其云："在中国传统哲学看来，人的精神存在是知、情、意的统一，是整体的存在，但是在知情意之中，传统哲学最关注的是情而不是知或意，就是说，情感因素在传统哲学中占有极其重要的地位，或者说，传统哲学具有强烈的情感色彩。从比较哲学的角度看，西方哲学是理智型哲学，而中国哲学则是情感型的哲学。"（蒙培元：《心灵超越与境界》，人民出版社1999年版，第18页）蒙兄于此直以中国传统哲学即为情感型哲学，甚有见地。

> 性自命出，命自天降，道始于情，情生于性。始者近情，终者近义。
>
> 好恶，性也；所好所恶，物也。
>
> 喜怒哀乐之气，性也。及其见于外，则物取之也。

此间，"情"与"性"是混而为一的，均指天地自然之禀赋，而无任何德理之色彩。且在"情"被看作与"气"与"物"相关时，"情"还是与身体联系在一起的。"气物论"为本源论。故早期中国哲学以"气"的本源论确认的"情性"论，对身体多有所肯定。道教之神仙论特别显示了这一点。①

魏晋以降，对"情"从而对身体（形质）的贬斥，概与佛教之传入，及哲学形上学由本源论之转向本体论有关。佛教视对身（我）与物（法）的执着为"情识"，视众生为"有情众生"，均含寓着对"情"的贬斥；②本体论发展的初始由于是借抽去个别、特殊，空去形质而成立的（本质主义的路向），同时也必冷落"情"。宋明儒学特别是程朱一系，不再以"情"为"性"而主以"理"为"性"，斥身体为"形器之私"、为"质碍"、为"渣滓"，实都有得于佛教而表现了理性的过分张扬。③ 在这种情况下，明中晚期由陈献章（白沙子）始回归于人之本然情性，泰州王艮重新关注"身体"，就不仅具思想史意义（由"理"回归"情"，由"本

---

① 道安著《二教论》称："佛法以有生为空幻，故忘身以济物；道法以吾我为真实，故服饵以养生。"（《广弘明集》卷八）按，古代宗教多强调"灵"与"肉"的对峙。道教如此重"身"与"生"，实显示出一种"中国特色"。

② 《成唯识论》卷一云："此我法相虽在内识，而由分别似外境现。诸有情类，无始时来，缘此执为实我实法。如患梦者患力故，心似种种外境相现，缘此执为实有外境。愚夫所计实我实法都无所有，但随妄情而施设故，说之为假。"（《大藏经》卷三一）此以我法皆"随妄情而施设"故"说之为假"的观念，即代表了佛教的基本观念。

③ 朱熹说："性如日光，人物所受之不同，如隙窍之受光有大小也。人物被形质局定了，也是难得开广。"【[宋] 黎靖德编，王星贤点校：《朱子语类》（卷四），中华书局1986年版，第58页】又说："天大无外，而性禀其全，故人之本心，其体廓然，亦无限量。惟其梏于形器之私，滞于闻见之小，是以有所蔽而不尽。"[郭齐、尹波点校：《朱熹集》（卷六十七），四川教育出版社1996年版，第2535页]"性是形而上者，气是形而下者。形而上者全是天理，形而下者只是那渣滓。至于形，又是渣滓至浊者也。"[郭齐、尹波点校：《朱熹集》（卷五），四川教育出版社1996年版，第97页] 即此。

质"回归"存在"),亦且具社会史意义(由中世纪步入近代)。①

白沙子与阳明后学由"理"回归"情"主以"情"为本,与由"理"回落于事而以"事"为本,是同一的。故"情"的本体论又可释为"事"的本体论。两者的区别,大体可以说是:情与理的关系主要涉及人的精神心理结构与取向问题,"情"本论所要确认的是情感之于理性更具本真性与至上性;事与理的关系则涉及存在界的结构和主体与客体之间的多重结构关系,"事"本论所要申明的是事之于理更具本然性与先在性。

泰州王艮所说的"即事是道"②,正以"事"完全同于"道"而典型地判定了"事"的本体意义。

那么,什么是"事"呢?

在中国传统哲学中,涉及存在界的结构关系的,一般取"物"与"理"一对概念把握之。这对概念把捉的为个别与一般、殊相与共相的关系问题,具纯粹客观外在的意义,但"事"与"理"的关系与之有别。

依《说文》释,"事,职也,从史之省声","史"则"记事者也"。依此,"事"固属具体的(殊相的),也具外在性(已显示出来,已对象化),但毕竟与"物"不同。"事"作为一"职",是人干的,与人的活动与行为相关的。牟宗三称之为"行为物"。③ 因之,"事"与"理"的关系,固表现有特殊与普遍的关系,但实际上也寓含有人干某一事时选择一个理由予以支撑或确认的问题。依此一问题,那么它涉及的又是人的主体性的问题。如阳明所说:"意在于事亲即事亲便是一物,意在于事君即事君便是一物,意在于仁民爱物即仁民爱物便是一物,意在于视听言动

---

① 李泽厚认为思想史的这种转向是由王阳明开始的。他写道:"王学日益倾向于否认用外在规范来人为地管辖'心'禁锢'欲'的必要,亦即否认用抽象的先验的理性观念来强制心灵的必要。'谓百姓日用即道……指其不假安排者以示之,闻者爽然';'天理者,天然自有之理也,才欲安排如何,便是人欲'……所有这些都是'心即理'的王学原则在日益走向感性化的表现,不是伦理即心理,而逐渐变成心理即伦理,逻辑的规范日益变为心理的需求。'心即理'的'理'日益由外在的天理、规范、秩序交成内在的自然、情感甚至欲求了。这也就是朱熹所担心的'专言知觉者……其弊或至于认欲为理者有之矣。'这样,也就走向或靠近了近代资产阶级的自然人性论:人性就是人的自然情欲、需求、欲望。无论是泰州学派或蕺山学派,总倾向都如此。"(李泽厚:《中国古代思想史论》,人民出版社1985年版,第247~248页)此论甚精,只是对阳明及其后学不做区别,似有偏颇。

② 《泰州学案(一)》,见《明儒学案》(卷三十二)。

③ 牟宗三谓:"格是正,物是事。事是行为,故吾亦曾以'行为物'说之。扩大言之,亦可以是'存有物'。"(牟宗三:《从陆象山到刘蕺山》,台湾学生书局1990年版,第233页)

即视听言动便是一物。"这"事亲""事君""仁民爱物"等各别为"一物",此"物"即为"事"。此"事"何以是合于"理",从而为我该"行"的?此"理"在王阳明那里原来并不是一个存在问题,甚至也不是"公共"问题。它是我心的一种应然性认定,"所以某说无心外之理,无心外之物"①。"理"与"事"的关系在此原不是一个外在世界的共相与殊相的关系问题,而是主体中具先验性的信仰与经验意识的关系问题。只是由于王阳明极力赋予其信仰以普遍性意义而加于经验事物,故"理"与"事"的关系才获得共相与殊相的意义。王阳明既主以"心"认准的"理"为本体,故自亦显示出一种本质主义的取向,而置作为殊相、个别之事于依从地位。

那么,"事"在谁那里,在何种言语系统中才显示出具本体意义?又是如何获得本体意义的呢?要弄清这一点,我们必须回到孔子。

我们看《论语》,当中几乎没有出现什么抽象概念与命题。孔子的许多话,只是就"事"论"事"。如他时常使用的基本概念"仁",他就从来没有下过一个公共性的定义,或给予一个概括性的说明。下列关于"仁"的一些提法表明了这一点:

孝弟也者,其为仁之本与。②
巧言令色,鲜仁矣。③
夫仁者,己欲立而立人,己欲达而达人。④
君子笃于亲,则民兴于仁。⑤
克己复礼为仁。⑥
樊迟问仁。子曰:"爱人。"⑦
刚、毅、木、讷近仁。⑧

---

① [明]王守仁:《传习录》(上),见[明]王守仁撰,吴光等编校《王阳明全集》(卷一),上海古籍出版社1992年版,第6页。
② 《论语·学而》。
③ 《论语·学而》。
④ 《论语·雍也》。
⑤ 《论语·泰伯》。
⑥ 《论语·颜渊》。
⑦ 《论语·颜渊》。
⑧ 《论语·子路》。

曰："能行五者于天下为仁矣。""请问之。"曰："恭，宽，信，敏，惠。"①

博学而笃志，切问而近思，仁在其中矣。②

……

在孔子的这些话语里，没有任何一个提法是可以涵盖其他提法从而获得"仁"的基本规定的意义的。人们亦称孔子是随时随处指点为仁。此随时随处指点为仁者，亦即于每一具体之行事上见仁。何以孔子只谈每一具体之行事上之仁？因为在孔子那里，仁作为一种道德实践不同于经验知识。经验知识才有从个别抽取一般、从殊相抽取共相，从而给出一具公共性、同一性意义之理则问题。在孔子那里，仁作为一种道德实践，不是一公共之设准，而只见于具体之行事上与情境中。一个人，在对待父母这一行事上做到孝，即是仁；在对待兄弟这一行事上做到悌，即是仁；对于意志软弱者而言，其行事表现出刚毅气象，即是仁；对于夸夸其谈者来说，其行事上"木讷"一些，亦近仁矣；……在这当中，所行所做的，为一件件具体之"事"；所做的这些"事"具"仁"的意义，此"仁"并非一具确定性内涵的"理"（理型），而只表现为对这些行事的一种肯定性评价，实相当于称"好"或"是"之类的意义。③"仁"作为一肯定性评价，由于面对的每一件行事都是不同的，故无须预设一公共性与确定性之"理"；每一件事只要能够满足于实现或表现其基本要求，则每一行事都具自足性；每一行事既具自足性，则每一行事都具本体性。孔子分别称每一具体行事为"仁"，即赋予此每一行事以绝对意义；行事之具体性即寓含着时间性，孔子被称为"圣之时者"④ 说明孔子认肯了本体之"仁"的时间性。本体不再是悬空的不变的抽象物（如柏拉图之"理念"）。本

---

① 《论语·阳货》。

② 《论语·子张》。

③ 郝大维、安乐哲所著《汉哲学思维的文化探源》称："仁是《论语》中的核心术语，它经常被译为'human-heartedness'或'benevolence'。寻求对这个词之叙述的理解而不是本质主义的理解，将导致把它看成是指'令人信服的人'这样一类人。可以这样推想，这个词'意指'特定历史条件下这样一些人的生活和思想方式：他们为他们自己的世界树立了榜样，而不是指可以用抽象名词表达的本质。"（见该书中文版作者自序，施忠连译，江苏人民出版社1999年版，第6页）此说甚当。

④ 《孟子·万章下》。

体的具体性与时间性，必容纳生活世界的丰富性与活泼性。由此，我们看到了以"事"作为本体在价值取向上提供的意义。

然而，一方面，以"事"或"情"为体的本体论形态，固可以溯源于孔子，毕竟于孔子之后的儒家，还是致力于"理"，走上了理性化的道路。及至程颐、朱熹那里，甚至被赋予了形式化与知识化的意义。但另一方面，儒学作为一种道德哲学，绝不可以回避它的实践性品格和实践的具体性特征。故即便在程子、朱子那里，也还是时常强调要关切"行"与"事"。① 至王阳明主"心即理"而以"情""志"论"心"，主"知行合一"而以"行"说"知"且以"事"论"物"，此亦可以说开始回复孔子所创儒学之真精神。降及阳明后学，王艮称"即事是道"，又称"百姓日用即道"，② 罗汝芳谓"此捧茶童子，却是道也"，③ 李贽说："穿衣吃饭，即是人伦物理。除却穿衣吃饭，无伦物矣。"④ 此百姓日用、童子捧茶、穿衣吃饭，都是"行"或"事"，此所有之"行"或"事"又都是"道"，故都具本体意义。如上，若然以践履性、具体性论"道"为孔孟真传统，那么，阳明后学也可以说直承了孔孟真传统。但是，在其已使所"行"之"事"远远超出道德信念的范围，而广泛地包摄"愚夫俗子不识一字之人"的种种俗言鄙语、俗趣鄙行在内时，"事"的本体性地位的凸显又即意味着感性、个体性的张扬与带近代色彩的俗世生活的提升。

这也许就是"事"的本体论所提供的价值意义。然而，这里要指出的是，以"事"为本体其实还可以在知识论中找到依据，因而提供知识论上的价值。

何以这样说呢？

首先是因为从发生学上看，"理"是指同一"事"的可重复性，是由于同一"事"或"事"中有某些特征重复出现，表现出某种规则性，才

---

① 《河南程氏外书》卷十二记："先生尝问于伊川：'如何是道？'伊川曰：'行处是。'"【[宋] 程颢、程颐著，王孝鱼点校：《二程集》（第2册），中华书局1981年版，第432页】程颐此处即直指"行"为"道"。《朱子语类》记："小学是学事亲，学事长，且直理会那事。大学是就上面委曲详究那理，其所以事亲是如何，所以事长是如何。"【[宋] 黎靖德编，王星贤点校：《朱子语类》（卷七），中华书局1986年版，第125页】此虽把"理"与"事"做了二分，但亦还不忘"行"与"事"。

② 《泰州学案（一）》，见《明儒学案》（卷三十二）。

③ 《泰州学案（三）》，见《明儒学案》（卷三十四）。

④ [明] 李贽：《答邓石阳》，见《焚书》（卷一）。

有所谓"理"。可见，从发生学上看，"事"之于"理"更具先在性与本始性。

其次是因为从认知的角度看，所谓"理"实是主体按特定需要把某事与某事的关系选取出来，或把某事与某事挂搭起来才形成的；不同主体有不同需要，会有不同选取、不同挂搭，于同一"事"便会有不同"理"。这也表现了"事"之于"理"的本始性和"理"的人为性与相对性。庄子谓：

> 以道观之，物无贵贱。以物观之，自贵而相贱。以俗观之，贵贱不在己。以差观之，因其所大而大之，则万物莫不大；因其所小而小之，则万物莫不小。①

庄子此即揭示因"观"的不同而导出的人的认知（理）的人为性与相对性。

及至明末深受泰州学派影响且直以庄子所描画的"支离可笑人"②自嘲之袁宏道，则更借揭明"理"的后天人为性与工具性而凸显作为本原之"事"的绝对意义。袁宏道称：

> 《华严经》以事事无碍为极，则往日所谈，皆理也。一行作守，头头是事，那得些子道理。看来世间毕竟没有理，只有事。一件事是一个活阎罗，若事事无碍，便十方大地，处处无阎罗矣，又有何法可修，何悟可顿耶？然眼前与人作障，不是事，却是理。良恶丛生，贞淫猬列，有甚么碍？自学者有惩忿止愿之说，而百姓始为碍矣。一块竹皮，两片夹棒，有甚么碍？自学者有措刑止辟种种姑息之说，而刑罚始为碍矣。黄者是金，白者是银，有甚么碍？自学者有廉贪之辨、义利之别、激扬之行，而财货始为碍矣。诸如此类，不可殚述。沉沦百劫，浮荡若海，皆始于此。③

---

① 《庄子·秋水》。
② 袁宏道于《答沈何山仪部》中自称："弟支离可笑人也。如深山古树根，虬曲臃肿，无益榱栋。以为器则不受绳削；以为玩则不益观；欲取而置之别所，则又痴重颓垒，非万牛不能致。"（《袁宏道集笺注》卷四十三）袁氏此间透视的即是庄子精神。
③ ［明］袁宏道：《陈志寰》，见《袁中郎集》（卷二一）。

袁宏道于此即认为世间善恶之分、刑赏之判、义利之别、美丑之辨，都是人为之"理"，是人着意地制作出来加于"事"上，赋予其限制、支配"事"的意义的。"一行作守，头头是事"，每一事都好端端的、活泼泼的，"那得些子道理"；自人为地编派出种种"理"之后，即人为地制造出许多的"障"与"碍"；这种种"理"又何止是"障"与"碍"，今见世间许多争夺，许多悲怆，人之有"沉沦百劫，浮荡若海，皆始于此"。那简直是"岂有此理"！故袁宏道只要"事"，不要"理"。

显然，如果从本始性、先在性的意义上确立本体论，那么，明中晚期阳明后学像王艮、罗汝芳、李贽、袁宏道等辈的"事"本论（与"情"本论），在学理上并无可指摘。然而，在传统哲学发展史上，人们为什么往往更重"理"而轻乎"事"，甚至热衷于把许多是人为的、借人的经验确立的"理"赋予先在的与绝对的意义呢？

过去，人们把这一点看作存在论的问题。其实，就存在的角度而言，我们只可以说，"理"之于"事"的根本性只在于"理"更具涵盖性和规限性。然而，人们为什么需要这种涵盖性与规限性呢？

归根结底，这是一个价值论的问题：人们更愿意认取"理"之根本性并赋予其形上意义，是因为人们更关切世间社会的公共关系和处理这种公共关系所要求的秩序。没有秩序性，人类无法生存。

但是，当这种人为地选取与编派出的"理"及其给出的秩序被认为是对"事"的发展、对人类自由的一种束缚时，"理"之被还原为一种不完全的经验知识甚至主观认定，及其之于"事"而言之缺失本始性与先在性而不具本体意义，这种学理的分判自亦寓含着人的选择。这种选择的特别处是关爱人的个体性与自由度。要知道，在思想史上讲"理"的本体论显然是太多了，拙著始倡并强调"情"的本体论意义、"事"的本体论意义，并无意根本排拒公共性，而仅只是出于更热心回护与关爱人的这种个体性与自由度。

（原载冯达文《中国哲学的本源——本体论》，广东人民出版社2001年版）

个人·社群·自然
——为回归古典儒学提供一个说法

这也许不是一篇严格的学术论文，而只是发表一种感慨。我们面对的当今世界，何以会变成这个样子？被全力帮助过的，为什么丝毫不知道感恩？曾经践踏人家的国土屠杀过千千万万无辜的生命的，为什么丝毫不知道忏悔？特别是那些被视为最早步入"文明"的人们在世界每一个角落喊打喊杀，竟也不再披上"平等、博爱、自由、民主"的伪装，而赤裸裸地以"某国利益"为旗帜？

现代社会真的不需要再讲道义、完全地拒斥信仰了？

一

现代社会何以会蜕变成这个样子？我们没有办法不追溯到其始创于18世纪的理论源头——尽管这些源头流出来的信息也曾经为我们所看重，而且在后来的两个世纪也有所变迁，但是从源出处讲起会使问题变得更加清晰。更何况，现代社会的体制、现代人崇尚的认知方式与价值意识，都是那个时代奠基的。

让我们先选读霍布斯的名著《利维坦》。它写道：

> 因为人的状况是一种每一个人对每一个人战争的状况；在这种状况下，每一个人都是为他自己的理性所统治。凡是他所能利用的东西，都可以帮助他反对敌人，保全自己的生命。因此，在这种情况下，每一个人对每一样事物都有权利，甚至对彼此的身体也有权利。所以，只要每一个人对每一样事物的这种自然权利继续下去，任何人（不管如何强悍或如何聪明）都不可能完全地活完自然通常许可人们生活的时间。于是，这就成了一条格言或理性的一般准则：每一个人只要有获得和平的希望，就应该力求和平；在不能得到和平时，他就

可以寻求并且利用战争的一切帮助和利益。①

在霍布斯的这番话里我们看到，上帝创世的观念隐退了，被凸显的是不分男女老少远近亲疏的每个个人；每个个人在"自然状态"中获得的权利具有绝对性；为保卫权利，每个个人与他人只能处于战争状态中。

然后，为了避免因战争而"不可能完全地活完自然通常许可人们生活的时间"，每个个人不得不做出权利转让。于是，霍布斯称：

> 每当一个人转让他的权利，或者放弃他的权利时，那总是或者由于考虑到对方转让给他某种权利，或者因为他希望由此得到某种别的好处。因为这是一种自愿行为，而任何人的自愿行为，目的都是为了某种对自己的好处。……
> 权利的相互转让就是人们所谓"契约"。②

依霍布斯的看法，公共权力机构的产生出于每个个人权利的转让。每个个人之所以同意把权利让出，是因为他意识到唯有这样，他才可以生存。就是说，公共机构乃至国家的建立不是来自神的旨意，而仅源于每个个人理性的考量；而每个个人转让权利使公共机构——国家得以建立，其目的也在"为了某种对自己的好处"。这意味着，这种权力机构与个人的关系是外在的，对每个个人是工具性的。

就这样，霍布斯开启了把每个个人与神分离开来同时也与族群分离开来予以单一化与同一化，且把每个个人权利绝对化和把公共机构契约化的先河。由是，他得以被罗素称为"讲政治理论的第一个真正近代的著述家"③。

然而，霍布斯是极其矛盾的。在他提议每个个人把权利转让出去建立公共权力机构之后，竟然以君主集权制为所尚。在一个专制独裁的政府统

---

① 北京大学哲学系外国哲学史教研室编译：《西方哲学原著选读》（上卷），商务印书馆1981年版，第397～398页。
② 北京大学哲学系外国哲学史教研室编译：《西方哲学原著选读》（上卷），商务印书馆1981年版，第398～399页。
③ ［英］罗素著：《西方哲学史》（下卷），何兆武、李约瑟译，商务印书馆1988年版，第78页。

治下，每个个人的权利怎么还可能得到绝对的保障呢？

还是后来的洛克想得妥帖。洛克不认为人的自然状态为战争状态，他在《政府论》下篇中写道：

> 为了正确地了解政治权力，并追溯它的起源，我们必须考究人类原来自然地处在什么状态。那是一种完备无缺的自由状态，他们在自然法的范围内，按照他们认为合适的办法，决定他们的行动和处理他们的财产和人身，而毋需得到任何人的许可或听命于任何人的意志。①

洛克这里的"自然法""自然地处在什么状态"，一方面也和霍布斯一样地排斥神的意志，另一方面又不认同于霍布斯的"人与人的战争状态"说与处理方法的君主专制论。他把"自然状态"赞美为"一种完备无缺的自由状态"。接下来，洛克继续写道：

> 这也是一种平等的状态，在这种状态中，一切权力和管辖权都是相互的，没有一个人享有多于别人的权力。极为明显，同种和同等的人们既毫无差别地生来就享有自然的一切同样的有利条件，能够运用相同的身心能力，就应该人人平等，不存在从属或受制关系，除非他们全体的主宰以某种方式昭示他的意志，将一人置于另一人之上，并以明确的委任赋予他以不容怀疑的统辖权和主权。②

这段话的最后一句"除非他们全体的主宰……"说得不明不白，似乎是有意给创世主留有余地，但这样一来即与《政府论》上篇否定君权神授论的观点不协调。不过，我们还是回到他的出发点的"自然状态"吧。他强调，在"自然状态"中，每个个人生来不仅是自由的，而且是平等的。在平等状态下通过契约关系建立的政府，绝不可以是完全剥夺个人自由的集权机构。通过社会契约所建立的"公民社会的目的原是为了避免

---

① ［英］洛克著：《政府论》（下篇），瞿菊农、叶启芳译，商务印书馆1993年版，第6页。
② ［英］洛克著：《政府论》（下篇），瞿菊农、叶启芳译，商务印书馆1993年版，第6页。

并补救自然状态的种种不方便"① 而已。当中，个人自由平等的一切权利仍旧得到确保，尤其重要的是经济利益：

> 人们联合成为国家和置身于政府之下的重大的和主要的目的，是保护他们的财产；在这方面，自然状态有着许多缺陷。②

洛克这里无疑也是说，在"自然状态"中每个个人获得的与拥有的是绝对的，公共机构——政府的设置只是一种确保个人权益特别是经济利益的手段。

稍后的卢梭虽然没有像洛克那样被列入自由主义先驱者的行列，而只被供奉为"浪漫主义运动之父"，但是他的《社会契约论》毫无疑问是为18世纪末的法国大革命，乃至美国的民主革命奠定了理论基石。在该书中，卢梭宣称：

> 人是生而自由的，但却无往不在枷锁之中。自以为是其他一切的主人的人，反而比其他一切更是奴隶。③

这也是从每个个人生来如何立论，也即以"自然状态"为说。然后谈及家庭，卢梭说：

> 一切社会之中最古老而又唯一自然的社会，就是家庭。然而孩子也只有在需要父亲养育的时候，才依附于父亲。这种需要一旦停止，自然的联系也就解体。孩子解除了他们对于父亲应有的服从，父亲解除了他们对于孩子应有的照顾以后，双方就都同等地恢复了独立状态。如果他们继续结合在一起，那就不再是自然的，而是志愿的了；这时，家庭本身就只能靠约定来维系。
>
> 这种人所共有的自由，乃是人性的产物。人性的首要法则，是要维护自身的生存，人性的首要关怀，是对于其自身所应有的关怀；而

---

① [英] 洛克著：《政府论》（下篇），瞿菊农、叶启芳译，商务印书馆1993年版，第54页。
② [英] 洛克著：《政府论》（下篇），瞿菊农、叶启芳译，商务印书馆1993年版，第76页。
③ [法] 卢梭著：《社会契约论》，何兆武译，商务印书馆2003年版，第3页。

且，一个人一旦达到有理智的年龄，可以自行判断维护自己生存的适当方法时，他就从这时候起成为自己的主人。①

不知道是不是因为卢梭从小缺失亲情之爱，他这里是连家庭也解构了：子女年幼的时候因为需要父亲供养（功利性的），才有服从问题（工具性的）；从"自然状态"看，他们依然是个体的与独立的；他们以自己的生存为最高目标。至于公共社会的建构，卢梭说：

> 我设想，人类曾达到过这样一种境地，当时自然状态中不利于人类生存的种种障碍，在阻力上已超过了每个个人在那种状态中为了自存所能运用的力量。于是，那种原始状态便不能继续维持；并且人类如果不改变其生存方式，就会消灭。②

由是，卢梭也认为人们需要订立契约组成国家。组成国家本来即意味着人们要付出个人的独立和自由，但卢梭坚信：

> 每个人既然是向全体奉献出自己，他就并没有向任何人奉献出自己；而且既然从任何一个结合者那里，人们都可以获得自己本身所渡让给他的同样的权利，所以人们就得到了自己所丧失的一切东西的等价物以及更大的力量来保全自己的所有。③

交出去只是为了取回来，对于每个个人来说还是没有任何失去。卢梭这个设想比霍布斯好许多。霍布斯把个人交给专制政府，是不允许再要回什么的。卢梭还想到要给每个个人发一张空头支票。

然而，且不管霍布斯、洛克、卢梭等人相互之间在理论上有多大差异，他们作为开启近代自由主义政治理论架构的代表性人物，有许多共同之处：他们都着意地挤兑神，回归人，开启了一种所谓的"俗世化"的历史进程；他们不仅让每个个人摆脱神，也力图抽离社会，而虚设了一种

---

① ［法］卢梭著：《社会契约论》，何兆武译，商务印书馆2003年版，第5页。
② ［法］卢梭著：《社会契约论》，何兆武译，商务印书馆2003年版，第18页。
③ ［法］卢梭著：《社会契约论》，何兆武译，商务印书馆2003年版，第20页。

"自然状态",以为在这种状态中每个个人具有自存自足性;他们更把每个个人的自存自足性落实在每个个人的权益上,由自存自足的个人以契约的方式组合而成的社会——国家,只是用以保障个人权益的工具施设。

实际上,我们不难看到,近代这批自由主义思想家开启的"俗世化"过程,也就是个人欲望不断放大与释放的过程。每个个人受着欲望的驱动且无所畏惧,便不能不爆发巨大的争夺。面对这种争夺而采取的管理体制,美国学者本杰明·巴伯所撰《强势民主》一书,把其斥逐为"动物管理"。他写道:

> 自由主义民主看起来已经被塑造成动物园的形象。在这种动物园中,充满了所描述的各种动物和家畜:作为最高统治者的狮子,高贵的狐狸,胆怯的绵羊和卑鄙的冷血动物,缺乏同情心的野猪和处于管理者地位的鲸鱼,狡猾阴险的狸猫,机灵的郊狼,品性卑劣(通常披着羊皮)的狼,最后,在汉密尔顿令人恐惧的想象中,人本身也是一种重要的野兽。①

他继续写道:

> 作为一种欲望的动物,或者作为一种理性的由契约对欲望进行规定的动物,自由主义式的个人看起来并不能承担其想象中的重任。自由变得与自私自利难以区别,并且由于冷漠、疏远和道德沦丧而变得腐化堕落;平等变成为市场交换,同时也与它本来需要的家庭背景和社会背景相脱离;而幸福则是通过不利于其精神品质的物质满足来衡量的。也许,这就是为什么美国民主政治的奇迹既拥有受惠者又有许多没能享受其好处的人,既产生了成功人士又产生出许多不满于现状的人,既造就了百万富翁又造成了许多失魂落魄者,既带来富足又制造出恐怖主义,既带来了安全又造成社会冲突,既具有文明的外表又

---

① [美]本杰明·巴伯著:《强势民主》,彭斌、吴润洲译,吉林人民出版社2006年版,第22页。

产生诸多的社会不公正。①

巴伯无疑告诉我们,现代社会之所以变成这个样子,是因为每个个人被动物化了。

诚然,人们会说,上面所指陈的乃是 18 世纪有功利主义倾向的老一代的自由主义,20 世纪的新自由主义已有不同。但是,在我的印象中,即便是讲求社会正义的罗尔斯,其理论建构也依然从"自然状态"("原初状况")和"每个个人"及其"自利性"出发,他的"正义"论无非是想把利益的分配做更精密的计度,以使处于最不利地位的人有利而已。及至被称为"极端自由主义者"的诺齐克,甚至借更严实的理论辩驳把个人利益凸显到了比老一代自由主义者还要张狂的境地。②

现代自由主义在方法论和价值观上,实际上都不过是洛克、卢梭等人的思想路数的延续与引申。

二

鉴于由自由主义思潮带来的现代社会的严重危机,20 世纪 80 年代兴起了一股被命名为社群主义的思潮。这个思潮中的各路人物理论主张很有区别,但依俞可平的看法,大体仍可以归结为:

> 从方法论上说,自由主义的出发点是个人,而社群主义的出发点则是社群;从价值观方面看,自由主义强调个人的权利,而社群主义则强调公共的利益。……
>
> 在方法论上,社群主义者认为,个人主义关于理性的个人可以自由地选择的前提,是错误的或虚假的,理解人类行为的唯一正确方式是把个人放到其社会的、文化的和历史的背景中去考察。换言之,分析个人首先必须分析其所在的社群和社群关系。在规范理论方面,社

---

① [美]本杰明·巴伯著:《强势民主》,彭斌、吴润洲译,吉林人民出版社 2006 年版,第 25~26 页。

② 关于罗尔斯和诺齐克的自由主义思想,香港中文大学石元康教授有精到的评介,见石元康著《当代自由主义理论》(联经出版事业公司 1998 年版)有关章节。

群主义者断定，作为公平的正义不可能对善具有优先性，反之，我们对善的感知（our conception of the good）应当具有绝对的优先性。社群既是一种善，也是一种必需，人们应当努力追求而不应当放弃。正义优先的原则要求权利优先的政治学，而善优先的原则要求公益优先的政治学。因此，用公益政治学替代权利政治学，便成为社群主义的实质性主张。①

俞可平从方法论与价值观两方面分析了社群主义与自由主义的差别，诚为得当。

我们也可通过社群主义代表人物之一麦金太尔的著作《德性之后》中一些论说来领会社群主义的主张。麦金太尔在批评现代社会把每个个人的生活分成多种片段、现代哲学（分析哲学）以原子论的方式思考人的行为时就指出：

> 唯有在想象中，我们生活在无忧虑的故事里。在生活中，正如亚里士多德和黑格尔所注意到的，我们总是处于一定的约束之下。我们进入了一个不是我们自己所搭的舞台，我们发现我们自己对一个不是我们自己产生的行为的作用。在自己的戏中扮演一个主要角色的我们中的每一个人，在其他人的戏里起一些次要作用，并且每个人的戏都制约着其他人的戏。②

麦金太尔又称：

> 我们都是作为一个特殊的社会身份的承担者与我们自己的环境打交道的。我是某人的儿子或女儿，另外某人的表兄或叔叔；我是这个或那个城邦的公民，这个或那个行业或职业的一个成员，我属于这个氏族、那个部落或这个民族。……这些构成了我的生活的既定部分，

---

① 俞可平：《从权利政治学到公益政治学——新自由主义之后的社群主义》，见刘军宁等编《自由与社群》，生活·读书·新知三联书店1998年版，第66～68页。

② ［美］A. 麦金太尔著：《德性之后》，龚群、戴扬毅等译，中国社会科学出版社1995年版，第269页。

我的道德的起点。在一定程度上，正是这一切使我的生活有它自己的道德特殊性。①

麦金太尔这里所揭示的，正是把个人从社群中抽离出来讨论个人权利的不可靠性。在社群中，每个个人总处在特定的角色中，个人没有可能拥有绝对自由的选择。只有把个人放在社群角色的独特处境中，他才是可以被认识、被理解的。而社群总是历史地变迁的，所以个人也不可能摆脱历史。麦金太尔继续说：

> 个人主义的观点认为，我是我自己所选择的那种存在，只要我愿意，我就永远能把被看作是我的存在的那些仅仅是偶然性的社会特征放在一边。……这是一个没有历史的自我。这与叙述观点的自我相对照是很清楚的。因为我的生活的故事是永远被包括在我得到我的身份的那些社会共同体的故事中。我的出生就带着一个过去，可个人主义者的模式则力图把我自己与这个过去切断，而这就要扭曲我现在的关系。一种历史身份的占有和一种社会身份的占有是重合的。……
>
> 我是我所继承的东西，一种特殊的过去某种程度地呈现在我的现在之中。我发现一个历史的我自己的部分，并且一般而言，不论我是否喜欢，是否认识到它，我都是一个传统的承载者之一。②

麦金太尔的这些分析，着意于把被自由主义思潮从历史中抽离的每个个人重新放回到历史的脉络中去，以为唯有如此，个人现时的权利、现时的思想与行为才有可能得到理解与确认。在"社会身份"中，长辈与晚辈的关系即体认着时间性。因而，承认人的生存处境的社群性，便必然同时承认人的存在的历史性。

的确，如果说自由主义的"个人观"是把个人挂空起来的，那么社群主义则把个人放回到实地中来了；自由主义只关切个人的权益，而社群

---

① ［美］A. 麦金太尔著：《德性之后》，龚群、戴扬毅等译，中国社会科学出版社 1995 年版，第 277～278 页。
② ［美］A. 麦金太尔著：《德性之后》，龚群、戴扬毅等译，中国社会科学出版社 1995 年版，第 278～279 页。

主义更关切公共的责任；自由主义只把社群国家当作实现自己权益的手段，而社群主义却把社群认作个体生命的归属。

我的立场，诚然更倾向于社群主义回归社群社会的主张。

三

而一旦倾向于回归社群社会，便绝不可以不回归中国古典儒家。如果说儒家与自由主义思潮也有相近之处的话，那就是它的创始人孔子和承续人孟子，都致力于淡去神、凸显人，而且也都讲求人的自然先天本性。但是，孔子、孟子并不以为人先天获得或被赋予的，是个人的独立性和自足性，而是人对亲族的"亲亲之情"，对社群中他人的"恻隐之心"。孟子说：

> 人之所不学而能者，其良能也；所不虑而知者，其良知也。孩提之童，无不知爱其亲者；及其长也，无不知敬其兄也。亲亲，仁也；敬长，义也。①

这里的"不学而能""不虑而知"，就是说的先天禀赋。"不学而能""不虑而知"所成就的是"爱其亲""敬其兄"的道德行为，然则人先天禀得的就不是个人之权利如何，而是对亲人、对群族的道德情感。这种道德情感及其自然引发的行为具有"善"的意义，所以孟子又以"善"称"性"：

> 恻隐之心，人皆有之；羞恶之心，人皆有之；恭敬之心，人皆有之；是非之心，人皆有之。恻隐之心，仁也；羞恶之心，义也；恭敬之心，礼也；是非之心，智也。仁义礼智，非由外铄我也，我固有之也，弗思耳矣。②

---

① 《孟子·尽心上》。
② 《孟子·告子上》。

> 虽存乎人者,岂无仁义之心哉!其所以放其良心者,亦犹斧斤之于木也。①

这里,"四心""人皆有之"即指它的遍在性,"我固有之"即指它的先天先验性。

值得注意的是,欧洲近代众多启蒙思想家中,卢梭与霍布斯、洛克等人不同,他不认为人的先天本性是恶的。他认为,"人的本性是为善的存在者",也主性善论。孟子与他不同的是:孟子以为人的善良之心是在社群生活的共同体中自然培养出来的,而卢梭诉诸意志主义的自然神论②;孟子直接从性善论中引申出对社群的责任,而卢梭却把自然本性与被看作是走向文明的社会建构对置起来——这种对置使卢梭对文明的蜕变具有反省的意义,但与此同时消解了他对社群乃至于家庭共同体的信心,而只好以"契约"的方式使群体关系得以维系。这表明他还是有别于儒家。

儒家的创始人孔子和承继人孟子致力于守护由社群生活培植起来的情感,以使社群生活获得道德感与亲和性。及荀子则直接以理性的话语说明人为什么要取社群性的生活方式而且要讲求道义的优先性。荀子说:

> 水火有气而无生,草木有生而无知,禽兽有知而无义;人有气、有生、有知,亦且有义,故最为天下贵也。力不若牛,走不若马,而牛马为用,何也?曰:人能群,彼不能群也。人何以能群?曰:分。分何以能行?曰:义。故义以分则和,和则一,一则多力,多力则强,强则胜物。……故人生不能无群。③

荀子以是否有"义"区分人禽,而"义"则是在人的群族生活中必需的。荀子所坚持的也是儒家的基本立场。及荀子讲"生而好利"有别于孟子而疑似于霍布斯。但霍布斯立足于个人权利去裁决公共社会的确当性与否,荀子却侧重于暴露每个个人的有限性去维护社群建构与公共社会。他

---

① 《孟子·告子上》。
② 参见《西方哲学史》编写组编《西方哲学史》,高等教育出版社 2011 年版,第 317～319 页。
③ 《荀子·王制》。

们实际上有原则上的区别。

进一步揭示每个个人的有限性而把社群生活提升到本体论高度予以说明的，是一个不太引人注意的人物裴頠。裴頠生活于西晋时期，有感于在社会动荡时期"贵无论"的流行及其引发的对公共社会建构的虚无感，撰写《崇有论》以重振儒家的价值观。他写道：

> 夫总混群本，宗极之道也。方以族异，庶类之品也。形象著分，有生之体也。化感错综，理迹之原也。夫品而为族，则所禀者偏，偏无自足，故凭乎外资。是以生而可寻，所谓理也。理之所体，所谓有也。有之所须，所谓资也。资有攸合，所谓宜也。择乎厥宜，所谓情也。识智既授，虽出处异业，默语殊涂，所以宝生存宜，其情一也。①

"品而为族，则所禀者偏"，即指在自然大化中生成的每一族类、每一个体，都各有自身的限定性；然而，所有族类、所有个体的总和却能满足无限性的要求，获得"宗极之道"的一种本体性意义。裴頠由此确认"总混群本"群体生活的正当性。对于每个个体而言，因为它们都是"偏无自足"的，故需要"凭乎外资"。"凭乎外资"之所以可能，乃因为个体与个体之交接是有规则的，是"所谓理也"。个体在自己所处的特定位置上做出合宜的选择，就可以使自己生活得切适而获得意义。

到此为止，我们无疑已经看到，中国古典儒家从一开始就是以确认人的社群生活及维系社群社会生活的道德信念的正当性为自己基本的价值追求的。

四

其实，就人的现实的与真实的状况而言，人不仅从生下来就处于社群生活中，而且也处于大自然天地宇宙中。社群主义关切人的生存处境的社群性，从而使以公共利益为核心的价值信念得以张扬。孔孟所创古典儒学同样强调人的生存处境的社群性和固守对社会他人的同情心与责任意识。

---

① 《晋书·裴頠传》。

但儒家在其后来的发展中，还把人的生存处境带入大自然天地宇宙中来，使人同时感受到与天地宇宙的亲和性。

儒家把人的生存处境带入天地宇宙，并从天地宇宙的生生化化来说明人的群体性的价值追求的正当性，是很自然的事：社群是一个空间的向度，这个向度的最大推开就是天地宇宙；社群的长幼之分又有时间的向度，这个向度的终极追溯也还是天地宇宙。所以，自孔子、孟子之后，儒学一方面关注理性的开展，如荀子、裴颜和后来的朱熹；另一方面也引入信仰的成分，这就是宇宙论。

较早引入宇宙论为孔孟的价值观架设起形上学的，似乎是《易传》。《易传·序卦》称：

> 有天地然后有万物，有万物然后有男女，有男女然后有夫妇，有夫妇然后有父子，有父子然后有君臣，有君臣然后有上下，有上下然后礼义有所错。

《易传》于此即认为，每个个人、个人所处的社群组织及相应的公共施设与道德信念，都从天地宇宙演化而来。人离不开天地宇宙。

人不仅离不开天地宇宙，而且既为天地宇宙所生所育，就应该有一种敬畏与感恩的意识。关于这一点，即便十分理性的荀子也都是强调的：

> 礼有三本：天地者，生之本也；先祖者，类之本也；君师者，治之本也。无天地，恶生？无先祖，恶出？无君师，恶治？三者偏亡焉无安人。故礼，上事天，下事地，尊先祖而隆君师，是礼之三本也。①

此即把礼制规范安立在对天地与先祖（也含师君）敬畏与感恩的情感态度上。

汉代董仲舒更把对天地宇宙的敬畏与感恩往信仰的方向上予以加持。他写道：

> 仁之美者在于天。天，仁也。天覆育万物，既化而生之，有养而

---

① 《荀子·礼论》。

成之，事功无已，终而复始，凡举归之以奉人。察于天之意，无穷极之仁也。人之受命于天也，取仁于天而仁也。①

董子于此就把"仁"的这种德行从对"天"的敬畏与感恩中加以确认。

是啊！天地宇宙自然世界对我们人类如此地厚爱，让我们人类最富感情、最具灵性，得以成为最优秀的一个族群，我们岂能不敬畏与感恩？

又，天地宇宙自然世界不仅以特别的厚爱生化了我们，而且年复一年、周而复始地生成万物以供养我们，让我们的族群得以世世代代地繁衍，我们岂能不敬畏与感恩？

明代思想家罗汝芳说得更明确、更深刻：

孔子云："仁者人也。"夫仁，天地之生德也。天地之大德曰"生"，生生而无尽曰"仁"，而人则天地之心也。……夫知天地万物之以生而仁乎我也，则我之生于其生，仁于其仁也，斯不容已矣。夫我生于其生以生，仁于其仁以仁也，既不容已矣，则生我之生，以生天地万物，仁我之人，以仁天地万物也，又恶能以自已也哉？夫我能合天地万物之生以为生，尽天地万物之仁以为仁也，斯其生也不息，而其仁也无疆，此大人之所以通天地万物以成其身者也。②

这是说，天地万物是以它的"生"来养育我、成全我的，这体现了天地之仁；我既以天地万物之"生"为"生"，则我亦当以我之"生"来延续天地万物之"生"，这是不容自已，不允许自己不这样做的，这是我之"仁"；正是由于天地万物之"生"生我，由我之"生"生天地万物，而使天地宇宙得以无限地发展，我亦得以融入天地宇宙无限发展的长河，而获得无限的意义。

自由主义力图摆脱神，释放每个个人张狂的利欲追逐；社群主义希望把每个个人置入公共社会的道德诉求之中，使之有所节制，有所提升；儒家宇宙论更祈求让人们重新沐浴于恩典之下，只是这种恩典已不是来自万能的神，而是源于大自然的生生不已。

---

① 《春秋繁露·王道通三》。
② 方祖猷、梁一群等编校整理：《罗汝芳集》（上），凤凰出版社2007年版，第388页。

五

需要申明的是，本文借批评自由主义的政治哲学而显扬儒学，并不是要否定自由与民主。关于这一点，坚持儒家立场的老一辈思想家牟宗三、唐君毅、徐复观等诸先生，在与台湾地区自由主义代表人物殷海光等学者的论争中有非常清晰的阐述。双方争论的中心之一是，民主政治是否一定要立足于性恶论？西方近代自由主义从"每个个人"及其"自利性"出发，无疑即设定"人性本恶"。为了对治这种人性，必须建构以分权为特征的一套完善的制度，是为民主。殷海光认定，政治制度不能以道德理想（性善论）作为基础，否则会走向极权统治。① 牟、唐、徐诸先生与之相反，指出政治上的自由民主要靠道德理想主义才可以得到提升；设定"人性本恶"需要强控制反而容易堕向极权主义。② 牟、唐、徐诸先生的说法诚然不谬。③

依沿我以上所开展的视角，我这里要讨论的问题是（也可以说是对

---

① 殷海光称："如果以道德作民主政治底基础，便与黑格尔底泛逻辑主义（panlogicism）合流。泛逻辑主义则是泛政治主义（panpoliticism）底理论基础之一。而泛政治主义则是极权制度底骨架。在现代技术底影响甚或决定之下，过程比目标更为重要。因为人所亲身接触者为实际的过程，从未尝是理想目标。此点自古已然，于今为烈。现实道德目标的过程如不为道德的，则理想的道德适足以造成现实的灾害。古代的宗教迫害，东方的'大义觉迷录'式的思想所造成的悲剧，以及现代极权统治之形成，都是根植于此。道德本身并没有防止不道德的行为出现之器用。所以，道德丝毫不能作民主政治底基础。退一步说，即今没有这些灾害，道德是在伦理界。它是制度以外的东西，因此与政治制度仍是两橛。"（林正弘主编：《殷海光全集：政治与社会》，桂冠图书股份有限公司1990年版，第360页）显见殷海光是把道德理想与民主政治完全对立起来的。

② 牟宗三称："'自由民主'一原则必须靠一个更高一层的较为积极而有力的文化系统来提挈它，维护它。……这个更高一层，更积极而有力的文化系统，就是儒家的文化系统，其核心思想就是理性主义的理想主义，简言之，就是道德的理想主义，切实言之，就是道德实践理性之理想主义。"（牟宗三：《道德的理想主义》，台湾学生书局1978年版，第22页）徐复观则称："极权主义和殖民主义对中国来说，他们在文化上有一共同之点，即是彻底反对以孔子为中心所展开的中国传统文化。极权主义之所以如此，是因为中国文化系立基于性善思想之上；这便真正把握到了人类尊严、人类平等及人类和平相处的根源；当然也是政治上自由民主的根源。"（徐复观著，萧欣义编：《儒家政治思想与民主自由人权》，台湾学生书局1988年版，第99页）

③ 关于牟宗三、唐君毅、徐复观诸先生与殷海光等先生的有关论争，李明辉多有评介，可参见李明辉《儒家视野下的政治思想》，台湾大学出版社2008年版。

牟、唐、徐诸家说法的一个补充）：是不是只有从"自然状态"下"每个个人"出发，才可以开出民主政治？像儒家那样，确认个人的有限性，个人必须依存于社群，否则，就不可以开出民主政治？答案诚为不然。尽管由于历史条件的限制，古代儒家学者确实未能提供一套民主政治的理论体系与现实架构，但是儒家及中国文化历来提倡的"天无私覆，地无私载"的一说，实已从根源上揭示了人与人之间的平等关系；及儒家学者深悟个人的有限性，人与人之间需要相互扶持才可以生存与繁衍时，个人即得以走出自我，走向他人，尊重他人，走入社群，共建合理制度，此即有可能导向民主；至于儒家学者在社群制度建构上讲求的"礼"，在它的原初意义上其实是教养问题，及其后来成为维护等级统治的工具，则是由种种现实利益关系的牵扯而引发的蜕变。这种蜕变已经背离了儒家原有的思想信念（相互依持的社群意识）与价值追求（平等的人格权利）。人们可以想方设法为自由主义以形式的平等去掩盖质实的不平等辩护，为什么就不可以理解儒家在后来演变过程中难免发生的坠落？

　　本文无意于探讨现实政治架构及其公平问题。我为回归儒学提供一个说法，更关切的其实还是人应不应该有一种超越性的追求问题。如上所说，只有确认个人的有限性，个人必须依持于社群乃至天地宇宙，才得以生存与繁衍，则个人与社群与天地宇宙的关联是内在的。个人从社群从天地宇宙中来，他的生存与发展具有正当性，这是"有我"的；个人又必须回到社群、回到天地宇宙中去才能获得价值，这又是"无我"的。个人既从社群从天地宇宙中来，应该懂得敬畏与感恩；个人必须回到社群、回到天地宇宙中去，才能获得价值，又应该尽力守护社群守护天地宇宙，学会尽责与奉献。

　　反之，如果只立足于"自然状态"之"每个个人"的自利性与自存性，则他人只能是一个"界限"，社群只能是谋取个人利益的工具，天地宇宙更是可以任意宰割的质料。依此，自我与他人、个人与社群、人与天地宇宙、有限与无限，是对置的。个人既是无根的，也是无依的。个人与他人、个人与社群，放大一些，是族群与族群、国家与国家、人类与自然世界，不得不被卷入无休止的利益争夺之中。我们当今面对的，不正是这种状况吗？

　　作为本文的结束语，我想引述一中一外两位学者发人深省的两段话。一段话出自杜维明《儒家思想——以创造转化为自我认同》一文。

文中写道：

> 一个孤独的人在完全孤立的状态中试图寻求自我拯救，而又没有来自群体的切身支持，这种观念在儒家社会中是不可思议的。儒家更珍惜的途径，是通过与日益扩展的人际关系圈的交流和参与去进行自我的修养。即使是冒着失去个体自主的危险，儒家也宁愿选择适合的伴侣和"志同道合的朋友"共同参与，以相互勉励的形式发展自己。……通过所谓富有意义的他者，人能够深化和拓展自我，这就是儒家不仅把自我视为各种关系的中心，而且视之为精神的能动发展过程的意义所在。①

杜维明这里所表达儒家关于自我与他人、自我与社群关系的立场，诚然为本文所认同。

另一段话出自罗素的《西方哲学史》。该书在评论霍布斯《利维坦》一书关于国与国之间关系的见解时抒发己见而称：

> 只要国际无政府状态一天还存在，各个国家的效率提高决不见得就对人类有利益，因为这一来也就提高了战争的凶暴和破坏性。霍布斯所举的支持政府的一切理由假如妥当，支持国际政府也是妥当的。只要民族国家还存在，而且彼此打仗，唯有效率低下能保全人类。缺乏防止战争的任何手段却改进各个国家的战斗素质，是一条通往全球毁灭的道路。②

罗素这里所说的"缺乏防止战争的任何手段"，无疑包括信仰的退场与道德的匮乏；而效率的单方面的提高与战斗素质的无休止的提升，只会加剧战争的凶暴和破坏性，如我们今天所看到的。

（原载《社会科学战线》2013 年第 6 期）

---

① 杜维明著，郭齐勇、郑文龙编：《杜维明文集》（第 3 卷），武汉出版社 2002 年版，第 317 页。
② ［英］罗素著：《西方哲学史》（下卷），何兆武、李约瑟译，商务印书馆 1976 年版，第 79 页。

道家哲学的本源—本体论

一

在我看来，道家哲学发端于对人作为一种社会与文化的存在的全面反省。

所谓人作为社会的存在，是指的人进入社会以关系的方式存在，在关系的存在方式中的角色扮演。道家对人作为社会的存在的反省，即是指对在关系的存在、角色的扮演中，人的本我丧失之可悲性的反省。

所谓人作为文化的存在，是指人之被"文"化，或人之被德性化与知性化。人的道德承担亦即角色的自觉扮演，人的理智分判亦即角色的清醒意识。故人之被"文"化与被社会化是同一的。道家对人作为文化的存在的反省，便是指的对人在被德性化与知性化，即人在角色的自觉与清醒的扮演中，人的本真丧失之可悲性的反省。

道家对人作为社会的与文化的存在的这种反省，在先秦《老子》《庄子》等书中，随处可见。如《老子·八十章》所说：

> 小国寡民。使有什伯之器而不用，使民重死而不远徙，虽有舟舆，无所乘之；虽有甲兵，无所陈之。使民复结绳而用之。甘其食，美其服，安其居，乐其俗。邻国相望，鸡犬之声相闻，民至老死不相往来。

"什伯之器"的发明、商业的发达与交通工具的进步、文字的广泛使用乃至心智的开启，这些都可谓社会的与文化的存在与发展的象征，而老子对此却取否定态度。何以如此？庄子所编子贡南游于楚的故事可以说是一个恰当的解释。《庄子·天地》篇称：

> 子贡南游于楚，反于晋，过汉阴，见一丈人，方将为圃畦，凿隧而入井，抱瓮而出灌，搰搰然用力甚多，而见功寡。子贡曰："有械于此，一日浸百畦，用力甚寡，而见功多，夫子不欲乎？"为圃者仰而视之，曰："奈何？"曰："凿木为机，后重前轻，挈水若抽，数如泆汤，其名为槔。"为圃者忿然作色而笑曰："吾闻之吾师，有机械者，必有机事。有机事者，必有机心。机心存于胸中，则纯白不备。纯白不备，则神生不定。神生不定者，道之所不载也。吾非不知，羞而不为也！"

机械的发明固然显示了社会的进步与文化的发展。但在庄子看来，由机械发明引发的，不就是"机心"的发达吗？故由机械发明所标识的社会的进步与文化的发展，所带来的即是"道"之丧失，何取之有？

庄子此处所谓"道"，亦即其所谓"全德"。庄子续借子贡之自省而称：

> 执道者德全，德全者形全，形全者神全，神全者圣人之道也。……功利机巧，必忘夫人之心。若夫人者，非其志不之，非其心不为，虽以天下誉之，得其所谓，謷然不顾；以天下非之，失其所谓，傥然不受。天下之非誉无益损焉，是谓全德之人哉！

显然，庄子这里所说的"全德之人"，即是未被角色化与知性化从而不为外在社会评价左右的本我与本真。庄子对社会的进步与文化的发展不屑一顾，是因为这种发展只会使人失去本我与本真。

庄子于《大宗师》篇又写道：

> 今之大冶铸金，金踊跃曰："我且必为镆铘！"大冶必以为不祥之金。今一犯人之形，而曰"人耳人耳"，夫造化者必以为不祥之人。

"造化者"，自然之谓。人们都以为离开自然进入社会才成为人。在庄子看来，人一旦进入社会即为种种矛盾对待关系所肢解、所折磨。人由之不再有自我与自由。这是不祥之事，有何值得踊跃向往之？

庄子于《应帝王》篇又特别提到人的知性的开启给人带来的不幸：

> 南海之帝为儵，北海之帝为忽，中央之帝为浑沌。儵与忽时相与遇于浑沌之地，浑沌待之甚善。儵与忽谋报浑沌之德，曰："人皆有七窍，以视听食息，此独无有，尝试凿之。"日凿一窍，七日而浑沌死。

七窍成而浑沌死，即意味，人之知性越发达，人之本真越丧去！

以上数例均说明，先秦道家的两位主要人物（或论著），对人之被社会化与被"文"化，持激烈的批评态度。

老庄又常常以"婴儿之未孩"①"复归于婴儿"②，喻人之未被社会化、未被"文"化之至境。按古代通行"冠礼"即"成人礼"，《礼记·冠义》记述：

> 凡人之所以为人者，礼义也。……故曰：冠者礼之始也。……已冠而字之，成人之道也。见于母，母拜之；见于兄弟，兄弟拜之；成人而与为礼也。玄冠玄端，奠挚于君，遂以挚见于乡大夫、乡先生，以成人见也。成人之者，将责成人礼焉也。责成人礼焉者，将责为人子，为人弟，为人臣，为人少者之礼行焉。将责四者之行于人，其礼可不重与？故孝弟忠顺之行立，而后可以为人。

《礼记》此所谓"成人"，亦即进入社会扮演"为人子，为人弟，为人臣，为人少者"之角色；"成人"须行"成人礼"，意味人将离开自然而被"文"化。这是儒家所嘉许的。故儒家实以社会与文化为本位。与之相反，老庄眷恋"婴儿之未孩"，心仪"复归于婴儿"，即崇尚人未被社会角色化、未被"文"化之自然—本然状态。老庄道家实以自然—本然为本位。

魏晋玄学之被誉为新道家，即在于他们认同了老庄道家这种自然—本然之本位观。王弼注《老子·二十七章》称：

---

① 《老子·二十章》。
② 《老子·二十八章》。

顺自然而行，不造不施，故物得至，而无辙迹也；顺物之性，不别不析，故无瑕谪可得其门也；因物之数，不假形也；固物自然，不设不施，故不用关楗、绳约，而不可开解也。此五者，皆言不造不施，因物之性，不以形制物也。

其于《老子·五章》注又谓：

　　天地任自然，无为无造，万物自相治理，故不仁也。仁者必造立施化，有恩有为。造立施化，则物失其真。有恩有为，则物不具存。物不具存，则不足以备载。

此所谓"以形制物""造立施化"，即指社会以角色的要求框架、改铸人物。在王弼看来，这样做只会使"物失其真"。"因物之性""因物自然"，即以自然为本位。自然者，天然也。故王弼以"天地任自然"立论。

魏晋士人对人之被社会化、被"文"化持强烈批评态度，又特见于当时关于自然与名教的关系的论争中。

关于名教与自然的关系，国内学者大多认定，魏晋玄学主"名教出于自然""名教即自然"。此说与汤用彤所持之看法有关，汤氏于其《魏晋玄学论稿》一书中曾谓："向秀、郭象继承王、何之旨，发明外王内圣之论。内圣亦外王，而名教乃合于自然。"① 又于《魏晋思想的发展》一文中写道：

　　郭象在他的《庄子注》中说明本书的宗旨是"明内圣外王之道"，"内圣"就是要顺乎"自然"，"外王"则主张不废"名教"，主张"名教"合乎"自然"，"自然"为本为体，"名教"为末为用。②

---

① 汤用彤：《汤用彤学术论文集》，中华书局1983年版，第284页。
② 汤用彤：《汤用彤学术论文集》，中华书局1983年版，第302～303页。

诚然，汤氏持论不无所据。王弼在注《老子·三十二章》"始制有名，名亦既有，夫亦将知止。知止所以不殆"句时称：

> 始制谓朴散始为官长之时也。始制官长，不可不立名分以定尊卑，故始制有名也。过此以往，将争锥刀之末，故曰：名亦既有，夫亦将知止也。遂任名以号物，则失治之母也，故曰：知止所以不殆也。

于此，王弼即以老子"朴散则为器"之说论名教不可不立。郭象于其《庄子·齐物论注》中亦称：

> 臣妾之才，而不安臣妾之任，则失矣。故知君臣上下，手足外内，乃天理自然，岂真人之所为哉？

此亦似乎把君臣上下的等级区分看作"天理自然"，而近"名教即自然"。

其实，这种理解有偏失之处。

首先，在王弼那里，在"失道"或"朴散"的情况下虽也以为"不可不立名分以定尊卑"，但他同时又指出，这种上下尊卑的区分作为"器"只是为了操作上的方便，而无"真"的意义。王弼于注《老子·二十八章》"朴散则为器，圣人用之，则为官长"句时说："朴，真也。真散则百行出，殊类生，若器也。"此即确认这一点。显然，在王弼看来，道、朴、自然与器、物、社会层级施设（礼制）不是同一层次的东西，这哪里是说"名教即自然"？

其次，在郭象那里，其确认等级秩序的言论诚然不少。必须注意的是，郭象是在"任自然"的大前提下承认现实社会等级区分由于源自人的天然"性分"而具合理性，但他并未以此为"教"。以此为"教"强调的是人为的、操作的、具规范意义的，而郭象所崇尚的"任自然"恰恰是要否弃人为的、规范性的一切东西。天然"性分"即命当如此，其实仅属于一种信仰。在信仰的范围内，上下尊卑既然仅诉诸每个个人自己的确认，那么，每个个人确认自己应属什么等级，仍然是自由的。由此引申出来的，就并不一定具有着意维护现存层级体制的意义。①

再次，汤用彤先生虽然认为王弼、郭象所创之"新学"主"名教"合于"自然"，但汤氏又还指出，这种"新学"的基本观念，"是以老庄（自然）为体，儒学（名教）为用"②。后来的许多学者却说，魏晋士人的"名教"合于"自然"论，即是以"自然"论证封建"名教"的合理性，论证门阀统治制度的合理性。此岂不是变成以"名教"为体（终极目的），以"自然"为用（工具或手段）了？

在"名教"与"自然"的关系问题上，其实是陈寅恪之持论更可参照。陈氏于其《陶渊明之思想与清谈之关系》一文中写道：

> 故名教者，依魏晋人解释，以名为教，即以官长君臣之义为教，亦即入世求仕者所宜奉行者也。其主张与崇尚自然即避世不仕者适相违反，此两者之不同，明白已甚。而所以成为问题者，在当时主张自然与名教互异之士大夫中，其崇尚名教一派之首领如王祥、何曾、荀𫖮等三大孝，即佐司马氏欺人孤儿寡妇，而致位魏末晋初之三公者也。（参晋书贰叁王祥传何曾传，贰玖荀𫖮传。）其眷怀魏室不趋赴典午者，皆标榜老庄之学，以自然为宗。"七贤"之义即从论语"作者七人"而来，则"避世""避地"固其初旨也。然则当时诸人名教与自然主张之互异即是自身政治立场之不同，乃实际问题，非止玄想而已。③

又谓：

> 前已言魏末、晋初名士如嵇康、阮籍叔侄之流是自然而非名教者也，何曾之流是名教而非自然者也，山涛、王戎兄弟则老庄与周孔并尚，以自然名教为两是者也。其尚老庄是自然者，或避世，或禄仕，

---

① 余英时于《名教思想与魏晋士风的演变》一文中说："郭象虽然主张有君，却并无意恢复汉代的政治秩序，因为他所提倡的君道不但是无为的，而且还是'各任其自为'的，即是使士大夫都能'适性逍遥'的一种局面。所以西晋以下与自然合而为一的名教，其涵义早已暗中偷换。"（余英时：《士与中国文化》，上海人民出版社1987年版，第408页）此说亦可从。
② 汤用彤：《汤用彤学术论文集》，中华书局1983年版，第301页。
③ 陈寅恪：《陈寅恪史学论文选集》，上海古籍出版社1992年版，第119页。

对于当时政权持反抗或消极不合作之态度，其崇尚周孔是名教者，则干世求进，对于当时政权持积极赞助之态度，故此二派之人往往互相非诋，其周孔老庄并崇，自然名教两是之徒，则前日退隐为高士，晚节急仕至达官，名利兼收，实最无耻之巧宦也。①

陈寅恪先生于此对名教与自然二者不同关系的理解之缘起、政治背景与价值取向做了精到的分析。陈氏绝不笼统地把魏晋玄学归为自然与名教两是者，而指"两是者""实最无耻之巧宦也"，此尤为一针见血。

但陈寅恪的讨论毕竟过分局限于政治，以此无法说明西晋代魏以后何以仍有自然与名教的长期抗争。余英时的讨论开阔一些，余氏于其《名教思想与魏晋士风的演变》一文中称道："事实上魏晋所谓'名教'乃泛指整个人伦秩序而言，其中君臣与父子两伦更被看作全部秩序的基础。"②依此放宽了的理解，他逐一讨论了魏晋时期君臣关系的危机、家族伦理的危殆，并特以"礼"与"情"的冲突来说明名教与自然的冲突。余氏所引的许多例证都是颇耐人寻味的：

> 王安丰妇，常卿安丰。安丰曰：妇人卿婿，于礼为不敬，后勿复尔。妇曰：亲卿爱卿，是以卿卿；我不卿卿，谁当卿卿？遂恒听之。③

王安丰意欲以"礼"别夫妇，其妻却宁可以"情"亲彼此。此即以"情"抗"礼"。又：

> 王戎丧儿万子，山简往省之，王悲不自胜。简问：孩抱中物，何至于此？王曰：圣人忘情，最下不及情；情之所钟，正在我辈！简服其言，更为之恸。④

---

① 陈寅恪：《陈寅恪史学论文选集》，上海古籍出版社1992年版，第134页。
② 余英时：《士与中国文化》，上海人民出版社1987年版，第416页。
③ 《世说新语·惑溺》。
④ 《世说新语·伤逝》。

山简劝王戎以"礼"别父子,王戎却以"情"同骨肉,并谓"情之所钟,正在我辈"。此亦高扬"情"以抗"礼"。

"情"与"礼"之争作为"自然"与"名教"之争的直接表现,其所以亦体现了道家对人之被社会化、被"文"化之抗争,就因为:"情"是指的未经知性筛选、规范过的人的自然—本然的存在状态。未经知性筛选、规范过的自然—本然的存在最为自我,最是本真。故"触情而行"①的追求亦即体现了道家对被社会化、被"文"化的抗争和对自我与本真的高扬。

君主是"礼"或名教呵护之核心,陈寅恪所谓"依魏晋人解释,以名为教,即以官长君臣之义为教"是也。故魏晋士人批评名教、抗拒礼法,最集中的表现尤为力倡"无君"论。阮籍于《大人先生传》一文称:

> 盖无君而庶物定,无臣而万事理,保身修性,不违其纪。惟兹若然,故能长久。……君立而虐兴,臣设而贼生。坐制礼法,束缚下民。欺愚诳拙,藏智自神。强者睽眠而凌暴,弱者憔悴而事人。假廉而成贪,内险而外仁。罪至不悔过,幸遇则自矜。驰此以奏除,故循滞而不振。②

阮籍这里对君权的批评和倡导"无君"论,还主要是从社会治理的好坏方面检视的。鲍敬言则说得更尖锐、更深刻与更彻底。《抱朴子·诘鲍》篇记称:

> 鲍生敬言,好老庄之书,治剧辩之言,以为古者无君,胜于今世。故其著论云:儒者曰,天生烝民而树之君。岂其皇天谆谆言,亦将欲之者为辞哉!夫强者凌弱,则弱者服之矣;智者诈愚,则愚者事之矣。服之,故君臣之道起焉;事之,故力寡之民制焉。然则隶属役御,由乎争强弱而校愚智,彼苍天果无事也。夫混茫以无名为贵,群生以得意为欢。故剥桂刻漆,非木之愿;拔鹖裂翠,非鸟所欲。促辔衔镳,非马之性;荷轭运重,非牛之乐。……曩古之世,无君无臣,

---

① 《嵇康集·释私论》。
② 李志钧、季昌华等校点:《阮籍集》,上海古籍出版社1978年版,第66页。

穿井而饮，耕田而食，日出而作，日入而息，泛然不系，恢尔自得。……

于此，鲍敬言直谓社会中君臣制度之施设是有违人之自然——本然性情的。及其所称"夫混茫以无名为贵，群生以得意为欢"，何以可以如此说？此直接涉及道家的本源——本体论之预设问题。就是说，道家对人作为社会与文化存在的反省，是以某种特定的本源——本体论为依据，并借这种本源——本体论予以强化的。

那么，什么是道家哲学的本源——本体论呢？

二

这里，首先要明确的是，何谓本源——本体论？

"本源"一词，最早见于《管子·水地》篇。该篇谓："水者何也？万物之本原也，诸生之宗室也，美恶贤不肖愚俊之所产也。"这是以水为万物的最初来源，并从万物的最初来源说明万物的现存状况与发展规律。这构成了中国哲学本源论的一个基本特点，尽管后来人们对什么是本源有着非常不同的认定。依本源论，本源与万物有生成与被生成的关系，故也被称为宇宙生成论。本源论所讨论的是外在世界的存在与变化问题，本源与万物都具实存意义，故本源论亦可谓中国哲学之实存论（存在论）。

"本体"之意蕴，或亦可溯源于《老子》。老子有"道冲而用之或不盈"一说。[①] 此与"用"对举的"道"是"冲"（空）的，万物因"道"之"冲"而有自己多种多样之"用"。"道"与"用"比照即有万物得以成其为自己的根据之意义，是即"本体"意义。庄子《内篇》不说"道生一"而多说"道通为一"。[②] "道通为一"者，谓唯消解（通）了经验世界之分别对待（通为一），才可以见"道"。此"道"亦不具化生万物之本源义，而仅具精神境界之超越义。下面我们会看到，在这一意义上成立的"道"，亦为"本体"。但真正直接论及"本""体"，且使"本体"成为中国哲学的基本概念的，还是魏晋玄学。

---

① 《老子·四章》。
② 《庄子·齐物论》。

玄学家王弼的提法为："虽贵以无为用，不能舍无以为体。不能舍无以为体，则失其为大矣。"① 此谓"以无为用"必先以"无"为"体"。"体"即具有"用"之根据的意义。又："守母以存其子，崇本以举其末，则形名俱有，而邪不生。……舍其母而用其子，弃其本而适其末，名则有所分，形则有所止，虽极其大，必有不周，虽盛其美，必有患忧，功在为之，岂足处也？"② 此谓有形有名的东西作为事物之"末"，其作用都是有限的；在有形有名的东西后面有某种无形无名的东西，它才是事物之"本"。唯"崇本"才可以"举末"；"弃其本而适其末"则"必有患忧"。于此，"本"亦具"末"之根据的意义。以为在"末""用"即在经验事物之后、之内，有一更根本的东西作为经验事物的存在依据或使经验事物得以成其为自己者，此为中国哲学之"本体"概念的基本含义。

必须稍作辨正的是，冯友兰先生常常借"一般"与"个别"、"共相"与"殊相"的分析框架讨论中国哲学而指"一般""共相"为本体。这种说法其实最适合论程朱理学，于道家则尚欠周全。这是因为：第一，"一般"与"个别"的关系是一种互相确认、互相肯定的关系，而在道家那里，下面我们将会看到，"道"与"万物"的关系具有相互背离、相互否定的性质。第二，"一般"与"个别"的区分，是在知识论的进路下成立的。如冯先生以内涵与外延的关系论"有""无"，以为"有"为一最高类名，外延最大，故其内涵最小，小至"没有规定性"，便是"无"。③即是。知识论进路的特点是，把事物与主体分开予以对象化，进一步把对象做一般与个别、共相与殊相的区分而仅取一般、共相为"体"。此一般、共相之体虽有，但已抽象到没有任何内容，冯氏所谓"有就是无"是也。"体"既为纯抽象、纯形式的，则亦是没有生命的东西。然而，道家之"有""无""体""道"均不可做这种理解。大体而言，道家所谓"无"，是要破去与超越分别智—知识论，而还原出每一事物，每一存有在未经知识心分别、抽象与改构过的具体整全性与丰富活泼性。这未经知

---

① 《老子·三十八章注》。
② 《老子·三十八章注》。
③ 冯友兰说："'有'是一个最大的类名，它的内涵就很难说了。因为天地万物除了它们都'存在'以外，就没有别的共同性质了。所以这个最高类，就只能称为'有'，这个最高类的规定性，就是'没有规定性'。……直截了当地说，抽象的有就是无。"[冯友兰：《中国哲学史新编》（第4册），人民出版社1980年版，第31页]

识心分别、抽象与改构过的具体的事物或存有所指的，其实并不是进入认识领域与主体对置的客观实在物，而是主体心灵的一种期许、一种化境。故道家之本体论，其实不是实存论，而是境界论，或最终要归结于境界论。

以上为道家哲学本源—本体论之概念辨正。在道家哲学家中，在涉及世界的终极层面或终极依托时，有的取本源论，有的取本体论，有的两者掺杂而混用。故在总体讨论道家哲学时，我们亦可笼统以"本源—本体"论标识之。下面我们试逐一予以分疏。

在道家思想家中，以本源论为依托，最明显的是老子。《老子·四十二章》谓：

> 道生一，一生二，二生三，三生万物。万物负阴而抱阳，冲气以为和。

老子这段被誉为本源论的代表性话语，深深地影响着战国与秦汉时代的思想。《庄子·天地》篇称：

> 泰初有"无"，无有无名。一之所起，有一而未形。物得以生谓之德。未形者有分，且然无间谓之命。留动而生物，物成生理谓之形。形体保神，各有仪则，谓之性。

《列子·天瑞》篇称：

> 有太易，有太初，有太始，有太素。太易者，未见气也。太初者，气之始也。太始者，形之始也。太素者，质之始也。气形质具而未相离，故曰浑沦。浑沦者，言万物相浑沦而未相离也。视之不见，听之不闻，循之不得，故曰易也。易无形埒。易变而为一，一变而为七，七变而为九。九变者，究也。乃复变而为一。一者，形变之始也。清轻者上为天，浊重者下为地，冲和气者为人。故天地含精，万物化生。

《易传·系辞上》称：

> 是故易有太极，是生两仪。两仪生四象，四象生八卦。八卦定吉凶，吉凶生大业。①

以上关于宇宙生成的种种说法，恐怕都源于老子，或与老子有关。由老子开创的宇宙本源或宇宙生成论构成为秦汉时期解释自然现象和社会生活的基本理论。

但是，必须注意的是，老子的本源论与《易传》和两汉流行（以董仲舒为代表）的本源论有一重要差别。这就是如上所及的，在老子那里，本源与万物的关系为否定性关系，而在《易传》与两汉流行的本源论那里，本源与万物之间的关系为肯定性关系。汉人如董仲舒所说："天两有阴阳之施，身亦两有贪仁之性。天有阴阳禁，身有情欲柂，与天道一也。"②"阴者阳之合，妻者夫之合，子者父之合，臣者君之合。……君臣父子夫妇之义，皆取诸阴阳之道。"③ 诸类提法，其确认宇宙有一本源，显然是为了解释现存经验事物的正当性，此即一种肯定性关系。而依老子的看法，道化生万物的过程实为一坠落的过程，故有"失道而后德"④"朴散则为器""为学日益，为道日损"⑤ 之论。老子经常用与经验事物相反的概念描述道，亦在强调本源对万物的否定性。而且，在老子那里，正是由于本源对经验事物取否定的态度，其对社会与文化的反省才具深刻性。要知道，儒家对社会问题亦不无反省精神。但是，在儒家把社会的诸种问题归结为圣贤是否出现与在位时，其反省就只滞留于个别性与偶然性上。唯使本源绝对地排斥经验事物，对社会与文化的反省才具绝对普遍的意义。

---

① 按，《易传》的这段话朱熹认为是说明揲蓍的程序的。但"易与天地准"，《易》之筮法背后蕴藏着先贤对天地生化的理解，故郑玄、孔颖达均以本源论观念注疏之。孔颖达谓："太极谓天地未分之前，元气混而为一，即是太初、太一也。故老子云'道生一'，即此太极是也。又谓混元既分，即有天地，故曰'太极生两仪'，即老子云'一生二'也。不言天地而言两仪者，指其物体下与四象相对故曰两仪，谓两体容仪也。"（《周易正义》卷七）孔颖达此说直认《易传》此论源于老子。
② 《春秋繁露·深察名号》。
③ 《春秋繁露·基义》。
④ 《老子·三十八章》。
⑤ 《老子·四十八章》。

此为以老子为代表的本源论。

道家哲学所讲之"本体"亦超出经验视域，为经验所不能及。但对本体如何超出经验界限，不同哲学家或同一哲学家于不同的场合，有不同的说法、理解或取向。

第一种理解认为，我们的经验知识只对应于具体物象，而具体物象是相对有限的；作为绝对无限的本体必然是无物无象的，故不可以为经验知识所把握。就在不可以为经验知识所把握的意义上，本体"道"亦可被指为"无"。

《庄子》之《秋水》《则阳》等篇和王弼的许多提法，表现了这种本体论取向。《秋水》篇称：

> 可以言论者，物之粗也；可以意致者，物之精也。言之所不能论，意之所不能察致者，不期精粗焉。

《则阳》篇称：

> 安危相易，祸福相生，缓急相摩，聚散以成，此名实之可纪，精微之可志也。随序之相理，桥运之相使，穷则反，终则始，此物之所有。言之所尽，知之所至，极物而已。睹道之人，不随其所废，不原其所起，此议之所止。……有名有实，是物之居；无名无实，在物之虚。可言可意，言而愈疏。

物之精粗，以占有空间之状况言；"安危相易，祸福相生……"以所处时间之状况言。依庄子此说，则凡存在于时间与空间中之事物，都是可以言论致意，即可以为经验知识所把握的。本体道不在时空中，故不可以为经验知识所把握。

王弼《老子指略》谓：

> 名必有所分，称必有所由。有分则有不兼，有由则有不尽。不兼则大殊其真，不尽则不可以名……然则，言之者失其常，名之者离其真，为之者则败其性，执之者则失其原矣。是以圣人不以言为主，则不违其常；不以名为常，则不离其真；不以为为事，则不败其性；不

> 以执为制，则不失其原矣……
>
> 夫不能辩名，则不可与言理；不能定名，则不可以论实也。凡名生于形，未有形生于名者也。故有此名必有此形，有此形必有其分。仁不得谓之圣，智不得谓之仁，则各有其实矣。[1]

于此，王弼同样认可在经验知识范围内的名与实的相当性。但经验事物是相对有限的，对应于经验事物的经验知识必也是相对有限的。故具有作为事物的"常""真""性""原"意义的本体不可以在名言即在经验知识的范围内给出。

这种本体论取向的特点，是并不否认经验知识对应于经验事物的有效性。如果经验事物与经验知识包括现存社会的运作体制（礼制）的话，那么这种本体论也给这种体制以一个位置。但是，在其把本体设置于经验事物与经验知识之外之后时，它是否认这种体制之本真的与终极的意义的。

第二种关于本体的理解或本体论取向认为，所谓物象其本身就是人的主观经验所赋予的。既为主观经验所赋予，则此物象无真实可言，本体于是被体认为对未被主观经验遮盖过的存在状况的本真追求。

《庄子》之《齐物论》的许多提法，开启了道家哲学这一路向的本体追求。《齐物论》在诠释老子"道生一，一生二，二生三"这一论题时称：

> 天地与我并生，而万物与我为一。既已为一矣，且得有言乎？既已谓之一矣，且得无言乎？一与言为二，二与一为三，自此以往，巧历不能得，而况其凡乎？

按老子"道生一，一生二，二生三"之论题本是本源论命题，但庄子把它转换为知识论命题，并借破斥知识论而成就本体论。

庄子这里所谓"天地与我并生，而万物与我为一"，是说在本来意义上，并不存在物我彼此的区别与对待，这是"一"。但是，一旦把事物的

---

[1] ［魏］王弼著，楼宇烈校释：《王弼集校释》（上册），中华书局1980年版，第196～199页。

这种存在状况称之为"一",那么物我彼此不分的那种"一"的状况立刻被对象化了。本来的"一"与"谓之一"构成为主客对待关系。主客对待为"二"。有本来之"一",有作为对象之"一",有作为观念之"一",于是便有"三","自此以往,巧历不能得,而况其凡乎"。

依庄子此说,显见物我彼此所以有种种性质、状况的差别,实都起于经验知识,由人之认知赋予的,即如庄子所说"随其成心而师之"①使然。《庄子·齐物论》又以"狙公赋芧"况喻之:

狙公赋芧。曰:朝三而暮四。众狙皆怒。曰:然则朝四而暮三。众狙皆悦。名实未亏,而喜怒为用,亦因是也。

此所谓"名实未亏"者,即谓"朝三暮四"与"朝四暮三"并无分别(均为七)。之所以出现分别且"喜怒为用",实根自于人之知识心。故庄子强调要破去知识心。事物之种种差别,既根自于人的经验知识,则无真的意义。因之庄子认为只有破去经验知识,才可以见道之真。《庄子·齐物论》谓:

以指喻指之非指,不若以非指喻指之非指也。以马喻马之非马,不若以非马喻马之非马也。天地一指也,万物一马也。可乎可,不可乎不可。道行之而成,物谓之而然。恶乎然?然于然。恶乎不然?不然于不然。恶乎可?可于可。恶乎不可?不可于不可。物固有所然,物固有所可。无物不然,无物不可。故为是举莛与楹,厉与西施,恢恑憰怪,道通为一。

庄子的这些提法,常常被视为狡辩,但它恰恰揭示了经验知识的局限性。在名辩家中,有以为"指非指""马非马"者。而在庄子看来,这种提法只揭示某一特定概念之无对象性,这还是盖然的。唯有说"所有概念都可以用以指谓某一特定概念指谓的东西,而某一特定概念指谓的东西并非此一特定概念所指谓者",如是,方可揭示一切名言概念都无相应之对象做依托。"道行之而成,物谓之而然",任一事物之被指认为某物,都是

---

① 《庄子·齐物论》。

主观经验或认知的产物。就一切名言称谓本无确定的对象与之相当这点而言，完全可以说"天地一指""万物一马"。一旦我们把在经验知识上的种种区分与界限打掉、消解之后（可不可、然不然），我们便可得道之真，是谓"道通为一"。

此为由庄子开启的第二种本体观或本体论取向。

按，在道家以上两种本体论取向中，以第一种取向为常见。这种本体论虽亦鄙弃经验知识，但毕竟承认经验知识在把握经验事物层面上的可靠性。如冯友兰所说的，这当是中国人的实在论心态的一种表现吧？① 由庄子开启的第二种本体论取向，直称经验知识并无实在性作依托，则是在与佛学中观论结合之后才产生了较大影响。僧肇《不真空论》谓：

> 夫以名求物，物无当名之实；以物求名，名无得物之功。物无当名之实，非物也；名无得物之功，非名也。是以名不当实，实不当名，名实无当，万物安在？故中观云：物无彼此。而人以此为此，以彼为彼，彼亦以此为彼，以彼为此。此彼莫定乎一名，而惑者怀必然之志。②

佛徒僧肇此亦以经验知识无真可言而于经验知识之外求真，与庄子甚合。庄学借揭明经验知识之虚妄性，打掉现存社会与文化的庄严性，亦可谓匠心独运。

上述两种本体论理解与取向虽各有差异，但都从反省经验知识切入，借对经验知识之鄙弃成就之。

道家哲学的第三种本体论取向却不从反省经验知识切入，而从反省本体论切入。前两种本体论取向借鄙弃经验知识而确立本体论，此本体无经验内容，无可言说，是为"无"。第三种本体论取向以为，如果本体被认定为"无"，则此本体对物象不可以给予任何东西，它对物象无任何意

---

① 冯友兰《中国哲学史》称："佛学中派别虽多，然其大体之倾向，则在于说明'诸行无常，诸法无我'。所谓外界，乃系吾人之心所现，虚妄不实，所谓空也。但由本书以上所讲观之，则中国人对于世界之见解，皆为实在论。即以为吾人主观之外，实有客观的外界。谓外界必依吾人之心，乃始有存在，在中国人视之，乃非常可怪之论。"［冯友兰：《中国哲学史》（下册），中华书局1992年版，第661页］冯氏此说大体不错，但庄子应属例外。

② 石峻等编：《中国佛教思想资料选编》（第1卷），中华书局1981年版，第146页。

义。在物象之外、之后、之上，既不存在有一具确定内容的统一本体，或这一本体对物象无任何支配、规限之意义，那么物象即是它自己的。它自己的任一存在方式、任一表现形式都是至当的，它以自己的任一存在方式、任一表现形式为本体。这种本体论取向，既可以说是消解了本体，也可以说是即物象即本体。郭象的"崇有"论属此。

这种本体论取向，其实是第二种本体论取向的延伸，或借第二种本体论取向翻出。这也许就是郭象要取《庄子》而注之的理由。郭注《齐物论》有谓：

> 无既无矣，则不能生有。有之未生，又不能为生。然则生生者谁哉？块然而自生耳。

郭注《秋水》又谓：

> 知道者，知其无能也。无能也，则何能生我？我自然而生耳。

郭象这都是否认本体（道、无）对物象的统一的支配与规限意义而强调物的自生、自在性的。郭象乃至认为，即便形与影、影与罔两（魍魉），亦无本末、体用、前后等相生与相待之意义。其《齐物论注》称：

> 世或谓罔两待景，景待形，形待造物者。请问夫造物者有耶？无耶？无也，则胡能造物哉？有也，则不足以物众形。故明众形之自物，而后始可与言造物耳。是以涉有物之域，虽复罔两，未有不独化于玄冥者也。

此所谓"独化于玄冥者"，就指物无所待的自本自根性。即便同一物而有前后不同之变化，也不可以说其间有一主宰者。《庚桑楚注》曰：

> 物之变化无时非生，生则所在皆本也。

此即谓物之任一存在形式与变化方式都是它自己的，都具本体意义。显见，以郭象为代表的道家的这一种本体论取向又重新回到物象，回到"有"之中了。但是，这不是回到经验事物、经验知识中来，对经验事物与经验知识予以重新确认。在郭象哲学中之"物""有"，乃是指未进入知识理性范畴，未被框架过的事物的本然的存在状况。郭象强调事物的"冥然独化""忽然自有"，即在于排斥知识理性。也正是在这点上，我们才可以说，郭象的本体论取向依然是道家的，这种本体论取向依然具有对社会与文化的反省与批判的意义。

三

借反省社会与文化建立起来的道家哲学的各种本源—本体论，如上所说的，均当共同地具有批判社会与文化及其所导致的人的自我与本真丧失的价值功能。但是，在批判乃至否弃社会与文化之后，道家各思想家不同的本源—本体论取向，会引申出不同的生存目标与境界追求。

本源论把本源与本源化生万物的过程看作是实存的，故把人摆脱个别、特殊的形壳拘限回归无限、终极本源的过程亦理解为实存过程，由此开出了道教神仙论。

道教神仙论的基本信念是宇宙生化。道安《二教论》所谓："佛法以有生为空幻，故忘身以济物；道法以吾我为真实，故服饵以养生。"① 此说诚为不谬。当道教徒们力图把宇宙生化和真实吾我养生之信念转化为可操作性时，产生了中国古老的自然科学②；而在道教徒们深信这种养生还与个人的特定精神状态相关时，实又启动了中国古老的身心性命之学。如果以此来契入道教之精义，我个人认为道教甚至不一定要走向唐代之重玄学。重玄学过多地接受佛教的影响，过分地把有生空幻化了。从"知识"开展的角度看，它似乎是把道教在学理上推进了；而从"生命"持守的角度看，却恰恰淡化了道教的真精神③。关于这一点，或需专文讨论之，

---

① 石峻等编：《中国佛教思想资料选编》（第 1 卷），中华书局 1981 年版，第 351 页。
② 关于这种古老自然科学在认知上之客观性依据，拙著《早期中国哲学略论》（广东人民出版社 1998 年版）第五章有所探究，此不详论。
③ 成玄英于《道德经义疏》第一章疏解"玄之又玄"义称："有欲之人，惟滞于有，无欲之士，又滞于无，故说一玄，以遣双执。又恐行者，滞于此玄，今说又玄，更袪后病，既而非但不滞于滞，亦乃不滞于不滞。此则遣之又遣，故曰玄之又玄。"此说即以佛教之中观论入言，过分地语言学化，从而遮蔽了道教对真实生命的追求了。

此处不能不语焉不详。

道家哲学之本体论，则主要为精神境界论或最终要归结为精神境界论。

如上所述道家之第一、第二种本体论取向，均借对经验世界的鄙弃而于经验世界之外、之上或之后另开一重本体世界，两重世界拉开距离并保持一种紧张性。一般来说，由这种本体论取向引出的人生态度是傲世的。如庄子以"我宁游戏污渎之中自快，无为有国者所羁"① 所自许者，王弼以"通倻不治名高"② 所显露者，即是，但亦不无差异。最明显的差异为：第一种本体论取向既然承认经验知识对应于经验世界的有效性，无疑会给经验知识以一个位置。王弼在"末"与"用"的层面上谓"不可不立名分以定尊卑"即此。第二种本体论取向，由于根本否认经验知识所给出的经验世界的真实可靠性，乃更突出对经验知识与经验世界的游戏态度。但这不是以往一些评论者所说的悲观厌世的"虚无主义"和毫无原则的"混世主义"。以庄子为代表的这种本体论取向，不仅有知识学的特定依据③，而且在其貌似玩世不恭的外在表现的后面，含蕴着其对内在精神生命自由生存与发展的真挚追求④。庄子以"不失其性命之情"为"正正"（至正）⑤，即体现了这种追求。这是一种理想人格追求。庄子以"素朴而民性得矣"为"善治天下者"⑥，又体现了他对以"不害其性"为原则的人与人之间的良好公共关系的向往。这是一种理想社会向往。有如此一种理想人格，如许一种理想社会，又岂可与"混世"者同日而语？

道家哲学本体论的第三种取向，排斥物象世界之外之后的任何本体设定，而直指物象的任何存在方式、任何表现形式为本体。此亦即确认人的任何意欲、任何行为的至当性。这种本体论取向直接地引发了魏晋风度乃

---

① 《史记·老庄申韩列传》。
② 《魏志·钟会传》注引《何劭王弼传》。
③ 参见冯达文《道·回归自然》附录二《荒诞意识与超越精神》，广东人民出版社1996年版。
④ 如果说庄子对经验知识的批判与佛学之中观论相近的话，那么我们完全可以参照梶山雄一于其所著《佛教中观哲学》的如下说法："所谓这个世界是幻是梦，实际上必须是这样：即是，倘若要依一义地固定的言语来理解这个世界，则只能说它是非断灭亦非恒常的幻。因此，龙树说世界是幻，即是说言语是幻。是梦是幻的东西，并不是真实不二的空的世界，而是言语的世界。"（[日]梶山雄一著：《佛教中观哲学》，吴汝钧译，台湾佛光出版社1990年版，第103页）
⑤ 《庄子·骈拇》。
⑥ 《庄子·马蹄》。

至晚明士风。魏晋士人如阮籍,"时率意独驾,不由径路,车迹所穷,辄恸哭而反"①。此即郭象所谓"任足之自行无所趣"②"忽然与之俱往"③者。这是不受任何预定之目标、任何理性之支配者。魏晋士人再如张翰(字季鹰),"纵任不拘……或谓之曰:卿乃可纵适一时,独不为身后名邪?答曰:使我有身后名,不如即时一杯酒"④。此亦郭象所谓"纵体而自任"⑤"不付之于我而属之于彼"⑥者。这可谓十足的个体主义者与现世主义者。⑦ 明末士人如袁宏道,其所示"五快活"之论称:

> 目极世间之色,耳极世间之声,身极世间之鲜,口极世间之谭,一快活也。堂前列鼎,堂后度曲,宾客满席,男女交舄,烛气薰天,珠翠委地,金钱不足,继以田土,二快活也。箧中藏万卷书,书皆珍异。宅畔置一馆,馆中约真正同心友十余人,人中立一识见极高,如司马迁、罗贯中、关汉卿者为主,分曹部署,各成一书,远文唐、宋酸儒之陋,近完一代未竟之篇,三快活也。千金买一舟,身中置鼓吹一部,妓妾数人,游闲数人,泛家浮宅,不知老之将至,四快活也。然人生受用至此,不及十年,家资田地荡尽矣。然后一身狼狈,朝不谋夕,托钵歌妓之院,分餐孤老之盘,往来乡亲,恬不知耻,五快活也。士有此一者,生可无愧,死可不朽矣。⑧

袁宏道这里所显露的风貌与魏晋士风诚亦相同。拙著《宋明新儒学略论》曾谓:"袁宏道此间所表露的观念无疑是极其现世的、个我的:在这当

---

① 《晋书·阮籍传》。
② 《庄子·庚桑楚注》。
③ 《庄子·则阳注》。
④ 《世说新语·任诞》。
⑤ 《庄子·庚桑楚注》。
⑥ 《庄子·骈拇注》。
⑦ 宗白华对魏晋人的这种风度评价甚高。其于《论〈世说新语〉和晋人的美》一文中称:"魏晋的玄学使晋人得到空前绝后的精神解放……个性价值之发现,是'世说新语时代'的最大贡献,而晋人的书法是这个性主义的代表艺术……我说魏晋时代人的精神是最哲学的,因为是最解放的、最自由的。"(宗白华:《美学散步》,上海人民出版社1981年版,第213~215页)这作为一美学家的评价,诚然不谬。美学所追求之美即为自由,而自由又即指不与外在世界、不与过去未来处于对待中。以"社会"为本位的一些学科其评价或许不同。
⑧ 《龚惟长先生》,见《袁宏道集笺校》(卷五)。

中，没有以前和以后，没有因果的连续性或时间锁定性；没有我你他，不存在由相互关系所产生的责任与限定性，一切一切仅'率心而行，无所忌惮'。'率心而行'认肯的即是个人现世、现时、当下任何欲念的至当性；'无所忌惮'认肯的则是个人对他人与社会无责任担当的自由性。"①

在这一意义上，这一本体论取向会引人坠落。但是，当一个人面对的是一极其工具化、极其功利化的社会，其"入世担当"即意味着也要被工具化与功利化，在这种情况下，人们又可以要求他怎么样呢？

[原载钱伯城、李国章主编：《中华文史论丛》（第58辑），上海古籍出版社1999年版，第163～188页]

---

① 冯达文：《宋明新儒学略论》，广东人民出版社1997年版，第269～270页。

道家哲学的人生智慧

尤应重视道家思想之研究

在中国哲学中，儒、道两家开启了不同的人生智慧。近几十年来，人们对儒家一系在这方面的贡献有非常深入的发掘并予以高度评价，但对道家一系的研究显得非常不够。即使有研究，也常常采取批评态度。国内多以唯心主义、虚无主义、混世主义指摘之固不待言，海外如牟宗三先生所著《才性与玄理》，对道家哲学的解释，许多地方不可谓不深刻，但对其提供的人生价值的评判却依然不能令人满意。在牟先生看来，道家终究未能解决个体自由与外在公共礼法的关系问题，"这自不能算是真正的自由主体性"①。唯儒家可以"通过主观自由之奋斗，在重生中，建立真正的自由主体性，而获得那真正的道德性，以重新达到自由意志与礼法之统一"，重生后，"外在的礼法不只是无根的外在，而是内在化于吾人之'自由的主体性'中而有其根，而成为内在道德性之客观化"②。故牟先生认为，儒家在解决个人自由与外在公共礼法的关系方面是最圆足的。

问题是，外在公共礼法何以能够转化为每个个体内在的道德信念呢？在古代社会，由于个人与个人、家与家、家与国之间有大致相似的生活与活动的时空结构，因而人们也形成大致相近的心理认知结构，所以有"人同此心，心同此理"一说，这似乎就确认了公共礼法对于每个个体心理的内在性。其实不然。一读《韩非子》，我们不难见到在个人与个人、家与家、家与国、国与国之间的相互关系中占支配地位的利益原则，以及礼法作为协调利益关系的产物的工具性和对于个体道德信念而言的外在性。特别在现代社会，礼法的设置以"人性本恶"须加控制为预设，它

---

① 牟宗三：《才性与玄理》，台湾学生书局1985年版，第376页。
② 牟宗三：《才性与玄理》，台湾学生书局1985年版，第376页。

绝不可能为"自由主体性之所自由地决定，亦是其所自由地要求者"①。而且，现代社会由于结构的复杂性，自由主体之间在信念上的差距实在太大了。现代社会大概再也不会出现由一人立法、大家臣服那种一呼万应的场面。现代社会的礼法是借投票而由机械多数认可。这更显示公共礼法的操作性。多数人的决定并不代表真确，民主不一定带来自由，这已是不争的事实。显然，儒家并未真正提供解决个体自由与公共礼法的关系的良方。

与儒家不同，下面我们却可以看到，道家借揭露公共礼法的工具性、操作性、后设性，为人们提供了一种更耐人寻味、更可取的自由意念与生命情调。

道家本体论确认：现象世界无"真"的意义

道家哲学最具启迪性的一个观点，是确认现象世界无真实性可言。

何以说现象世界不具有真实性呢？

首先，是因为现象世界的一切，都处于种种对待关系中。现象世界中任一事物的特质、属性，都是借某一对待关系才得以确认的。而事物的对待关系是无限的，我们该以事物在哪一种对待关系中获得的哪一种属性作为事物的"本真"？庄子说："吾尝试问乎汝：民湿寝则腰疾偏死，鳅然乎哉？木处则惴栗恂惧，猿猴然乎哉？三者孰知正处？民食刍豢，麋鹿食荐，蝍蛆甘带，鸱鸦耆鼠，四者孰知正味？……毛嫱丽姬，人之所美也，鱼见之深入，鸟见之高飞，麋鹿见之决骤，四者孰知天下之正色哉？"②庄子这里说的正是事物借某种特定关系才获得的规定性，并不体现事物的"本真"。

其次，是因为现象世界的一切，又都处于无时不变的状态中。如是，我们又如何判定事物在哪一瞬间的存在样式或变化方式才体现事物的"本真"？庄子说："物之生也，若骤若驰，无动而不变，无时而不移。"③在此情况下，"女殆著乎吾所以著也，彼已尽矣。而女求之以为有，是求

---

① 牟宗三：《才性与玄理》，台湾学生书局1985年版，第376页。
② 《庄子·齐物论》。
③ 《庄子·秋水》。

马于唐肆也"①。这即以为，在若骤若驰的变化中，要求事物具有确定性的"本真"，诚不可得。郭象说："夫无力之力，莫大于变化者也，故乃揭天地以趋新，负山岳以舍故，故不暂停，忽已涉新，则天地万物，无时而不移也。世皆新矣，而自以为故；舟日易矣，而视之若旧；山日更矣，而视之若前。今交一臂而失之，皆在冥中去矣。故向者之我，非复今我也。我与今俱往，岂常守故哉。而世莫之觉，横谓今之所遇，可系而在，岂不昧哉？"② 在变化日新中，物不可能有确定之"我"可以守故，郭象于此也是指出物之"本真"不可求得。

现象世界"本真"无法确认、无法给出，这是道家哲学在本体论上的基本主张。这一主张接近于当代非实在论思潮的基本倾向。

道家"知识论"判定：知性无法把握"本真"

道家哲学最富启迪性的另一观点，是确认人的经验，人所具有的知性，人所使用的语言、词谓系统，也无法揭示与把握世界的"本真"。

道家思想家认为，认知只能指涉现象界，即庄子所谓"有名有实，是物之居"③者。而现象界的一切都是极不确定的。故庄子又说："夫知有所待而后当，其所待者，特未定也。"④ 认知所指涉的对象的"本真"是什么已是悬而未决的，认知怎么可能进一步把握隐蔽于现象界之后的本体、"本真"？

而且，所谓认知总与认知者及其选取的角度、当下的心境有关。不同的认知者、不同的选取角度与心境，会对同一对象产生完全不同的看法。诚如庄子所说："以道观之，物无贵贱；以物观之，自贵而相贱；以俗观之，贵贱不在己；以差观之，因其所大而大之，则万物莫不大；因其所小而小之，而万物莫不小。"⑤既因不同认知者不同选取角度而有不同认知，人们又如何判定何种认知更具"本真"意义？

又且，认知总与语言、词谓有关，总需借助语言、词谓去指称、表诠

---

① 《庄子·田子方》。
② 《庄子·大宗师注》。
③ 《庄子·则阳》。
④ 《庄子·大宗师》。
⑤ 《庄子·秋水》。

与梳理。但是，我们的语言、词谓系统在把握"本真"方面是否具备可靠性，这也很值得怀疑。原因在于：

第一，语言、词谓其实是通过指称与人有关、为人所选取的事物的某一特性、某一联系而成立的，既只指称某一特性、某一联系，即便疏离了事物的全体与本真。王弼说："名必有所分，称必有所由。有分则有不兼，有由则有不尽。不兼则大殊其真，不尽则不可以名。"① 王弼这里的"分"，即指把某一选定的特性从全体中分出，"由"，即把某一选定的联系从众多联系中析离。依某一选定的特性、联系去命名，则必然是不顾及全体的（"不兼"），故也必然地无"本真"意义。王弼此处对语言的性质与功能的介说，岂可辩驳？

第二，语言、词谓的形成又总与特定的环境、特定的认知水平相关。而后来环境与认知水平变了，语言、词谓依旧，这也造成了语言、词谓与"本真"的分离。先秦时期孔子提出的"正名"说、名家引发的名实之辩，所触及的就是这一问题。如古人以"气"为种种物质现象与精神现象的本源，故有阴气、阳气、神气、勇气等词谓，我们今天再不以"气"为本源，可是我们仍沿用这些词谓。这些词谓显然已与"本真"无关。我们之所以仍可沿用，实则诉诸人的主观认同。庄子说："可乎可，不可乎不可。道行之而成，物谓之而然。"② 庄子说的即是语言、词谓诉诸公众认同的主观性。语言、词谓既为主观认同之产物，又岂有客观真实性可言？

第三，特别是带有情感色彩和价值取向性质的词谓、判语，在道家看来更无实在性做支撑。庄子曾以"狙公赋芧"昭示之："狙公赋芧。曰：朝三而暮四。众狙皆怒。曰：然则朝四而暮三。众狙皆悦。名实未亏，而喜怒为用，亦因是也。"③ 狙公分果子给猴子们，让它们早上吃三个晚上吃四个，猴子们愤愤不平；改让它们早上吃四个晚上吃三个，猴子们欢天喜地。"名实未亏"，都是那些东西；"而喜怒为用"，正表明价值判断的主观性。今人常以某某为流行色、流行曲，以为非如此不可以显示什么品位、风格。这不正如众猴子一样"名实未亏，而喜怒为用"吗？这种由

---

① ［魏］王弼著，楼宇烈校释：《王弼集校释》（上册），中华书局1980年版，第196页。
② 《庄子·齐物论》。
③ 《庄子·齐物论》。

传播媒介编派出来的事物，在道家看来是师心自用引发的幻影。可怜当今人们就生活、角逐于由过分发达的传播媒介织造出来的世界中，而离真实越来越远了。

确认人的知性、人的经验无法把握"本真"，这是道家在"知识论"上的基本判语。在这点上，道家可谓以古典智慧昭示了当代解构主义者意欲证定的结论。

知识系统与公共礼法辨正：方便施设之"器"论

现象世界无真实性可言，认知无法给出"本真"，那么，人们现有的种种知识体系、现行的种种规则——包括社会生活领域中的种种公共礼法，是怎么样产生的，又是怎么一回事的呢？

道家认为那是为了便于操作而人为地设置的。老子说："朴散则为器。"① "朴"为道，为本源，"朴"散而为"物"而为"器"，此中极有深意。其深意在于，以"器"称之，正好标明人们面对的各种物则的工具性、操作性。老子又说："始制有名，名亦既有，夫亦将知止。知止所以不殆。"② 老子这里的"名"，固指名分，但也泛指维护名分的公共礼法与有关器物的各种知识。王弼阐释老子的这段话称："始制谓朴散始为官长之时也。始制官长，不可不立名分以定尊卑，故始制有名也。过此以往，将争锥刀之末，故曰：名亦既有，夫亦将知止也。遂任名以号物，则失治之母也，故曰：知止所以不殆也。"③ 按道家之所谓"朴"，就是原本的、未散失的。原本的、未散失的方为"真"。故王弼又说："朴，真也。真散则百行出，殊类生，若器也。"④ 有殊散之器物，便不得不人为地制名作则以应对之，故"名则"不可以没有；但"名则"既为"真散"之后人为地设置，自又不可以执"真"。

把现有的种种知识体系、现行的种种公共礼法看作是为了操作上的需要而人为地设置的，这实为道家的一大发现。佛家以"假名"，以"方便

---

① 《老子·二十八章》。
② 《老子·三十二章》。
③ 《老子·三十二章注》。
④ 《老子·二十八章注》。

施设"指称语言所显示的种种知识与世俗礼法，与道家所见实同。诚然，世俗礼法、世俗信从的种种知识，作为一种"假名""方便施设"，岂有"真"的意义？我们就无法判定计算机采用的二进位、算盘采用的五进位、日常计算采用的十进位三者何者更真，而只能说在哪一种场合下何者更方便。我们也无法对"人性本恶，人人都有可能犯罪"这一设定做出实证，但依此设定而制定的种种法规，却为世俗社会的日常生活与运作提供了极大的便利。一切所谓科学理论何尝不是如此？它们的那些"不证自明"的前提即是预设的；它们所认定的世界结构—模型，必须放在一定参照系下才得以成立，而参照系却是依据人们在操作上的方便，需要由人选定的。"科学理论"作为一种由人选定的世界结构—模型的知识体系，既已无"真"，那么，在价值层面上的是与非、好与坏、善与恶、美与丑等之种种区别，其仅具操作意义自更不待言。庄子说："道行之而成，物谓之而然。恶乎然？然于然。恶乎不然？不然于不然。恶乎可？可于可。恶乎不可？不可于不可。物固有所然，物固有所可。无物不然，无物不可。故为是举莛与楹，厉与西施，恢恑憰怪，道通为一。其分也成也，其成也毁也，凡物无成与毁，复通为一。"① 庄子所谓"道行之而成，物谓之而然"，即指日常规则（"道"）与事物和称谓（"物"）的主观选择性；"物固有所然，物固有所可"，则指这种选择在特定角度、特定场合下的可确认性；既然事物在主观选取的特定视角、特定场合下都是确当的，那么，事物之间就并不存在任何是与非、好与坏等之种种差别，是谓"无物不然，无物不可"。借揭明世俗事物与行为规则的主观选择性、方便操作性，庄子把人世间的种种分判与间隔打通了，此即"道通为一"。

艺术人生：借"绝望感"得以超越，由"荒诞感"又可入世

道家以主观选择性、方便操作性界定世俗事物、世俗社会的种种礼法，其更能凸显"真正的自由主体性"，与由道家依以上所说本体论与知识论的主张引申出来的如下两个关于社会与人生的意念相关。

其一是"绝望感"。人们生活于一个不"真"的世界，而且人们不得

---

① 《庄子·齐物论》。

不生活于这个世界,并且为了生活的方便,人们还不得不继续被知性化,不得不更加发展操作的层面。这无疑是人之为人的悲怆!人们面对这种"不得不"感到绝望。深受儒家思想熏染、极重家族伦理、极入世的(如冯友兰所说"中国人对于世界之见解皆为实在论")中国人,大多避忌"绝望"一词。这其实是中国人性格的一大弱点。人们只愿意谈论日常生活中之挫折与失望。其实"失望"是经验的体验,"绝望"却是本体的体验。"失望"总包含有"希望",故心灵总无法超拔。唯有意识到我们生活于其中的这个世界的彻底的不"真",而且这种不"真"仍在延续,我们对经验层面上一时一地的、人为的物与我、彼与此、是与非、善与恶、美与丑、得与失的判分,才可以有广泛的包容性和无限的化解力。而只有具备这种包容性与化解力,心灵才有可能得以从世俗事物、世俗礼法的分隔对待关系中救拔出来,从而因不再受支使而获得自主性,不再受限定而获得自由性。显然,唯具"绝望感",才成就超越心。

其二是"荒诞感"。人们生活于一个不"真"的世界,不仅面对的操作层面上的一切施设不具"真"的意义,而且制作设施的前提也是假设的。但尽管如此,人们还是得以"认真"的态度对待之、持守之,这诚然荒诞。在道家人物中,庄子的"荒诞感"是最强烈的。《庄子》一书中塑造的支离疏、兀者王骀、叔山无趾、哀骀它等人物与故事,形象地传达了庄子对社会与人生的"荒诞感"。"绝望感"表现了本真世界与经验世界的截然分隔,可以激励人生走向悲壮与崇高,但由此引发的过分的担当又会使人有所不堪。"荒诞感"则可以提点人生:既然经验层面的是非、好坏、善恶、得失的分判,其实都以考察者及其选取的角度为转移,那么,对某一个别考察者从某一特定角度下做出的认定,又何必耿耿于怀呢?有了这一番提点,便可以"一切放下",可以轻松自如地入世,可以"游戏人间"。这"游戏人间",前人多以"混世主义"指斥之,但如确认道家指陈操作层面的一切属于"方便施设"或"游戏规则",具有一定可取性,则不难确认"游戏人间"的无可非议性。徐复观说:"能游戏的人,实即艺术精神呈现了出来的人,亦即是艺术化了的人。"① 由"游戏人间"成就的人生,"实际是艺术的人生"②。此说诚是。我们今天生活于

---

① 徐复观:《中国艺术精神》,春风文艺出版社1987年版,第55页。
② 徐复观:《中国艺术精神》,春风文艺出版社1987年版,第41页。

其中的世界,由于靠机械多数决定的公共礼法不断增多而进一步地被工具化了,由于传播媒介的故意制作而进一步地被虚幻化了,如果我们仍然凡事执着为实有,必定活得很累。而采取道家的生活态度,多少有一点"荒诞感",或可争得几分真自我,赚回少许真自由。

(本文原题为《道家的自由意念与生命情调》,载加拿大《文化中国》1995年第7期)

《淮南子》：道家式的"内圣外王"论

一、黄老思潮的发展与《淮南子》"要略"

黄老思潮是通过对老子思想的重新诠释发展出来的。在我个人的研究中，老子和后来的庄子对社会与文化是取批判立场的。他们以"无"为"道"的形上学建构支撑的即是对混乱、污浊的现实世界的批判与否弃，并希冀从中抽离出来价值取向。价值追求既已寄寓于形上世界，在形下现实世界之事用中便不再夹带有是非好坏的分判，只求顺其自然而已矣，是有老子"道法自然"之说。此即指在形下的现实世界的种种施设，持守的是一种客观化态度。

先秦时期的黄老思潮，涵括《黄帝四经》与《管子》一书中的《内业》《心术》《白心》《四时》《五行》诸篇，以及《吕氏春秋》之"十二纪"等著作。从《管子》诸篇看，它们是以"气"释"道"，把以"无"为言之"道"拽回现实世界的最初源头，以使现实世界获得正面的认肯；继而又引入"四时""五行"的观念以揭明现实世界变迁流转的时空节律，从而把"道法自然"之说法演绎为依从大自然的时空变迁节律的一种行事方式。这样一来，原先老子与庄子对社会与文化的批判立场由之便被转变为正面建构的立场。而后，《吕氏春秋》之"十二纪"通过对时空节律做更进一步的细分，又对如何依时空节律行事做了更详尽的缕析。

显然，从《管子》诸篇到《吕氏春秋》，通过把"道法自然"之"自然"解释为自然变迁节律，而为现实世界（含社会与文化）做正面的更具客观意义的建构奠定了根基。然而，由于原先的形上之"道"由"无"落"有"，老庄之学在价值追求上超越性的一面便被淡化乃至消解了。就是说，形上之"道"以"无"为说作为一种精神境界，与"道法自然"作为形下世界在事用所取的客观态度，二者未能协和。如何使二者协和起来，就成为道家自身立论发展的内在要求。《淮南子》一书的编撰无疑满足了这种内在要求。

但是，一旦涉猎《淮南子》文本，便不能不面对三大问题：其一，《淮南子》各篇的作者是谁？其二，《淮南子》的问世与当时的政治权力的争夺有什么关系？其三，《淮南子》在学派归属上，为哪一家？

关于《淮南子》各篇的作者问题，汉代高诱作注有所涉及，后人陆续也有种种探究。及《淮南子》在学派归属上为道家、儒家，还是杂家，亦有种种说法。① 我想，这些问题不可能有圆满的答案，因之，本文不着意做更多的探寻。

至于《淮南子》的写作与编纂，是否与淮南王刘安在政治上求进取的野心，或退而求自保的境况有关联，许多研究者也做过精细的分析②。但该书侧重的是思想开展与变迁的内在理路及其建构方式，希冀以此还原在思想体系上大体的完整性。而《淮南子》的编纂者，是深信自己在体系上具有这种完整性的。至于与个别事件相关联的特殊论题，姑且也予舍弃。

《淮南子》的编纂者深信全书具有一种完整性，就见诸《要略》篇的提示中：

---

① 《汉书·艺文志》把《淮南子》归入"杂家"。然东汉高诱所著《淮南叙目》却称："(《淮南子》)其旨近老子，淡泊无为，蹈虚守静，出入经道……其义也著，其文也富，物事之类，无所不载，然其大较归之于道。"即视之为道家。近人徐复观所撰《两汉思想史》则称："儒家思想，在《淮南子》一书中所占地位，深入地看，并不次于道家。除大量引用了诗、易之外，礼、乐、春秋，皆为其征引所及；且多发挥六经的微言大义。"［徐复观：《两汉思想史》(卷二)，台湾学生书局1976年版，第186页］而儒、道并重的原因，则是因为《淮南子》各卷撰者的不同："刘安的宾客中，应分为两大类。第一类是高诱序中所说的'苏飞、李尚、左吴、田由、雷被、毛被、伍被、晋昌等八人'，是以道家思想为主，而又挟有纵横家之术，这是《淮南子》中老庄思想分野的人物。此外则属于儒家分野，有如高序所说的'诸儒大山、小山之徒'。"［徐复观：《两汉思想史》(卷二)，台湾学生书局1976年版，第199页］

② 陈静所撰《自由与秩序的困惑——〈淮南子〉研究》一书揭明："《淮南子》为什么不能放弃儒家的立场和论域，只保留一个道家的立场呢？这里固然有淮南王作为'人'和作为'王'的双重身份的影响，更为重要的是，淮南王的这种双重身份，恰好呈明了人的观念在中国的思想传统中所具有的双重意蕴：真人和角色。真人是人之本然，角色是人在现实中的展开。角色因为已经进入了现实，所以受制于现实中不可避免的对象性关系，是不自由的，而真人则保持着自由。因此人的观念在中国的思想传统中所具有的双重意蕴，也可以说是人的理想属性和现实属性。"(陈静：《自由与秩序的困惑——〈淮南子〉研究》，云南大学出版社2004年版，第169页)陈静此分析甚精到。

> 夫作为书论者，所以纪纲道德，经纬人事，上考之天，下揆之地，中通诸理。虽未能抽引玄妙之中才，繁然足以观终始矣。总要举凡，而语不剖判纯朴，靡散大宗，惧为人之惛惛然弗能知也；故多为之辞，博为之说，又恐人之离本就末也。故言道而不言事，则无以与世浮沉；言事而不言道，则无以与化游息。故著二十篇。

这段提示是说，《淮南子》全书一方面是要上究作为形上之"本"的"道德"，另一方面则又要下涉作为形下之"末"的"人事"。因为既上究于作为"本"的"道德"，而又下涉作为"末"的"人事"，由之就不会悬空而得以"入世"（"与世浮沉"），此有别于老庄而有取于儒法；又因为虽下涉于作为"末"的"人事"然必上究于作为"本"的"道德"，因之不至于沉落而得以"出世"（"与化游息"），此又不同于儒法而仍持守着道家。通读《淮南子》全书，诚然在整体上贯彻了这一指导思想。这一指导思想正好体现了《淮南子》力求把"形上"追求与"形下"用事二者整合起来的努力。

那么，什么是作为"本"的"道德"？什么是作为"末"的"人事"？二者又是如何得以贯通的呢？

二、"道体"与"道境"的再上提

作为形上之"本"的"道德"，毫无疑问是老子、庄子的宇宙论及其进一步的展开。《原道训》称：

> 夫道者，覆天载地，廓四方，柝八极，高不可际，深不可测，包裹天地，禀授无形……横四维而含阴阳，纮宇宙而章三光。甚淖而㴒，甚纤而微。山以之高，渊以之深，兽以之走，鸟以之飞，日月以之明，星历以之行，麟以之游，凤以之翔。

《原道训》这里把"道"置于天地宇宙终极本源的地位，显然与《庄子·大宗师》"夫道有情有信，无为无形；可传而不可受，可得而不可见；自本自根，未有天地，自古以固存"的描述相似。

《天文训》又写道：

> 天地未形，冯冯翼翼，洞洞灟灟，故曰太昭。道始于虚廓，虚廓生宇宙，宇宙生气。气有涯垠，清阳者薄靡而为天，重浊者凝滞而为地。清妙之合专易，重浊之凝竭难，故天先成而地后定。天地之袭精为阴阳，阴阳之专精为四时，四时之散精为万物。积阳之热气生火，火气之精者为日；积阴之寒气为水，水气之精者为月。日月之淫为精者为星辰，天受日月星辰，地受水潦尘埃。

《淮南子》这里对宇宙生化过程所做的那样一种描述，是先秦所没有的。先秦之宇宙论，从《管子》诸篇到《吕氏春秋》之"十二纪"，更关切的是如何从宇宙生化节律转出"事用"，因之其宇宙论蒙有一层经验色彩。《淮南子》这里的宇宙源头却远离了经验。这种远离更体现为一种超越性的价值诉求。由此我们才看到，《管子》与《吕氏春秋》多讲"黄老"，而《淮南子》却倾心于"老庄"。①

《淮南子》以这样一种在经验上无法实证的宇宙论支撑起来的一种超越性的价值诉求，是怎样的呢？

《原道训》在描述作为本源的"道体"及其生化状况之后，接而论及"体道"开出的境界而称：

> 是故大丈夫恬然无思，澹然无虑。以天为盖，以地为舆，四时为马，阴阳为御，乘云陵霄，与造化者俱。纵志舒节，以驰大区。可以步而步，可以骤而骤。令雨师洒道，使风伯扫尘；电以为鞭策，雷以为车轮。上游于霄霓之野，下出于无垠之门，浏览偏［遍］照，复守以全。经营四隅，还反于枢。

这种境界，不受任何形限约束又可以役使任何形物，出于庄子，然比之庄子已为更夸张更神妙。而这种神妙的境界在理论上的支撑，就源自具有超验色彩的"道体"论。

"道体"作为终极本源无所不生化，无所不包涉。然"道体"生化的

---

① 《淮南子·要略》有"考验乎老庄之术"一说，可见淮南王及其门客多倾心于老庄。

过程，依老子、庄子的观念实际上就是往下坠落的过程。因之，《俶真训》在演绎庄子《齐物论》所述"有始也者，有未始有始也者……"一段话时，把"有未始有夫未始有无也者"作为最终极、最具本真意义的"道体"。及人类社会，亦以越古久为越接近纯粹本真，越往后变迁为越下滑。因之"体道"所得之"道境"的追求便体现为"返性于初，游心于虚"的追求。《俶真训》写道：

> 至德之世，甘瞑于溷澖之域，而徙倚于汗漫之宇。提挈天地而委万物，以鸿蒙为景柱，而浮扬乎无畛崖之际。是故圣人呼吸阴阳之气，而群生莫不颙颙然仰其德以和顺。当此之时，莫之领理决离，隐密而自成。浑浑苍苍，纯朴未散，旁薄为一，而万物大优，是故有羿之知而无所用之。……
>
> 施及周室之衰，浇淳散朴，杂道以伪，俭德以行，而巧故萌生。周室衰而王道废，儒墨乃始列道而议，分徒而讼，于是博学以疑圣，华诬以胁众，弦歌鼓舞，缘饰《诗》《书》，以买名誉于天下。繁登降之礼，饰绂冕之服，聚众不足以极其变，积财不足以赡其费。于是万民乃始慲觟离跂，各欲行其知伪，以求凿枘于世而错择名利。是故百姓曼衍于淫荒之陂，而失其大宗之本。夫世之所以丧性命，有衰渐以然，所由来者久矣！
>
> 是故圣人之学也，欲以返性于初，而游心于虚也。达人之学也，欲以通性于辽廓，而觉于寂漠也。若夫俗世之学也则不然，擢德搴性，内愁五藏，外劳耳目，乃始招蛲振缱物之豪芒，摇消掉捎仁义礼乐，暴行越智于天下，以招号名声于世。此我所羞而不为也。

《俶真训》这大段文字，显然是《老子·三十八章》和《庄子·天下》篇的引申：以为宇宙从本始到万物，世间从上古到当今的变迁为坠落，为衰败。这种坠落和衰败，就表现于纯朴的散失、伪诈的流行、欲望的极度扩张与争夺的不断加剧。乃至于有"缘饰《诗》《书》，以买名誉于天下"，"摇消掉捎仁义礼乐"以"招号名声于世"等种种恶行泛滥。由是，回归本始之"道"的追求，进至"返性于初，而游心于虚"的"道境"，便必须要摈弃名利、剥落儒墨。这就是何以在《淮南子》的一些篇章中对儒墨名法多有批评的原因。这是从境界的追求上说的。《淮南子》由此开显的境界追求无疑更近于庄子。

三、从"类各自类"建立的"事用"观

然而，前面说过，《淮南子》同时又顾及作为形下之"末"的"事"或"事用"的。在《淮南子》那里，所讲的"事"或"事用"是指的什么？是如何开出的？在顾及事用的同时，又如何确保心境不会从"道体"上坠落的呢？

在涉及这一层面的问题上，《淮南子》显然认同了《管子》诸篇及《吕氏春秋》的黄老学：人生活于其中的世间是通过阴阳、四时、五行的交合变化开展的；由阴阳到四时、五行再到万物的变化过程虽然为一坠落过程，但毕竟是一自然而然的过程；因顺这种自然而然的过程，而不做过多的主观干涉，不以主观认取的价值喜好做出改变，这本身也就体现着"道体"的要求。

我们来看《原道训》对"无为"的解释：

> 是故圣人内修其本，而不外饰其末。保其精神，偃其智故。漠然无为，而无不为也；澹然无治也，而无不治也。所谓无为者，不先物为也；所谓无不为者，因物之所为。所谓无治者，不易自然也；所谓无不治者，因物之相然也。万物有所生，而独知守其根；百事有所出，而独知守其门。故穷无穷，极无极，照物而不眩，响应而不乏。此之谓天解。

《原道训》这里释"无为"为"不先物为"，释"无不为"为"因物之所为"；释"无治"为"不易自然"，释"无不治"为"因物之相然"；此实都以因顺自然—物之所以然，为"无为"。

《泰族训》又直接释何为"因"，称述：

> 天地四时，非生万物也，神明接，阴阳和，而万物生之。圣人之治天下，非易民性也，拊循其所有而涤荡之。故因则大，化则细矣。

> 禹凿龙门，辟伊阙，决江浚河，东注之海，因水之流也。后稷垦草发菑，粪土树谷，使五种各得其宜，因地之势也。汤、武革车三百乘，甲卒三千人，讨暴乱，制夏、商，因民之欲也。故能因，则无敌于天下矣。

此亦在强调，因顺天地宇宙、社会人伦本来之自然情状与势态，而不做过多的人为改变，就体现了"道"的要求，并可以在事用上取得成功。《淮南子》的这些论说，无疑都承接了《管子》诸篇与《吕氏春秋》"十二纪"所述。

然而，《淮南子》与《吕氏春秋》"十二纪"也有不同之处。

《吕氏春秋》之"十二纪"强调的是对时间节律的"因顺"，其在春季更有取于道家，夏季更有取于儒家，秋季更有取于兵家与法家，冬季更有取于墨家，依循的是春生、夏长、秋收、冬藏的时间变化。这种依循源自农业文明时代人们对大自然生生不息的无限创造的敬畏与感恩。《淮南子》的《时则训》也涉及时间问题，但几乎就是《吕氏春秋》"十二纪"的抄袭，没有多少创意。《淮南子》显然更关注在空间意义上的"类"的区分。我们来看《淮南子》之《地形训》：

> 凡地形，东西为纬，南北为经。山为积德，川为积刑。高者为生，下者为死。丘陵为牡，溪谷为牝。水圆折者有珠，方折者有玉。清水有黄金，龙渊有玉英。土地各以其类生。
>
> 是故山气多男，泽气多女。障气多喑，风气多聋……谷气多痹，丘气多狂。衍气多仁，陵气多贪。轻土多利，重土多迟。清水音小，浊水音大。湍水人轻，迟水人重。中土多圣人。皆象其气，皆应其类。

此都认为，不同的地形、不同的气候、不同的水土，会生成不同的物象，形成不同的物性。是为"类"。

不同的物类，便要有不同的管治方式。如果说《吕氏春秋》之"十二纪"是取时间变迁的节律以接纳各家成为"杂家"，那么，《淮南子》却是依顺在空间（方位）上不同的"类别"，容摄不同的学说，让不同的思想体系都得到相应的肯定，从而也得以被称为"杂家"的。

我们来看《主术训》:

> 人主之术,处无为之事,而行不言之教。清静而不动,一度而不摇。因循而任下,责成而不劳。是故心知规而师傅谕导,口能言而行人称辞,足能行而相者先导,耳能听而执正进谏……进退应时,动静循理。不为丑美好憎,不为赏罚喜怒。名各自名,类各自类。事犹自然,莫出于己。

此所谓"类各自类"者,就指谓在朝廷上不同职位、不同角色自有不同承担,君主无须代劳。这里引入的便是法家的观念。

《主术训》又称:

> 主道员者,运转而无端,化育如神,虚无因循,常后而不先也;臣道方者,论是而处当,为事先倡,守职分明,以立成功也。是故君臣异道则治,同道则乱。各得其宜,处其当,则上下有以相使也。夫人主之听治也,虚心而弱志,清明而不暗。是故群臣辐凑并进,无愚智贤不肖,莫不尽其能者,则君得所以制臣,臣得所以事君,治国之道明矣。

这些提法已与韩非相近,但是韩非没有宇宙论支撑,只立足于人性"恶",以为君臣之间完全不可以信任,故其"主术"多偏向于阴谋手段;《淮南子》依托于宇宙生化的类别区分,得以建基于认知上的可接受性;在其确认物类的区分仅只体现为宇宙生化的一种特殊形态,及依因形态不同而对治方式亦需有别时,人的精神生命因为还是可以上调而回归混一不分之道体的,因之,这种对治方式便不会蜕变为权谋术数。这就使《淮南子》与《韩非子》有别。

这种区别,更体现在《淮南子》对儒家的推重中。我们来看《泰族训》:

> 天地之道,极则反,盈则损。五色虽朗,有时而渝;茂木丰草,有时而落;物有隆杀,不得自若。故圣人事穷而更为,法弊而改制,非乐变古易常也,将以救败扶衰,黜淫济非,以调天地之气,顺万物

> 之宜也。圣人天覆地载，日月照，阴阳调，四时化，万物不同，无故无新，无疏无亲，故能法天。天不一时，地不一利，人不一事，是以绪业不得不多端，趋行不得不殊方。五行异气而皆适调，六艺异科而皆同道。温惠柔良者，《诗》之风也；淳庞敦厚者，《书》之教也；清明条达者，《易》之义也；恭俭尊让者，《礼》之为也；宽裕简易者，《乐》之化也；刺几辩义者，《春秋》之靡也。故《易》之失，鬼；乐之失，淫；《诗》之失，愚；《书》之失，拘；礼之失，忮；《春秋》之失，訾。六者，圣人兼用而财制之。

这里也涉及时间变迁的问题，但是它侧重的还是古今不同所带来的"类"的差别。因之依然是从"类各自类"出发讨论管治方略的不同。因为"天不一时，地不一利，人不一事"，万物在类上的不同是天地演化带出的，因顺这种情况，在管治上才有"不得不多端""不得不殊方"的做法。管治方法上的不同，在被赋予宇宙生化、天道自然的意义之后，便不仅不会坠落为"术数"，更且使儒学得以被引入，六经得以"兼用而财制之"。

我们再看《泰族训》所述：

> 失本则乱，得本则治。其美在调，其失在权。水火金木土谷，异物而皆任；规矩权衡准绳，异形而皆施。丹青胶漆，不同而皆用，各有所适，物各有宜……关雎兴于鸟，而君子美之，为其雌雄之不乖居也；鹿鸣兴于兽，君子大之，取其见食而相呼也。泓之战，军败君获，而《春秋》大之，取其不鼓不成列也；宋伯姬坐烧而死，《春秋》大之，取其不逾礼而行也。成功立事，岂足多哉！方指所言而取一概焉尔。

这里乃是继续强调针对物类或对象的不同需要采取不同的治理方法或行事方式，然已更明确地回归到儒家及其经典所尚的贵族性的人格与风貌上来：情爱要讲求贤德，群居要讲求协同，君子面对殊死争斗要讲求精神气象，妇人面对生死选择要讲求不失礼节。这种种的行事方式虽有不同，但都体现着因顺自然的基本要求。

类的不同集中表现在"性"的特质上。就"人"这一族类而言，它的本性是什么，是怎样的，如何才可以得而治之的？《泰族训》称：

> 故先王之制法也，因民之所好而为之节文者也。因其好色而制婚姻之礼，故男女有别；因其喜音而正雅颂之声，故风俗不流；因其宁家室、乐妻子，教之以顺，故父子有亲；因其喜朋友而教之以悌，故长幼有序。然后修朝聘以明贵贱，飨饮习射以明长幼，时搜振旅以习用兵也，入学庠序以修人伦：此皆人之所有于性，而圣人之所匠成也。
>
> 故无其性，不可教训；有其性，无其养，不能遵道……人之性有仁义之资，非圣人为之法度而教导之，则不可使乡方。故先王之教也，因其所喜以劝善，因其所恶以禁奸。故刑罚不用，而威行如流；政令约省，而化耀如神。故因其性则天下听从，拂其性则法县而不用。

《泰族训》这里无疑已经回到了儒家之性善论。我们知道，慎到、韩非曾认定人性本恶，故须取严刑峻法为治。《泰族训》宣示"人之性有仁义之资"，因顺这种本性，自当以儒家的仁义之道导引之，"匠成"之，以使天下得以治理。立足于此，《泰族训》一反《主术训》重法术的取向，而称：

> 治之所以为本者，仁义也；所以为末者，法度也。凡人之所以事生者，本也；其所以事死者，末也。本末一体也，其两爱之，一性也。先本后末，谓之君子；以末害本，谓之小人。君子与小人之性非异也，所在先后而已矣。……
>
> 故仁义者，治之本也。今不知事修其本，而务治其末，是释其根而灌其枝也。且法之生也，以辅仁义，今重法而弃义，是贵其冠履而忘其头足也。故仁义者，为厚基者也……今商鞅之启塞，申子之三符，韩非之孤愤，张仪、苏秦之从衡，皆掇取之权，一切之术也，非治之大本。

依《泰族训》"本末一体也，其两爱之，一性也"之说，仁义与法度两者对于治理国家都是不可缺少的，只是必须以仁义为本，以法度为辅，才不会本末倒置，才能使国家得以长治久安。

按，《泰族训》是《淮南子》全书的末篇（《要略》为总结，不做末篇计）。《淮南子》开头的几篇如《原道训》《俶真训》《天文训》等，对道家多有张扬，及越往后以至于《泰族训》，儒家的色彩却越浓烈。这种情况，陈静所撰《自由与秩序的困惑——〈淮南子〉研究》一书称："《淮南子》对待儒家的仁义礼乐至少有三种态度，其一是'羞而不为'的不屑，甚至贬斥……《淮南子》前面几篇道家意味浓重的篇目，往往持第一种否定的态度，如《俶真训》；或者完全漠视，闭口不谈，例如《原道训》就没有出现'仁义'二字。但是越往后，则态度的改变越明显，不仅谈得多了，口吻也在改变，到了最后一篇《泰族训》，已经完全是儒家的口吻。《淮南子》有在道家的立场安顿全书的意图，但是这个意图显然没有被贯彻到底，《淮南子》最终游移于道家的自由与儒家的秩序之间，这是它最基本的理论困境。"① 陈静此说诚然极有见地。

四、道家式的"内圣外王"论

但是，我想对《淮南子》在理论上的这种矛盾与困惑，也可以从另一个角度审视：《淮南子》开启的也许就是道家式的"内圣外王"论。

尽人皆知，"内圣外王之道"的提法，本来就出自《庄子》，后来为儒家所承接，才构成儒学的理论架构与价值理想。在儒家的脉络里，"内圣"主要指心性的涵养，"外王"则指在个人心性涵养基础上价值信念的逐层向外推开，建构起有道德有秩序（礼）的理想社会。孟子所谓"亲亲而仁民，仁民而爱物"之说，《毛诗大序》"发乎情，止乎礼"之论，即是。《大学》之"八目"，更被后人视为儒家"内圣外王之道"的完整表述。"八目"之前四目为"格物""致知""诚意""正心"，即为"内圣"功夫，后三目"齐家""治国""平天下"，则被认作"外王"追求。因为作为功夫起始的"格物""致知"具有认知的意义而与孔孟从心性涵养出发有别，《大学》开启了儒学的理性路向。但是知识的获取也是为了"修身"—心性涵养，"修身"—心性涵养又被认作"外王"—"齐家""治国""平天下"的基始（"壹是皆以修身为本"）。故，儒家的"内圣

---

① 陈静：《自由与秩序的困惑——〈淮南子〉研究》，云南大学出版社2004年版，第143页。

外王之道"，总体上都可以归结为从人—主体出发，依人—主体执认的"仁义礼智"作为价值理想，去统一规范与引领外在社会的一套学问。

回过头来看《庄子·天下》篇：

> 不离于宗，谓之天人。不离于精，谓之神人。不离于真，谓之至人。以天为宗，以德为本，以道为门，兆于变化，谓之圣人。以仁为恩，以义为理，以礼为行，以乐为和，薰然慈仁，谓之君子。以法为分，以名为表，以参为验，以稽为决，其数一二三四是也，百官以此相齿，以事为常，以衣食为主，以蕃息畜藏为意，老弱孤寡皆有以养，民之理也。

这里《天下》篇把圣贤人物区分为三个层次："以天为宗"的"圣人"、"以仁为恩"的"君子"、"以法为分"的"法术之士"。《天下》篇对后两个层次的人物都有所肯定，但最高层次的"圣人"一定要是"不离于宗"的。这显然是认为，"内圣"并不仅仅是人—主体心性涵养的问题，更应该是上达于天，与天地宇宙贯通的问题，也就是《要略》篇所说的"本"的问题。

及"外王"—圣人之治，《天下》篇称：

> 古之人其备乎！配神明，醇天地，育万物，和天下，泽及百姓，明于本数，系于末度，六通四辟，小大精粗，其运无乎不在。其明而在数度者，旧法世传之史，尚多有之。其在于《诗》《书》《礼》《乐》者，邹鲁之士搢绅先生，多能明之……其数散于天下而设于中国者，百家之学时或称而道之。

这是说，古代的圣人之治是很完备的，因为它是贯通天地神明、和合天下万物、恩泽百姓万民的。也就是说，"外王"不是人—主体的道德理想外推造就的，而是"以天为宗"下贯于天地宇宙使天下万物获得融和成就的。

降及近世，"内圣外王之道"受阻。《天下》篇感叹：

> 天下大乱，贤圣不明，道德不一，天下多得一察焉以自好……判

> 天地之美，析万物之理，察古人之全，寡能备于天地之美，称神明之容。是故内圣外王之道，暗而不明，郁而不发，天下之人各为其所欲焉以自为方。悲夫，百家往而不反，必不合矣！后世之学者，不幸不见天地之纯，古人之大体，道术将为天下裂。

在《天下》篇作者看来，"内圣外王之道，暗而不明，郁而不发"，就表现在"天地之美""神明之容""古人之大体"已经丧失殆尽，"百家往而不反""道术将为天下裂"的状况中。在这里，庄子及其后学依然不是从人—主体及于外在社会，而是从天地神明下及人人物物，来省察"内圣外王之道"是否丧失的问题，也就是从宇宙论来审视世间治理的问题。

我们来看《淮南子》。《淮南子》几乎每篇都论及"圣人"，显然亦以成圣为最高追求。其《诠言训》更直接谈及"内圣外王之道"称：

> 为治之本，务在于安民；安民之本，在于足用；足用之本，在于勿夺时；勿夺时之本，在于省事；省事之本，在于节欲；节欲之本，在于反性；反性之本，在于去载。去载则虚，虚则平。平者，道之素也；虚者，道之舍也。能有天下者，必不失其国；能有其国者，必不丧其家；能治其家者，必不遗其身；能修其身者，必不忘其心；能原其心者，必不亏其性；能全其性者，必不惑于道。

这段话显然就是对《大学》的一种新解。在这一新解中我们无疑看到，《淮南子》追求的"外王"与《大学》有某种相似性，而所说之"内圣"却大有区别。《淮南子》的"内圣"，讲求"节欲""反性"；而"节欲""反性"的功夫，又出于"道"的要求。"平者，道之素也；虚者，道之舍也。""道"以"平""虚"为言，正体现了老庄道家宇宙论的基本取向。如上所说，道家的成圣追求不是从心性开出，而是以宇宙论支撑的。而宇宙的终极本源——道体，被归结为"虚"为"无"，又是通过剥落、抽离散殊的万事万物实现的。《淮南子》借《原道训》《俶真训》等篇章把作为"本"的形上之"道体"推得愈高愈远，无非就是要把"道境"——圣人的境界从混杂的人间世中一层层剥离出来，一级级往上提升，使之变得愈加超拔，愈且深玄。是即道家与儒家不同的"内圣"追求。

及从这样一种"内圣"之境下俯人间世，回落到形下之"末"的

"事用"即所谓"外王"层面上,虽与儒家有某种相似处,但不同处也显而易见。

首先,从认知的与操作的角度看,道家之"道体"既然是通过剥落万事万物的差异而求取,为"虚"为"无"的,则从此"道体"回落于万事万物,对万事万物便不会有任何给定。因之,就殊散的、"类各自类"的人间世的操持、导引而言,也自不会有统一的、既定的做法,而只求之因顺事物各自的情势而取不同的应对方式。这些应对方式应只具操作意义,并不体现有价值追求。这也许就是道、儒、法、墨各家在《淮南子》里均得以被引入的原因吧。《淮南子》由此建构的事用——"外王"世界,如同《吕氏春秋》,确实是混杂的但也可以说是包容的世界。①

其次,从价值认取的角度看,儒家的"外王"追求讲求从人——主体内在本有的同情心、恻隐心向外推出,而成就一个有道德有秩序(礼)的理想社会。就每个个人而言,他既以对他人和社会的全身心的付出为责任为价值理想,自不需要涉及个人与他人之间如何求得"公""平"的权利问题,故《论语》《孟子》都无涉于"公""平"论;就社群关系而言,同情心、恻隐心的外推是要区别亲疏远近的,且正是这种区别构成为秩序,因之儒家也讲求"爱有等差"。道家不然。道家之"道体"既是抽离了万事万物,也抽离了人——主体的价值信念而成就的,万事万物的差别、人——主体的任何主观喜好,既然都不可以进入"道体","道体"对万事万物、对人——主体的各别存在,便是无有偏私的。因之,道家在人间世的价值取向上不讲求"差等",而讲求"公""平"。这也是道家与儒家在"外王"问题上的一大差别。

道家与儒家在"外王"问题上,在价值取向上的这一大差别,在老

---

① 《淮南子》"道体"与"事用"的这种关系有似于韩非子。《韩非子·解老》篇称:"道者,万物之所然也,万理之所稽也……万物各异理,而道尽稽万物之理,故不得不化。不得不化,故无常操。无常操,是以死生气禀焉,万智斟酌焉,万事废兴焉……凡道之情,不制不形,柔弱随时,与理相应。"在韩非子这里,也以"空""无"论"道"。但把"道"的内涵"空"去,是为了容纳万事万理的各种变化。在韩非子以"好利恶害"论"人性"并以此作为解释当时残酷争夺的格局的源头时,作为驾驭这种人性与格局的"道",便只能是"法"。《淮南子》以"空""无"论道,也使"道"面对"事用"的不同类型和不同状况而有不同的变易,但《淮南子》许多时候并不以为"人性"本恶,在《泰族训》里甚至认为"人性"本善,故多以儒家论治。更重要的是,韩非子不崇境界追求,而《淮南子》极重境界追求。"道体"以"空""无"为言,是要使"道境"从万事万物的困扰中一层层剥落出来,一重重地得以往上提升。

子那里已经可以看到。《老子·五章》说:"天地不仁,以万物为刍狗;圣人不仁,以百姓为刍狗。"所强调的即是"道体"与"体道"的圣人要无所偏私。《老子·十六章》说:"夫物芸芸,各复归其根。归根曰静,是谓复命。复命曰常,知常曰明。不知常,妄作凶。知常容,容乃公,公乃王,王乃天,天乃道,道乃久。"这里所归的"根",也就是作为天地宇宙本源的"道体";从"道体"看万物,自当讲求"容"与"公"。《庄子·秋水》篇称:"以道观之,物无贵贱;以物观之,自贵而相贱;以俗观之,贵贱不在己。"又称:"以道观之,何贵何贱,是谓反衍;无拘而志,与道大蹇。……严严乎若国之有君,其无私德;繇繇乎若祭之有社,其无私福;泛泛乎其若四方之无穷,其无所畛域。兼怀万物,其孰承翼?是谓无方。万物一齐,孰短孰长?"① 庄子于此亦强调,从"道"的层面俯视万物,"万物一齐",不会出现"私德""私福"的差别,不存在贵贱或短长的价值区分。及《管子·心术下》称:"是故,圣人若天然,无私覆也,若地然,无私载也。私者,乱天下者也。"此又直接以"天无私覆,地无私载"论"公"。继之,《吕氏春秋·离俗览·上德》称:"故古之王者,德回乎天地,澹乎四海,东西南北,极日月之所烛,天覆地载,爱恶不臧,虚素以公,小民皆之,其之敌而不知其所以然,此之谓顺天。"《淮南子·原道训》称:"是故至人之治也,掩其聪明,灭其文章,依道废知,与民同出于公。"此都以"公"为所尚,且以"公"的价值追求上诉于"天覆地载"的无私性及作为本源的"道体"的"虚素"性。

显见,《淮南子》的理论建构,通过把形上之"本"与形下之"末"两端整合起来,其实也体现着一种"内圣外王"的追求,只是它展示的是与儒家有别的道家式的"内圣外王"而已。如把两种有别的"内圣外王"追求以简单的图示显示之,亦可以编排如下:

	形而上—内圣	形而下—外王
孔孟儒学	仁爱之心	爱有等差
		——————一体之仁(宋明儒学)
道家—黄老学	虚无之境	公平公正

---

① 陈鼓应注译:《庄子今注今译》,中华书局1983年版,第424~425页。

这个图示显示，孔孟儒学是讲"爱心"（亲亲之情、恻隐之心）的，但因为有亲疏远近之别而难免"爱有等差"；道家—黄老学是讲"公平"（天无私覆，地无私载）的，但因过分强调"圣人不仁"不免有冷漠之嫌。及宋明儒学自张载起多讲"一体之仁"，此"一体"显然有取于道家①，彼"之仁"则无疑源出于儒学②。宋明儒学诚然为融汇儒道各家的产物。

附论

值得注意的是，西方近代所尚的公平、平等观念，也是通过"抽离"的方法确认：以"自然状态"把"人"从"神"那里抽离开来，以"单独个人"把"人"从"群"那里抽离出来，再以"权利个体"把"人"从种种在精神教养上的差别抽离，而还原"人"为一个个赤裸裸的利欲存在。西方在这一意义上求取的权利平等，必然把"人"卷入在权利上的激烈争夺与精神价值上的陷落。如果说"上帝死了"，那么还有什么力量支撑把人往上提升？道家不然。道家用"道体"把人往上提升，使个人不至于为利欲争夺所驱迫，才讲世间的公平、平等。如果说现代社会不可以不讲公平、平等，那么，道家的"内圣外王"之道实更具参照性。

（本文原为个人著作《道家哲学略述——回归自然的理论建构与价值追求》第二章中之一节，该书已于2015年由巴蜀书社出版，提交由北京大学道家文化研究中心等单位举办的"老庄思想的多样性与道家文化的多元性"学术研讨会作论文略有改动）

---

① 依《庄子·天下》篇所记，惠施已有"泛爱万物，天地一体也"之说。惠施似乎已兼容儒、道两家。

② 张载《正蒙·乾称篇》称："乾称父，坤称母；予兹藐焉，乃混然中处。故天地之塞，吾其体；天地之帅，吾其性。民，吾同胞；物，吾与也。""民胞物与"即为"一体之仁"；之所以可以视为"一体"，即源于"天无私覆，地无私载"之宇宙论。

现代新道家之成立论
——兼评新儒家作为意识形态追求的"外王"学

问题要从近代以降社会变迁的状况谈起。

尽人皆知,近代以降的社会发展过程,明显地表现为一种俗世化过程。

社会俗世化意味着笼罩于人们日常生活与交往中的种种神圣的(宗教的与伦理的)光环消失了。人们不无惊讶地发现,原来我、你、他们的意念与行为几乎都是那样的卑琐(不再喊豪言壮语)、那样的杂乱(街上天天见游行)、那样的不合逻辑(在股市交易中纯靠偶然性可以发大财),还是那样的不道德(只讲法规不讲良心),整个社会都在下坠。

然而,尽管社会俗世化过程表现得似乎是如此"坠落",人们却不得不承认,社会的这一发展过程是一极其正常的发展过程。社会一定要经历这样一个发展过程,在经济学方面的依据,不属本文讨论的范围。仅就思想文化方面而言,我们知道,近代以前在中国社会占主导地位的宋明新儒学与在西方社会占主导地位的基督教神学,无疑都带有道德理想主义的色彩。由这种道德理想主义延伸出来的伦理—政治型或宗教—政治型的社会构想,就其中之文化人有志于要以某种依道德的应然性设定的理念世界框架现实世界的一面而言,不乏崇高性。但是,要知道在那些年代,只有少数人有权拥有并且判准这样一种理念世界。因此,道德理想的绝对崇高性与俗世社会的绝对卑琐性这二者的截然分隔与对立,实又体现了贵族与平民的截然分隔与对立;道德观念对于社会生活的各个领域的绝对优越性,亦即体现了贵族对平民的绝对支配权。于此不难了解,为什么明清之际的许多思想家与文艺家宁可沉溺于"目极世间之色,耳极世间之声,身极世间之鲜,口极世间之谭"① 的感性生活,宁可"打倒自家身子,安心与世俗人一样"② 而拒绝崇高。他们的逃避与拒绝,恰恰即表现了平民社会对

---

① [明] 袁宏道:《龚惟长先生》,见《袁宏道集笺校》(卷五)。
② [明] 袁宏道:《德山麈谭》,见《袁宏道集笺校》(卷四十四)。

贵族社会的抗争。然则，近代以降，宗教的衰落（尼采所谓"上帝死了"）、道德理想主义的失落（"五四"之"打倒孔家店"）而导致的社会俗世化过程，与贵族及其权力的下坠和平民生活及其价值的提升，实为同一过程。如果没有这样一个发展过程，就不会有今天这样一种直如老子所说的"众人熙熙，如享太牢，如春登台"①似的生活情景。今天的社会，真真确确是一个经济—政治型的社会。古希腊史诗《伊利亚特》记载，特罗亚族人与希腊联军为了拥有绝世美人海伦可以进行长达9年的战争，这典型地透显了古人追求的浪漫性与庄严感。可是这类事情在当今社会再也不会发生了。当今经济实力与经济手段几乎支配了社会生活的方方面面。这样的社会的的确确是在"坠落"，但是又确确实实体现为社会的正常发展过程，而且就大多数人都不会愿意回到由少数权贵支配一切的传统社会而言，显然人们还是"自甘堕落"。

如果说社会的"坠落"，即社会的俗世化过程为一可以认可的正常的发展过程，而且这一发展过程至今为止远未完结，那么，直面这一发展过程，特别是为了完善这一发展过程，我们必须关注一些什么问题呢？显然，我们必须关注到以下三个层面的问题。

第一为"情欲"的层面。

我们必须承认："情欲"为人人所本具；"情欲"是非理性的；而且，正因为它是非理性的，还没有经过理性的筛选、框架、压缩与整形，故它是最自然—本然的，为"原来的我"；又因为其为自然—本然，为"我"所本有，不存在选择与否的问题，故具天然合理性；等等。承认这些观念的确当性，意味着什么呢？意味着近现代社会不可以接受宋明新儒家的"天理""人欲"观而却允诺了道家的自然人性论。儒家把"人欲"与"天理"完全对峙起来并认为只有"革尽人欲"方可"复尽天理"②，明显地否认了"人欲"的天然合理性。而人之存在的自然—本然性素为道家所推重。"情欲"最为自然而本然，故道家首先即容纳"情欲"。嵇康说："六经以抑引为主，人性以从欲为欢。抑引则违其愿，从欲则得自然。"③ 此即以"从欲"为人之自然—本然性情。李贽说："夫私者，人

---

① 《老子·二十章》。
② 朱熹语，见《朱子语类》（卷十三）。
③ 《嵇康集·难自然好学论》。

之心也。……此自然之理。"① 于此同样确认"私欲"之天然合理性。在这一层面的认允上，我们已经看到了道家与近现代观念的衔接性，但更重要的是第二、第三层面。

第二为社会公共礼法层面。

这一层面本来缘起于：每个个人都有情欲，每个个人都带着自己的情欲进入社会，与他人发生关系，无疑需要制作一套公共礼法予以协调，加以规限；而且一定要赋予这套公共礼法以覆盖整个社会的普遍有效性，否则社会无法维系；又且，每个个人需要认识并理智地遵从公共礼法，是为理性。这一层面讲求理性。

问题是，公共礼法的普遍有效性从何确立呢？依传统儒家的正宗看法，公共礼法既然具有超越每个个人的普遍有效性，则必不可以从每个情欲个人中找到依据。只有设定公共礼法来自"天""天理"或无肉身的"良知"，才可以解释与确保它的超越每个个人的普遍有效性。董仲舒说："是故仁义制度之数，尽取之天。……王道之三纲，可求于天。"② 朱熹说，"未有天地之先，毕竟是先有此理"③，而"父子有父子之理，君臣有君臣之理"④。这都是将社会公共礼法诉诸"天"或"天理"。王阳明说："理也者，心之条理也。是理也，发之于亲则为孝，发之于君则为忠，发之于朋友则为信。千变万化，至不可穷竭，而莫非发于吾之一心。"⑤ 此即是将社会公共礼法之合法性依据诉诸心之"良知"，但无论诉诸"天理"或是诉诸"良知"，都是为了确证公共礼法的神圣性。

有趣的是，传统儒家的这种正宗看法并没有为古人所普遍认同。有法家色彩的荀子称："人生而有欲，欲而不得，则不能无求；求而无度量分界，则不能不争。争则乱，乱则穷。先王恶其乱也，故制礼义以分之，以养人之欲，给人之求；使欲必不穷乎物，物必不屈于欲，两者相持而长，是礼之所起也。"⑥ 此即以为公共礼法是后起的、人为的，是为了调节个人与个人之间的利欲关系而制作的。法家韩非称："凡治天下，必因人

---

① 《藏书·德业儒臣后论》。
② 《春秋繁露·基义》。
③ 《朱子语类》（卷一）。
④ 《朱子语类》（卷五）。
⑤ 《书诸阳卷》，见《王文成公全书》（卷八）。
⑥ 《荀子·礼论》。

情。人情者有好恶，故赏罚可用。赏罚可用则禁令可立，而治道具矣。"① 韩非同样认为公共礼法产生于调节与控制人的利欲追求的现实需要。公共礼法既然是后起的、人为的，为调节与控制现实利害关系而制作的，并可以为人们的知性所把握的，则并不具天然的确当性。只是，在荀、韩那里，它作为君主对人群管治的强制手段，其权威性仍是绝对的。

但是，像我们看到的，近代以降，公共礼法的绝对性意义也已消解。近现代社会的公共礼法，很少再由某个个人的意志给定。比较通行、比较认可的做法，是借投票由机械多数决定。这种称为民主的做法，正是由社会俗世化导致的权力平均化（一人一票）的产物。而公共礼法借投票由机械多数决定意味着什么？这无疑意味着，公共礼法再也不会与"天理""良知"存在着内在的关联性。因为投票人是从利益关系出发，还是从客观理则或某种正义感出发，本身就是一大问题；投票结果是不是客观理则或正义必胜，也是一大问题。赞同与否决一项公共礼法，只有利益上的分割，不存在客观理则问题，何来"天理"？不存在正义问题，何来"良知"？公共礼法既与"天理"无关，那么它虽然是普遍有效的，但不是绝对的；公共礼法既与"良知"无关，那么它虽然是理性的，却是从外面加给每个个人的、"非我"的。

公共礼法与"天理"（外在客观必然性）不存在内在联系，不相对应，便无"真"的意义；公共礼法与"良知"（主体自我认可的应然性）不存在内在联系，不相契合，便无"善"的意义。关于公共礼法尤其是近现代社会的公共礼法与"真""善"无关的这种性质判定，对于传统儒家与现代新儒家来说是难以接受的，但对于道家来说却是不言而喻的。儒家追求"内圣"而"外王"，实即要赋予"外王"——公共礼法之创设与制导以"圣"的因而也是绝对的意义。道家不然。老子早就把公共礼法指认为"器"，为便于操作之工具，即后来佛家所讲之"方便施设"。老子说："朴散则为器。圣人用之，则为官长。"② "则为官长"指制定各种职责名分以为"用"，是为"器"。故老子又说："始制有名，名亦既有，夫亦将知止。知止所以不殆。"③ 对于老子这一段话，王弼释称："始制谓

---

① 《韩非子·八经》。
② 《老子·二十八章》。
③ 《老子·三十二章》。

朴散始为官长之时也。始制官长，不可不立名分以定尊卑，故始制有名也。过此以往，将争锥刀之末，故曰：名亦既有，夫亦将知止也。"是则在老子与王弼看来，社会之等级制度是"朴散"以后的一种不得已的权宜施设。而何谓"朴"呢？老子、王弼所谓"朴"，指原来的、未曾散失的。王弼说："朴，真也。真散则百行出，殊类生，若器也。"老子、王弼以原来的、未曾散失的为"真"，则正视人为之权宜施设——公共礼法无"真"的意义。于此我们看到，道家对社会公共礼法的性质的判定，具足现代性。对公共礼法的性质的这种判明，实有利于打破自古以来的权力至上性与权力中心论。

第三为生命情调层面。

又，正由于判明公共礼法涉及的是利益关系而不具超越意义，才得以提出对超越的追求；正由于判明公共礼法作为一种方便施设不具"真""善"意义，才得以开出对"真""善"的向往。这种对超越的，即对"真""善"的追求与向往，构成一种生命情调的诉求。

生命情调既然是在超越公共礼法及其所涉及的利益关系之外、之上开展出来的，不涉及社会他人，那么它便纯属个人自己的一种选择。作为个人自己的，当然是"我"；又为自觉自愿的，这就比"原来的我"翻上一层。"原来的我"为"情欲我"，无法选择，也无须自觉。生命情调作为个人自己自觉自愿的选择，才真正构成为"自我"。

"自我"具有绝对性：它不受外在世界之任何制胁与限定；即便为理性所不认同，却仍纵情直往；又唯如此，内心才感到快乐。这些都表现了它的绝对性。所有义务性的道德信念，对天地境界的追求都出自个人内心的绝对命令而表现了"自我"的绝对性。"自我"既绝去对待，无须在对待关系中被改变，故最"真"；无须在利害冲突中受支使、被玷污，故最"善"。"真"与"善"的追求，都只属于"自我"，属于生命情调的诉求。

"自我"、生命情调既为最"真"、最"善"，故也最具崇高性，但不具普遍有效性。普遍有效性属理性范围，生命情调在理性层面上不可能得到解释。而且，生命情调既然纯属个人自己的一种选择，又即意味着，别人不可以把某一种信念、某一种生活方式强加于你，你也不可以把你认定的某一种信念与生活方式强加于人，怎么可以追求其普遍有效性呢？凡追求一种信念的普遍有效性，都有把这种信念意识形态化（与权力结合从而强加给社会）的危险；而一旦被意识形态化，同时也就被工具化并具足侵犯性。历史上许多以救世为怀的思潮，包括儒学，其初并不乏献身性与庄严感，而一旦成为官方统治思想，往往便不得不蜕变为游成规则与谋利手段。在王阳明自己认定一种价值观念体现了"天理""良知"，强调要"致吾心良知之天理于事事物物"，使"事事物物皆得其理矣"① 那种匡世的努力中，我们且不难看到王学作为儒学一支所表现的强烈的侵犯性。显然，唯不强调个人信念、个人情调追求的普遍有效性，才可以确保它作为一种对"真""善"的追求的崇高性以及每个个人作为"自我"其选择的自由性。如果说这一层面的追求在现代显得尤其重要，那么，我们无疑更有可能清楚地了解道家与儒家包括现代新儒家在现代社会中所呈现的不同的意义。姑不论现代新儒家个人之是否如余英时所说有"教主"的角色担当②，看牟宗三所说："儒家学术第三期的发展，所应负的责任即是要开这个时代所需要的外王，亦即开新的外王。……今天这个时代所要求的新外王，即是科学与民主政治。"③ 牟氏于此力图确认儒家的价值追求与民主、科学的一致性，并以为在传统儒学的范畴内可以开出现代民主政体，固已不类；而在其力图使儒学意识形态化以笼罩社会生活的一切所表现的对个人情欲特别是个人信念、个人生命情调的侵犯性，又何异于往昔之朱熹与王阳明？！道家对此甚为不取。按道家重自然—本然，即已确认个人情欲之不可侵犯性；道家以"器"、以"方便施设"视社会公共礼法，亦可容纳民主建制并承认这种建制的普遍有效性，但以为那毕竟是市民社会的当然之事，故不屑侈谈由谁人从何开出之类的问题；道家更关切自由，唯有自由，才可以确保"真"与"善"而成就人之为人的终极追求。道家这种"自由"信念，使道家最少侵犯性。即便在西汉初年被奉为官方的信念时也是如此。在现代人的更加强烈的自我、自由的生命情调的追求中，道家起着更积极、更活泼的作用，这是自然之事。

而在进达生命情调这一层面的基础上重新建构的人际关系，亦将不同于第二层面上的由理性认读的工具性关系，它可以称为由情性通感开启的

---

① 《答顾东桥书》，见《传习录》（中）。

② 参见余英时《钱穆与新儒学》，见郑家栋、叶海烟主编《新儒家评论》（第1辑），中国广播电视出版社1994年版。

③ 牟宗三：《从儒家的当前使命说中国文化的现代意义》，见郑家栋编《道德理想主义的重建——牟宗三新儒学论著辑要》，中国广播电视出版社1992年版，第10～13页。

一种"情际关系"。

工具性的人际关系为主客关系，对方为我认知、利用与占有的对象，故对方为"非我"；对方同时又构成我的外在限定，迫使我不得不改变、扭曲自己，故我亦非"真我"。在"情际关系"中，人与我不构成主客对待关系，每个个人都是独立的，又都向对方敞开着；每个人都以"真性情"通感对方，接受对方，但不冀求利用与占有对方。

这种"情际关系"，在历史上就特别为道家与有道家倾向的人们所向往与践行。《庄子·大宗师》述：子桑户死，孟子反、子琴张"或编曲，或鼓琴，相和而歌"，子贡趋而进曰："敢问临尸而歌，礼乎？"孟子反、子琴张相视而笑曰："是恶知礼意。"郭象详注："夫知礼意者必游外以经内，守母以存子，称情而直往也。若乃矜乎名声，牵乎形制，则孝不任诚，慈不任实，父子兄弟怀情相欺，岂礼之大意哉！"这里儒者子贡所讲的"礼乎"，即以恪守公共礼法为尚。但在道家看来，若人际关系仅停留在公共礼法的层面上（"矜乎名声，牵乎形制"），则父子兄弟的关系也是一种欺骗性的关系。唯"称情而直往"，人与人之间才有真诚可言。于此，庄子、郭象向往的人际关系即是"情际关系"。这种"情际关系"在魏晋时期甚至得以风行。《世说新语·惑溺》篇记："王安丰妇，常卿安丰。安丰曰：妇人卿婿，于礼为不敬，后勿复尔。妇曰：亲卿爱卿，是以卿卿；我不卿卿，谁当卿卿？遂恒听之。"《晋书·庾敳传》又记："王衍不与敳交，敳卿之不置。衍曰：'君不得为耳。'敳曰：'卿自君我，我自卿卿。我自用我家法，君自用卿家法。'"按，"卿卿"在魏晋南北朝时为亲昵之称。上记安丰要以"礼"别夫妇，王衍要依"礼"分上下，分别为安丰妇与庾敳所拒斥。后二人坚持以"卿卿"之，此亦即"称情在直往"并求以"情"同彼此。据西晋束晳《近游赋》称，束氏所向往的人际关系是"妇皆卿夫，子呼父字"。① 此是何等亲昵的"情际关系"！可惜这种关系在宗法等级的古代社会不可多得。在宗法等级社会里，人际关系中之前"四伦"（君臣、父子、夫妇、兄弟）的关系往往被功利化与工具化了，故才有明代李贽对何心隐之赞叹："人伦有五，公舍其四，而独置身于师友贤圣之间。"② 这显然是因为，人伦之前"四伦"无可选择，

---

① 参见余英时《士与中国文化》，上海人民出版社1987年版，第416页。
② ［明］李贽：《何心隐论》，见《焚书》（卷三）。

唯有朋友（师友）一伦可以自己选择。选择朋友即选择生命情调，而在朋友的基础上建立的相互关系，如何心隐所认允的，"可以相交而友，不落于友也；可以相友而师，不落于师也"[①] 那样一种既为"师""友"，又不落入"师""友"的角色区分的关系，才为"情际关系"。

在当今社会，人际关系显然不再具有宗法等级的意义。但是，由于商品经济的过分发展，由于靠机械多数决定的公共礼法的不断繁衍（王弼所谓"任名以号物"），人与人的关系实际上是更加被功利化、工具化了。此即所谓社会在"坠落"。社会的这种"坠落"如上所说固表征着社会的进步，但"坠落"不免仍为"坠落"。对社会由"坠落"带来的发展，我们不可以不认允；但对"坠落"之为"坠落"，我们又不可以不寻求超越。这种超越的追求之所以不能仅取儒学的方式，是因为儒家作为个人选取的一种生命情调固有其崇高性，乃至献身精神，作为意识形态却难以认允由"坠落"带来的发展，而正是由于这种发展，才容许了人选择的自由；道家之所以具足现代意义，则是因为它在认允"坠落"的基础上还能够为人指点生命的方向，还给人以"善"与"真"，特许了人的自由，而这是很重要的。现代社会之是否"得救"，有待于此。现代新道家之得以成立，亦有证于此。

［原载陈鼓应主编《道家文化研究》（第20辑），生活·读书·新知三联书店2003年版，第29～39页］

---

① 《何心隐集》卷二《师说》。

冯达文自选集

第三部分

岭表源流

禅宗诸家之 "心性" 说
——从初祖菩提达摩、六祖惠能到洪州马祖道一之思想变迁

依四卷《楞伽经》的说法："一切佛语心。"① 心显然是禅宗最基本、最核心的概念。从教外的立场看，"心"这一概念最初无疑是环绕着精神与肉体二者的关系展开的。从这一关系派生出来的，则有普遍精神（性）与个体心的关系、个体肉体与外在世界的关系、外在世界中普遍与特殊的关系和"心"的普遍精神与各别觉知的对应意义。借禅宗诸家环绕"心"与"性"这些概念与关系的分析，我们诚然可以透显禅宗思想的演变。然而，由于篇幅的关系，本文无法对禅宗各家之"心性"说逐一予以讨论，而只取禅宗中土初祖菩提达摩、禅宗六祖惠能和惠能二传弟子马祖道一的教法做个案性研究，以冀从一个侧面展示禅宗思想的演变过程。

一、菩提达摩："真性"与"妄心"二分之教

被尊为中土禅宗初祖之菩提达摩主要是以宋译四卷《楞伽经》传宗，这是人们所公认的。惠能再传弟子马祖道一说：

> 达摩大师从南天竺国来，躬至中华，传上乘一心之法，令汝等开悟。又引楞伽经文，以印众生心地。恐汝颠倒。不自信此心之法各各有之。故楞伽经云：佛语心为宗，无门为法门。②

印顺法师称，马祖道一此处所谓："不'自信此心之法各各有之'，就是《达摩论》所说：'深信含生同一真性。'"③ 印顺之说诚然有据。从后学

---

① 刘宋时期求那跋陀罗所译四卷《楞伽阿跋多罗宝经》，每卷均以"一切佛语心"为品题，足见其对"心"这一概念的重视。
② 《景德传灯录》，见《大正藏》（第51册），第246页。
③ 印顺：《中国禅宗史》，上海书店1992年版，第15页。

（包括马祖道一）领悟的角度看，达摩以《楞伽经》为教于中土开创的禅宗，无疑可视为"佛心宗"。然从思想史、佛学史的角度看，"心"与"性"两个概念有着微妙的区别①。揭示这种区别及其不同用法，有着重要的意义。

我们先看达摩于《二入四行论》中的提法。关于"心"，论称：

> 冥心虚寂，通鉴世事，内外俱明，德超世表；
> 亡心寂默之士，莫不归信，取相存见之流，乃生讥谤；
> 法师感其精诚，诲以真道：如是安心……如是安心者，壁观；
> 此心生时，与理相应；
> 得失从缘，心无增减，喜风不动，冥顺于道。②

显然，此间所说的"心"都不具"体性"意义，它是从众生修为的场合讲的。因而，它实际上是被理解为知觉的、经验的、活动的、个体的与有待"安之"的。

然而，"性"与"心"不同。《二入四行论》称：

> 理入者，谓藉教悟宗。深信含生"凡圣"同一真性，但为客尘妄覆，不能显了。若也舍妄归真，凝住辟观，（无）自（无）他，凡圣等一，坚住不移，更不随于言教。此即与真理冥状，无有分别，寂然无（为），名之理入。③

达摩此说，显然即依于《楞伽经》。该经卷四有云：

---

① 佛教的许多译籍，常常将"心"与"性"两个概念混用，致使后来的许多研究者亦常以"心""性"不分。圣严法师在研究天台学时已指出："因为智𫖮以及后来的湛然等天台学者，是以观心为主，所以特别强调'心具三千'之旨。所谓性者，是心之性，心之本体，由内向外发是性，由外向内观是心，因此，心具三千，即是性具三千。"（圣严法师：《大乘止观法门之研究》，东初出版社1995年版，第179页）此诚为睿见。本文即着意于禅宗之系统，揭示"心""性"二者之区别、联系与转换所蕴含的思想史意义。
② 《楞伽师资记》（卷一），见《大正藏》（第85册），第1284～1285页。
③ 《楞伽师资记》（卷一），见《大正藏》（第85册），第1285页。

> 此如来藏藏识，一切声闻缘觉心想所见，虽自性净，客尘所覆故，犹见不净，非诸如来。①

该经卷一又云：

> 如来藏自性清净，转三十二相入于一切众生身中。如大价宝，垢衣所缠。如来之藏常住不变，亦复如是。②

依《楞伽经》与达摩此说，作为如来藏藏识之性，则是存在的、先验的、不变的与普遍的③。使如来藏之"性"受污染、被遮蔽的，那是"心"。故人们从来不说"妄性""安性""修性"，却不可以不讲"妄心""安心""修心"。这一区别正是存在的与知觉的、先验的与经验的区别。存在的与先验的往往被赋予普遍的意义，故达摩诸师亦常常以"理"称"性"。知觉的与经验的所对应的为个别的幻相，故经纶亦常常以"事"说"相"。依中国本土学术，"理"与"事"的关系多用以描述"共""殊"关系，这种关系是在知识论的背景下，在"理性"的视域中成立的。然而，佛经中普遍与个别之关系，并不一定是在知识论的背景下的"共""殊"关系。依上引《楞伽经》所说，"如来藏自性清净，转三十二相入于一切众生身中"，或达摩所说"深信含生'凡圣'同一真性"，此中所说具普遍意义的就不是借知解而成立的"理"或"理性"，而是借信解才可以感悟的"灵"或"灵性"④。关于这一点，达摩于"行入"说中有清楚的表述。

---

① 《楞伽经》（卷四），见《大正藏》（第16册），第510页。
② 《楞伽经》（卷一），见《大正藏》（第16册），第489页。
③ 按，对"如来藏藏识"一词之理解，各家大有分别。详见牟宗三《佛性与般若》，台湾学生书局1990年版，第五章第一节《〈楞伽经〉"如来藏藏识"一词之意义》。本文依"此如来藏藏识……虽自性净"所说，作"性体"解。
④ 李志夫教授为祝贺印顺法师八十大寿而撰的《如来藏之初期及其思想之研究》一文引证印顺法师之研究成果称："如来藏（Tathagata Garbha）一词，是由印度黎俱吠佗经（Rgveda）之胎藏（Garbha），或金胎（Hiranyagarbha）说与有关佛陀法身（Darma-Kaaya），如来界（Tathagata-Dhatu）……稍后与心性本净（Cittaprakritivisuddhi）相关联而形成如来藏思想。"（李志夫：《印度哲学及其基本精神》，洪叶文化事业有限公司1999年版，第233页）然则，早期之如来藏与灵魂信仰有关为是。

达摩将宗教修行的途径归为"四行"。何为"四行"？达摩云：

> 一者报怨（行），二者随缘行，三者无所求行，四者称法行。
> 云何报怨行，修道行人，若受苦时，当自念言：我从往昔，无数劫中，弃本逐末，流浪诸有，多起怨憎，违害无限。今虽无犯，是我宿殃，恶业果熟，非天非人所能见与。甘心忍受，都无怨诉。经云：逢苦不忧。何以故？识达本故。此心生时，与理相应。体怨进道，是故说言报怨行。
> 第二随缘行者，众生无我，并缘业所转。苦乐齐受，皆从缘生。若得胜报荣誉等事，是我过去宿因所感，今方得之。缘尽还无，何喜之有？得失从缘，心无增减，喜风不动，冥顺于道，是故说言随缘行。
> 第三无所求行者，世人长迷，处处贪着，名之为求。智者悟真，理将俗反（反）。安心无为，形随运转，万有斯空，无所愿乐。功德黑暗，常相随逐。三界久居，犹如火宅。有身皆苦，谁得而安？了达此处，故于诸有息想无求。经云：有求皆苦，无求乃乐。判如无求，真为道行。
> 第四称法行者，性净之理，因（目）之为法。理此众相斯空，无染无着，无此无彼。经云：法无众生，离众生垢故。法无有我，离我垢故。智若能信解此理，应当称法而行。法体无悭，于身命，则（财）行檀舍施，心无吝惜，达解三空，不倚（不）着，但为去垢。摄众生而无取相，此为自利，复能利他，亦能庄严菩提之道。檀度既尔，余五亦然。为除妄想，修行六度而无所行，是为称法行。①

依达摩之"四行"说可见以下五点。

其一，达摩是明确地把宗教修行建立在原始佛教所确认的三世轮回说的基础上的，故才有"报怨""随缘"之说。

其二，依三世轮回说，必以为有一轮回的承担者——灵魂。《楞伽经》之"如来藏藏识"，达摩之"含生'凡圣'同一真性"，实都指此灵魂或"灵性"。

---

① 《楞伽师资记》，见《大正藏》（第85册），第1284～1285页。

其三，此灵魂或灵性之普遍意义不作"共相"解，一方面是因为它本指的超越任何的个体性，它是"无始"以来的；另一方面是指它在超越任何个体性之后的平等性，即它的无分别的清净性。

其四，在确认灵魂、灵性实存的基础上的修行观，它所主张的"众生无我"说，"安心无为"论，是特指十二因缘中的"爱""取"两支而言的。"爱""取"两支属现世个我之主观心识（知觉心），在"爱""取"两支中（三世轮回之两个时段中）不起爱取之心意，即为"众生无我"。依此修行，便可做到"得失从缘，心无增减，喜风不动，冥顺于道"，渐次使灵魂获得超度。

其五，依原始宗教，轮回之主体灵魂本是"无明"，属"妄识心"。而且此"无明"乃"无始无明"，则此"妄心"且具先验性。然则人之灵魂下坠成必然性，人之修为只不过属经验习心，借修为得以成佛亦属偶然性。与原始佛教不同的是，《楞伽经》等经以"如来藏"称"藏识"，达摩等师"深信含生'凡圣'同一真性"，此即以"明""明觉"论"性"，这就不仅使成佛获得先验与必然的意义，而且由于借自性的开显即可成佛，此诚加强了成佛的自信心与现实性。达摩禅学在中土得以承传与发扬，实出于此。

可以说，达摩以《二入四行论》说法，以《楞伽经》传授慧可，且称："我观汉地唯有此经，仁者依行自得度世。"① 其在思想史上的意义在于：它重塑了中国人的思想信仰。而这种思想信仰在魏晋以降一段时期，由于受到玄学与般若学的批判而被否弃，而后却为关中之姚兴一族②和江南梁武帝一朝③所期盼。不过，达摩及其提倡的灵性（如来藏藏识）在中土已有别于西汉以阴阳五行说支撑的信仰。及至达摩被害后其本人也被传

---

① 《续高僧传》，见《大正藏》（第50册），第552页。

② 后秦姚兴支持鸠摩罗什翻译佛教经论达300多卷，但对罗什依空宗立场对原始佛教三世轮回说立论不置可否有所不满。姚兴为咨什法师作《通三世论》称："余以为，三世一统，循环为用，过去虽灭，其理常在。……经又云：圣人见三世，若其无也，圣无所见；若言有耶，则犯常嫌明。过去未来，虽无眼对，理恒相因。苟因理不绝，圣见三世，无所疑矣。"（《广弘明集》卷一八）罗什弟子僧肇、僧叡等均认同姚兴之主张，持守三世轮回之信仰。

③ 梁武帝肖衍亦坚信三世轮回之信仰，为此，曾不仅自撰文章批评范缜之《神灭论》，而且让朝野尊贵70多人撰文与范缜进行论辩。详见《广弘明集》。

说为已获得"意生身"①，此即可见达摩始创禅宗其灵魂信仰之广泛的受纳性。

二、六祖惠能："本心"与"本性"同一之说

达摩祖师始创之中土禅宗，历经慧可、僧灿、道信、弘忍，其灵魂信仰及其对"心"与"性"的关系的理解，大体上仍承传达摩所示，然却渐起变化。如四祖道信称："当知佛即是心，心外更无有别佛也。"② 此已将"心"与"性"等同，而视"心"为"体"了。然道信也还依达摩之教诲而以"安心"入论。其云：

> 拼（并）除三毒心，攀缘心，觉观心。念佛心心相续，忽然澄寂，更无所缘念。大品经云：无所念者，是名念佛。何等名无所念？即念佛心名无所念。离心无别有佛，离佛无别有心；念佛即是念心；求心即是求佛。所以者何？识无形，佛无形，佛无相貌。若也知此道理，即是安心。③

显然，此所谓"安心"之"心"，还是"三毒心""攀缘心""觉观心"，即经验心。"安心"之做法是"念佛心心相续"，借此排除经验心而成"见佛性者"。"见佛性者，永离生死，名出世人。……悟佛性者，名菩萨人，亦名悟道人，亦名识理人，亦名得性人。"④ 此即仍以"心""性"二分为说，以"出世"为修行的矢者。不过，此间之"性"，其"灵魂"的意味已见淡化。

---

① 宋祖琇所著《隆兴佛教编年通论》卷七称："昔嵩明教讲《传法正宗记》，称达摩住世凡数百年，谅其已登圣果，得意生身，非分段生死所拘。"[《续藏经》（第1辑），第248页]"意生身"，依《入楞伽经》卷二所言，是"得无生法忍，住第八地。了意意识，五法自性，二五我境，转所依止获意生身"，"意生身者，譬如意去速疾无碍，名意生身。大慧譬如心意于无量百千由旬之外，忆先所见种种诸物，念念相续疾诣于彼，非是其身及山河石壁所能为碍。意生身者亦复如是"[《大正藏》（第16册），第559页]。达摩被传为"得意生身"，依信仰说，即是证入了佛界。

② 《楞伽师资记》（卷一），见《大正藏》（第85册），第1288页。
③ 《楞伽师资记》（卷一），见《大正藏》（第85册），第1287页。
④ 《楞伽师资记》（卷一），见《大正藏》（第85册），第1289页。

五祖弘忍亦以"修心"入论①，与道信"安心"说同，自亦承传于达摩。然弘忍更多的是讲"守心"。弘忍称：

> 众生者，依妄识波浪而有，体是虚妄。了然守心，妄念不起，即到无生。……
>
> 一切众生，迷于真性，不识本心，种种妄缘，不修正念。……会是守真心，妄念不生，我所心灭故，自然与佛平等。②

"心"之可"守"，自以"心"为"真心"者。在此，弘忍是以"心"为"性"，"心"具"体"的意义了。

惠能则直承弘忍之见解而以"心""性"合一入论。如惠能说：

> 法无顿渐，人有利钝。迷即渐劝，悟人顿修。识自本心，是见本性，悟即元无差别，不悟即长劫轮回。③
>
> 故知一切万法尽在自身心中。何不从于自心，顿见真如本性。《菩萨戒经》云：戒本源自性清净。识心见性，自成佛道。《净名经》云：即时豁然，还得本心。④

此所谓"识心见性"者，均指"心"为"性"说。惠能又谓：

> 自性无非无乱无痴，念念般若观照，常离法相，有何可立？自性顿修，亦无渐次，所以不立。⑤

此中之"无非无乱无痴""顿修"，其实是指"心"，而惠能冠以"性"，亦可见"心"与"性"被认为是同一的。

如上所说，在达摩那里"心"与"性"是有别的，二者的区别可理

---

① 敦煌写本《蕲州忍和尚导凡趣圣悟解脱宗修心要论》，据考为弘忍传法之记录，是则弘忍也讲"修心"。
② 《修心要论》，转引自杨曾文《唐五代禅宗史》，中国社会科学出版社1999年版，第94页。
③ 杨曾文校写：《敦煌新本六祖坛经》，上海古籍出版社1993年版，第16页。
④ 杨曾文校写：《敦煌新本六祖坛经》，上海古籍出版社1993年版，第31～32页。
⑤ 杨曾文校写：《敦煌新本六祖坛经》，上海古籍出版社1993年版，第53页。

解为："心"是被用以指知觉的、经验的、变动的、个别的与待"安"的，而"性"则是被用以指存在的、先验的、长住的、普遍的与圆足的。"性"在用以指存在的、先验的、常住的与普遍的场合下，可以被理解为在三世轮回中的灵魂，也可以被理解为具公共意义的"理"；与此相对应，"心"作为把握知觉的、经验的、变动的与个别的，它便或可被视为"妄识"，或可被用以指"事"。

那么，禅宗发展至惠能而以"心"指"性"，以"心"与"性"为同一者，此一变化所蕴含的佛学思想史意义是什么呢？其意义即在于：一方面，它把"性"由"存在"之"体"转换为"觉知的"，由之而凸显了修成佛道的主体性；另一方面，它将"心"由经验心转换为先验心；由之，此"觉知心"是以它的"先验性"而获得本体（性体）的意义①。

我们来看惠能的一些提法：

> 心中众生，各于自身自性自度。何名自性自度？自色身中邪见烦恼、愚痴迷妄，自有本觉性。只本觉性，将正见度。既悟正见般若之智，除却愚痴迷妄，众生各各自度。②
>
> 若大乘者，闻说《金刚经》，心开悟解。故知本性自有般若之智，自用智慧观照，不假文字。……众生本性般若之智，亦复如是。③

惠能于此均以"本觉"，以"般若之智"论"性"④。六祖惠能借"心"

---

① 在《坛经》中，在惠能的许多话语里，"性""心"两概念可以互换。此正说明惠能以"心"指"性"所凸显的成佛之主体性与主体的本体意义。牟宗三先生谓："（惠能）'自性生万法'亦云'含具万法'。此种不甚严格的漫画辞语倒类性具，不类性起。因为真正实际地生起万法者是心，并不是性。而心是幻妄心、缘识心。"（牟宗三：《佛性与般若》，台湾学生书局1990年版，第85页）此执定"心"只是幻妄心而以"心""性"混为不当，似有错失。

② 杨曾文校写：《敦煌新本六祖坛经》，上海古籍出版社1993年版，第24页。

③ 杨曾文校写：《敦煌新本六祖坛经》，上海古籍出版社1993年版，第30页。

④ 按，以"般若之知（智）"指"佛"说"性"，为佛教般若学之通常见解。南朝学者沈约作《佛知不异众生知义》云："佛者，觉也。觉者，知也。凡夫之与佛地，立善知恶，未始不同也。但佛地所知者，得善之正路；凡夫所知者，失善之邪路。凡夫得正路之知，与佛之知不异也。……此众生之为佛性，实在其知性常传也。"（《广弘明集》卷二二）此直以"知"指"佛性"。然后来之佛性论者，在禅修中由于更强调"修心"，而把"心"与"性"做了区分，且把"性"存在化了。及至惠能才又重新将"心""性"合一而以"觉知"论"心""性"。

"性"合一把"性"(性体)由存在意义转换为"觉知"意义,引发了佛教在信仰上的重要变化。那就是,它不仅凸显了成佛追求的主体性,同时还凸显了成佛追求的当体性与当下性。

所谓成佛追求的主体性,是指成佛不再是对象性、彼岸性的一种追求,而是众生主体内在自决自证的一种追求。惠能说:

> 善知识,见自性自净,自修自作自性法身,自行佛行,自作自成佛道。①
>
> 佛者,觉也;法者,正也;僧者,净也。自心归依觉,邪迷不生,少欲知足,离财离色,名两足尊。自心归依正,念念无邪故,即无爱着,以无爱着,名离欲尊。自心归依净,一切尘劳妄念,虽在自性,自性不染着,名众中尊。……经中只言自归依佛,不言归依他佛,自性不归,无所依处。②

此中,惠能都强调主体自修、自觉、自证,自成佛道。依惠能的见解,"性"既是"佛"又是主体之"本觉心",然则"觉"与"所觉"是一体的,当然成佛为主体自主自决之事。

所谓成佛追求的当体性,是指成就佛果的现世性。如上所述,达摩祖师是关切三世轮回的。达摩所谓"众生无我,并缘业所转""有身皆苦,谁而安之",此都对现世色身个我取斥逐态度。惠能对身与心虽做了区分,强调归依佛不是归依色身而是归依自心本性,但此自心本性为每个个我当体的。如惠能说:

> 我于忍和尚处,一闻言下大悟,顿见真如本性。③
>
> 心即是地,性即是王。性在王在,性去王无。性在身心存,性去身心坏。佛是自性作,莫向身外求。自性迷,佛即是众生;自性悟,众生即是佛。④

---

① 杨曾文校写:《敦煌新本六祖坛经》,上海古籍出版社1993年版,第20页。
② 杨曾文校写:《敦煌新本六祖坛经》,上海古籍出版社1993年版,第25~26页。
③ 杨曾文校写:《敦煌新本六祖坛经》,上海古籍出版社1993年版,第32页。
④ 杨曾文校写:《敦煌新本六祖坛经》,上海古籍出版社1993年版,第41页。

> 佛犹觉也，分为四门：开觉知见，示觉知见，悟觉知见，入觉知见。开、示、悟、入，从一处入。即觉知见，见自本性，即得出世。①

在"心即是地，性即是王。性在王在，性去王无"一句中，人们似乎还可以看到惠能持"心"与"性"之二分说而以"性"指"灵魂"。但是，依下文"自性悟，众生即是佛"句和"一闻言下大悟，顿见真如本性""见自本性，即得出世"等说，我们看不到明确的轮回主张。惠能这些话语所开示的，都是众生（色身个我）成佛的现世、当体性。

所谓成佛追求的当下性，是指成佛的现时性，也就是顿悟成佛。惠能常讲"一念""念念"。"心"作为觉体，其总是以"念"的方式显示，表现为念念相续、不断变动的意识流。故惠能虽称"我此法门从上已来，顿渐皆立无念为宗"，但是他认为"无念"并不是绝弃一切心念。他称道：

> 无念者，于念而不念。无住者，为人本性，念念不住，前念、今念、后念，念念相续，无有断绝，若一念断绝，法身即离色身；念念时中，于一切法上无住；一念若住，念念即住，名系缚；于一切法上念念不住，即无缚也。……真如是念之体，念是真如之用。自性起念，虽即见闻觉知，不染万境，而常自在。②

此所谓"真如是念之体，念是真如之用"者，即是说，"真如"非一存在物，真如即为一觉体；觉体即表现为心念和心念之念念相续。然则所谓修行立"无念"为宗者，是念念相续而念念不住：前念不构成为后念之起因，后念不构成为前念之果报。此中并无前后相继之因果关系。惠能称：

> 一念愚即般若绝，一念智即般若生……前念迷即凡，后念悟即佛。③

---

① 杨曾文校写：《敦煌新本六祖坛经》，上海古籍出版社1993年版，第51页。
② 杨曾文校写：《敦煌新本六祖坛经》，上海古籍出版社1993年版，第16～17页。
③ 杨曾文校写：《敦煌新本六祖坛经》，上海古籍出版社1993年版，第27页。

> 若悟无生顿法，见西方只在刹那；不悟顿教大乘，念佛往生路远，如何得达？①

此中所谓"一念"之下、"刹那"之际而可以成佛者，正凸显了以"心"论"性"从而以"觉知"为"性体"所引发的思想信仰的基本特征：它不接受因果链条的锁定，它不待缘；它是自我做主的，自决自证的；它是活泼泼的，不断生成的。

由是，惠能所确认的思想信仰，与其说是对具实存意义的灵性的敬祈，毋宁说是对自我精神生命的自由发展的诉求。

三、马祖道一与洪州宗："平常心是道"之论

如上所说，六祖惠能以"心"说"性"实即是以"觉知"论"性"而使"觉知"获得"体性"的意义。且，被惠能赋予"体性"意义的"觉知心"，主要是指"先验心"，即惠能所说"般若之知"，或《大乘起信论》所说"依一心法有二种门"的"心真如门"。②

然而"心"作为指称"觉知"这一类心理现象的一个概念，在思想史上绝不仅限于特指人的"觉知"的"先验内容"，亦且包括"经验内容"。由于中国文字作为概念上的这种广泛的涵盖性与使用上的灵活性，在"心"被赋予"体性"意义的时候，不仅会引致对"觉知"的"先验内容"的全幅认允，而且很自然地亦会引发出对"觉知"的"经验内容"的全幅受摄。

菏泽神会的一些提法即非常有趣。《坛语》记述神会的话语称：

> 心有是非不？答：无。心有去来处不？答：无。心有青黄赤白不？答：无。心有住处不？答：心无住处。和上言：心既无住，知心无住不？答：知。知不知？答：知。
> 今推到无住处立知，作没？

---

① 杨曾文校写：《敦煌新本六祖坛经》，上海古籍出版社1993年版，第40页。
② 《大乘起信论》云："显示正义者，依一心法有二种门。云何为二？一者心真如门，二者心生灭门。是二种门皆各总摄一切法。"[《大正藏》(第32册)，第56页]

无住是寂静，寂静体即名为定。从体上有自然智，能知本寂静体，名为慧。此是定慧等。经云：寂上起照。此义如是。无住心不离知，知不离无住。知心无住，更无余知。……今推心到无住处便立知。①

在禅宗史上，神会"为人说法"的突出特点之一是被概括为"立知见""立见性"的。② 此即是说，他承接惠能以"心"为"性"之说，展开且直截了当地以"知见"论"性"了。其论证的方式，以上述引文所示："知心无住不？答：知。知不知？答：知。"这是借把"知心无住""知不知"这种认知活动对象化而确认主体之"知"的正当性的。"心"于此已被作"知见"看待了。菏泽神会以"知见"说"心"，依宗密的说法，他是指"心体能知"，因而还是属于"现量显"，即还具先验色彩。及至马祖道一与洪州一系，他们是直指"随缘应用"、指"比量显"为"心"的，此"心"即完全地经验化了。③

马祖道一的教法是：

　　一切法皆是心法，一切名皆是心名。万法皆从心生，心为万法之根本。……譬如月影有若干，真月无若干；诸源水有若干，水性无若干；森罗万象有若干，虚空无若干；说道理有若干，无碍慧无若干。种种成立，皆由一心也。建立亦得，扫荡亦得，尽是妙用，妙用尽是自家……一切法皆是佛法，诸法即解脱，解脱者即真如。诸法不出真

---

① 杨曾文编校：《神会和尚禅语录》，中华书局1996年版，第9页。
② 《历代法宝记》记称："东京荷泽寺神会和上，每月作檀场，为人说法，破清净禅，立如来禅，立知见，立言说。"[《大正藏》（第51册），第185页]
③ 《中华传心地禅门师资承袭图》记裴休与宗密之问答称："问：洪州以能语言动作等，显于心性，即当显教，即是其用，何所缺耶？答：真心本体有二种用：一者自性本用，二者随缘应用。犹如铜镜，铜之质是自性体，铜之明是自性用，明所现影，是随缘用。影明对缘方现，现有千差，明即自性常明，明唯一味。以喻心常寂，是自性体，心常知，是自性用，此能语言能分别动作等，是随缘应用。今洪州指示能语言等，但是随缘用，缺自性用。又，显教有比量显、现量显。洪州云心体不可指示，但以能语言等验之，知有佛性，是比量显也，荷泽直云心体能知，知即是心，约知以显心，是现量显也。洪州缺此。"[《卍续藏经》（第63册），第35页] 宗密于此即以菏泽之"知见心"为先验心，洪州之"知见心"为经验心。

如，行住坐卧悉是不思议用，不待时节。经云：在在处处则为有佛。①

按，《坛经》中常有这样一些提法：

> 世人性本自净，万法在自性。思惟一切恶事，即行于恶行；思量一切善事，便修于善行。知如是一切法尽在自性。②
>
> 性含万法是大，万法尽是自性。见一切人及非人，恶之与善，恶法善法，尽皆不舍，不可染着，犹如虚空，名之为大。此是摩诃。迷人口念，智者心行。又有迷人空心不思，名之为大，此亦不是。③

此中"万法在自性"之"性"，若作轮回之主体"灵魂"或"灵性"解时，则"自性"对"万法"的决定、蕴含关系实为缘生关系；若作知识或学问上的"理"或"理性"解时，则"自性"对"万法"的决定、涵括关系实为共殊关系。这两种理解、两种关系，都属存在论。然依惠能所说，其前句称"万法在自性"，后句即谓"思量"一切善法或恶法即如何，此一切善法、恶法亦即万法。一切善法、恶法均取决于"思量"，与"万法在自性"含义同一，此诚然即以"心"、以"思量"论"性"者。马祖道一承此，直称"一切法皆是心法""万法皆从心生"，更加明确地直指"本心"了。在他看来，一切法均依心才得以建立，而"心"即"性"即"佛"。因此，毫无疑问，他可以说："一切法皆是佛法。"此一切法含行住坐卧一切事相，因之，也就可以说"行住坐卧总是不思议用，不待时节"；此"不待时节"又特指这种感性知见的现时性。当马祖道一之洪州宗以感性知见指"心"而以"心"说"性"论"佛"时，感性知见实即被赋予了本体的意义。

宗密对洪州宗的理论主张有非常明确的概述：

> 洪州意者，起心动念，弹指动目，所作所为，皆是佛性全体之

---

① 《景德传灯录》（卷二八），见《大正藏》（第51册），第440页。
② 杨曾文校写：《敦煌新本六祖坛经》，上海古籍出版社1993年版，第21页。
③ 杨曾文校写：《敦煌新本六祖坛经》，上海古籍出版社1993年版，第27页。

用，更无别用。全体贪嗔痴，造善造恶，受乐受苦，此皆是佛性。如面作种种饮食，一一皆面。意以推求此身，四大骨肉，喉舌牙齿，眼耳手足，并不能自语言见闻动作。如一念命终，全身都未变坏，即便口不能语，眼不能见，耳不能闻，脚不能行，手不能作。故知能言语动作者，必是佛性。且四大骨肉，一一细推，都不解贪嗔烦恼，故知贪嗔烦恼并是佛性。佛性体非一切差别种种，而能造作一切差别种种。体非种种者，谓此佛性非圣非凡，非因非果，非善非恶，无色无相，无根无住，乃至无佛无众生也。能作种种者，谓此性即体之用故，能凡能圣，能因能根，能善能恶，现色现相，能佛能众生，乃至能贪嗔等。若核其体性，则毕竟不可见，不可证，如眼不自见眼等。若就其应用，即举动运为，一切皆是，更无别法而为能证所证。……故所修行理，宜顺此而乃不起心断恶，亦不起心修道。道即是心，不可将心还修于心；恶亦是心，不可将心还断于心。不断不造，任运自在，名为解脱人。无法可拘，无佛可作，犹如虚空不增不减，何假添补。何以故？心行之外，更无一法可得故，故但任心即为修也。①

依宗密概述，洪州宗之教旨，即在以"心念"说"性"论"佛"（"起心动念……皆是佛性全体之用"）。其所持的根据（论证方式）是：依祖师所说，"万法在自性"，然在一人之身（"四大骨肉"）中真正能生起、分别与支配万法的，不是别的，即是一心，此正说明"心"便是"性"，便是"佛"。然，如"心"即是"佛"，则起心动念、造善造恶无不是"心"，则亦且无不是佛。依以往的见解，或只认"性"是"佛"，而指"心"为"妄"；或虽以"心"论"性"，然将一心分判为"真心"与"妄心"。这实际上都只承认众生之部分"性"或部分"心"之"佛体"意义，此也即认于"性"外有"性"，"心"外有"心"，而使"性"与"心"落入相对有限中。唯认起心动念全体皆"心"，全"心"是"性"，此"心"此"性"才具无限自足性。又唯于此"心"此"性"上"不断不造，任运自在"，才可做"解脱人"。"起心动念，弹指动目""全体贪嗔痴，造善造恶，受乐受苦"，作为"随缘应用"者，自是感性知见乃至感性欲求，故以之指"心"说"佛"，无疑体现了对众生本然具有、自然

---

① 《中华传心地禅门师资承袭图》，见《卍续藏经》（第63册），第33页。

萌发的心念（含贪嗔痴）的全幅认肯。

马祖道一又以"平常心"论佛道。其云：

> 若欲直会其道，平常心是道。谓平常心无造作，无是非，无取舍，无断常，无凡无圣。经云：非凡夫行，非圣人行，是菩萨行。只如今，行住坐卧，应机接物尽是道。①

此"平常心"一方面是与以往高孤的超凡脱俗的真心灵性相对而言，特指"行住坐卧，应机接物"之日常生活意念；另一方面又是与原先倡导的着意修习的理性取向相对而言，指的是"无造作，无是非，无取舍，无断常，无凡无圣"的活泼泼的自然欲念。显然，此"平常心"亦即感性知见心。以"平常心"论"道"，同样具有全幅认肯现实当下的生活世界的意义。

按，马祖道一与洪州宗以"平常心"论"道"，不仅进一步淡化了佛教之轮回说与报应论，而更可以为教外以追求精神自由为的矢的学人所受纳。从思想史上看，亦甚有意义。我们知道，佛教在佛陀时代是视人生为"苦"，视"心"为"无明"，为"贪嗔痴"，而求离弃世俗社会的（直至道信仍强调要"拼除三毒心"者）。及至中国佛教禅宗之洪州诸家，却公然认肯"心"之为感性知见（无明）与世俗社会之为感性欲念（贪嗔痴）的正当性。这一变化印顺法师称之为使佛学"从高远而引向平实"。②从教外的立场看，此则体现了佛教对社会人生所持的态度由悲观主义向乐

---

① 《景德传灯录》，见《大正藏》（第51册），第440页。
② 印顺之《中国禅宗史》在论及"洪州（石头）所传"时写道："在学者，对三宝、三身，虽意解到是本有的，而总觉得：'佛''菩提''涅槃''般若''佛性''如来藏'——这些名目，是理想，是目的，是高高的、远远的，可望而不可即的，修行并不容易。所以'是心作佛''是心即佛'，这一类词句，虽为一分大乘经的常谈，而在佛教界——法师、禅师，都看作崇高与伟大的理想，只能随分修学而已。《坛经》所表现的，就不然。三身也好，三宝也好，菩提、般若也好，都在自己身心中，直截了当的指示出来。就在日常心行中，从此悟入。于是，佛不再是高远的理想，而是直下可以体现的。圣人，从难思难议的信仰中，成为现实人间的、平常的圣人（恢复了原始佛教的模像）。这是曹溪禅的最卓越处！……惠能从高远而引向平实，后人（包括洪州禅——注者）又从平实而引向深秘。"（印顺：《中国禅宗史》，上海书店1992年版，第372～373页）印顺此一评价甚得当。

观主义的转变①。当然，无可否认悲观主义可以引发对社会文化的批判精神，乐观主义可以使高远的价值观消融于平庸琐事中。但是，毕竟对现世日常生活的正面认肯甚至积极投入的思想信念，于今更容易为生活在日常世界的大多数人所接受。

（原载释惠敏主编《佛教与二十一世纪：第四届中华国际佛学会议中文论文集》，法鼓文化事业股份有限公司2005年版）

---

① 李志夫先生于《中印佛学比较研究》一书中，在讨论到"佛陀的本怀"时，对"四圣谛"之"圣谛"有详细介绍，从中可见原始佛教对人生的苦痛体会甚深（详见李志夫《中印佛学比较研究》，中国社会科学出版社2001年版，第80～81页）。李志夫先生于《印度哲学及其基本精神》一书中又论及"苦观"形成的地理历史文化背景，指出："雅利安人从五河地方发展到恒河平原以后，人口渐多，由牧而农，加之冬天酷寒，夏天酷热，雨季的水患，使生活渐感艰难；漫长的暑夏，深居避暑，自必多有反省。反省日久，不仅感到求生艰难，且感到生老病死尤苦；环着自然界，又是强凌弱，众暴寡。这些都是很现实的痛苦问题。"（李志夫：《印度哲学及其基本精神》，洪叶文化事业有限公司1999年版，第10页）依此，我们对原始佛教之"悲世情怀"可有一基本了解。

禅道汇通的观念建构与境界追求

本文的"禅",主要指由惠能(638—713)开创的禅宗南宗顿教;"道",则指由老子、庄子、王弼、郭象等人发展起来的道家。

学界大多承认,禅宗由菩提达摩从印度传入,历经二祖慧可、三祖僧璨、四祖道信、五祖弘忍,至六祖惠能,得以更进一步地被中国化,从而构成为中国古典思想信仰的重要组成部分。而在禅宗中国化的过程中,道家思想的影响具有至关重要的意义。

一、禅宗顿教的"道"观与"本无"说

禅宗特别是惠能所创的禅宗顿教,对道家思想多所认受从而得以使佛教更加被中国化,见诸哪些方面呢?

首先就见诸"道"的观念的广泛引入,并以"本无"(虚空)论"道体"。关于"道",方立天称:

> 道家的"道"观念对于慧能一系禅宗的影响是巨大而久远的,"道"几乎是和"佛""禅"在同一意义上使用的、出现频率极高的词。禅师们还称"道"为"真道""大道",称禅宗以外的流派为"外道",致力于禅修的人称为"道流",佛性也称为"道性",依禅修而得识见、眼光,称为"道眼",禅宗的古则也称为"道话",等等。道家"道"的观念深刻地影响了禅宗的世界观、人生观、心性论和修持方式。①

方立天此说诚是。

究其实,"道"观念的大量引入不自惠能一系禅宗始。中土禅宗初祖

---

① 方立天:《道与禅——道家对禅宗思想的影响》,见陈鼓应主编《道家文化研究》(第6辑),上海古籍出版社1995年版,第252~253页。

达摩的《二入四行论》已有"入道多途""修道行人""喜风不动,冥顺于道""判知无求,真为道行"等提法,① 四祖道信以"道"为号,所撰《入道安心要方便法门》又以"入道"为修禅教法,此都以"道"为说。

尤其重要的是,禅宗诸师不仅以"道"为说,而且以"本无"、以"虚空"论"道",从而更透显道家色彩。四祖道信(579—651)称:

> 若初学坐禅,于一静处,直观身心:四大五阴、眼耳鼻舌身意,及贪嗔痴,若善若恶,若怨若亲,若凡若圣,及至一切诸法,应当观察,从本以来空寂,不生不灭,平等无二;从本以来无所有,究竟寂灭;从本以来清净解脱。不问昼夜、行往坐卧,当作此观,即知自身犹如水中月,如镜中像,如热时炎,如空谷响。若言是有,处处求之不可见;若言是无,了了恒在眼前。诸佛法身皆亦如此。②

这段话后面一句论及"有""无",亦不无"缘起性空"之意,但讲"从本以来空寂""从本以来无所有""从本以来清净解脱",则明显地沿袭了道家"以无为本"的形上架构。

相传曾师从道信的牛头宗创始人法融(594—657)撰写有《绝观论》③。论作写道:

> 缘门起问曰:道究竟属谁?答曰:究竟无所属,如空无所依。道若有系属,即有遮有开,有主有寄也。
> 问曰:云何为道本?云何为道用?答曰:虚空为道本,参罗为法用也。
> 问曰:于中谁为造作?答曰:于中实无作者,法界性自然。

---

① 《楞伽师资记》(卷一),见《大正藏》(第85册),第1284～1285页。
② 《楞伽师资记》(卷一),见《大正藏》(第85册),第1288页。
③ 按:法融所撰《绝观论》久佚,现存本论为20世纪30年代由日本学者从敦煌遗书中发现。本文所引均从杨曾文《唐五代禅宗史》,中国社会科学出版社1999年版,第298～299页。

又记述：

> 问曰：既言空为道本，空是佛不？答曰：如是。
>
> 问曰：若空是者，圣人何不遗众生念空，而令念佛也。答曰：为愚痴众生，教令念佛；若有道心之士，即令观身实相，观佛亦然。夫言实相者，即是空无相也。
>
> 觉了无物，谓之佛；通往一切，谓之道。

法融这里处处都以"道"称"佛"，以"虚空为道本"。在"虚空"作为"道"被推上绝对本体的位置后，便再也不取"缘门"所理解的，以"缘起无自性"为言了。① 牛头宗的这种本体观后来就被禅宗顿教广泛地接纳。

看禅宗顿教开创者六祖惠能。惠能"得法偈"称：

> 菩提本无树，
> 明镜亦非台。
> 本来无一物，
> 何处惹尘埃。

这"本无"其实也就是"虚空"。杨曾文校写《敦煌新本六祖坛经》本"得法偈"作"菩提本无树，明镜亦非台。佛性常清静，何处有尘埃"②。学界认为讲"本来无一物"为般若学，讲"佛性常清净"才属如来藏学。本书以为两句题法有别，但思想并不两立。只有以"无"为"本"，才可以确保佛性之"常清净"。"清净"实际上就是"本无"的一种诠释。如

---

① 宗密《禅源诸诠集都序》把牛头宗归为"泯绝无寄宗"。他写道："泯绝无寄宗者，说凡圣等法，皆如梦幻，都无所有，本来空寂，非今始无。即此达无之智，亦不可得。平等法界，无佛无众生。法界亦是假名。心既不有，谁言法界？无修不修，无佛不佛。设有一法胜过涅槃，我说亦如梦幻。无法可拘，无佛可作，凡有所作，皆是迷妄。如此了达本来无事，心无所寄，方免颠倒，始名解脱。"（《大正藏》第48册）依"缘起性空"说，"空"当从"无自性"解入，没有说以"空"为本源或本体的。因而印顺称："《绝观论》以'大道冲虚幽寂'开端，立'虚空为道本'，牛头禅与南朝玄学的关系，是异常密切的。"（印顺：《中国禅宗史》，上海书店1992年版，第119页）

② 杨曾文校写：《敦煌新本六祖坛经》，上海古籍出版社1993年版，第11页。

老子说："致虚极，守静笃，万物并作，吾以观复。"王弼注称："言致虚，物之极笃；守静，物之真正也。动作生长，以虚静观其反复。凡有起于虚，动起于静，故万物虽并动作，率复归于虚静，是物之极笃也。"①老子、王弼以"虚无"为"本"，"虚无"意味着没有矛盾冲突，没有往复变化，故亦必"静"。王弼以"虚静"连属即是。禅宗与老子、王弼的区别仅在于："虚静"是从存在状况讲，"清净"隐含有价值取向。但是，他们都有相似的本体论建构，却是无疑的。

禅宗特别是惠能一系之所以不以"因缘无自性"说"空"，而直接赋予"空"（虚空）以绝对本体的意义，乃因为他们所指的"空"为"心"，他们要赋予"心"以绝对本体的意义。而且，正因为"心"作为本体，它"本来无一物"，本来是清净的，因之才可以说它不是"无明"，而是佛性。每个众生因为具足佛性，成佛也就是必然的。我们不难看到，正是在这一点上，如来藏学显示了与般若学的一大区别。

我们且引惠能一系的阐述②。惠能说：

> 何名摩诃？摩诃者是大，心量广大，犹如虚空。若空心禅，即落无记空。世界虚空，能含日月星辰、大地山河、一切草木、恶人善人、恶法善法、天堂地狱，尽在空中。世人性空，亦复如是。性含万法是大，万法尽是自性。见一切人及非人，恶之与善、恶法善法，尽皆不舍，不可染着，犹如虚空，名之为大。③

惠能于此即以"虚空"说"心体"。"虚空"作为"心体"与万法的关系，不是"因缘"关系，而是"含容"关系。"虚空"之"心体"因为可以"含容"万法，平等地对待万法，因而才不会落入"无记空"。但"心体"必以"虚空"为言，才切合禅旨。

---

① ［魏］王弼著，楼宇烈校释：《王弼集校释》（上册），中华书局1980年版，第35～36页。

② 按般若学主"缘起性空"，凡缘起的，均"无自性"，既无自性，即便是"空"。"性空"是就"缘起"而言，依"缘起"而成就的，便不具绝对本体义。如果回到"十二因缘"说看"缘起性空"，实指"我"和"我"所执认知"法"都是由缘起而"有"，因为是"空"的。然则"性空"只是一种"观法"，更不具本体意义。不从"缘起"讲"空"，把"空"（无）认作为绝对主体，实为禅宗顿教有取于道家而证成。

③ 杨曾文校写：《敦煌新本六祖坛经》，上海古籍出版社1993年版，第26～27页。

而后,菏泽神会在与礼部侍郎苏晋的问答中有更明确的说明:

> 礼部侍郎苏晋问:"云何是大乘?何者是最上乘?"答曰:"菩萨即大乘,佛即最上乘。"问曰:"大乘最上乘,有何差别?"答曰:"言大乘者,如菩萨行檀波罗蜜,观三事体空,乃至六波罗蜜,亦复如是,故名大乘。最上乘者,但见本自性空寂,即知三事本来自性空,更不复起观。乃至六度亦然,是名最上乘。"又问:"假缘起否?"答曰:"此中不立缘起。"又问:"若无缘起,云何得知?"答:"本空寂体上,自有般若智能知,不假缘起。若立缘起,即有次第。"①

在神会看来,从"缘起"来讲"性空"(观三事体空),会落入前因后果的先后次第中,所证得之"空"亦只会是相对的,这仅属"大乘"。"最上乘"之教,乃"不立缘起",当下证入"本自性空寂"。神会此亦以"空寂"言心体—性体。宗密《中华传心地禅门师资承袭图》评介神会菏泽宗称:

> 空寂之心,灵知不昧。即此空寂寂知,是前达摩所传空寂心也。任迷任悟,心本自知,不藉缘生,不因境起。迷时烦恼亦知,知非烦恼;悟时神变亦知,知非神变。然知之一字,众妙之源。②

按神会是以"知"论佛性的,然也认"知"所赖之"体"为"空寂之心"。这一"空寂之心""不藉缘生,不因境起",无所对待,是即以"空寂"指"心"为绝对本体。

往下再看洪洲一系之黄檗希运:

> 心本是佛,佛本是心。心如虚空,所以云佛真法身犹如虚空。
> 但无一切心,即名无漏智。汝每日行住坐卧、一切言语,但莫著

---

① 《南阳和尚问答杂徵义》,见杨曾文编校《神会和尚禅话录》,中华书局1996年版,第67页。

② 《中华传心地禅门师资承袭图》,见《卍续藏经》(第63册),第33页。

有为法。出言瞬目，尽同无漏。如今末法向去多是学禅道者，皆著一切声色。何不与我心心同虚空去，如枯木石头去，如寒灰死火去，方有少分相应。若不如是，他日尽被阎老子拷你在。你但离却有无诸法，心如日轮，常在虚空，光明自然，不照而照。不是省力底事。到此之时，无栖泊处，即是行诸佛路，便是应无所住而生其心。此是你清净法身，名阿耨菩提。①

这里黄檗师更把无漏智、清净法身、本心与"虚空"等同起来。以"我心心同虚空去""常在虚空"，为证成佛道之判准。

如果说，从"缘起"讲"性空"不具本体论意义而仅为印度佛教的一种教法，那么，直指本体之"心"为"本无""虚空"，则诚然体现了佛教有取于道家本体论得以实现中国化的基本路向。

二、禅宗顿教的"自然观"

印度佛教由"缘起"讲"性空"，必以修为乃至"苦行"，作为证得佛道的入路。以禅宗顿教为主导的中国化的佛教既直指"心体"为"空"，便不可以"起心修为"。故证入佛道只以"无念""无修"为修。此亦即以"任心而行""任自然"而行为是。

惠能所倡之法就以"无念为宗"。他称道：

> 善知识，我此法门从上已来，顿渐皆立无念为宗，无相为体，无住为本。何名为相无相？于相而离相。无念者，于念而不念。无住者，为人本性，念念不住，前念、今念、后念，念念相续，无有断绝。若一念断绝，法身即离色身；念念时中，于一切法上无住；一念若住，念念即住，名系缚；于一切法上念念不住，即无缚也。此是以无住为本。……然此教门立无念为宗，世人离境，不起于念。若无有念，无念亦不立。②

---

① 《古尊宿语录》（卷二），见《卍续藏经》（第68册），第16页。
② 杨曾文校写：《敦煌新本六祖坛经》，上海古籍出版社1993年版，第16～17页。

在惠能看来，人之为人不可以"一念断绝"，修持方法上所说的"无念"，是指的"离相"，不住于相，因为清净性体，即以"离相"才能证得。惠能又以"不起心"论无念功夫：

> 善知识，此法门中坐禅原不著心，亦不著净，亦不言不动。……不见自性本净，起心看净，却生净妄。妄无处所，故知看者却是妄也。净无形相，却立净相。言是功夫，作此见者，障自本性，却被净缚。①

"自性本净"者，即"本来无一物"；"起心看净"，则落入"有物"、生起"净妄"了。

"无念""不起心"的修持方法，也就是"无修""不修之修"。惠能称："一行三昧者，于一切时中行住坐卧，常行直心是。"② 此所谓"直心是"也即"不起心"作理性考量，以任心（直心）而行为确当。洪州马祖道一（？—788）进而演绎：

> 道不用修，但莫污染。何为污染？但有生死心造作趣向，皆是污染。若欲直会其道，平常心是道。谓平常心无造作，无是非，无取舍，无断常，无凡无圣。经云：非凡夫行，非圣贤行，是菩萨行。只如今，行住坐卧，应机接物尽是道。道即是法界，乃至河沙妙用，不出法界。若不然者，云何言心地法门？③

这是说，"道"既是"虚空"的，自也是"清净"的。"污染"源自"起心"做生与死、是与非乃至圣与凡的种种分别，以为做种种分别才可以去修行。"道不用修"，就是要去掉"分别"，不做种种修行。唯不做种种修行，才可以回归清净本心。然则，从"道"的角度看，应该如何行事呢？以"平常心"行事，故亦可以说"平常心是道"。何谓"平常心"？"无造作，无是非，无取舍，无断常，无凡无圣"，即不做任何分别，在

---

① 杨曾文校写：《敦煌新本六祖坛经》，上海古籍出版社1993年版，第18～19页。
② 杨曾文校写：《敦煌新本六祖坛经》，上海古籍出版社1993年版，第15页。
③ 《景德传灯录》（卷二十八），见《大正藏》（第51册），第440页。

日常"行住坐卧,应机接物"中任心而行。"任心而行",也就是"道",也就是"法界",也就是"菩萨行"。

而所谓"任心而行",即道家所主的"任自然""因顺自然"行事。因之,佛家也经常引入"自然"这一概念。早在三国时期之支谦所译经典就已提及:"一切诸法,本净自然,悉虚无实,为诸客尘之所染污。"①"自然之故,心本清净。"② 此都把"清净"认作心性自然——本然具足。较早于中土传播佛性论的竺道生也曾说:"夫体法者,冥合自然。一切诸佛,莫不皆然,所以法为佛性也。"③ 此进而以"冥合自然"为证入佛性的通途。

及惠能禅宗。惠能自己虽然没有直接使用"自然"一词,然而他经常提到的"自心""心性""自净""自修""自行""自成"一类话语,把佛性归于自心,把证入佛境归于"自行"并以"直心"为"道场",实亦以本心本性得之自然从而因顺自然本心本性即可证得为说。由是,才有刘禹锡在《曹溪六祖大鉴禅师第二碑》碑文中的如下评价:"无修而修,无得而得。能使学者还其天识,如黑而迷,仰目斗极。得之自然,竟不可传。口传手付,则碍于有。留衣空堂,得去天授。"④ 刘禹锡这里所谓"天识""天授",实都以天然——自然——本然为说,认惠能禅学实主"无修而修,无得而得",亦即以"得之自然"为成佛通途。

稍后,菏泽神会则说得更直截了当:

> 僧家自然者,众生本性也。⑤
> 佛性与无明俱自然。何以故?一切万法皆依佛性力故。所以一切法皆属自然。⑥

我们知道神会是以"空寂"为"佛性"的,说"一切万法皆依佛性力故",实即以为万法是无所依从、自然而然地存在与变迁的,故可以说

---

① 《度世品经》(卷五),见《大正藏》(第10册),第646页。
② 《大方等项王经》,见《大正藏》(第14册),第593页。
③ 《大般涅槃经集解·师子吼品》,见《大正藏》(第37册),第549页。
④ 《全唐文》(卷六一〇),中华书局1983年版,第6162页。
⑤ 杨曾文编校:《神会和尚禅话录》,中华书局1996年版,第1页。
⑥ 杨曾文编校:《神会和尚禅话录》,中华书局1996年版,第18页。

"一切法皆属自然"。宗密于《禅源诸诠集都序》评价菏泽思想称：

> 即此空寂之知，是汝真性。……故虽备修万行，唯以无念为宗。但得无念知见，则爱恶自然淡泊，悲智自然增明，罪业自然断除，功行自然增进。既了诸相非相，自然无修之修，烦恼尽时，生死即绝。生灭灭已，寂照现前，应用无穷，名之为佛。①

此都确认菏泽神会一切唯求"自然"，以为惠能所主"无念"亦即以"无修"为"修"。唯以"自然无修之修"，才能"自然地"化去一切妄业，证入佛道。

及洪州马祖一系。马祖道一称："只如今行住坐卧，应机接物，乃至河沙妙用，不出法界。"此亦即"顺其自然"。马祖道一弟子大珠慧海深契师门，其《语录》记述：

> 有源律师来问：和尚修道，还用功否？师曰：用功。曰：如何用功？师曰：饥来吃饭，困来即眠。曰：一切人总如是，同师用功否？师曰：不同。曰：何故不同？师曰：他吃饭时，不肯吃饭，万种须索；睡时不肯睡，千般计较，所以不同也。②

"万种须索""千般计较"，便是"起心看净"，便会被分别智遮蔽；唯"饥来吃饭，困来即眠"，无所用心，顺其自然，才能证入空门。

宗密以为洪州宗与菏泽宗都属"直显心性宗"。他评介洪州宗在修持论上的基本主张是：

> 即今能语言动作，贪嗔慈忍，造善恶受苦乐等，即汝佛性；即此本来是佛，除此无别佛也。了此天真自然，故不可起心修道。道即是心，不可将心还修于心；恶亦是心，不可将心还断于心。不断不修，任运自在，方名解脱。性如虚空，不增不减，何假添补？但随时随处

---

① 《禅源诸诠集都序》（卷上之二），见《大正藏》（第48册），第402页。
② 《大珠禅师语录》（卷下），见《大正藏》（第51册），第247页。

息业，养神圣胎，增长显发，自然神妙，此即是为真悟、真修、真证也。①

此即认为洪州追求"天真自然""任运自在"。之所以以此为"修"，乃由于本体观上主张"性如虚空，不增不减"。"起心"作"修"，即"有增有减"。唯"天真自然""任运自在"，才可以证入"虚空"，证成佛道。

印度佛家本讲"因缘"，不讲"自然"。"自然"为道家观念②。依佛家的"因缘"说，众生是被三世轮回报应锁定的，必须刻意起心修持，方可求得解脱；而依道家之"自然"观，所谓"道"以"无"为"本"，则"道"对人（物）无所给定，人（物）或只以"自然而然"的方式处世（如老子、庄子、王弼、郭象），或仅以因顺自然变迁的节律行事（如黄老学），其都以不着意、不主观妄为为追求。可见，"因缘"与"自然"原属不同文化传统的观念。汤用彤先生曾经指出：

> 自然一语本有多义。王（弼）主万象之本体贞一。故天地之运行虽繁，而有宗统。"物无妄然，必由其理。故繁而不乱，众而不惑。"（《易略例·明象》）故自然者，乃无妄然也。至若向、郭则重万物之性分。物各有性，性各有极。物皆各有其宗极，而无使之者。故自然者即自尔也，亦即块然、掘然、突然也。由王之义，则自然也者并不与佛家因果相违。故魏、晋佛徒尝以二者并谈，如释慧远之《明报应论》是矣。由向、郭义，则自然与因果相悖。故反佛者亦尝执自然以破因果，如范缜之《神灭论》是矣。自然与因果问题，为佛教与世学最重要争论之一。③

汤用彤以为王弼讲"理"之"必然"，并不见得完全。王弼所认可的统众之"理"，多见于对《论语》《周易》的注释。两书所涉实为"有物"的

---

① 《禅源诸诠集都序》（卷上之二），见《大正藏》（第48册），第402页。
② 北周甄鸾所撰《笑道论》曾称："佛者以因缘为宗，道者以自然为义。自然者无为而成，因缘者积行乃证。"[《广弘明集》（卷九），见《大正藏》（第52册），第143页] 此说为是。
③ 汤用彤：《魏晋玄学流别略论》，见《汤用彤学术论文集》，中华书局1983年版，第238～239页。

层面。及《老子注》以"无"为"道",所谓"无",就是放开自己,一切以"任自然"为尚。而"任自然",即是不做任何理性的选择,不取既定的目的,只顺随自然—本然给出的状态或心意自然流出的欲念,去行事,去实现其自己。这是魏晋士人所共推的价值追求,王弼也不例外。但汤用彤以为"由向、郭义,则自然与因果相悖","自然与因果问题,为佛教与世学最重要争论之一",却是极有见地的;以为郭之"自然"是指"自尔",即偶然,亦十分确当。唯属偶然,无法前知过去,预知未来,才不得不全体地认受现世当下。

如上我们已经看到,佛教发展至禅宗,已经大量引入"自然"观念了。这意味着什么呢?我们看神会的一个有趣的解释。《神会语录》记述:

> 马别驾(马择)遂问:"天下应帝廷僧,唯说因缘,即不言自然;天下应帝廷道士,唯说自然,即不言因缘。"答曰:"僧唯独立因缘,不言自然者,是僧之愚过。道士唯独立自然,不言因缘者,道士愚过。"马别驾言:"僧家因缘可知,何者即是僧家自然?若是道家自然可知,何者即是道家因缘?"和上答:"僧家自然者,众生本性也。又经文所说:'众生有自然智,无师智。'此是自然义。道士家因缘者,道得称自然者。道生一,一生二,二生三,三生万物。从道以下,并属因缘。若其无(道),一从何生?今言一者,因道而立。若其无道,万物不生。今言万物者,为有道故,始有万物。若其无道,亦无万物。今言万物者,并属因缘。"①

神会与马别驾的这番对答其趣在于:在神会认为僧家也要讲"自然"并以"自然"为"众生本性"时,即意味着,他其实并不过多地强调佛家的"因缘"说。如果强调"因缘",讲求"三世轮回报应",是不可以不"起心看净"的;而在神会认为道家也应讲"因缘"并以"道生"来解释"因缘"时,这种"因缘"同样还是指的"自然而然",而无"三世轮回报应"的意义。这就可见禅家是如何的以"自然"为重。

"自然"(偶然)观念的引入,以"三世轮回报应"为核心内容的

---

① 杨曾文编校:《神会和尚禅话录》,中华书局1996年版,第90～91页。

"因缘"说的淡化，其深刻意义在于：它使禅家的价值追求得以消削过去、现在、未来的重重连锁，而回归到现世当下的生命情怀。而现世当下的生命情怀，正是"魏晋风度"之所尚。

三、禅宗顿教回落"见闻觉知"的"心"论

特别是，在禅家对如何是"心"做重新演绎之后，禅家与魏晋士人的风情更加难分难解。前面说到，禅家讲"道"，是把"道"收摄归"心"的。道家以"道"为绝对本体，禅家即指"心"为绝对本体；道家以"道"为"虚空"，禅家即指"心"为"虚空"（"空寂"）；道家以"自然"论"道"，禅家即以"自然"论"心"；等等。凡道家以"道"为说，禅家都以"心"为言。但是，"心"是什么？

我们再看看洪州宗。

我们知道，马祖道一承接惠能说法，明确认定："一切法皆是心法，一切名皆是心名。万法皆从心生，心为万法之根本。"马祖道一再传弟子黄檗希运进而阐明：

> 世人闻道诸佛皆传心法，将谓心上别有一法可证可取，遂将心觅法。不知心即是法，法即是心。不可将心更求于心，历千万劫终无得日。不如当下无心，便是本法。①

又谓：

> 诸佛菩萨与一切蠢动众生同大涅槃性。性即是心，心即是佛，佛即是法。一念离真，皆为妄想。不可以心更求于心，不可以佛更求于佛，不可以法更求于法。故修道人直下无心默契，拟心即差。以心传心，此为正见。②

希运于此亦以佛、法、性、心为一，而归于"一心"。

---

① 《景德传灯录》（卷九），见《大正藏》（第51册），第271页。
② 《景德传灯录》（卷九），见《大正藏》（第51册），第271～272页。

而有所谓"将心更求于心"者，无疑是指一种对象性的认知心。洪州宗以为一定要打掉这种心才能悟道。《古尊宿语录》记述马祖道一事：

> 问：和尚为什么说即心即佛？师曰：为止小儿啼。曰：啼止时如何？师曰：非心非佛。曰：除此二种人来，如何指示？师曰：向伊道不是物。曰：忽遇其中人来时如何？师曰：且教伊体会大道。问：如何是西来意？师曰：即今是什么意？
>
> 僧问：如何得合道？师曰：我早不合道。问：如何是西来意？师便打曰：我若不打汝，诸方笑我也。①

马祖道一这种有似"文不对题"的回答，用意即在打掉学道者的认知心。认知心亦今人所说理性心。理性心把"本心"对象化、知识化了，便是"将心更求于心"。洪州诸师讲"当下无心"，就是要废弃这种认知心、理性心。

认知心、理性心既不可作"本体心"，那么，"本体心"究竟是什么？《传灯录》记载有达摩弟子波罗提为王说法的一番对答：

> 问曰：何者是佛？答曰：见性是佛。……王曰：性在何处？答曰：性在作用。王曰：是何作用？……波罗提即说偈曰：在胎为身，处世为人，在眼曰见，在耳曰闻，在鼻辨香，在口谈论，在手执捉，在足运奔。遍现俱该沙界，收摄在一微尘，识者知是佛性，不识唤作精魂。②

眼、耳、鼻、舌、身、意，为见闻觉知，在原始佛教那里，乃造罪造恶的根源。到了达摩禅宗这里，已被看作"性"的"作用"。而后，如所引马祖道一称"平常心是道"，"谓平常心无造作，无是非，无取舍，无断常，无凡无圣。……只如今，行住坐卧，应机接物尽是道"。实际上也指日常见闻觉知为"心"、为"性"、为"佛道"。

《传灯录》记有石头希迁一系的天皇道悟的一番对答：

---

① 《古尊宿语录》（卷一），见《卍续藏经》（第68册），第4页。
② 《景德传灯录》（卷三），见《大正藏》（第51册），第218页。

> （崇信）问曰：某自到来，不蒙指示心要。悟曰：自汝到来，吾未尝不指汝心要。师曰：何处指示？悟曰：汝擎茶来，吾为汝接。汝行食来，吾为汝受。汝和南时，吾便低头。何处不指示心要！师低头良久。悟曰：见则直下便见，拟思即差。师当下开解。①

可见石头希迁一系亦回落下来，以"直下"的见闻觉知为"心体"。

牛头宗法融创教，一方面深受道家影响，往后发展又与禅宗顿教合流。《宗镜录》记牛头宗第六代传人慧忠（683—769）宣教：

> 学人问：夫入道者，如何用心？答曰：一切诸法本自不生，今则无灭。汝但任心自在，不须制止，直见直闻，直来直去，须行即行，须住即住，此即是真道。②

慧忠以"直见直闻，直来直去"为"任心自在"，无疑也回落认肯"见闻觉知"。

显然，以"见闻觉知"为"本心本性"，为禅宗顿教在唐代发展的基本路向。其中洪州宗尤其明显。宗密在《中华传心地禅门师资承袭图》中曾这样评介该宗：

> 洪州意者，起心动念，弹指动目，所作所为，皆是佛性全体之用，更无别用。全体贪嗔痴，造善造恶，受乐受苦，此皆是佛性。如面作种种饮食，一一皆面。意以推求此身，四大骨肉，喉舌牙齿，眼耳手足，并不能自语言见闻动作。如一念命终，全身都未变坏，即便口不能语，眼不能见，耳不能闻，脚不能行，手不能作。故知能言语动作者，必是佛性。且四大骨肉，一一细推，都不解贪嗔烦恼，故知贪嗔烦恼并是佛性。佛性体非一切差别种种，而能造作一切差别种种。体非种种者，谓此佛性非圣非凡，非因非果，非善非恶，无色无相，无根无住，乃至无佛无众生也。能作种种者，谓此性即体之用

---

① 《景德传灯录》（卷十），见《大正藏》（第51册），第313页。
② 《宗镜录》（卷九十八），见《大正藏》（第48册），第945页。

故，能凡能圣，能因能根，能善能恶，现色现相，能佛能众生，乃至能贪嗔等。若核其体性，则毕竟不可见，不可证，如眼不自见眼等。若就其应用，即举动运为，一切皆是。更无别法而为能证所证。……故所修行理，宜顺此而乃不起心断恶，亦不起心修道。道即是心，不可将心还修于心；恶亦是心，不可将心还断于心。不断不造，任运自在，名为解脱人。无法可拘，无佛可作，犹如虚空不增不减，何假添补。何以故？心性之外，更无一法可得故。故但任心即为修也。①

依宗密之概述，洪州宗之教旨，即在以"见闻觉知"说"性"论"佛"（"起心动念……皆是佛性全体之用"）。其所持的根据（论证方式）是：依祖师所说，"万法在自性"，然在一人之身（"四大骨肉"）中真正能生起、分别与支配万法的，不是别的，只是一心，此正说明"心"便是"性"，便是"佛"。然，如"心"即是"佛"，则起心动念、造善造恶无不是"心"，亦且无不是"佛"。依以往的见解，或只认"性"是"佛"，而指"心"为"妄"；或虽以"心"论"性"，然将一心分判为"真心"与"妄心"。这实际上都只承认众生之部分"性"或部分"心"之"佛体"意义，此也即认于"性"外有"性"，"心"外有"心"，而使"性"与"心"落入相对有限中。唯认起心动念全体皆"心"，全"心"是"性"，此"心"此"性"才具无限自足性。又唯于此"心"此"性"上"不断不造，任运自在"，才可做"解脱人"。"起心动念，弹指动目""全体贪嗔痴，造善造恶，受乐受苦"，作为"随缘应用"者，自是感性知见乃至感性欲求，故以之指"心"说"佛"，无疑即体现了对众生本然具有、自然萌发的见闻觉知（含贪嗔痴）的全幅认肯。

由是，经洪州宗发扬禅宗顿教回归到活泼泼的生命存在与生活世界，这是"有"的世界。

四、走向禅道汇通的生命境界

回顾佛学在中国的传播与变迁史。

我们说过，僧肇及其心仪之般若学，以"缘起"说"空"，自使

---

① 《中华传心地禅门师资承袭图》，见《卍续藏经》（第63册），第33页。

"空"与"有"都处于一种对待关系中,以至"空"为"不真空","有"亦非"真有",在践行上难有落脚处。及来到禅宗顿教,借得了"道"的本体论,直指"道体"为不依赖于"缘起有"之"真空""真无";此"真空""真无"之"体"既不先行地预定什么、给定什么,则依自然——本然行事便具正当性;未经理性分别筛选过(不起心动念)的见闻觉知及见闻觉知直接感受的生命存在与生活世界才是最自然—最本然的,也即是最本真的。因此,回归到现世当下的生命存在与生活世界便具终极追求的意义。这是由"真空"成就"妙有",由"妙有"证得"真空"。如来藏学所谓"真空妙有"说,至禅宗顿教才得以圆成。

方东美所撰《中国大乘佛教》一书称:

> 道家最高的哲学智慧,向上面发展可以玄之又玄,到达"本无";但是那种精神修养锻炼成功之后,还要回顾下层世界,也不毁它的真实。这是庄子所了解的原本的道家。
>
> 在大乘佛教方面,假使我们真正就各种般若经讲到究竟的时候,譬如在大般若经里面……一切空了之后,哲学的思想向上直透宇宙究竟,那是"真空"领域;但是我们到达那个真空领域之后,还是要像尼采的超人查拉图斯特拉一样,他本身的智慧高了之后,所面临的还是要拯救现实世界,所以他的精神之光还要回照人间。因此在真空的境界之外,智慧还可以流行在下层世界。……所以在大乘佛学里面,他要为下层的现实世界留余地,然后拿智慧之光回照现实世界。因此那个现实世界不仅仅是"有",而且在精神智慧之光照耀之下,变成"妙有"。①

---

① 方东美:《中国大乘佛学》,黎明文化事业股份有限公司1984年版,第95~96页。又,牟宗三在释华严宗"法界缘起"说也称:"此法身即空不空之如来藏身。空者空却一切烦恼,一切迷染,离一切相,唯是一真心之'如'——'如'即是真心之实相,实相一相,所谓无相,即是如相。不空者,即此离一切相同时即具有无量无边之清净功德。此'空不空'即是真空妙有也。妙有之清净功德而言无量无边者,以此如来藏自性清净心原初即意许为'如来藏恒沙佛法佛性'也。此具有恒沙佛法之佛性即如来藏性证显后即曰法身。故恒沙佛法在法身上即是无量无漏功德。此无量无漏功德是由随缘起现之一切法通过还灭后而转成者。当初随缘起现之一切法不得直名曰佛法。只当通过还灭后转成功德时始得名曰佛法。"[牟宗三:《佛性与般若》(上册),台湾学生书局1990年版,第517页]此以"无量无漏功德"说"妙有",有别于禅宗。禅宗更似于道家,以"让开",使各别之人人物物自有发展谈"妙有"。

方东美把佛教与道家连接在一起谈"真空妙有"甚是!

不难看出,禅宗在中国化过程中所走过的路子,极有似于魏晋玄学所走过的路子。魏晋玄学原本就是通过王弼的"贵无论",把先行设定的公共的一切规限"无化"、消解,而得以回落到每个个人现世当下的生活方式与生命情调的。不同之处仅在于:魏晋人士因为深深感受到没有过去与未来,所谓"自然—本然",均为"偶然",因之,要人紧紧把捉现世当下"偶然"给出的机会,尽可能地释放出去;而禅家以"不起念"(也是"无化")为训,对"自然"—"偶然"发生的一切并不着意,且可当下承受。显见,名士的风流是极其自我、极为张狂的,禅家的心态是十分自由、十分闲适的。

《宋高僧传·惟俨传》记唐李翱见禅师惟俨事:

> (李翱)又初见俨,执经卷不顾。侍者白曰:"太守在此。"翱性褊急,乃倡言曰:"见面不似闻名。"俨乃呼,翱应唯。曰:"太守何贵耳贱目?"翱拱手谢之,问曰:"何谓道邪?"俨指天指净瓶曰:"云在青天水在瓶。"翱于时暗室已明,疑冰顿泮。寻有偈云:"练得身形似鹤形,千株松下两函经。我来相问无余说,云在青天水在瓶。"又偈:"选得幽居惬野情,终年无送亦无迎。有时直上孤峰顶,月下披云笑一声。"①

"云在青天水在瓶",这是多么自在、多么闲适的心灵意境。禅、道在此汇通,乃至儒者李翱也"当下受用"。

(本文原为冯达文《道家哲学略述——回归自然的理论建构与价值追求》一书中之一节,经加工后载于《学术研究》2015年第8期)

---

① 《大正藏》(第50册),第816页。

"情"的唤醒
——论白沙心学在儒学发展史上的地位

《明史·儒林传》记：

> 原夫明初诸儒，皆朱子门人之支流余裔，师承有自，矩矱秩然。曹端、胡居仁笃践履，谨绳墨，守儒先之正传，无敢改错。学术之分，则自陈献章、王守仁始。宗献章者，曰江门之学，孤行独诣，其传不远。宗守仁者，曰姚江之学。别立宗旨，显与朱子背驰。门徒遍天下，流传逾百年。其教大行，其弊滋甚。

有明一代，"学术之分"自陈献章（号白沙先生）、王守仁（号阳明先生）始。依黄宗羲所说，"有明之学，至白沙始入精微"，"至阳明而后大"①。而后，阳明学"其教大行"，白沙学"其传不远"。白沙弟子湛若水虽也做过努力②，但其在思想史上的影响终究为阳明学所遮盖，乃至今日之治史者常常忽略白沙而不提。这是很不公平的，其实在明代学术中，白沙学比之阳明学更有特色。我个人更偏好白沙学而疏远阳明学。今特立论，以为白沙于思想史特别是儒学发展史上的地位做一辨正。而一旦触及儒学发展史，我们非上溯于孔孟原创之儒学不可。

一

孔孟原创之儒学，纯然以人们日常的世俗情感为关切点。孔孟的基本

---

① ［清］黄宗羲：《白沙学案》，见《明儒学案》（卷五）。
② ［清］黄宗羲《明儒学案》卷三七《甘泉学案》谓："（甘泉）嘉靖初入朝，升侍读，寻升南京祭酒，礼部侍郎，历南京礼、吏、兵三部尚书，致仕。平生足迹所至，必建书院以祀白沙。从游者殆遍天下。……先生与阳明分主教事。阳明宗旨致良知，先生宗旨随处体认天理。学者遂以王湛之学各立门户。"足见白沙学为湛甘泉所传扬也影响一时，但甘泉之后所继乏人，终于不敌阳明学而衰落。

观念如孝、仁、礼、仁政、道、义等，都直接从世俗之"情"中引出。

且看"孝"。《论语·阳货》记述：

> 宰我问："三年之丧，期已久矣。君子三年不为礼，礼必坏；三年不为乐，乐必崩。旧谷既没，新谷既升，钻燧改火，期可已矣。"子曰："食夫稻，衣夫锦，于女安乎？"曰："安。""女安，则为之！夫君子之居丧，食旨不甘，闻乐不乐，居处不安，故不为也。今女安，则为之！"宰我出。子曰："予之不仁也！子生三年，然后免于父母之怀。夫三年之丧，天下之通丧也。予也有三年之爱于其父母乎？"

父母没，儿子守丧三年为"孝"。此"孝"就直接诉诸"子生三年，然后免于父母之怀"所产生的家族亲情。

而"孝"也就是"仁"，或从"孝"可直接延伸出"仁"。孔子说，"孝弟也者，其为仁之本与"①，孟子说，"亲亲，仁也"②"仁之实，事亲是也"③，都指"孝"为"仁"。孟子又说：

> 老吾老，以及人之老；幼吾幼，以及人之幼。天下可运于掌。诗云：刑于寡妻，至于兄弟，以御于家邦。言举斯心加诸彼而已。故推恩足以保四海，不推恩无以保妻子。古之人所以大过人者，无他焉，善推其所为而已矣。④

这是从"孝""慈"延伸出"仁"。"举斯心"之"心"为"老吾老""幼吾幼"的亲亲之心，"加诸彼"之"彼"即把亲亲之心推及的"人之老""人之幼"。孟子以为，能"举斯心加诸彼"便是"仁"。

---

① 《论语·学而》。
② 《孟子·告子下》。
③ 《孟子·离娄上》。
④ 《孟子·梁惠王上》。

孟子又或以"恻隐之心""不忍人之心"为"仁"。称：

> 人皆有不忍人之心。……所以谓人皆有不忍人之心者，今人乍见孺子将入于井，皆有怵惕恻隐之心。非所以内交于孺子之父母也，非所以要誉于乡党朋友也，非恶其声而然也。①

这"恻隐之心""不忍人之心"即同类同情心。"恻隐之心，仁也"②，此"仁"依然以世俗心理情感为根底。心理情感属感性心，"仁"属道德理性心。显而易见，孔孟的原创儒学是把道德理性心直接诉诸感性心的。

"礼"为社会外在规范，外在规范直接涉及人与人、家族与家族的利益关系，本应更多地从协调这些外在性的利益关系中给出。宰我所谓"君子三年不为礼，礼必坏"一语涉及的实际上即是外在利益关系。但孔孟不以为然。孔孟依旧从世俗情感寻求"礼"的确当性。以葬礼为言。孟子说：

> 盖上世尝有不葬其亲者。其亲死，则举而委之于壑。他日过之，狐狸食之，蝇蚋姑嘬之。其颡有泚，睨而不视。夫泚也，非为人泚，中心达于面目，盖归反虆梩而掩之。掩之诚是也，则孝子仁人之掩其亲，亦必有道矣。③

于此，孟子认为对亲人由天葬改为礼葬，就出自"其颡有泚，睨而不视"的一种羞愧之情。《礼记·三年问》进一步发挥孟子的这一番说法，称：

> 三年之丧，何也？曰：称情而立文……凡生天地之间者，有血气之属，必有知。有知之属，莫不知爱其类。……故有血气之属者，莫知于人；故人于其亲也，至死不穷。将由夫患邪淫之人与？则彼朝死而夕忘之，然而从之，则是曾鸟兽之不若也，夫焉能相与群居而不乱乎？

---

① 《孟子·公孙丑上》。
② 《孟子·告子上》。
③ 《孟子·滕文公上》。

把"三年之丧"释为"称情而立文",也就是明确认定"礼"因"情"设。

"政"为协调不同利益关系的最主要手段,但孔孟论政依然不太涉及外在之利益关系(理、数、势等)而仍求于内心之"情"。《论语·为政》称:

> 或谓孔子曰:"子奚不为政?"子曰:"书云:'孝乎惟孝,友于兄弟,施于有政。'是亦为政,奚其为为政?"

孔子这便是把亲亲之情延伸于"为政"而倡"德政"("为政以德")或"仁政"。孟子说:

> 人皆有不忍人之心。先王有不忍人之心,斯有不忍人之政矣。以不忍人之心,行不忍人之政,治天下可运之掌上。①

"不忍人之心"为同类同情心。"以不忍人之心"行"不忍人之政"为"仁政",此"政"亦出自"情"。

"道"如指涉外在关系引发的"数"与"势"则为一必然性范畴,如仅指涉"孝""仁"及由之引出的"礼""政"则为一应然性范畴。在孔孟那里,"孝""仁""礼""政"都出自人的主观之"情",故"道"亦仅指"人道",人主观选择与认定之"道",内心判定应当如此之"道"。孟子说:

> 尧舜之道,孝悌而已矣。②
> 仁也者,人也。合而言之,道也。③

这都以"道"为人之道,人心所取之道,应然之道。这种"道"是不必诉诸外在客观必然性的。故孔孟又称:

---

① 《孟子·公孙丑上》。
② 《孟子·告子下》。
③ 《孟子·尽心下》。

> 道之将行也与，命也；道之将废也与，命也。①
> 天下有道则见，无道则隐。②
> 若夫成功则天也，君如彼何哉？强为善而已矣。③

在这里，"道"（善道）与"天""命"是分立甚至是背离的。这正好说明，孔孟无意于在由"天""命"所显示的客观必然性上认取"道"，甚至也不谈"天道"④。"道"是主观选择的，由我之"心"认可的。我之"心"为由亲情而及同类同情之"心"，故"道"也是从情感中被提升出来的。

"情"为孔孟原创儒学的起点与根底，至此可明。

二

孔孟把自己的基本观念诉诸世俗社会的日常心理情感，表现了原创儒学未经系统理论框架过、装点过的质朴性及由之亦易为人们所接受的亲切感。在孔孟把"情"引入社会管治领域后，森严的等级统治因而也具足人情味。《礼记》之《乐记》篇谓："乐者为同，礼者为异。同则相亲，异则相敬。乐胜则流，礼胜则离。含情饰貌者，礼乐之事也。"此即典型地表现了原创儒学的伦理—政治观。这种伦理—政治观祈求在贵贱有别的情况下依然保留人对人的一片真心、一份亲情。这诚然可贵。

但是，一种观念、一种主张，如果仅仅诉诸人的主观情感，它便无法获得客观必然性的意义；如果缺乏工具理性加以筛选，予以框架，它便不可能成为一种普遍的设准。所以，如何走出主观而走向客观，如何摆脱"情"而援入"知"，即如何把主观心理情感认可的东西外在化、对象化、

---

① 《论语·宪问》。
② 《论语·泰伯》。
③ 《孟子·梁惠王下》。
④ 《论语·公冶长》载子贡语："夫子之文章，可得而闻也；夫子之言性与天道，不可得而闻也。"牟宗三先生释言："性与天道是自存潜存，是客观的、实体性的、第一序的存有，而仁智圣则似乎是凌空的、自我作主地提起来的生命、德性，其初似乎并不能直接地把它置定为客观的、实体性的、自存潜存的存有。因此它似乎是他自己站起来自己创造出的高一层的价值生命。"[牟宗三:《心体与性体》（第1册），台湾正中书局1987年版，第220页] 此释近是。

知性化（逻辑条理化）为一普遍设准，构成孔孟之后儒学发展的主要课题。这一课题最早是由《荀子》《易传》《大学》《中庸》的著作者们借鉴道家的天道观提出与承当，而后由宋代理学完成。

荀子即曾作有《性恶》篇，专门揭明"情"之不确定性与不可靠性。该篇称：

> 今人之性，饥而欲饱，寒而欲暖，劳而欲休，此人之情性也。今人饥，见长而不敢先食者，将有所让也；劳而不敢求息者，将有所代也。夫子之让乎父，弟之让乎兄；子之代乎父，弟之代乎兄；此二行者，皆反于性而悖于情也，然而孝子之道，礼义之文理也。故顺情性则不辞让矣，辞让则悖于情性矣。

荀子直以为人之情性非必"善"而实本"恶"，故"道"不可以顺"情性"而引出。荀子又作《天论》篇，从外在客观处论"道"。荀子称：

> 天行有常，不为尧存，不为桀亡。应之以治则吉，应之以乱则凶。强本而节用，则天不能贫。养备而动时，则天不能病。循道而不贰，则天不能祸。……倍道而妄行，则天不能使之吉……故明于天人之分，则可谓至人矣。

荀子把"道"指称为一种不以人的情性、人的道德与品格好坏为转移的有常规的"天行"，即使"道"获得客观必然性意义。荀子还撰《解蔽》篇，专门讨论人如何可以知晓外在客观之"道"的问题。荀子称：

> 凡（以）［可］知，人之性也；可以知，物之理也。
> 故治之要在于知道。人何以知道？曰：心。心何以知？曰：虚壹而静。

荀子于此又把"心"介说为知性心而为儒家开显了知识论。

《易传》《中庸》① 则在荀子的基础上推进一步。《易传》一方面把孔孟所倡之德礼挂搭到宇宙大化中，借宇宙大化确立其客观性；另一方面也触及外在客观世界中近似于一般与个别、共相与殊相的问题。《易传》有"形而上者谓之道，形而下者为之器"② 一语。"形而上"与"形而下"的区分即可被解释为共相与殊相之区分，唯共相才具普遍必然性。依此解释，《易传》已于外在客观必然性处为儒家建构形上学。《中庸》"天命之谓性，率性之谓道，修道之谓教"一语中，"天"与"性"的关系则既触及共相与殊相的关系，也牵涉客观与主体的关系。依冯友兰先生的说法是："儒家所说天与性之关系，与道家所说道与德之关系相同。盖天为含有道德之宇宙的原理，而性则天所'命'于人，人所'分'于天者也。"③ 显见，《中庸》与《易传》都同样于外在客观普遍必然性处认取"天道"，且取由外在而内在的理路。

《大学》则进一步发挥了荀子的知识论。《大学》称：

> 致知在格物。格物而后知至，知至而后意诚，意诚而后心正，心正而后身修，身修而后家齐，家齐而后国治，国治而后天下平。

因为"物"与物之"道"是客观外在的，故需"格"而"致知"。在"格物致知"的基础上，才可以谈及人的内在德性修养与支配外在世界。知识论的重要性进一步被凸显。

两宋之程朱理学，即沿着《荀子》《大学》等开出的方向而发展儒学。

二程与朱熹都把"性"与"情"分开且贬落"情"而张扬"性"。如程颐说：

> 恻隐则属爱，乃情也，非性也。④

---

① 《易传》《大学》及《中庸》之创作年代众说纷纭。本文从冯友兰说，以为它们属秦汉之际的作品。冯氏的析辩见《中国哲学史》（上册），中华书局1992年版，第一篇第十四、十五章。
② 《易传·系辞上》。
③ 冯友兰：《中国哲学史》（上册），中华书局1992年版，第451页。
④ 《程氏遗书》（卷一五）。

此即不取孟子之说,从恻隐之心即从"情"说"性"显"仁",而把"性"与"情"分开来别求"性"与"仁"。朱熹亦称:

> 性者,心之理;情者,心之动。才便是那情之会恁地者。情与才绝相近。①

朱氏于此不仅把"情"与"性"分开,且以为"情与才绝相近"都关涉于物(或因物而发),故不足为言。

那么,与"情"不同之"性"从何而来?程朱以为来自人心之外真实地存在着的"天理"。朱氏说:

> 性者,即天理也,万物禀而受之,无一理之不具。②

此"天理"为一宇宙客观法则,人与物都禀受此"天理"而成"性"。故"天理"与各别之人与物的关系为一种"理一分殊"即共相与殊相的关系。朱熹说:

> 人物之生,天赋之以此理,未尝不同,但人物之禀受自有异耳。如一江水,你将勺去取,只得一勺;将碗去取,只得一碗;至于一桶一缸,各自随器量不同,故理亦随以异。③

"人物之禀受自有异"而成殊相,"天赋之以此理,未尝不同"而有共相。朱熹指万物之共相为"理",而共相即体现了万物所以如此存在与发展的一种普遍必然性。故朱氏又说:

> 凡有形有象者,即器也;所以为是器之理者,则道也。④
> 问:理是人物同得于天者,如物之无情者亦有理否?曰:固是有

---

① 《朱子语类》(卷五)。
② 《朱子语类》(卷五)。
③ 《朱子语类》(卷四)。
④ 《与陆子静书》,见《朱文公文集》(卷三六)。

理。如舟只可行之于水，车只可行之于陆。①

此"所以为是""只可"如此者，都指一种必然之态势与定则。朱子于此即以万物存在与发展的必然性为"理"（或"道"）。

"理"为于人之外一种客观必然性，人要把握"理"便需借助于知性；"理"为万物的一种共相，人要把握"理"还需经由殊相开始。由此，程朱建构了自己的一整套的认知法则并以之为依据，形成了一整套关于外在世界如何存在与发展的知识体系。朱熹在补《大学》"格物致知"章被认为实缺之"传"时把自己的认知法则做了系统的表述：

> 所谓致知在格物者，言欲致吾之知，在即物而穷其理也。盖人心之灵莫不有知，而天下之物莫不有理，惟于理有未穷，故其知有不尽也。是以《大学》始教，必使学者即凡天下之物，莫不因其已知之理而益穷之，以求至乎其极。至于用力之久，而一旦豁然贯通焉，则众物之表里精粗无不到，而吾心之全体大用无不明矣。此谓物格，此谓知之至也。②

朱氏此说，"天下之物莫不有理"，便置理于心外；"人心之灵莫不有知"，即以知性看心；"必使学者即凡天下之物"，则以为求知需从殊相逐一开始；"至于用力之久，而一旦豁然贯通焉"，是谓从殊相而升进至共相；至共相"吾心之全体大用无不明"，是谓"知之至矣"，则视共相从"知"中来。朱熹这里陈述的，毫无疑问的是一条知识论的路线。

显而易见，儒学经由荀子至程朱的发展，所重的是客观、共相、必然与知性，与孔孟原创儒学本重主体（心）、个体（个人体认）、应然与情性，实拉开了很大的距离。

程朱重客观、共相、必然与知性，最大的好处即在于使孔孟的伦理—政治主张获得了一种客观普遍法则的意义并有了认识论的依据。以"仁"

---

① 《答刘叔文》，见《朱文公文集》（卷四六）。
② ［宋］朱熹撰：《四书章句集注》，中华书局1983年版，第6～7页。

为言。孔孟于"情"处开显"仁",由于"情"本身即无善恶之确定性①,由之开出的"仁"便也不具必然性。而程朱于宇宙大化之生生不已之理则处见"仁"。② 宇宙大化生生不已之理则为普遍法则,故"仁"便也具客观必然性意义而得称"天理",宇宙大化生生不已之理则在农业社会条件下可以为人们的日常经验所接受,故"仁"作为"天理"便易于为人们所推知。

但是,离开主体(心)、个体(个人体认)、应然、情性,仅从客观、共相、必然与知性方面去求"道"或"理",此"道"与"理"便是他在的、刻板的、冷漠的、没有生命的。清代戴震批评程朱之学为"以理杀人"③,正点明了程朱于人心之外另设"天理"对人当下(此在)的活泼泼的情性的摧残性。

由于程朱理学有此局限,于是引发了如何复归原创儒学的另一思潮。这一思潮人们惯常称为"陆王心学"。但其实白沙比之于陆王,更接近孔孟。

三

白沙曾记述其求学之经过:

> 仆才不逮人,年二十七始发愤从吴聘君学。其于古圣贤垂训之书,盖无所不讲,然未知入处。比归白沙,杜门不出,专求所以用力

---

① 王安石《原性》谓:"性生乎情……孟子以恻隐之心人皆有之,因以谓人之性无不仁。就所谓性者如其说,必也怨毒忿戾之心人皆无之,然后可以言人之性无不善,而人果皆无之乎?孟子以恻隐之心为性者,以其在内也。夫恻隐之心与怨毒忿戾之心,其有感于外而后出乎中者有不同乎?荀子曰:'其为善者,伪也。'就所谓性者如其说,必也恻隐之心人皆无之,然后可以言善者伪也,为人果皆无之乎?荀子曰:'陶人化土而为埴,埴岂土之性也哉?'夫陶人不以木为埴者,惟土有埴之性焉,乌在其为伪也?"(《王文公文集》卷二七)王安石于此对性情的善恶的不确定性做了精彩的析辩。

② 程氏说:"万物之生意最可观,此元者善之长也,斯所谓仁也。"(《程氏遗书》卷一一)朱氏说:"'天地之大德曰生',人受天地之气而生,故此心必仁,仁则生矣。"(《朱子语类》卷五)此即从宇宙生之(之理则)处说仁。

③ 戴震曾称:"酷吏以法杀人,后儒以理杀人,浸浸乎舍法而论理,死矣,更无可救矣!"【[清]戴震:《与某书》,见戴震研究会等编纂《戴震全集》(第1册),清华大学出版社1991年版,第212页】

之方。既无师友指引，惟日靠书册寻之，忘寝忘食，如是者亦累年，而卒未得焉。所谓未得，谓吾此心与此理未有凑泊吻合处也。于是舍彼之繁，求吾之约，惟在静坐，久之，然后见吾此心之体隐然呈露，常若有物。日用间种种应酬，随吾所欲，如马之御衔勒也。体认物理，稽诸圣训，各有头绪来历，如水之有源委也。于是涣然自信曰："作圣之功，其在兹乎！"有学于仆者，辄教之静坐，盖以吾所经历粗有实效者告之，非务为高虚以误人也。①

这段文字实际上表现了白沙对程朱理学局限性的一个反省。文中提出的问题是：其一，如果"理"在"心"外，那么"此心"与"此理"如何可以"凑泊吻合"？其二，不然，如果"理"在"心"内，那么以知性的方法（"惟日靠书册寻之"）可否求得之？白沙以为依程朱理学，无法解决这些问题。

由是，白沙离开程朱而把"理"收摄归"心"，以"心"所认可者（应然者）为"理"。白沙说：

> 天地之大不得与道侔，故至大者道而已，而君子得之。一身之微，其所得者，富贵、贫贱、死生、祸福，曾足以为君子所得乎？君子之所得者有如此，则天地之始，吾之始也，而吾之道无所增；天地之终，吾之终也，而吾之道无所损。天地之大，且不我逃，而我不增损，则举天地间物既归于我，而不足增损于我矣。②

白沙此处之"道"即"理"。白沙以"君子之所得者"为"道"，即以君子之心所认可者为言。君子所得、所认可者，富贵、贫贱、死生、祸福所不可移易，"天下之物尽在"不足以增损，故此"道"是完全自足的。此"道"为君子之"心"所认可，"心"即"道"，故又可说我"心"是完全自足、无待于外的。正是在这里，白沙回到了人、人之本心。

人之本心既然完全自足、无待于外，所谓"君子一心，万理完具，

---

① 《复赵提学佥宪》，见《陈献章集》（卷二）。
② 《论前辈言铢视轩冕尘视金玉》（上篇），见《陈献章集》（卷一）。

事物虽多，莫非在我"①，则亦无须向外寻求。故白沙贬斥"学"，贬斥"知"，不以"知"说"心"。白沙说：

> 学者苟不但求之书而求诸吾心，察于动静有无之机，致养其在我者，而勿以闻见乱之，去耳目支离之用，全虚圆不测之神，一开卷尽得之矣。非得之书也，得自我者也。盖以我而观书，随处得益；以书博我，则释卷而茫然。②

又称：

> 为学须从静中坐养出个端倪来，方有商量处。……若未有入处，但只依此下功，不至相误，未可便靠书策也。③

在白沙看来，向外求学，向书策求知，心只会滞在于"耳目支离之用"的层面上。故与其读书毋宁静坐，静坐而将心存养于无事无物处，正好使心得以保持圆足性。

白沙不以"知"说"心"，且亦未如后来之王阳明以"志"说"心"。阳明曾说："心者，身之主宰。"④ 又称："故无心则无身，无身则无心。但指其充塞处言之谓之身，指其主宰处言之谓之心，指心之发动处谓之意，指意之灵明处谓之知，指意之涉着处谓之物，只是一件。"⑤ 阳明突出"心"并认为心、意、知、物"只是一件"，此"心"明显地即是"志"，是具特定指向与特别坚执的道德良知。此道德良知纯粹由我心所认允，"不假外求"，固然显示了"心"之绝对性。但道德良知虽有别于知性心（工具理性），却依然取理性（道德理性或实践理性）形态，即对"心"与"物"还是要依理性做分判、加工与筛选。阳明说："吾心之良知，即所谓天理也。致吾心良知之天理于事事物物，则事事物物皆得其

---

① 《论前辈言铢视轩冕尘视金玉》（中篇），见《陈献章集》（卷一）。
② 《道学传序》，见《陈献章集》（卷一）。
③ 《与贺克恭黄门（二）》，见《陈献章集》（卷二）。
④ 《传习录》（下）。
⑤ 《传习录》（下）。

理矣。"① 致心之良知天理而使"事事物物皆得其理"即用道德理性对事事物物做加工与分判。阳明又说："良知只是个是非之心，是非只是个好恶。只好恶，就尽了是非；只是非，就尽了万事万变。"② 以道德理性对事事物物做是非好恶的分判即又产生了对事事物物的选择。而一旦以道德理性对事事物物做了分判、加工与选择，则心与物仍然处于一对待关系中；心只认可"是"与"好"的一面而排拒"非"与"恶"的一面，则心自身也处于一对待状态中。可见，阳明以"志""良知"或"道德理性"说"心"，此"心"依然缺乏圆足与自由。

白沙显然深深地感受到以"道德理性"说"心"对"心"的限定性与"心"的不自由性。白沙于《与李德孚书》中诉说：

> 闻老兄近复假馆禅林静坐，此回消息必定胜常。……贱疾幸少脱体，但寻常家中亦被聒噪，情绪无欢。大抵吾人所学，正欲事事点检。今处一家之中，尊卑老少咸在，才点检着，便有不由己者；抑之以义则咈和好之情。于此处之，必欲事理至当而又无所忤逆，亦甚难矣！如此积渐日久，恐别生乖戾，非细事也。将求其病根所在而去之，只是无以供给其日用，诸儿女婚嫁在眼，不能不相责望，在己既无可增益，又一切裁之以义，俾不得妄求。此常情有所不堪，亦乖戾所宜有也。

白沙此处所谓"事事点检""一切裁之以义"，即以"道德理性"处事裁物，如阳明所说使"事事物物皆得其理"。但如此一来，此"心"即会被内在之种种是非好坏分判所萦绕与被外在之种种社会评价所牵扯，岂有自由与圆足？白沙谓"寻常家中亦被聒噪，情绪无欢"，又称"年来益为虚名所苦，应接既多，殊妨行乐耳。……寻欲振奋一出，又未能也"③，此即可见其"心"之困顿。

与其以"志"，以"良知"，以"道德理性"说"心"，毋如回归于"情"，以"情"为"心"。白沙说：

---

① 《答顾东桥书》，见《传习录》（中）。
② 《传习录》（下）。
③ 《与陈德雍书》，见《陈献章集》（卷一）。

> 率吾情盎然出之，不以赞毁欻；发乎天和，不求合于世欻；明三纲，达五常，征存亡，辨得失，不为河汾子所痛者，殆希矣。①

白沙所谓"率吾情盎然出之"，即否弃以工具理性（知性）或道德理性（德性）对"情"做任何过滤与筛选；所谓"不以赞毁欻""不求合于世欻"，即排拒任何外在社会评价对"情"的困扰。"情"是未经加工与改制过的，故最是整全；"情"与外在物事不处对待关系中，故最是圆足。白沙又说：

> 受朴于天，弗凿以人；禀和于生，弗淫以习。故七情之发，发而为诗，虽匹夫匹妇，胸中自有全经。此风雅之渊源也。而诗家者流，矜奇眩能，迷失本真，乃至句锻月炼，以求知于世，尚可谓之诗乎？②

白沙于此又认为，唯未经加工（"弗凿以人"）之"情"最具"本真"性。故白沙重新唤回被程朱放逐了的"情"，以"情"为"心"为"性"。由此可言，白沙的"心本论"实为"情本论"。

而"诗"最能显"情"，故白沙又重"诗"不重"论"③。"论"求"理"，给出的意义是确定的与限定的，属知性范畴。程朱重知性，无意于"诗"。程颐说："且如今言能诗无如杜甫，如云：'穿花蛱蝶深深见，点水蜻蜓款款飞。'如此闲言语，道出做甚？某所以不尝作诗。"④ 程氏以作"诗"为"闲言语"，甚无境界。"诗"钟于"情"，属感性范畴。感性大于且先于知性，故"情"不可以"论"尽。"诗"出意于言语之表（大于言语所给定的），故唯"诗"可以尽"情"。白沙赠范真诗云：

> 一老胥江卧，濒江一圃开。林春烟淡泊，地暝月徘徊。尽日扃茆宇，残年寄酒杯。山蹊人不到，庭竹凤飞来。静得丘园乐，清无市井

---

① 《认真子诗集序》，见《陈献章集》（卷一）。
② 《夕惕斋诗集后序》，见《陈献章集》（卷一）。
③ 《陈献章集》所载白沙专论仅五篇，白沙也无意为经典作注疏，足见白沙不重"知"。
④ 《程氏遗书》（卷一八）。

埃。云封朝几白，风入夜弦哀。细雨携锄去；轻筇看药回。江山吾晚暮，梨栗尔婴孩。天上群龙远，花前独鹤陪。谁为求仲侣，心迹总悠哉。①

白沙以"诗"为伴，有"诗"尽"情"，"情"满一"心"，此"心"具足，自是"心迹总悠哉"。

至此，白沙终于回到此在，回到主体（心）、个体（个人体认）、应然与情性中来。

四

白沙回到了人之本心、人之情性中来，故可以说回到孔孟，实又超出了孔孟。

首先，表现在孔孟那里，"情"固是基点，但终不具至上意义。孔孟不止于"情"而是由"情"引申出"仁"，由"仁"取"道"，最后还是要升进于道德理性的层面。故程朱贬落"情"，走出主体、个体，诉诸一种共同性（公共性）或客观普遍性，也不是与孔孟不相涉的。白沙有别。白沙则是挣脱了外在客观普遍性，贬斥了程朱理学后回落于主体、个体，回落到个体之心、个人之情性中来的。白沙拒绝以"诗"承载三纲、五常、存亡、得失之"理"，强调"情"未经"凿"与"习"的本然具足性，这些都表明，在他那里，"情"已具绝对至上性。

其次，表现在孔孟之所以不止于"情"而要升进于"道"以使之获得普遍必然性，最终是为了赋予它一种得以外化为社会现实的普遍有效性。程朱之所以特别强调"理"的实在性②，显然也不是无缘无故的。因为确认形而上的"理"的实在性所祈求的正是它支配形而下之物的普遍有效性。白沙不然。白沙却是经历了"理"（知性与德性二重）之困顿后，有意排拒"理"，即排拒以"理"去框架现实与人心，而回归于

---

① 《东圃诗序》，见《陈献章集》（卷一）。

② 《朱子语类》（卷九十四）载朱子语："太极是阴阳五行之理，皆有，不是空底物事。若是空时，如释氏说性相似。"朱子强调"理"的实在性并把"理"置于比气物更高的地位，目的即在于把"理"贯彻于现实社会中，使社会"理想化"。

"情"，回归于心未经穿凿的自然—本然性。

显然，白沙以"情"至上，追求心的自然—本然性，已具道家品味。白沙说，"学者以自然为宗"①"出处语默，咸率乎自然，不受变于俗，斯可矣"②。这里的"自然"，都同于道家而指人心未经加工的自然—本然性情。白沙十分推崇陶渊明的生命情调。陶氏爱菊。周敦颐称："予谓菊，花之隐逸者也。"③ 爱菊表征着生命情调的道家倾向。白沙特作《菊逸说》以明示己心之此种倾向：

> 屈子曰："餐秋菊之落英。"陶子曰："秋菊有佳色，浥露掇其英。"皆以菊为悦者也，皆古之贤人也。菊之美不待赞。菊，花之美而隐者也。某之托于菊也，亦不待赞。④

白沙倾"情"于菊而尚"隐者"，即可见其道家品味。陶渊明曾作《归园田居》（五首）表达"久在樊笼里，复得返自然"⑤ 之乐，白沙也作《归田园》（三首）和之。其一云：

> 我始惭名羁，长揖归故山。故山樵采深，焉知世上年？……逍遥复逍遥，白云如我闲。乘化以归尽，斯道古来然。⑥

这是何等闲适的生活情趣！白沙有意逃归田园，实即逃归道家。

白沙之后，"心学"中有"至情论"一派，显然承传了白沙学。其中之杰出代表人物如汤显祖就曾称：

> 世总为情。情生诗歌，而行于神。天下之声音笑貌，大小生死，不出乎是。⑦

---

① 《与湛民泽》，见《陈献章集》（卷二）。
② 《与顺德吴明府》，见《陈献章集》（卷二）。
③ 《爱莲说》，见《周敦颐集》（卷三）。
④ 《陈献章集》（卷一）。
⑤ 《陶渊明集》（卷二）。
⑥ 《陈献章集》（卷四）。
⑦ 《耳伯麻姑游诗序》，见《汤显祖诗文集》（卷三一）。

汤氏以为人的一切不是由"理"（必然之理与应然之理）支配而是为"情"所驱使，即确认了"情"的绝对至上性。袁宏道说及"真乐"时亦曾说：

> 真乐有五，不可不知。目极世间之色，耳极世间之声，身极世间之鲜，口极世间之谭，一快活也。堂前列鼎，堂后度曲，宾客满席，男女交舄，烛气薰天，珠翠委地，金钱不足，继以田土，二快活也。箧中藏万卷书，书皆珍异。宅畔置一馆，馆中约真正同心友十余人，人中立一识见极高，如司马迁、罗贯中、关汉卿者为主，分曹部署，各成一书，远文唐、宋酸儒之陋，近完一代未竟之篇，三快活也。千金买一舟，舟中置鼓吹一部，妓妾数人，游闲数人，泛家浮宅，不知老之将至，四快活也。然人生受用至此，不及十年，家资田地荡尽矣。然后一身狼狈，朝不谋夕，托钵歌妓之院，分餐孤老之盘，往来乡亲，恬不知耻，五快活也。士有此一者，生可无愧，死可不朽矣。①

袁氏所谓"真乐"也即"真情"。依儒家倡导的道德理性，应讲"富而不骄""乐而不淫""贫而不馁"。就是说，"富"要与"不骄"相联系（受限定）才可以认取，"乐"要与"不淫"相联系（受限定）才可以认取，"贫"要与"不馁"相联系（受限定）才可以认取。袁宏道不然。他对"富"以至于"侈"也全体地认取，"乐"以至于"淫"也全体地认取，"贫"以至于"乞"也全体地认取。显然，他同样以未经道德理性框架过的人的自然—本然情性为绝对本真。由陈白沙肇始，经汤显祖、袁宏道等一批文人学士高扬的这种"至情论"，固然有相当发达且充满情欲的市民社会为背景，但是其人格追求显然更有取于道家。袁宏道自称：

> 弟支离可笑人也。如深山古树根，虬曲臃肿，无益榱栋。以为器则不受绳削；以为玩则不益观；欲取而置之别所，则又痴重颓垒，非万牛不能致。②

---

① 《龚惟长先生》，见《袁宏道集笺校》（卷五）。
② 《答沈何山仪部》，见《袁宏道集笺校》（卷四十三）。

袁氏活脱脱是个庄子。白沙虽未及对"富"至于"侈"、"乐"至于"淫"、"贫"至于"乞"全体地认取，但他以"受朴于天，弗凿以人"为是，其品位与道家同岂庸置疑！

［原载饶宗颐主编《华学》（第 1 辑），中山大学出版社 1995 年版，第 6～17 页］

湛甘泉"随处体认天理"说的哲学含蕴

陈白沙与湛甘泉书称:"发来书甚好。日用间随处体认天理,着此一鞭,何患不到古人佳处也。"① 黄宗羲谓:"先生(指湛甘泉——本文作者注)与阳明分主教事,阳明宗旨致良知,先生宗旨随处体认天理。学者遂以王、湛之学各立门户。"② 依此,显见湛甘泉是以"随处体认天理"说,与陈白沙的"主静"说和王阳明的"致良知"说相区别和相发明的。那么,湛甘泉这一学说包含一些什么内容,它在心学与理学的论争中以及心学的发展史上有什么意义呢?

一

毫无疑问,湛甘泉"随处体认天理"说首先是与他的老师陈白沙的"主静"说既相联系又相区别的。

陈白沙以"心"为本体,这是湛甘泉完全认同的。陈白沙又认为,要以"静"养心。他称道:

> 为学当求诸心。必得所谓虚明静一者为之主,徐取古人紧要文字读之,庶能有所契合,不为影响依附以陷于徇外自欺之弊,此心学法门也。③

---

① 《与湛民泽》,见《陈献章集》(卷二)。
② 《甘泉学案》,见《明儒学案》(卷三十七)。
③ 《书自题大塘书屋诗后》,见《陈献章集》(卷一)。

又称：

> 为学须从静中养出个端倪来，方有商量处。①

陈白沙把"理"收摄归心，以为"天地我立，万化我出，而宇宙在我"②，当然直认"我心"是绝对圆足的，不以为多读圣人书与向外求见闻之知是必要的，这即是"静"。但陈白沙把本体心的"静"与物事之"动"分为两个对立项，以为只有排斥物事的"动"才能保持心境之静。岂知这样一来，即已确认物事及其"动"不为心所包摄。物事及其"动"既处于心外而与心相对待相限定，心怎么还可以成为无限绝对本体，怎么还会有自由自足性呢？

湛甘泉显然意识到了师说之不圆浑。他说：

> 古之论学，未有以静为言者。以静为言者，皆禅也。故孔门之教，皆欲事上求仁，动时着力。何者？静不可以致力，才致力即已非静矣。③

甘泉子谓"以静为言者，皆禅也"，近是。一般来说，佛教正是通过否弃变动不居的物事求取本体境界的。在甘泉子看来，儒家的本体心与之有别，应该是既体认于动，也体认于静之中的，这即是"随处体认"：

> 所谓随处体认天理者，随未发已发，随动随静，盖动静皆吾心之本体，体用一原故也。……若谓静未发为本体，而外已发而动以为言，恐亦有歧而二之之弊也。④

不应该把未发之静与已发之动分为两截，把已发之动排斥于心外，而应该确认"动静皆吾心之本体"。唯如此，才真正可以如陈白沙所说的"天地

---

① 《与贺克恭黄门（二）》，见《陈献章集》（卷二）。
② 《与林郡博》，见《陈献章集》（卷二）。
③ 《答余督学》，见《甘泉文集》（卷七）。
④ 《答孟生津》，见《甘泉文集》（卷七）。

我立，万化我出，而宇宙在我矣"。也就是说，只有确认于动静中随处体认天理，心才真正获得绝对圆足性。诚然，甘泉子这一学说使心本体论得到了进一步的贯彻。

然而，湛甘泉的"随处体认天理"说并不仅仅针对陈白沙的偏颇而发。从儒学发展史的总体状况看，它实质上具有借对程朱理学的局限性的辨析而进一步发展心学的意义。

程朱理学的特点之一，是析理与气、道与器、形上与形下、本体与末用（物象）而为二。朱熹说：

> 所谓理与气，此决是二物。但在物上看，则二物浑沦，不可分开，各在一处，然不害二物之各为一物也。若在理上看，则虽未有物，而已有物之理。然亦但有其理而已，未尝实有是物也。①

依朱熹的见解，理与气、本体与末用（物象）"决是二物"，理、本体可外在于气、末用（物象）而独立存在。

湛甘泉否弃程朱这种二分说。他写道：

> 本末只是一气，扩充此生意，非谓未有本，而徒妆点枝叶也。在心为明德，在事为亲民。非谓静坐而明德，及长然后应事以亲民也。一日之间，开眼便是应事，即亲民。自宋以来儒者多分两段，以此多陷支离。②

又说：

> 吾之所谓随处云者，随心随意随身随家随国随天下。盖随其所寂所感时耳，一耳。……本体即实体也，天理也，至善也，物也。③

这里甘泉子把理事本末称为"一气扩充"，直认天理本体与物事末用是同

---

① 《答刘叔文》，见《朱文公文集》（卷四十六）。
② 《答陈海涯》，见《甘泉文集》（卷七）。
③ 《答阳明王都宪论格物》，见《甘泉文集》（卷七）。

一的，不应于物事之外，而应在任何物事之中体认天理。显然，"随处体认天理"，又具有即形上即形下，即本体即末用的意味。

程朱理学的特点之二，是析知与行而为二。程颐说：

> 到底须是知了方行得。若不知，只是觑却尧，学他行事，无尧许多聪明睿知，怎生得如他动容周旋中礼？……学者须是真知，才知得是，便泰然行将去也。①

朱熹说：

> 知、行常相须，如目无足不行，足无目不见。论先后，知为先；论轻重，行为重。②

程朱把知行区分为先后，即以知行为两段功夫。知为知天理。知行的分立，又使天理变成外在于每个个人的行为的一种预设的、抽象而刻板的理念。

湛甘泉否弃知行的二分说。他指出：

> 程子曰：格者至也，物者理也。至其理乃格物也。故大学古本以修身说格物。今云格物者事当于理之谓也，不若云随处体认天理之尽也。体认兼知行也。当于理是格物后事。③

古人"以修身说格物"，这里的"格物"显然"兼知行"。聂文蔚称"格物者事当于理之谓也"，这则纯以知之当否释格物。湛甘泉认为这是偏颇的，"不若云随处体认天理之尽也"，因为"体认兼知行也"。显然，甘泉子"随处体认天理"说，又包含"知行合一"、即知即行、于行中认知的意味。

我们知道，天理与物象的关系即是普遍与特殊的关系。从社会伦理的

---

① 《程氏遗书》（卷十八）。
② 《朱子语类》（卷九）。
③ 《答聂文蔚侍御》，见《甘泉文集》（卷七）。

角度看，又即是社会普遍行为规范与具体个我的关系。程朱把天理—社会普遍行为规范外在于特殊、具体个我，一方面固然加强了天理—普遍行为规范的权威性，但另一方面天理—普遍行为规范又是被认作为每个个我的普遍本质的，普遍本质的外在性意味着个我之被分裂与肢解。个我现时现在的意欲、行为与它的本质是离异的。而知行的分立与所要知的理的抽象化、刻板化、先在化，又进一步加重了普遍本质与个我现时现在活泼泼的感性生活与行为的离异感。

湛甘泉"随处体认天理"说的提出，意义在于：由于强调理与事、体与用的合一而实现了普遍与特殊的同一，由于强调知与行的并进而确认了个我任何时候、任何存在方式与行为方式的理性意义。我的本质不再与我现时之具体存在分裂，我才真正成为具有完全意义与主体意义的"自我"：我当下的生活与行为即是可以确认的（符合天理的，因而也是理性的），我才真正成为自由的、活泼泼的生命体。

请看湛甘泉所说的：

> 人心与天地万物为体，心体物而不遗。认得心体广大，则物不能外矣。①

这里凸显的正是借理物同一、心理合一而获得的我在宇宙中、我与天地万物无间因而包容天地万物的主体性。

> 天理何尝有定形，只是个未发之中。中亦何尝有定体，人但常以心求中正为主意，随时随事，体认、调习此心常合于中正，此便是随处皆天理也。②

这里凸显的即是我之心在价值选择与价值判断上的完全自主性。

（葛）清问：昨者坐中一友，言夜睡不着。老先生谓其未曾体认天理，故睡不着。清因举蔡季通"先睡心，后睡眼"，文公以为古今

---

① 《与阳明》，见《甘泉文集》（卷七）。
② 《与阳明》，见《甘泉文集》（卷七）。

> 未发之妙言之。老先生不以为然者,岂以其歧心目为二理耶?(先生曰:)吾意不以为然者,非以歧心目为二理也。只先著一个睡字,便是安排。事事亦复如是。所谓体认天理者,亦非想象,想象亦便是安排。心中无事,天理自见。无事便自睡得着,何意何必?①

这里凸显的即是在无心物、心理对待因而也无须着意安排的我在任何时候、任何状况下的自由自在性。这种自由自在性即是活泼泼的、生生不已的心灵境界。所以,他和他的门生又说,"天地之心即我之心,生生不已"②"何内外动静之分,会得时便活泼泼地"③。这种生生不息、活泼泼的心灵境界,正是甘泉子借"随处体认天理"说把本质回归于存在,把抽象、刻板、纯理念性的天理回落于在日常生活与行为中不断流迁的具体个我,从而开出的境界。

二

依上分析,湛甘泉的"随处体认天理"说,其实与王阳明的"致良知"说是十分接近的。王阳明的"致良知"说以确认良知"见在"为前提④。王阳明的"良知见在",一是指良知的"现成"性,二是指良知的"现在"(当下)性。

所谓良知的"现成"性,是说良知是先验地本具于每个个体的心中,是完成了的并且是自足的。王阳明说:

> 知是心之本体。心自然会知,见父自然知孝,见兄自然知弟,见孺子入井自然知恻隐,此便是良知不假外求。⑤

---

① 《新泉问辨录》,见《甘泉文集》(卷八)。
② 《甘泉学案·语录》,见《明儒学案》(卷三十七)。
③ 《甘泉学案·语录》,见《明儒学案》(卷三十七)。
④ 黄宗羲《明儒学案·姚江学案》谓:"自姚江指点出良知人人现在,一反观而自得,便人人有个作圣之路。"此即确认王阳明主"见(现)在良知"说。
⑤ 《传习录》(上),见《王阳明全集》(卷一)。

又说：

> 是非之心，不待虑而知，不待学而能，是故谓之良知。是乃天命之性，吾心之本体，自然灵昭明觉者也。①

这里见父孝、见兄悌为良知的内容；"心自然会知"是指对这些内容的自觉自明性。王阳明认为这两方面都是"天命之性"，即是先验具足的。正因为这两方面——须知的内容与对这些内容的自觉自明性——在每个个人心中都是天然具足的，故良知才构成为心之本体。这天然具足性即是良知的"现成"性。

所谓良知的"现在"性，是说良知不需要经过格物致知之功夫逐步积累才得以显现，它直接就呈现于每个个人现时当下的每一作为中，每个个人现时现在每一作为即有良知现在。王阳明的弟子罗洪先说：

> 良知二字，乃阳明先生一生经验而后得之，使发于心者，一与所知不应，即非其本旨矣。……指见在发用以为左券。②

王畿说：

> 夫今心为念，念者，见在心也。吾人终日应酬，不离见在。③

罗、王这里的"见在"，即指现时当下的每一作为。良知为本体，现时当下的每一作为为发用，良知直接呈现于现时当下的每一作为中，也即指用为体，即体即用。可见，王阳明以"见在良知"说，揭示心与理的合一而赋予个我心以自足性，确认本体不离发用而使现时获得肯定性，与湛甘泉的"随处体认天理"说，实具有相互发明的意义。

然而，问题在于：依王阳明的"见在良知"说，良知是"现成"的，是每个个人生而具足于心的，那么，是不是每个个人心里已有的一切意念

---

① 《大学问》，见《王阳明全集》（卷二六）。
② 《寄张须野》，见《罗念庵文录》（卷四）。
③ 《趋庭漫语付应斌儿》，见《龙溪全集》（卷十五）。

都是可以确认的？又，良知是"现在"的，就呈现于每个个人日常当下的具体生活与行为中，那么，是不是每个个人现时当下的每一做法都具有确当性（即所谓"当下即是"）？从逻辑上看，必须承认每个个人心里已有的一切意念都是可以确认的，此心才可以说是绝对圆足的；否则，以为心还可以区分为善心与恶心、道心与人心、本然心与熏习心，心便要落入对待与有限之中，哪里还具圆足性？同样必须承认每个个人现时现在的每一做法都具有确当性，心作为本体才具有绝对的意义；否则，如程朱理学那样，把理与气、体与用分作两截，以为理管不得气、体兼不了用，理本体又何来至上性？由此可见，从逻辑上看，王阳明的"见在良知"说必然要引导到对每个个人心里已有的一切意念和每个个人现时现在一切行为、一切做法的完全认可。阳明心学之后的许多人物，如王艮、何心隐、罗汝芳及其信徒确认"百姓日用即道""即事是道"，正体现了阳明哲学的这一逻辑发展进程。

但是，对每个个人心里已有的一切意念完全地予以确认即以每个个人为本体，对每个个人现时现在一切行为、一切做法完全地予以确认即完全摈弃理性。这两点都是湛甘泉无法接受的。正是从对王阳明"见在良知"说可能导致的以上后果的警觉出发，湛甘泉又强调了他的"随处体认天理"说与王阳明"良知"说的区别。

三

湛甘泉在批评王阳明的"格物"论时称：

> 兄之格物，训云正念头也。则念头之正否，亦未可据。如释老之虚无，则曰应无所住而生其心，无诸相，无根尘，亦自以为正矣。杨墨之时皆以为圣矣。岂自以为不正而安之，以其无学问之功，而不知其所谓正者，乃邪而不自知也。其所自谓圣，乃流于禽兽也。夷惠伊尹，孟子亦以为圣矣，而流于隘与不恭，而异于孔子者，以其无讲学之功，无始终条理之实，无智巧之妙也。①

---

① 《答阳明王都宪论格物》，见《甘泉文集》（卷七）。

王阳明训"格物"为"正念头",正是以"见在良知"说为依据的。在他看来,人心之良知是天然具足的,无须外缘,故所谓"格物",或者就只是把后天受外在环境熏习产生的不正的念头去掉,或者就只是"致吾心良知之天理于事事物物",使"事事物物皆得其理"①,仅此而已。但问题在于,每个个人天然具足的那个"良知"或"念头"是不是都是同一的?湛甘泉认为显然不是。事实上,佛、道、杨(朱)、墨(翟),各自对心都有不同的理解,又各自都把自己对心的理解看作是绝对的。这种情况表明,很难说天理良知之在于心是现成的与现在的。

然而,湛甘泉虽然揭明了王阳明"见在良知"说之问题所在,但是他还是认同良知的"现成"说,只是不同意他的"现在"(当下)说。在他看来,"良知"虽然具足于心,但那只是"性",还不是已呈现出来的。要使良知呈现出来,即要使我们于当下的每一作为都有良知现在,还需经一番"学问思辨笃行之功"。他称道:

> 若徒守其心,而无学问思辨笃行之功,则恐无所警发,虽似正实邪,下则为老佛杨墨,上则为夷惠伊尹是也。②

这就是说,良知虽本具于心,但此良知并不一定于每时每刻自然呈现于每一行为中并确保每一行为之正当性,只有经历一番"学问思辨笃行之功",本心之良知才可以真正呈现,其呈现也才是正当的。

"学问思辨笃行"为一种功夫。良知需借一番功夫才可以呈现,功夫属主体范畴,是为"觉"。良知需待功夫、待"觉"才呈现,则不仅说明良知不是现时当下的,而且良知具存在意义。湛甘泉于其自创的《心性图说》中称:"性者,天地万物一体者也,浑然宇宙其气同也。心也者,体天地万物而不遗者也。性也者,心之生理也,心性非二也。"这里虽说"心性非二",但那只是就"万物一体"之道德内容说的。就"天地万物一体"为宇宙之本性言,那是在存在的意义上说的;"体天地万物而不遗"之"体",才是主体的,才为主体心之认同与体认。这表明,湛甘泉虽未如朱子那样,公开承认心与理决是二分的,实际上也还是承认二者有别。

---

① 《传习录》(中),见《王阳明全集》(卷一)。
② 《答阳明王都宪论格物》,见《甘泉文集》(卷七)。

湛甘泉于其《求放心篇》不免仍以"洞然而虚，昭然而灵"即以"知觉"说本心而与阳明同且近禅，但是他毕竟更多地排拒这一观点。他称道：

> 心中正时，天理自见。难见者，在于心上功夫未中正也。但谓"天理有何形影"，是矣。又谓"只是这些虚灵意思平铺著在"，恐便有以心为天理之患，以知觉为性之病，不可不仔细察。释氏以心之知觉为性，故云："蠢动含灵，莫非佛性。"而不知心之生理乃性也。①

这显然是说，不是心发用出来的，即是良知天理，唯发用出来合于中正的，才是良知天理；心之发用，即知觉，不可以以知觉为性，因为知觉并不一定含摄道德内容；只可以以"心之生理"为性；然而"心之生理"有待于"觉"。然则"心之生理"作为"性"已成为一客观存在。甘泉子向朱子学靠拢，于此可见。

又，湛甘泉特重"敬"。他的心性图即以"敬"贯彻始终。他常说：

> 古之论学，未有以静为言者。以静为言者，皆禅也。……故善学者必令动静一于敬。敬立而动静浑矣，此合内外之道也。②
>
> 执事敬最是切要。彻上彻下，一了百了，致知涵养，此其地也。所谓致知涵养者，察见天理而存之也，非二事也。③

这都把"敬"置于重要地位。日本学者荒木见悟判认："依格物致知对理的追求聚集，正是以对天理的敬畏为前提的，这是朱子学；作为造化精灵之良知的自主发动，在诚意中理自然而然便会产生，这是阳明学。'敬'和'诚'正是规定二者思想性格的对应语。"④ 这一判认无疑是对的。也就是说，只有在心与理二分的情况下才需要持"敬"，借持"敬"来涵养与谨守天理。湛甘泉如此强调持"敬"，恰恰表明在有意无意之间他已把

---

① 《语录》，见《甘泉文集》（卷二三）。
② 《答余督学》，见《甘泉文集》（卷七）。
③ 《答邓瞻兄弟》，见《甘泉文集》（卷七）。
④ ［日］荒木见悟撰：《陈白沙与湛甘泉》，李凤全译，载《中国人民大学学报》1991年第6期，第42页。

心与理分为两截。王阳明谓湛甘泉"随处体认天理"说为求之于外,显然不是毫无根据的。

心与理有了对待,心对理不具完全彻悟性,心从本体的位置上坠落了。甘泉子的理论陷入了矛盾。

湛甘泉理论上的这一矛盾,如上所述,本质上是道德选择与判断的个人自由自主性与道德规范的社会性的矛盾。道德判断不同于事实判断,它完全诉诸每个个人心的认可。由于每个个人出身、教养与经历不同,每个个人对同一行为常常会做出非常不同的价值判断。故在道德选择与道德判断上最充分地显示了每个个人的主体性。湛甘泉、陈白沙、王阳明强调心理合一、心外无理,可以说正是凸显了每个个人在道德选择与道德判断上的主体性。但是,从社会运营与社会管理的立场上看,又不是每个个人的道德选择与道德判断都是可以认同的。任何社会都必须有一些凌驾于每个个人之上的刻板、划一的公共规范,社会方可以维系。程朱理学把理放置于每个个人的心外,强调每个个人在生活与行为中的理性层面,诚然也不无道理。湛甘泉显然是处于心学与理学之间的人物。他两方面都顾及了,在两方面都有所阐发,但又因为受着两方面的牵扯,所以在两方面都未能说个通透。

这诚然是很难的。社会与个人的关系,是哲学的永恒课题。陈白沙疏于社会功业,故他"主静",正是在静中他才有可能求取心灵的自主与自由。湛甘泉是热衷于做官的,既已为官,就必须承担维护现存社会制度的责任与扮演多种角色,于是在理论上他便有如是不一处。① 这大概也就是我们通常所说的一个人的阶级局限性吧!

(原载《中国哲学史》1992年创刊号)

---

① 事实上,不仅湛甘泉在理论上存在这种矛盾,王阳明也存在这种矛盾。如王阳明说:"良知良能,愚夫愚妇与圣人同。但惟圣人能致其良知,而愚夫愚妇不能致,此圣愚之所由分也。"[《答顾东桥书》,见《传习录》(中)] 这就否认愚夫愚妇所具良知的自明性。一般人既无自明性,就需进学,需栽培涵养,这就承认外缘;为防止习心干扰,便需戒慎恐惧,这又承认心的对待性。这都表明王阳明也没有完全坚持他的"见在良知"说,没能完全解决个人与社会的矛盾。

附录

冯达文主要著述目录

一、个人著作

[1]《回归自然——道家的主调与变奏》,广东人民出版社1992年版;修订版易名为《道:回归自然》,广东人民出版社1996年版。

[2]《宋明新儒学略论》,广东人民出版社1997年版。

[3]《中国哲学的探索与困惑:殷周—魏晋》,中山大学出版社1989年版;修订版易名《早期中国哲学略论》,广东人民出版社1998年版。

[4]《中国哲学的本源—本体论》,广东人民出版社2001年版。

[5]《理性与觉性——佛学与儒学论丛》,巴蜀书社2009年版。

[6]《中国古典哲学略述》,广东人民出版社2009年版;2012年翻译为英文,刘茵雅译,KF Publishing Company Group;2012年又翻译为越南文,越南文化出版社出版。

[7]《道家哲学略述——回归自然的理论建构与价值追求》,巴蜀书社2015年版。

[8]《寻找心灵的故乡——儒道佛三家学术旨趣论释》,中华书局2015年版。

二、主编教材

[1] 冯达文、郭齐勇主编:《新编中国哲学史》(上、下册),人民出版社2004年版;台湾洪叶文化事业有限公司2005年版。

[2]《中国哲学史》(上、下册),人民出版社2012年版。(首席专家之一)

三、主编论集

[1] 李锦全、冯达文主编:《中国哲学初步》,广东人民出版社1993年版。

[2] 陈鼓应、冯达文主编:《道家与道教:第二届国际学术研讨会论

文集》,广东人民出版社 2001 年版。

　　[3] 冯达文、张宪主编:《信仰·运思·悟道》,中山大学出版社 2003 年版。

　　[4] 冯达文主编:《两汉思想与信仰》,巴蜀书社 2013 年版。

　　[5] "何世明博士文化讲座"系列,李志刚、冯达文主编,巴蜀书社 2002—2012 年版。[该套丛书共 7 本,即《思想文化的传承与开拓》(2002)、《面向神圣人生》(2004)、《从历史中提取智慧》(2005)、《文明对话——儒学与基督教》(2009)、《此行何处——文明对话(二)》(2009)、《觉醒之途》(2010)、《近代人物与近代思潮》(2012)]

后 记

我于 1960 年入读中山大学哲学系,1965 年毕业留系任教。2015 年算是从教 50 周年。在这个时候获第二届"广东省优秀社会科学家"称号,自当深感欣慰。

可是,要为我出版一本自选集,却有点犯难。因为 2015 年在陈鼓应教授主编的"国学论丛"系列中,刚刚才出版了个人一本题为《寻找心灵的故乡——儒道佛三家学术旨趣论释》的论集(下简称《故乡》)。这本论集已经收录了个人 27 篇论文。新编的自选集如何才能确保还是代表个人的写作水平,就得好好算计。幸好,《故乡》选取的论作大多是对儒、道、释三家做分别的甚至个案性的探究,自选集不妨选取一批纵论性的文章。(但是,为了顾及自选集所体现的思想的多面性,也不得不从《故乡》中转来论作 4 篇。)这样,读者读到《故乡》时,可以与作者一同,分别地了解与感悟儒、道、释三家开启的不同的生命智慧与心灵境界;而读到自选集时,则或得以从更广阔的理论与历史场域综观学派之间的交涉与会通。依此,本书的编成也还可以向读者有所交代。

由于本书的许多论作是十几年前甚至 20 多年前书写的,电子版或已不存。幸得郭海鹰君帮忙重新录入多篇,刘娟、王志俊诸君亦帮助做了编排。我和有兴趣读到本书的朋友们一定不要忘却他们的辛勤付出!

冯达文
2016 年 8 月 25 日